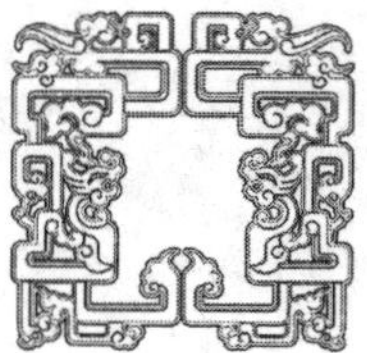

知行合一

王阳明心学

编著◎陆子川

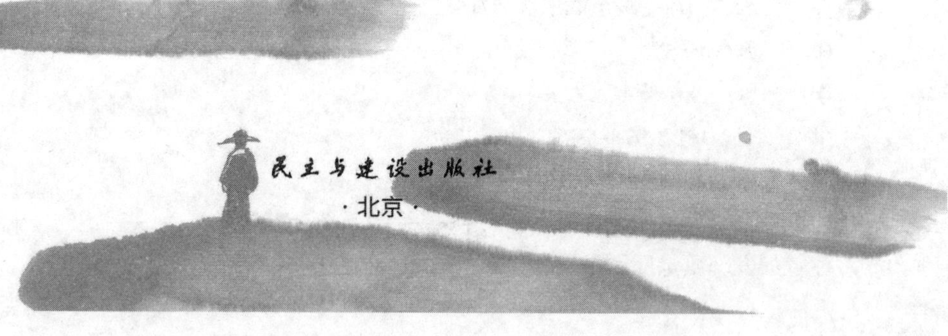

民主与建设出版社
·北京·

图书在版编目（CIP）数据

知行合一：王阳明心学 / 陆子川编著 . -- 北京：民主与建设出版社，2024. 6.--ISBN 978-7-5139-4647-6

Ⅰ . B248.25

中国国家版本馆 CIP 数据核字第 2024B2241M 号

知行合一：王阳明心学

ZHIXING HEYI: WANG YANG MING XINXUE

编　　著　陆子川
责任编辑　刘树民
封面设计　翟俊峰
出版发行　民主与建设出版社有限责任公司
电　　话　（010）59417749　59419778
社　　址　北京市海淀区西三环中路 10 号望海楼 E 座 7 层
邮　　编　100142
印　　刷　湖南晓宸印务有限公司
版　　次　2024 年 6 月第 1 版
印　　次　2024 年 8 月第 1 次印刷
开　　本　710mm × 1000mm　1/16
印　　张　19.5
字　　数　280 千字
书　　号　ISBN 978-7-5139-4647-6
定　　价　45.00 元

注：如发现质量问题，请联系调换。电话 0731-84252551

前言

王守仁字伯安，因其曾经筑室并讲学于阳明洞，自号阳明，故世人称其王阳明。浙江绍兴府余姚县（今浙江省宁波余姚市）人，于明成化八年（公元1472年）出生于一个世代官宦的书香门第世家，是中国历史上影响深远的思想家、教育家，儒家学说陆王心学之集大成者。其思想在中国和东亚思想史上产生了深刻影响。

王阳明从小受到良好的教育。他兴趣广泛，不仅诗文出众还热衷于骑射兵法。他青年时科考屡试不中，至二十七岁才中进士正式步入仕途。明武宗正德元年（公元1506年）冬，因宦官刘瑾逮捕南京给事中御史戴铣等二十余人，阳明上疏论救触怒刘瑾，被施廷杖四十，谪贬为贵州龙场（今属贵州修文县）为驿丞。正是这个时期他对《大学》的中心思想有了新的领悟，形成了心是万事万物根本，世界上的一切是心的产物的认识论；并认识到“圣人之道，吾性自足，向之求理于事物者误也”。他在这段时期写了“教条示龙场诸生”，史称龙场悟道。不久刘瑾被诛杀，王阳明升为庐陵县令，再升南京刑部主事，吏部尚书杨一清改其供职于验封司。此后他屡次升迁，历任考功司郎中。正德七年（1511年），任南京太仆寺少卿，正德九年改鸿胪寺卿。

王阳明有《传习录》《阳明全书》（即《王文成公全书》）三十八卷（门人所辑）《大学问》传世。其中《大学问》被认为是王阳明最重要的哲学著作。他继承陆九渊强调“心即是理”思想，反对程颐朱熹通过事事物物追求“至理”的“格物致知”方法，因为事理无穷无尽，格之则未免烦累，故提倡从自己内心中去寻找“理”，认为“理”全在人“心”，“理”化生宇宙天地万物，人秉其秀气，故人心自秉其精要。在知与行的关系上，强调要知，更要行，知中有行，行中有知，所谓“知行合一”，二者互为表里，不可分离。知必然要表现为行，不行则不能算真知。

《四库全书总目提要》对王阳明的评论为：“守仁勋业气节，卓然见诸施行，而为文博大昌达，诗亦秀逸有致，不独事功可称，其文章自足传世也。”

目录

序章　王阳明心学的影响 …… 001

心学的传播与发展 …… 001

心学的影响 …… 003

心学的对外影响 …… 003

第一章　宽心：身安不如心安，屋宽不如心宽 …… 005

欲修身，先养心 …… 005

看破繁华，不动于气 …… 007

不忙不乱，不焦不躁 …… 009

身处泥泞，遥看满山花开 …… 011

心狭为祸之根，心旷为福之门 …… 013

空心，才能容万物 …… 015

让生活回归简单 …… 017

第二章　诚心：持纯粹心，做至诚人 …… 020

真心着眼，敦本尚实 …… 020

保持本色，出以真情 …… 022

朴实的人生态度 …… 024

泰然自处，真心生活任天然 …… 026

清水芙蓉，纯然初心 …… 028

君子养心莫善于诚 …… 030
至诚胜于至巧 …… 032
不欺不诈，信守承诺 …… 033

第三章　进取心：立志由心，量力而行 …… 036
志不立，天下无可成之事 …… 036
靠人不如靠己 …… 038
心之所想，力之所及 …… 040
志当存高远，路从脚下行 …… 042
不搞偶像崇拜，只是做好自己 …… 044
人贵有自知之明 …… 046

第四章　道德心：小赢靠智，大赢靠德 …… 049
土地不如德行，财物不如仁义 …… 049
以德为先，德才兼备 …… 051
君子如玉亦如铁 …… 053
顶天立地，刚正不阿 …… 055
养一身浩然正气 …… 057
好德如好色 …… 059
以德服人 …… 061

第五章　孝敬心：以孝安家，以敬持家 …… 064
孝顺在当下 …… 064
百善孝为先，原心不原迹 …… 066
孝是生存必备的品质 …… 069
能养只是一半的孝 …… 071
时刻念父母生养之恩 …… 073
为父母尽点儿心 …… 075
有诚心，才能让父母宽心 …… 077

第六章　素净心：减一分人欲，得一分轻快…………………… 080

身外物不奢恋 …………………………………………………… 080

心安理得，知足常乐 …………………………………………… 082

“财”是静心的拦路虎 ………………………………………… 085

养心在于寡欲 …………………………………………………… 087

看淡功名利禄 …………………………………………………… 089

淡泊明志 ………………………………………………………… 091

安贫乐道也是信仰 ……………………………………………… 093

徒有虚名不中用 ………………………………………………… 095

不为名利所累 …………………………………………………… 097

少一些欲望，少一些痛苦 ……………………………………… 098

第七章　喜乐心：常思一二，不思八九…………………………… 101

心是快乐的根 …………………………………………………… 101

沉浮动静皆人生 ………………………………………………… 103

幸福在于追求得少 ……………………………………………… 106

人生不必太较真 ………………………………………………… 108

幸福源自内心的简约 …………………………………………… 110

时时微笑，雨打芭蕉也无愁 …………………………………… 112

要活得轻快洒脱 ………………………………………………… 114

第八章　决心：知行合一，言行一致…………………………… 117

慎思之，笃行之 ………………………………………………… 117

把学问用在实处 ………………………………………………… 119

成功不在难易，在于身体力行去做 …………………………… 121

千里之行，始于当下 …………………………………………… 123

大胆尝试，实践出真知 ………………………………………… 126

不逆不臆，言行一致 …………………………………………… 129

第九章　细心：天下大事，必作于细……………………………… 132
事事精细成就百事，时时精细成就一生 ……………………………… 132
学无息止，巅峰之上有巅峰 ……………………………………… 135
把握现在，认真做每一件事 ……………………………………… 137
不懈追求，不懈努力 …………………………………………… 139
勤于求知，细于做事 …………………………………………… 141

第十章　忍耐心：岁寒，然后知松柏之后凋也……………………… 144
苦是乐的源头，乐是苦的归结 …………………………………… 144
面对成败淡然处之 ……………………………………………… 146
学会忍耐，才能苦尽甘来 ………………………………………… 149
苦不入心，生命自有芳华 ………………………………………… 150
忍得一时方能成就伟业 ………………………………………… 153
人生需要反复磨炼 ……………………………………………… 155
深陷逆境，其实“别有洞天” …………………………………… 157
寂寞是考验 ……………………………………………………… 159

第十一章　反省心：静察己过，不论他人是非……………………… 162
静察己过，勿论人非 …………………………………………… 162
自省是涤荡心灵的清泉 ………………………………………… 163
终日不忘反省 …………………………………………………… 166
静时存养，动时省察 …………………………………………… 168
君子改过，人皆仰之 …………………………………………… 170
反观自身，不断自我提升 ………………………………………… 173

第十二章　谨慎心：三思而后言……………………………………… 175
近话远说 ………………………………………………………… 175
言辞不可太露骨 ………………………………………………… 177
管好自己的舌头 ………………………………………………… 179

赞美也要有度 …… 181

少妄言，多好话 …… 183

言满天下无口过 …… 184

第十三章　包容心：能容能恕，厚德载物 …… 186

待人处世，忍让为先 …… 186

退一步，得饶人处且饶人 …… 188

宰相肚里能撑船 …… 190

容人方能得人之心 …… 192

不急人怒，忍让内敛 …… 193

恕人之过，释人之嫌 …… 196

忍小事成大事 …… 197

心存厚道，宽容他人 …… 200

第十四章　利他心：己所不欲，勿施于人 …… 203

善待他人就是善待自己 …… 203

我为人人，人人为我 …… 204

爱出者爱返，福往者福来 …… 206

与人为善，暖人暖己 …… 208

爱人者人爱之 …… 210

每一种善行都有回声 …… 211

诸恶莫作，众善奉行 …… 213

第十五章　平常心：宠辱不惊，去留无意 …… 215

饥来吃饭倦来眠 …… 215

适时装糊涂 …… 217

生命任其流衍，心体安稳平裕 …… 220

随时随地，随遇而安 …… 222

平常心，心平常 …… 224

抱朴守拙，藏行不露 …… 225
浊者自浊，清者自清 …… 227
点一盏光而不耀的心灯 …… 229

第十六章　谦卑心：谦受益，满招损…… 232

不争才能无忧 …… 232
低头是一种智慧 …… 234
在其位，善谋其政 …… 236
上梁正，则下梁不歪 …… 237
与贪婪断交，与清风做伴 …… 239
位高不自居，功高不自傲 …… 241
礼让功劳 …… 243
虚怀若谷，吞吐万千 …… 245
方圆处世，克服轻傲事事顺 …… 247

第十七章　果敢心：成事在谋，谋事在断…… 249

勇而无谋是大忌 …… 249
得人心者得天下 …… 252
应时而变，兵贵在“活” …… 254
因地制宜，因时而化 …… 256
制胜战术应变化多端 …… 258
抓住时机，一击制胜 …… 261
不打无准备之仗 …… 262
不怒自威 …… 264

第十八章　淡定心：不以物喜，不以己悲…… 266

宁静致远 …… 266
不动心，不烦恼 …… 268
顺境逆境都从容 …… 270

静坐静思，不被外物所扰 …………………………………………………… 271
心清净，便悠然自得 ………………………………………………………… 273
按心兵不动，如止水从容 …………………………………………………… 275

第十九章　彻悟心：入世心做事，出世心做人…………………………… 278
随性生活，顺其自然 ………………………………………………………… 278
从心所欲不逾矩 ……………………………………………………………… 280
以出世心境，做入世事业 …………………………………………………… 282
物来则应，物去不留 ………………………………………………………… 285
三分能力，七分责任 ………………………………………………………… 287
生命不在拥有，而在有用 …………………………………………………… 289
坦然面对，活在当下 ………………………………………………………… 291
人生犹如不系舟 ……………………………………………………………… 293
繁华过后总是空 ……………………………………………………………… 295

序章

王阳明心学的影响

心学的传播与发展

作为儒家心学的代表人物，王阳明在明朝历史乃至之后的中国文化史上都是无法回避的。他精通儒、释、道三家之说，是心学的集大成者，对中国古代思想史有着承先启后的功效。他提出“致良知”“知行合一”等思想，广收门徒，传道讲学，被后世人称为达到“立德”“立功”“立言”的“真三不朽”之人。他的心学主张包含了哲学、经济、政治、教育、文化等诸方面。“龙场悟道”是王阳明心学的起点，为心学的发展奠定了基础。之后心学构建起“心即理”“知行合一”“致良知”的基本理论框架。心学在继承孔孟学派的“良知”“尽心”以及陆九渊的“心即理”等学说的基础上，批判吸收朱熹先验范畴的“理”为本体学说。

在世界观上，王阳明坚持“理”主宰主体“心”的理念论，建立起了以“心”为本，以“心即理”为第一原理的心性主体论。他提出“知行合一”，认为知与行不仅是一种言说，而且应是言说的当下行为现身。王阳明强调“知”的核心作用，认为，“致良知是学问大头脑，是圣人教人第一义”，致了“良知”便是“尽心知性”。此外，王阳明提倡“圣凡平等”观，认为圣人与凡人一样，并不是什么都知道并能做到的，只是他们能够发现自己的良知。因此，在他看来圣人和凡人之间的差别仅仅是能不能发现内心的良知。

心学的流传甚广，甚至有“守仁弟子盈天下，其有传者不复载。”之说。而心学流传后世的主要是其中泰州和龙溪两个学派。泰州指的是王银（后改名王艮）及其学派，龙溪指的是王畿及其学派。

王艮，泰州人，人称王泰州，心学代表人物之一，泰州学派的创始人。王艮的思想以“阳明心学”为源，却又不囿于此。王艮的“百姓日用是学”“百姓日用之道”是他思想的闪光点，也是泰州学派思想的主旨。他把“天理”称作“天然自有之理”，事实上等于“认欲为理”，把人的生理需求和物质欲望看作是“天理”的一部分。他所提倡的“格物说”构成了他的思想基础，认为“身是本，天下国家是末”，“格物”必先“正己”“本治而末治，正己而物正”，明确提出“正人必先正己”。明末清初著名学者黄宗羲在他的《明儒学案》中说：“阳明先生之学，有泰州、龙溪而风行天下……泰州之后，其人多能以赤手搏龙蛇……遂复非名教之所能羁络矣……诸公掀翻天地，前不见有古人，后不见有来者。”对王艮加以了肯定肯定。

王畿号龙溪，明朝中晚期心学的代表人物，对心学的发展有着重大贡献，尤其是对日本“阳明学”的形成与发展有深远影响。龙溪学派吸纳了佛家、道家的思想方法与成果。“念”是王龙溪思想中特别重要的观念，一念功夫不仅在他的思想系统内统合了用力于良知心体的先天正心功夫和用力于经验意识的后天诚意功夫，而且也让王阳明以诚意为中心的致良知功夫论得到了进一步深化。王畿关切王阳明对无之精神境界的追求。他对佛教的人生境界的吸收和融合更为也彻底。王畿在王阳明的良知说基础上发展出了自己“四无”的主张，以无为宗，注重心体之悟，并在此后的讲学活动中逐渐吸收各学派精华，形成了自己独特的思想体系。

另外，罗念庵是王门后学的另一位重要代表人物，从其思想主旨来看，可归为王门“归寂派”。罗念庵归寂主静之学，以良知返归寂体的过程为格物致知，就是认为良知必须经过实地锻炼而获得。他一生躬行实践无欲主静功夫，重新阐释了王阳明的致良知教而备受中晚明时期学者的青睐，被称为“得阳明正传，补救心学之弊”的功臣。他曾说：“儒者学在经世，而以无欲为本。惟无欲，然后出而经世，识精而力巨。”

罗念庵学术思想的形成受到了很多人的影响。王阳明的“致良知”观点是罗念庵思想的基础，龙溪学派和泰州学派也提供了一些见解。总的来看，罗念庵在心学的基础上还是有很大的突破，“归寂”的学说对心学也起了补充和完善的作用。

心学的影响

心学自明朝时期流传以来，为传统的儒家学说带来了一定变革。心学倾向于以民为本。王阳明的“民本”政治理念被他的弟子继承，其中一些弟子还在直接参政中实践心学思想。但到了明朝后期，社会政治已经混乱不堪，心学学派里也出现了不少高谈阔论的人，遭到了世人的抨击。

心学的出现无疑开辟一代新的学风，波及方方面面，影响一直延续至今。清末康有为认为王阳明的学说切合当时的社会现实，“致良知”“人皆可以为尧舜”“个个心中有仲尼”这些观点与当时西方先进的民主思想有相通之处。他认为心学提倡政治平等，重视自然科学，对于拯救中国社会有一定帮助。康有为还将王阳明学说的“不忍”作为维新运动刊物的名字。维新运动的另一精英梁启超也多次宣扬心学，推荐人们学习王阳明的哲学思想，后来还写成《王阳明知行合一之教》一书鼓励人们行动起来。

在维新变法之后，作为新兴的资产阶级革命派代表人物的孙中山在接受欧美政治思想的同时，也对中国的传统文化进行了批判性继承。他在心学“知行合一”思想的基础上发展出了“知难行易”的思想。宣扬“先要知，要找到一条最适合中国人走的路，再去行”。

心学的对外影响

阳明学自明朝中后期日本安土桃山时代传入日本（据称 87 岁高龄

的日本高僧会庵为首位传播者），后在日本得到进一步发展，并对日本后世影响深远。著名学者如有“近江圣人”之称的中江藤树（一般认为是日本阳明学的鼻祖）。至明末清初思想家朱舜水东渡日本，阳明学在日本得到了进一步传播。日本江户时代中期，有著名阳明学者三轮执斋，他著有《标注传习录》。幕末时期有佐藤一斋，著有《传习录栏外书》。到了明治维新时期，阳明学在日本成为显学，对明治维新有很大的促进作用。那个时期很多著名政治人物和军事人物均是阳明学的追随者，著名的如东乡平八郎，大盐平八郎，“倒幕魁首”西乡隆盛，以及其他倒幕健将如吉田松阴、高杉晋作、河井继之助、佐久间象山等。

二战后的作家三岛由纪夫也深受阳明学的影响。日本学者井上哲次郎著有《日本阳明学派之哲学》，详述阳明学从江户到明治时期的传承。此外，学者高濑武次郎著有《日本之阳明学》，列出从江户到明治时期的31位日本阳明学者的生平和思想。1911年，国际阳明学学术会议首度在日本召开。

阳明学传入韩国的时间较日本早，但声势影响却远不如日本。韩国阳明学者强调“实心”“实行”的重要性，以此反对一切“虚学”“虚行”。这说明阳明学传入韩国后的在地化发展，表现出不少心学与理学交织互融后的实学特征。

20世纪初，阳明学由传教士弗瑞德里克·古德里奇·亨克首度传入美国。此外，美籍华人学者的贡献不容忽视，如长期在美国执教的陈荣捷先生是将中国哲学介绍到西方学界的重要桥梁式人物，他翻译的《传习录》虽比亨克的译作《阳明先生集要·理学编》晚，却更为精当和准确。另，中国当代新儒学代表人物杜维明在美国撰写了他的博士论文《青年王阳明》，介绍了王阳明早年的学思经历，在海外也产生一定学术影响。1972年，著名哲学家成中英先生在夏威夷大学主持召开大规模的王阳明学术思想研讨会，有力推动了阳明学在北美的探讨和研究，也可看作阳明学在海外传播的标志事件。

第一章

宽心：身安不如心安，屋宽不如心宽

欲修身，先养心

心即理也，天下又有心外之事、心外之理乎？

——王阳明

浮世之中，总有许多人为追求物质享受、社会地位和显赫声名等身外之物而心力交瘁，疲惫不堪。他们怨天尤人，欲逃离其中而不得，皆因忽略了自己的内心，不能明白万事以修心为先的道理。

王阳明认为，人心就是天理，世界上哪还有存在于人心之外的事物和道理呢？虽然“心外无物”的看法与唯物主义观点相悖，但王阳明关于从人的内心去寻求真理的看法，是有其道理的。古人云：“相由心生。”意思是说人的心思会呈现在其外在表征之中。如此推敲，人的言语、行为等外在表征，则多为其复杂内心的反映。按照王阳明所言，欲使人的言行举止符合一定的规范或是达到至善的境界，则要从其内心入手，而不是人心之外的事物。只有当内心达到了至善的境地，其外在的言行举止才能表现出善的一面。

贪泉，泉名，据史料记载，贪泉地处广州北郊30里的石门镇。传说人饮此水，便变得贪得无厌，故名。西晋时，朝廷派往广州的几任官员，差不多都因经济犯罪而被撤职查办，人们传说是因为他们喝了贪泉的水。后来，朝廷派了一位廉洁的名吏吴隐之任广州刺史，到任之日，他带领随从来到贪泉边，从中取水而饮。随从劝他：“以往进入广州的官员都要饮上一杯，以示风雅，但是这些官员都贪赃枉法，爱钱如命，此泉饮不得。”吴隐之问随从道：“那些不喝泉水的老爷是否清廉了呢？”随从说：“还不是一丘之貉。”吴隐之连饮三瓢后动情地说：“贪财与否，取决人的品质，我今天喝了贪泉水，是否玷污了平时为官清廉的名声，请父老乡亲们拭目以待吧。”并赋诗一首：“古人云此水，一歃怀千金。试使夷齐饮，终当不易心。”果然，他在任期间，为政清廉，并没有因饮贪泉水而贪污，留下了饮贪泉而不贪的千古美谈。

贪与不贪，并不在于一泉，没有饮贪泉水的人，也会照贪不误。所以，贪泉只是那些贪污的人的一块挡箭牌。王勃在《滕王阁序》中说“酌贪泉而觉爽，处涸辙以犹欢”，一个人贪与不贪，在于自己内心的修养，并不在于外在的条件。

做人若问心无愧，坦坦荡荡，对于每天遇到的各种突如其来的状况都能应对自如，而不会被其搅乱心情，也就可以傲视天下了。在儒家先贤眼里，这是君子风范的标准之一。

王阳明用一生的经验总结出一句话：心左右一切。做好事来源于内心，做坏事也来源于内心。心中所想会影响我们的行为，一颗平静而宽容的心能够令人体会到生活的快乐，而一颗躁动而沉重的心则令人陷入黑暗之中找不到方向。只有以修心为先，才能更通透地知晓世间的道理，才能更真切地把握为人处世之道。然而，对于身处纷繁世界中的大多数人而言，即便知道理应如此，但要真正做到并不容易，甚至要用一生的时间去琢磨。

其实，修心不是很大的难题，只要我们能够日日更新、时时自省，不断清除内心的污垢，便能摆脱俗事的困扰。

看破繁华，不动于气

圣人无善无恶，只是“无有作好”“无有作恶”，不动于气。

——王阳明

孔子人生态度的一个重要方面，就是求心安。心若安定了，那外面的风吹雨打便都可看作过眼云烟。就其对儒家之“礼”的阐释“礼与其奢也，宁俭；丧与其易也，宁戚”可以看出，孔子认为礼节仪式与其奢侈繁杂，还不如节俭；正如丧礼那样，与其在仪式上准备得隆重而周到，还不如在心里沉痛地哀悼死者，因为心中之礼比其外在形式更重要。

求心安，即保持一颗安定、清净的心，不因外界的打击和诱惑而摇摆不定，不过于狂热地去追求心外之物。能够做到这一点并不容易，因为人的心境太容易受到外界的干扰。恶人受丑陋之心的牵引而做坏事，普通人也可能因为执着、愧疚等而使自己陷入痛苦，无法自拔。如果人对于外界的事情心有挂碍，并由此生出了懊恼、欢喜，那么这颗心就失去了它的本来面目。

王阳明的弟子薛侃曾向他请教：“为何天地间的善难以培养，而恶却难以去除呢？”王阳明认为，因为心中有善恶之念，引发好恶之心，才导致为善或为恶。他在回答中举出花草的例子：人们想赏花时，就认为花是好的而它周围的杂草是恶的，因为那些杂草影响了赏花的效果；而人们要用到那些杂草时，则又认为它们是善的。这样的善恶区别，都是由于人们的好恶之心而产生的，因此是错误的。王阳明指出，应该心中无善无恶。他所讲的“无善无恶”，与佛家所讲的不同。圣人所讲的无善无恶，是告诫世人不要从自身私欲出发而产生好恶之心。

有一天，深山里来了两个陌生人。年长的仰头看看山，问路旁的一块石头：“石头，这就是世上最高的山吗？”“大概是的。”石头懒懒地答道。年长的没再说什么，就开始往上爬。年轻的对石头笑了笑，问：“等我回来，你想要我给你带什么？”石头一愣，看着年轻人，说：“如果你真的到了山顶，就把那一时刻你最不想要的东西给我，就行了。”

年轻人很奇怪，但也没多问，就跟着年长的人往上爬。斗转星移，不知过了多久，年轻人孤独地走下山来。

石头连忙问：“你们到山顶了吗？”

年轻人答：“是的。”

石头问：“另一个人呢？”

年轻人答：“他，永远不会回来了。”

石头一惊，问：“为什么？”

年轻人答：“唉，对于一个登山者来说，一生最大的愿望就是登上世上最高的山峰。但当他的愿望真的实现了，同时也就没有了人生的目标。这就好比一匹好马的腿断了，活着与死去，已经没有什么区别了。”

石头问：“他……”

年轻人答：“他从山崖上跳下去了。”

石头问：“那你呢？”

年轻人答：“我本来也要一起跳下去的，但我猛然想起答应过你，把我在山顶上最不想要的东西给你，看来，那就是我的生命。”

石头问：“那你就来陪我吧！”

年轻人在路旁搭了间茅草屋，住了下来。人在山旁，日子过得虽然逍遥自在，却如白开水般没有味道。年轻人总爱默默地看着山，在纸上胡乱画着。久而久之，纸上的线条渐渐清晰了，轮廓也明朗了。后来，年轻人成了一名画家，绘画界还宣称他是一颗耀眼的新星。接着，年轻人又开始了写作，不久，他就因文章回归自然的清秀隽永一举成名。

许多年过去了，昔日的年轻人已经成了老人，当他对着石头回想往事的时候，他觉得画画、写作其实没有什么两样。最后，他明白了一个道理：其实，更高的山在人的心里，心中无我才能超越自我。

确实，更高的山在我们的心里，只有心中无我时，人才能攀越人生这座高山。人世间最可怕的不是做错事，而是心中动了歪念。倘若内心摇摆不定、狂热偏激，就会动歪念，就会做错事，这个时候就只有倒空了自己，才会发现虚无。

一位佛学大师曾说："心是最有反应、最有感觉的器官。我们看大自然的山川鸟兽、花开花落，我们看人生的生老病死、喜乐无常，都会因心的触动而有喜怒哀乐的表现。"世间的风动幡动，其实都是因为心动罢了。

王阳明认为，无善无恶是静态时候的表现，有善有恶是气动的表现。心动时，如果我们自己的内心茫然，就会不知所措，甚至连自己究竟是对是错都分辨不清。因此，唯有秉持一颗安定、清净之心，才能身处繁华闹市而不为所动。

不忙不乱，不焦不躁

天地气机，元无一息之停。然有个主宰，故不先不后，不急不缓，虽千变万化而主宰常定，人得此而生。……若无主宰，便只是这气奔放，如何不忙？

王阳明

忙碌是现代社会中大多数人的一种生活状态。不幸的是，与身体的操劳相伴随而来的，还有内心的忙乱急躁、焦虑不堪。所谓"身之主宰便是心"，倘若在忙碌的生活中不能给内心留一份悠闲，而使其深受烦恼与担忧所累，便更难在为人处世之时做到游刃有余、潇洒自在。

《传习录》中有这样的记载：

崇一问："寻常意思多忙，有事固忙，无事亦忙，何也？"

先生曰："天地气机，元无一息之停。然有个主宰，故不先不后，不急不缓，虽千变万化，而主宰常定，人得此而生。若主宰定时，与天运一般不息，虽酬酢万变，常是从容自在，所谓‘天君泰然，百体从令’。若无主宰，便只是这气奔放，如何不忙？”

欧阳崇一问：“平时意念思想常常很忙乱，有事的时候固然会忙，无事的时候也忙，这是为什么呢？”王阳明回答说：“世间万物的变化本来就没有瞬息的停止。然而有了一个主宰之后，变化就会有所依据，有秩序可言，虽然千变万化，但主宰却是一成不变的，人有了这个主宰才能在瞬息万变的人世间生存。如果主宰恒定不变，就像天地运行一样永不停息，即使日理万机，却也从容自在，这就是所谓‘天君泰然，百体从令’。若没有主宰，便只有气在四处奔流，怎么会不忙呢？”

由此可知，要做到“虽酬酢万变，常是从容自在”，便要有一颗不忙不乱、不焦不躁的“主宰”之心。具体到人们的日常生活、工作中，就是要用心去体悟繁杂中的快乐，学会用一颗平静的心去享受忙碌。

现实当中有很多人，为了功名利禄而盲目地工作，以此来填充自己的人生。工作带来的种种压力，不断侵蚀着内心，让人倍感焦灼，于是渐渐地，人的身心就会陷入一种莫名的慌乱之中，完全理不清头绪。此时，唯有心闲下来，静下来，才能转变观念，学会把工作当作一种快乐的享受，而不仅仅是赚取金钱谋取地位的工具。如此，才不至于将人生变成炼狱。

如道家所言，将自己的心放到天地间，去体悟自我的渺小与天地的广大。与由人所构成的社会相比，包容天地万物的大自然更能令人身心舒畅。自然可以开启人的心灵，陶冶人的情操，将自己的内心倾向自然，正如“智者乐水，仁者乐山”。当我们走进自然的怀抱，沐浴春风与阳光，尽览山河之宽广与博大，便会明白，那些长期困扰我们的身外之物，皆由一颗远离自然的心而起。我们身处自然之中，便能够亲身感受大自然的博大胸襟，感受到万物的和谐共处，从而在大自然的安逸与恬静中把握心中那份从容与自在。

忙碌的生活虽然令人身心疲惫，但也可以充满乐趣，关键在于你是否能够放慢脚步，让你的心喘口气。正如攀登高山，若一心只想着登上顶峰，难免疲惫不堪；但若能静下心来，欣赏沿途赏心悦目的风光，那将是一种别样的感受，更是一种忙而不乱的人生。

人的内心既是一方广袤的天空，能够包容世间的一切；也是一片宁静的湖面，偶尔也会泛起阵阵涟漪；更是一处皑皑雪原，辉映出一个缤纷的世界。纵然世间的纷纷扰扰难以平息，生活的智者总能在心中留一江春水，淘洗忙碌的身躯，以一颗闲静淡泊之心，看庭前花开花落，望天上云卷云舒。

身处泥泞，遥看满山花开

世以不得第为耻，吾以不得第动心为耻。

——王阳明

人人都希望自己过上更好的生活，过得舒适快乐。然而，生活并不是一条康庄大道，更多时候，是一条布满荆棘的崎岖小路。很多人在这条路上遇到了困难，不仅无法跨越，还会不自觉地陷入一个可悲的怪圈，把大量的时间花在抱怨上。

王阳明虽出自书香门第，富有才情，但是多次参加会试都没有上榜，世人看来这是十分耻辱的事情。王阳明却不以为然，他说：“世以不得第为耻，吾以不得第动心为耻。”在他看来，有上榜之事，就有落榜之事，不要过分在意。快乐还是痛苦，都是生活的一部分。只有调整心态，才能减轻痛苦，享受快乐。

苏轼的友人王定国有一名歌女，名叫柔奴。柔奴眉目娟丽，善于应对，其家世代居住京师。后王定国迁官岭南，柔奴随之。多年后，复随王定国还京。

苏轼拜访王定国时见到柔奴，问她：“岭南的风土应该不好吧？”

不料柔奴答道："此心安处，便是吾乡。"苏轼闻之，心有所感，遂填词一首，这首词的后半阕是："万里归来年愈少，微笑，笑时犹带岭梅香。试问岭南应不好？却道：此心安处是吾乡。"

在苏轼看来，偏远荒凉的岭南不是一个好地方，但柔奴能像生活在故乡京城一样处之安然。从岭南归来的柔奴，看上去似乎比以前更加年轻，笑容仿佛带着岭南梅花的馨香，这便是随遇而安，并且是心灵之安的结果了。

"此心安处是吾乡"，不论在什么样的环境里均能安之若素，方可心无烦忧，一心做自己应做或爱做之事，即便身处泥泞之中仍能遥看满山花开。王阳明说："读书作文安能累人？人自累于得失耳。"不懂得身处泥泞之中而遥看山花烂漫的人，并非为泥泞所累，而是被自己的心态所拖累。

有人曾经问过一些饱受磨难的人是否总是感到痛苦和悲伤，有人答道："不是的，倒是很快乐，甚至今天我有时还因回忆它而快乐。"为什么会这样呢？因为他从心理上战胜了磨难，他从磨难中得到了生活的启示，他为此而快乐。换句话说，生活本来就是充满快乐的。

一个富人和一个穷人在一起谈论什么是快乐。

穷人说："快乐就是现在。"

富人望着穷人漏风的茅舍、破旧的衣着，轻蔑地说："这怎么能叫快乐呢？我的快乐可是百间豪宅、千名奴仆啊。"

后来一场大火把富人的百间豪宅烧得片瓦不留，奴仆们各奔东西。一夜之间，富人沦为乞丐。

炎炎夏日，汗流浃背的乞丐路过穷人的茅舍，想讨口水喝。穷人端来一大碗清凉的水，问他："你现在认为什么是快乐？"

乞丐眼巴巴地说："幸福就是此时你手中的这碗水。"

生活有时候会显出它不公平的一面，使我们经历磨难。然而，那不过是生活中一点或酸或辣的调味品，如果只将目光集中在这里，生活反而会变得毫无希望。当我们遇到挫折的时候，多想想美好回忆中那些令人振奋的人和事；当我们的情绪消极倦怠的时候，多想想如何去解决而不是一味去逃避。当我们将内心痛苦的负累转化为积极乐观的力量时，便能在不幸的悲剧之中重新找到幸福的人生。

其实，每个人的生活都有苦有甜，不一样的是人们的心态。与其在埋怨中度过，不如转变心态。埋怨只能证明无奈，生活不相信懦弱。

心狭为祸之根，心旷为福之门

如今于凡忿懥等件，只是个物来顺应，不要着一分意思，便心体廓然大公，得其本体之正了。

——王阳明

心狭为祸之根，心旷为福之门。心胸狭隘的人，只会将自己局限在狭小的空间里，郁郁寡欢；而心胸宽广的人，他的世界会比别人更加开阔。

心胸狭隘之人，往往放不下对曾经伤害过自己的人的怨恨。在生活中，很多人都曾因为情感纠葛、诽谤中伤或竞争对手的打击而深受伤害，心中的伤口久久不能愈合，耿耿于怀地痛恨着那些伤害过自己的人。其实，怨恨是一种极为被动的感情，不仅不能缓解心中的伤痛，大多数情况下也不能给对方造成影响，仅有的用处，便是伤害自己、折磨自己。怨恨就像一个不断扩大的肿瘤，挤压着生活中的快乐神经，使人们失去欢笑，整日愁容。更有甚者，因为放不下心中的怨恨，将报仇作为生存下去的唯一支撑，最终只能香消玉殒，为怨恨陪葬。

《传习录》中记载，有人就“有所忿懥”一说向王阳明请教。先生指出：“像忿懥等情绪，人的心中怎么会没有呢？只是一点也不可以有罢了。当人忿懥时，即使是多想了一点，怨恨也会过度，这样就不是心胸宽广无私了。因此，有所怨恨，心就难以保持正直。如今，对于怨恨等情绪，只要顺其自然，心中不存一分在意，那么心胸自然会宽广无私，从而实现本体的中正平和了。”

心胸狭隘之人，见不得别人比他好，猜忌心重，为芝麻绿豆的小事都能折腾好几天，只因为触碰到了他的利益。与放不下心中的怨恨的人相比，这样的人对自己的伤害更大。因为他的心胸狭隘，身边的人难以与之深交，基本的友好关系和信任感无法建立，除非靠强权压迫或金钱利诱，否则得不到半点发展的机会。历史上不乏由于昏君佞臣的猜忌而令无数功勋卓著的开国功臣走上断头台的例子。

心胸狭隘会给人带来无穷的祸患，而心胸宽广则能解决人与人之间的纷争，慰藉心灵。无论是为了个人的身心健康，还是为了在纷繁复杂的现代社会中争取到发展的机会，都应以宽广的胸怀待人处世。只有时刻保持宽广的胸怀，心存一份豁达，才能放下怨恨，重拾笑颜；并能感受到他人对自己的尊重，共同进步。也许在你不经意的时候，心中的豁达就能为你带来意想不到的收获。

赵王有个卫兵，名叫少室周。少室周力大无比，在一次比武会上，有五个士兵攻击少室周一人，都被少室周摔倒在地。少室周因此得到赵王的赏识并被任命为贴身侍卫。

没过多久，一个叫徐子的人找上门要与少室周比试摔跤。摔跤的结果是，少室周连输三回。

少室周满面羞愧地将徐子带到赵王跟前，对赵王说：“请您用他当您的侍卫吧。”

赵王很奇怪，问道：“先生的勇武名震四方，很多人都想取代你，为什么你要推荐他呢？我并没有这样要求你呀。”

少室周回答道：“您当年是看我力气大，才让我当侍卫的。如今，有了比我力气大的人，如果我不推荐他，天下好汉会嘲笑我的。”

赵王很钦佩少室周的胸怀宽广，最后，让他们两人都当了自己的贴身侍卫。

豁达是一种修养，也是衡量一个人层次高低的标准。正所谓“牢骚太盛防肠断，风物长宜放眼量”。如果我们凡事都斤斤计较，锱铢必较，久而久之，不但心胸变得狭窄，而且常常对别人产生嫉妒和愤恨，对身心是一种莫大的伤害。

只有敞开胸怀，才不会被俗世尘埃所扰，才能安心地关注当下，保证身心的纯净。只有做到待人处世不胡乱猜忌，面对摩擦和误会能放下心中的愤恨，心胸宽广坦荡，不以世俗荣辱为念，不为世俗荣辱所累，不为凡尘琐事所扰，不为痛苦烦闷所惊，才能包容万物，才能活得轻松潇洒，舒心自在。

心有多大，世界就有多大。王阳明讲“不要着一分意思”就是要开阔胸怀。在他看来，这是一种宠辱不惊，笑看庭前花开花落的人生态度；是一种骤然临之而不惊，无故加之而不怒的智慧和淡定。天地何其广阔，拥有宽广的胸怀，我们便能在其中自由地翱翔。

空心，才能容万物

圣人之所以为圣，只是其心纯乎天理而无人欲之杂，犹精金之所以为精，但以其成色足而无铜铅之杂也。

——王阳明

王阳明曾言：“圣人之所以为圣，只是其心纯乎天理而无人欲之杂，犹精金之所以为精，但以其成色足而无铜铅之杂也。人到纯乎天理方是圣，金到足色方是精。然圣人之才力亦有大小不同，犹金之分两有轻重……盖所以为精金者，在足色而不在分两；所以为圣者，在纯乎天理而不在才力也。故虽凡人，而肯为学，使此心纯乎天理，则亦可为圣人，犹一两之金，比之万镒，分两虽悬绝，而其到足色处可以无愧。”王阳明以纯金作比，意在说明圣人比凡人更高明的地方，不是他的才能，而是有一颗只存天理而无贪嗔杂念的空明之心。

宇宙万物，因为虚空而含纳包容，所以能拥有日月星河的环绕；高山因为不拣择砂石草木，所以成其崇峻伟大。世人常说“海纳百川”，便是将大海作为浩瀚胸襟的形象代表。而人心的包容，是大海与高山都不能比的。所谓“心空”，即内心无外物羁绊。修养内心的最高境界，便是将心腾空，如此才能真正做到包容万物。

苏不韦是东汉人，他的父亲做司隶校尉时得罪了同僚李皓，被李皓借机判了死刑。当时，苏不韦年仅十八岁，他把父亲的灵柩草草下葬后，又把母亲藏匿起来，自己改名换姓，用家财招募刺客，发誓复仇。但几次行刺都没有成功，这期间李皓反而青云直上，最后官至大司农。

苏不韦就和人暗中在大司农官署的北墙下开始挖洞，夜里挖，白天躲藏起来。干了一个多月，终于把洞挖到了李皓的卧室下。一天，苏不韦从李皓的床底下冲了出来，不巧李皓上厕所去了，于是苏不韦杀了他的小儿子和妾，留下一封信便离去了。李皓回屋后大吃一惊，吓得在室内设置了许多机关，晚上也不敢安睡。苏不韦知道李皓已有准备，杀死他已不可能，就挖了李家的坟，取了李皓父亲的头拿到集市上去示众。李皓听说此事后，心如刀绞，心里又气又恨，没过多久就吐血而死。

李皓因一点个人私怨就将人置于死地，结果不仅给自己招来杀身之祸，连老婆、孩子都跟着倒霉，甚至连死去的父亲也未能幸免。而苏不韦从十八岁就开始谋划复仇，此外什么也没做成。这两个人最大的缺陷都是被仇恨所牵绊，没有宽大的心胸。人有时候如果能宽容一点，甚至一笑泯千仇，将干戈化为玉帛，不但能为自己免去毁灭性的灾难，还可以放下心灵的包袱，让自己变得轻松，而生活也能变得更加幸福和祥和。

从内心深处摆脱周遭的羁绊，进入心无旁骛的至高境界，踏上心灵的解脱之路，内心感受到的万物便会远远超过自己视线范围之内的一切。此时的内心，呈现的是一种空无的状态，也就是王阳明所说的空明之心。空，才能容万物。即便是人与人之间的交往，也需要给彼此一定的空间，才能畅所欲言、和平相处。与其用金钱权力、名誉地位将内心满满地填充，何不索性全部放下，将心腾空，获得心灵的自由和解脱呢？

因此，我们应学会抛开杂念，使内心纯净空明。

让生活回归简单

“道之大端易于明白”，此语诚然。顾后之学者忽其易于明白者而弗由，而求其难于明白者以为学，此其所以“道在迩而求诸远，事在易而求诸难”也。

——王阳明

简单是一种心灵的净化，它是安定，是率直，是单纯。它通常表现在衣着、饮食、休闲娱乐、事业成就等与生活密切相关的方方面面。然而就其本质而言，则是依托于一颗简单的心。换言之，就是在喧嚣的世俗社会中为自己增添一份内心的宁静。

王阳明曾在写给他学生的书信中说：“‘道之大端易于明白’，此语诚然。顾后之学者忽其易于明白者而弗由，而求其难于明白者以为学，此其所以‘道在迩而求诸远，事在易而求诸难’也。”王阳明认为“大道理容易使人明白”这句话非常正确。后来的学者忽略那些简单明白的大道理，而去追求那些难以理解的东西，这就是“道理在近处却偏偏往遥远的地方去寻求，事情本来很简单，却偏偏要将其复杂化”。

圣人做学问追求一种“大道至简”的境界，人生也应如此。人的一生中，会有许多追求、许多憧憬。如追求真理，追求理想的生活，追求刻骨铭心的爱情，追求金钱、名誉和地位。有追求就会有收获，我们会在不知不觉中拥有很多，有些是我们必需的，而有些却是完全用不着的。那些用不着的东西，除了满足我们的虚荣心外，最大的可能，就是成为心中的负担。

为什么人们会不厌其烦、孜孜不倦地去追求那些看似风光，实际令人身心疲累的“负担”呢？皆因内心少了一份简单，少了一种简单的人生态度。与其困在财富、地位与成就的壁垒中迷惘，不如尝试以一颗简单的心，追求一种简单的生活，舒展身心，享受用金钱也买不到的满足与快乐。

其实有很多人渴望拥有简单的生活，渴望放弃华屋美宅、山珍海味，不追时髦，不赶潮流。他们常常说：“如果能回到孩童时代就好了！那时的我们，多单纯，多快乐啊！”孩童时代的我们拥有一颗单纯的心，并不是因为我们处于那样的年龄阶段，而是因为那时的我们内心尚未被世间的身外之物所牵绊。真正的简单是发自内心的，选择简单的生活就是要挣脱心灵的桎梏，回归真我。无论是三岁孩童还是二三十岁的成年人，都可以拥有一颗简单的心。尤其是当人的一生即将结束的时候，人们终将体会到，简单才是内心深处最迫切的渴望。保持一颗简单的心，才能使简单的生活成为现实。

简单，是一种生活的艺术，是幸福生活的最高境界。简单的生活首先是外部生活环境的简化。然而强调简化生活，并非完全抛弃物欲，而是要将全部身心专注于身外浮华之上的注意力打散，从而求得一种身心的平衡，过一种和谐从容的生活，真正提升生活的品质。一个真正懂得简单生活的人，才能从做家务、带孩子等平凡的生活细节中体验到真正的快乐。

同时，简单又不仅仅是一种生活的艺术，也是一种强大的驱动力。吃惯鲍参翅肚的人偶尔尝一次家常小菜，自然觉得新鲜可口；但能否长此以往，则在于他的内心是否也如此简单。善于算计之人，心思复杂之人，则因为缺乏这种强大的驱动力，而难以享受简单生活所带来的快乐。当我们不再为身外的浮华耗费过多的时间和精力，也就为内心提供了更大的空间与平静。当我们的生活趋于简单，我们才能更深刻地认识自己，更真诚地对待自己，才能将简单的心升华，从而体会到“不足为外人道”的快乐。

内心单纯、想法简单的人，更能打动人。世界上有这样两种人：一种人像水，随着地势的起伏改变着自己的形态；另一种人则像水晶，内心晶莹透彻，但却锐利坚硬。第一种人只能让自己随着世界而改变，第二种人则能令世界因他而改变。因为一颗简单的心，往往能令人们美好的梦想和执着的信念具有强大的感召力和影响力。这种强大的影响力与单纯的人格魅力常常形成一种鲜明的对比，天真烂漫的生活和无忧无虑的心态使他们宛若孩童，但思想的感召力和举手投足间的伟人风范却令人心生敬意。

对于心如水晶的人而言，一切都只不过是听从了内心的召唤，并随着善良的灵魂高歌起舞罢了。那一支心灵的舞蹈，将令整个世界为之倾倒。

第二章

诚心：持纯粹心，做至诚人

真心着眼，敦本尚实

诚字有以工夫说者。诚是心之本体，求复其本体，便是思诚的工夫。

——王阳明

一次，王阳明到南镇游玩，一个朋友指着从石头缝里长出来的花问道：“你说天下没有心外之物，那么这花在自开自落，和我心有什么关系？”

王阳明回答说：“你见到这花之前，花与你的心各自寂静；你来看此花时，花进入我们的内心，此花便在心头显现出来。便知此花不在你的心外。岩中花树对于心来说，其存在本身及其意义的被确认，在于花在人心中的显现。”

王阳明的这番话可以有很多种理解，而其中最为紧要的一点则是对于“心”的着眼。世间万象，其实都在于你是否用一颗“本心”去体验。在王阳明看来，这个本心就是真，真诚、真挚、真君子。抽取“真”，弄权耍奸，虚伪掩饰，只剩皮囊一副；抽取“真”，花开花谢无关己身，不知人事变迁，落得心眼两茫，终其一生，全无所得。

人心中有善有恶，有趋炎附势，有高洁自傲。唯其不真，所以才有“这万丈红尘，最难揣摩的就是人心”的说法。王阳明的全部学问就在于求“真心”以接“仁义”。简单地说，就是你没有一颗真挚实诚的心，也做不出善良敦厚的事。

一日，杨时、游酢来到嵩阳书院拜见程颐，正遇上程颐闭目养神，坐着假睡。程颐明知有两个客人来了，却不言不动，不予理睬。杨、游二人也不愠不恼，只是恭恭敬敬地站在门口，肃然侍立，一声不吭等着程颐睁开眼。

那天正是冬季很冷的一天，不知什么时候，开始下起雪来。门外积雪，有一尺多深。杨、游二人在雪中等了约有半天工夫，程颐才从睡榻上醒来，见了二人，装作一惊说道：“啊！啊！贤辈早在此乎！”而杨时和游酢并没有一丝疲倦和不耐烦的神情。

杨时、游酢二人“程门立雪”，只为学于高师、求善解，两人真心崇拜程颐的人品道德和学术修养，明知程颐是故意为之，却依然以礼相见。对他们来说，这是出于真心实意的行为，并非趋炎附势，所以内心坦荡而礼仪周全。

不敷衍、不做作、不逃避，能老实地袒露内心的人，往往最能打动人心，得到别人的谅解。然而，做人却很难永远保持这种心境。就好像刚出学校的年轻人，满怀着希望和抱负。但是入世久了，挫折受多了，艰难困苦经历了，或者心染污了，变得有杂质了；或者本来很爽直的，变得不敢说话了；或者本来很坦白的，变得拐弯抹角了；或者本来有抱负的，最后变得很窝囊了。其实，只要我们每个人有自己独立的思想、独立的修养，那么在任何复杂的世界、任何复杂的时代、任何复杂的环境里，都可以永远保持初心，这就是王阳明说的“本心”。

一如动静互补是一种生命形态，本心为真亦是一种生命形态。王阳明常言：“真，吾之好也。”佛家说世上只有两个人：一个人叫名，一个人叫利。照此来讲，我们不妨也可以这样说，世上只有两件事：一件为真，一件为假。求真必然务实，求假自然务虚，虚实之间，体现的不仅是对人的态度，更是对自己的认识。糊弄别人容易，糊弄自己很难。

保持本色，出以真情

无事时固是独知，有事时亦是独知。

——王阳明

泰山拔地而起，于是造就了它的雄伟；黄山吞云吐雾，于是成就了它的瑰丽；峨眉山清幽秀美，于是展现了它的神奇——山因自己的个性而呈现出千姿百态。雄也美，秀也美。万事万物，因有个性本真而美丽；芸芸众生，因有个性本真而永恒。

王阳明曾对他的学生黄弘纲说，无事时是独知，有事时也是独知。人如果只在人们关注的地方用功，那就是虚伪、作假。因此，一个人在这个社会上生存，不要总希冀自己能够瞒天过海，还是以真示人，但求无违我心的好。

子路、曾皙、冉有、公西华坐在孔子身旁。孔子说："不要认为我比你们年纪大一点，就不敢在我面前随便说话，你们平时总在说：'没有人知道我呀！'如果有人想重用你们，那么你们打算怎么办呢？"

子路不假思索地回答说："一个拥有一千辆兵车的国家，夹在大国之间，常受外国军队的侵犯，加上内部又有饥荒，如果让我去治理，三年工夫，就可以使人人勇敢善战，而且还懂得做人的道理。"

孔子听了，微微一笑，于是又问："冉求，你怎么样？"

冉有回答说："一个纵横六七十里或者五六十里的国家，如果让我去治理，三年工夫，就可以使老百姓富足起来。至于修明礼乐，那就只得另请高明了。"

孔子又问："公西华，你怎么样？"

公西华回答说：“我不敢夸口说能够做到怎样，只是愿意学习。在宗庙祭祀的工作中，或者在同别国的会盟中，我愿意穿着礼服，戴着礼帽，做一个小小的赞礼人。”

孔子接着问曾皙，这时曾皙弹瑟的声音逐渐慢了，接着铿的一声，放下瑟，直起身子回答说：“我和他们三位的才能不一样！”孔子说：“那有什么关系呢？不过是各自谈谈自己的志向罢了。”曾皙说：“暮春时节，天气暖和，春天的衣服已经上身了。我愿意和五六位成年人、六七个青少年，到沂河里洗洗澡，在舞雩台上吹吹风，一路唱着歌儿回来。”

孔子这几位弟子的个性跃然纸上，子路的忠诚与勇敢、冉有的谨慎、公西华的谦虚、曾皙心灵的平静与淡然，都呼之欲出。个性就是一种特质，一种不因潮流而改变的东西，一种你有别人没有的东西。只有坚持个性才是最美的。

明末清初大思想家王夫之在其书中曾强调，个人身处世间，不可“挟心而与天下游”，否则就会像“韩非知说之难，而以说诛。扬雄知白之不可守，而以玄死”。既然一个人不可“挟心而与天下游”，那就说明人生在世，要学会“以真示人”。但很多人都自认为聪明，其实，人的智慧相差无几，个人的那点小小的伎俩怎么可能瞒得了其他人呢？

东晋时，王家是大家族，社会地位很高，因此当时的太尉郗鉴就想在王家挑选女婿。郗鉴这个女儿，才貌双全，郗鉴视如掌上明珠，这么一个宝贝女儿，一定要找个门当户对的人家。郗鉴觉得王家与自己情谊深厚，又同朝为官，听说他家子嗣甚多，个个才貌俱佳。一天早朝后，郗鉴就把自己择婿的想法告诉了王丞相。王丞相说：“那好啊，我家里子嗣很多，您到家里任意挑选吧。凡您相中的，不管是谁，我都同意。”郗鉴就命心腹管家带上重礼到了王丞相家。王府子弟听说郗太尉派人觅婿，都仔细打扮一番出来相见。寻来觅去，一数少了一人。王府管家便领着郗府管家来到东跨院的书房里，就见一个袒腹的青年人仰卧在靠东墙的床上，似乎对太尉觅婿一事无动于衷。郗府管家回去向郗鉴报告：“王家的少爷个个都好，他们听到相公要挑选女婿的消息以后，个个都打扮得齐齐整整，有模有样，循规蹈矩。唯有东床上有位公子，袒腹躺着，若无其事。”郗鉴说：“那个人就是我所要的好女婿！”于是马上派人再去打听，原来那人就是王羲之。郗鉴来到王府，见到王羲之既豁达又文雅，才貌双全，当场便下了聘礼，择为快婿。

王羲之并不因有人来挑选女婿就刻意打扮自己，这就是显其真。

真正成功的人生，不在于成就的大小，而在于能活出自我。走自己的路，让别人去说吧！何必把自己的人生交到别人的手中，何必被别人的评论所左右，何不按照自己的想法去过自己的人生！

伪装自己、改变自己只会丢失自己，这样便没有了存在的意义。王阳明提倡恢复心的本体，是告诉世人要保持最为本真的自己。每个人都是独一无二的，无须按照他人的眼光和标准来评判甚至约束自己，无须效仿他人，要相信自己，保持自我的本色。只要我们在遵守团体规则的前提下能够保持自我本色，不人云亦云，不亦步亦趋，就能创造出属于自己的美好人生。

朴实的人生态度

诚意只是循天理。虽是循天理，亦着不得一分意。

——王阳明

王阳明认为世间本没有善恶之分，也就没有为善除恶之说。若真要弄出个善恶来，也是存在于人心当中，遵循自然而发展就是善，被外物所扰、掺杂私欲就是恶。

所谓善恶，只不过是在周围环境影响下依据本性而产生的，有善恶之分的不是本性而是习惯。本性是一种内在的东西，平时可能感觉不到它的存在，但它在暗中操控着你。它决定着你的大部分习惯，决定着你的性格，甚至决定着你的人生。人本来生下来都很朴素、很自然，由于后天的教育、环境的影响，自然的人性被刻上了许多花纹雕饰，原本的朴实被破坏了。其实，人不应该刻意雕琢自己本性的棱角，要保持住生命中最朴素的东西。

战国时期，燕国寿陵地方有一位少年。

这位少年不愁吃不愁穿，论长相也算得上中等人才，可他就是缺乏自信心，经常无缘无故感到事事不如人，低人一等——衣服是人家的好，饭菜是人家的香，站相坐相也是人家的高雅。他见什么学什么，学一样丢一样，虽然花样翻新，却始终不能做好一件事。

家里的人劝他改一改这个毛病，他以为是家里人管得太多。亲戚、邻居说他是狗熊掰棒子，他也根本听不进去。日久天长，他竟怀疑自己该不该这样走路，越看越觉得自己走路的姿势太笨、太丑了。

有一天，他在路上碰到几个人说说笑笑，只听得有人说邯郸人走路姿势那叫美。他一听，对上了心病，急忙走上前去，想打听个明白。不料想，那几个人看见他，一阵大笑之后扬长而去。

邯郸人走路的姿势究竟怎样美呢？他怎么也想象不出来。这成了他的心病。终于有一天，他瞒着家人，跑到遥远的邯郸学走路去了。

一到邯郸，他感到处处新鲜，简直令人眼花缭乱。看到小孩走路，他觉得活泼、美，学；看见老人走路，他觉得稳重，学；看到妇女走路，他觉得摇摆多姿，学。就这样，不过半月光景，他连走路都不会了，路费也花光了，只好爬着回去了。

这就是“邯郸学步”成语的来历，它所揭示的道理是生搬硬套，机械地模仿别人，不但学不到别人的长处，反而会把自己的优点和本领也丢掉。很多人过不上自己想要的生活，就希望自己成为别人，把自己想象成模仿中的人物，过着模仿的生活。其实每个人都有自己的本色，一味模仿别人，最终会失掉自己。

人需抛弃自作聪明，抛弃自私自利的贪图之心，如果人人皆能如此，便不会有作奸犯科的盗贼，不会有我们认为的大恶。

著名国学大师南怀瑾先生曾说，如果将绝圣弃智的观念归纳到生命理想中，便是“见素抱朴，少私寡欲”。“见”，指见地、观念、思想；“素”，乃纯洁、干净；“朴”，是未经雕刻、质地优良的原木。见素抱朴正是圣人超凡脱俗的生命情操，佳质深藏，光华内敛，一切本自天成，没有后天人工的刻意雕琢。

孔子在《论语》中也说，“素”如一张白纸，毫不沾染任何颜色，人的思想观念要随时保持纯净无杂，即不思善，不思恶。个人具有这种修养，人生一世便是最大的幸福；如果人人持有这种生活态度，天下自然太平和谐。

最优秀的东西就在人们自己身上，但是“大浪淘沙沙去尽，沙尽之时见真金”，大多数人都在浮华过后才意识到本色的可贵。我们保留人性中单纯、善良、朴实的东西，不要让外在的雕饰破坏了自然的本质。一个人若能以本色示人，焕发本真个性，活出自己，便是最美的。

泰然自处，真心生活任天然

率性是“诚者”事。所谓“自诚明，谓之性”也。

——王阳明

《中庸》有云：“自诚明，谓之性。自明诚，谓之教。诚则明矣，明则诚矣。”意思是说人一生下来就有道德的觉悟，而后又有道德的认识，这是尽心知性；因为有了道德的认识，又产生道德的觉悟，这是存心养性。

王阳明在谈到这一观点时说：“率性是‘诚者’事。所谓‘自诚明，谓之性’也。修道是‘诚之者’事。所谓‘自明诚，谓之教’也。”诚的本身就是“明”，“明”是一种率性而为的智慧，这种智慧，越没有被外物所扰，力量就会越强大。

阮籍，字嗣宗，“建安七子”之一阮瑀的儿子。曾任步兵校尉，世称阮步兵。崇奉老庄之学，政治上则采取谨慎避祸的态度。与嵇康、刘伶等七人为友，常集于竹林之下肆意酣畅，世称“竹林七贤”。

阮籍蔑视礼法，邻家少妇美貌，当垆卖酒。阮籍曾经去饮酒，大醉，便卧其侧。她丈夫看到了，也不恼怒。一个当兵的女儿美貌而有才气，可惜还没出嫁就死了。阮籍不认识这一家人，却径直去哭，哭够了才走。他外表坦荡而内心淳厚，乱世之中，常以“醉酒”保身，就连司马昭想与他联姻时，他也会大醉六十日加以拒绝。

阮籍嗜烈酒、善弹琴，喝酒弹琴往往复长啸，得意时忽忘形骸，甚至即刻睡去。实可谓“我醉欲眠君且去，明朝有意抱琴来”。其痴狂之态，可见一斑。

魏晋文人个个喷着酒气，他们也因为酒气而透着狂妄。“壁立千仞，无欲则刚”，魏晋文人的刚烈来自他们内在的无欲，他们因为无欲而超然，因为超然而蔑视礼法，“越名教而任自然”。他们活得超然而天真，所以，世人不以他们行为的出格而非议，也不因为他们行为的癫狂而为难他们。

在天地眼中，万事万物无明确的对错之分，天地只是冷眼旁观世间一切而已，它不介入，任事物之自然。天地生万物，是自然而生，自然而有。天地无心而平等生发万物，万物亦无法自主而还归于天地。所以古语有云：“天地不仁，以万物为刍狗。”即天地并没有特意立定一个仁爱万物之心而生长万物，只是自然而生，自然而有，自然而灭。从天地的立场来看，一视同仁，万物与人类都不过是自然、偶然、暂时存在，最终将归于还灭的“刍狗”而已。

人生不过就是一杯水，杯子的华丽与否固然可以显示一个人的贫与富；可杯子只是容器，杯子里的水，清澈透明，无色无味，对任何人都一样。不过在饮人生命之琼液时，每个人都有权利加盐、加糖或是其他，只要自己喜欢，这是每个人生活的权利，全由自己决定。

然而，在欲望的驱使下，人们或许会不停地往杯子里加入各种东西，但必须适可而止，因为杯子的容量有限，并且无论你加入了什么，最终你必须将其喝完——无论它的味道如何。如果杯中物甘爽可口，你最好啜饮，慢慢品味，因为每个人都只有一杯水，喝完了，杯子便空了。

生命就是这样简单，荣是荣，枯是枯。面对自然的力量，人的愿念和希冀是多么渺小，任你怨天尤人，苍天仍任你枯荣，它不偏不倚，无悲无喜。有人说，圣人就能做到像苍天一样，没有喜怒哀乐，对待万物一视同仁。其实，即便是圣人，也有喜怒哀乐。

所以，我们还是应当谨记王阳明的话，率性而为，不怨天尤人，不沉迷于功名利禄，实实在在地活着和做事，规规矩矩地做人，泰然地接受自然的赐予，回报自然以真心，就是如此单纯。

清水芙蓉，纯然初心

心即理也，无私心即是当理，未当理便是私心。若析心与理言之，恐亦未善。

——王阳明

王阳明在回复顾东桥的来信时说，诚是心的本体，恢复心的本体，就是思诚的工夫。心的本体就是最本真，不矫揉造作，不过分修饰。就是永远保持“初心”，不受外界环境影响，光明磊落、坦白纯洁，永远长新。

“初心”是这个世界的原始本色，没有一点功利色彩。就像花儿的绽放、树枝的摇曳、风儿的低鸣、蟋蟀的轻唱。它们听凭内心的召唤，是本性使然，没有特别的理由。

诗人李白云：“清水出芙蓉，天然去雕饰。”如果一个人去除了心机，还生活本来面目，不刻意追求什么，他就能像李白诗中那朵出水的芙蓉一样，美丽、洁白而无瑕。

王阳明主张心就是理，二者本来就是一体的，除去人的私心，就是符合天理。对于这一点，有些人很难认识到，或者即使认识到了，也很难从心底接受，以至于总是执着于自己的看法，却不知这个想法已经错了。这种自以为是的聪明，反而会成为算不清的糊涂账。倒不如像王阳明说的，去除杂质，于单纯中得正道。

聪明是一种先天的东西，人们总是羡慕聪明人的智商，殊不知这种表面的光芒不一定能令聪明人成功，在现实中也确实存在着众多一事无成的聪明人。聪明这种天赋犹如水，可以载舟，也可以覆舟。

苏轼在其《洗儿》一诗中这样写道："人皆养子望聪明，我被聪明误一生。惟愿孩儿愚且鲁，无灾无难到公卿。"苏轼对自己一生因聪明而受的苦真是刻骨铭心，以至于希望自己的儿子愚蠢一点，躲避各种灾难。聪明本是天生禀赋，但机关算尽却是人的痛苦之源，这正是聪明人苏学士对后人的忠告。

正所谓难得糊涂：聪明难，糊涂难，由聪明而转入糊涂更难。摒弃小聪明方才显示大智慧，除去矫饰方显自我本色。

一个人若迷途不返，就只会越走越远，就像追赶自己的影子，自己跑得越快，影子也跑得越快，永远没有追到的一天。因此，若想拥有幸福、快乐的人生，必须去除机巧之心，用"难得糊涂"的心态和真正的大智慧去面对生活中的苦难。

众所周知，在音乐的世界中，技巧虽然很重要，但并不是最重要的，因过多的花哨技巧会减弱情感的表达。人生也是如此，人人都玩弄聪明花招，只会让世界繁杂凌乱；绝圣弃智，才能朴实安然地生活。

我们存在于这个世界上，虽然由于各种各样的因素不能完全去除机心，但也要尽量减少机心。去除了机心，人就能保持内心的宁静，就能显现出豁达的胸怀。

君子养心莫善于诚

臆不信，即非信也。

——王阳明

从古至今，诚信都是衡量一个人人品的重要标尺。信是一个人的立身处世之本，如果不守信，也就失去了做人的基本条件。孔子把信与言、行、忠并列为教育的“四大科目”，并把它与恭、宽、敏、惠一起列入“五大规范”之中。一个人，只有言而有信，才能得到他人的信任。

对于无法遵守诺言的人，王阳明一向持批评态度。他认为与人交往时，事先就揣着怀疑的态度，臆想别人不相信自己，其实这就是不诚信的表现。只有纯朴、怀真情、讲真话、守信用的人才值得认同和欣赏。这种人，本性中最重要的便是“真”字，是至诚之人真实的写照。

诚信是一个人安身立命的基本准则，是与人交往的前提要求，唯有遵守对他人的承诺，对方才会将心交与你，并且团结在你的周围，给予你存世的支撑。倘若你历来以违背誓言为生活的基本准则，为小便宜处处失信于人，不但会失去朋友，还会失去你所拥有的一切，令自己变得孤立无援。

周幽王三年，褒国的奴隶主褒姁试图平息周褒之间的战争，将貌美非凡的褒姒献给了周幽王，史书上记载褒姒“目秀眉清，唇红齿白，发挽乌云，指排削玉，有如花如月之容，倾国倾城之貌”。幽王昏庸又荒淫无度，明眸皓齿的褒姒进宫以后自然集万千宠爱于一身，幽王立她为妃。

可那褒姒却因不习惯皇宫中的生活，且念养父被太子宜臼所杀，心中忧恨，平时很少露出笑容，偶有一笑，顾盼生辉。幽王便心中甚喜。为了博得美人一笑，幽王于是诏告天下：诱褒姒一笑者，赏千金。

后来朝中的大奸臣虢石父便献出“烽火戏诸侯”的主意，幽王决意一试，遂命点燃烽火。那时候，从边疆到国都，每隔一定距离修一个高土台，当有外敌侵犯的时候，日夜驻守在烽火台的兵士便点燃烽火，一路传递下去，诸侯国得到消息便会立即派兵前来援助。

且说那烽火燃起后，褒姒看到带着兵马匆匆赶来的大臣狼狈不堪的样子，忍不住便笑了。幽王心里甚是痛快，又把这种让人愤怒的游戏重演了几遍。这游戏满足了幽王的要求，却终使幽王失信于朝中大臣。

幽王为讨褒姒欢心，便下令废黜王后申氏和太子宜臼，册封褒姒为后，褒姒生的儿子伯服为太子。王后的父亲申侯听后气愤不过，便联合缯侯及西北夷族西戎之兵，于公元前771年进攻镐京。幽王惊慌，命人点燃烽火，诸侯们却因以往多次被愚弄心生不满，又加之痛恨幽王的昏庸无道，无人救援，终于幽王被杀，褒姒被掳，西周灭亡。

“真”“善”“美”中，“真”是为人处世的第一步。如果一个人待人虚伪不真诚，他终究难以给人留下好的印象。王阳明的“致良知”学说中就有包含真诚笃实的观点。人之言为信，言而无信则非人。如果连句真话都不讲，连个小小的承诺都不能实现，并且因失信对他人造成伤害，那么这个人无论做什么，别人都会避而远之，唾弃其卑劣人格，或者对他以牙还牙。最后此人终将孤立于世，郁郁寡欢。

在日常生活中，有些人对自己要求不严，总觉得一些小事，即使做错了也没什么大不了，所以往往在不知不觉中失去诚信。生活就是这样，你对它不诚实，它也会对你不诚实，总有一天，你会发现自己被生活所“欺骗”，失去了原本应该得到的东西。

做一个有信义的人胜似做一个有名气的人。也许有一天，一个人会失去所拥有的地位、财富、权力，但是他的信用却不会被时间冲刷掉，它是无形的人生财富。用诚信鞭策自己，便能享受真实而惬意的生活。

至诚胜于至巧

惟天下之至诚，然后能立天下之大本。

——王阳明

我国著名翻译家傅雷说过这样的话："一个人只要真诚，总能打动人的，即使人家一时不了解，日后便会了解的。我一生做事，总是第一坦白，第二坦白，第三还是坦白，绕圈子，躲躲闪闪，反易叫人疑心。你耍手段，倒不如光明正大，实话实说，只要态度诚恳、谦卑恭敬，无论如何人家不会对你怎么样的。"

所谓"精诚所至，金石为开"。假如我们没有诚意，就会什么事情都做不好、做不成。王阳明认为"惟天下之至诚，然后能立天下之大本"。在他看来，"诚"是一个非常重要的字。做任何事情，总是有先后顺序，在谈到格物致知和诚意时，王阳明说："若以诚意为主，去用格物致知的工夫，即工夫始有下落，即为善去恶无非是诚意的事。"必须先有诚意，然后才能在事物上格致，否则就会无从下手。所以，在做任何事情的时候，都要讲究一个"诚"字，而这个"诚"是发自内心的真诚、坦白。

孔子在《论语·公冶长》中说，一个人讲一些虚妄的、好听的话，脸上表现出好看的、讨人喜欢的神色，看起来对人很恭敬的样子，但不是真心的，这样活着的人未免太辛苦了。

贞观初年，有人上疏请求清除邪佞的臣子。太宗问上疏人："我所任用的都是贤臣，你知道哪个是邪佞的臣子吗？"那人回答说："臣住在民间，不能确知哪个人是佞臣。请陛下假装发怒，以用来试验群臣。如果能不惧怕陛下的雷霆大怒，仍然直言进谏的，就是忠诚正直的人；如果顺随旨意，阿谀奉承的，就是奸邪谄媚的人。"

这个人的办法看来非常聪明，但是太宗对封德彝说："流水的清浊，在于水源。国君是政令的发出者，就好比是水源，臣子百姓就好比是水。

国君自身伪诈而要求臣子行为忠直，就好比水源混浊而希望流水清澈一样，这是不合道理的。我常常因魏武帝曹操为人诡诈而特别鄙视他，如果我也这样，怎么能教化百姓？”

于是，太宗对上疏劝谏的人说：“我想在天下伸张信义，不想用伪诈的方法破坏社会风气。你的方法虽然很好，不过我不能采用。”

不管对谁，都需诚心诚意，才能够得到他人的信任。而不是通过一些看似聪明的障眼法，来试探对方。因为这样做一方面有被识破的危险，如果这样的做法被别人利用，趁机表现，只会让自己陷入被动、是非颠倒的境地；另一方面，自己都没有诚意，就不可能再要求别人要真心实意。

事情成功与否，取决于有多大的诚意。真诚，乃为人的根本。如果你是一个真诚的人，人们就会了解你、相信你，不论在什么情况下，人们都知道你不会掩饰、不会推托，都知道你说的是实话，都乐于同你接近，因此也就容易获得好人缘。

以诚待人处世，能够架起信任的桥梁，消除猜疑、戒备的心理，最终成大事、立大本。

不欺不诈，信守承诺

以宾阳才质之美，行之以忠信，坚其必为圣人之志，勿为时议所摇、近名所动，吾见其德日进而业日广矣。

——王阳明

诚信是一个人的立身之本，一个人存在于社会之中，诚信是其基本的道德依存。孔子在《论语·为政》中曾说：“人而无信，不知其可也。大车无輗，小车无軏，其何以行之哉？”意思是说：人不讲信用，真不知道该怎么办！就好比大车上没有輗，小车上没有軏，它靠什么行走呢？

信，是儒家传统伦理准则之一，是一个人立身处世的基点。王阳明警示人们要以忠实诚信为行事的准则，坚定做圣人的志向，不被名利诱惑，这样修养会越来越高，事业也会越做越大。因此，一个人如果没有诚信，就等于失去了做人的基本条件。

唐朝元和年间，东都留守名叫吕元应。他酷爱下棋，养有一批下棋的食客。吕元应与食客下棋时规定谁如果赢他一盘，出入可配备车马；如赢两盘，可携儿带女来门下投宿就食。

有一天，吕元应在亭院的石桌旁与食客下棋。正在激战犹酣之际，卫士送来一摞公文，要吕元应立即处理。吕元应便拿起笔准备批复。下棋的食客见他低头批文，认为他不会注意棋局，迅速地偷换了一子。哪知，食客的这个小动作，吕元应看得一清二楚。他批复完公文，不动声色地继续与食客下棋，食客最后胜了这盘棋。食客回房后，心里一阵欢喜，企望吕元应提高自己的待遇。

第二天，吕元应带来许多礼品，请这位食客另投门第。其他食客不明其中缘由，很是诧异。十几年后，吕元应处于弥留之际，他把儿子、侄子叫到身边，谈起这次下棋的事，说：“他偷换了一个棋子，我倒不介意。但由此可见他心迹卑下，不可深交。你们一定要记住，交朋友要慎重。”

吕元应凭多年的人生经验，深觉棋品与人品密不可分，棋品即人品。我们在日常生活中一些不守信用的行为，看似小事，却会成为我们人生发展的隐患。

诚信是一种智慧，不论组织或个人，信用一旦建立起来，就会形成一种无形的力量，成为一种无形的财富。一个诚信不欺、一诺千金的人往往易于得到认可，获得帮助。诚信就是一个人的立身之本。

季札是春秋时吴王寿梦四个儿子中最小的一个。他虽小却很有才华，寿梦在世时就想把王位传给他，但季札避让不答应，寿梦只好仍旧让长子诸樊继位。

后来，季札受吴王的委托出使北方，北行时拜访了徐国国君。徐国国君在接待季札时，看到他佩带的宝剑。吴国铸剑在春秋时很有名，季札作为使节所佩带的宝剑自然不凡，徐君对季札的宝剑赞不绝口，流露出喜爱之情。季札也看出徐国国君的心意，就打算把这宝剑送给他以做纪念。但是这把剑是父王赐给他的，是他作为吴国使节的一个信物，他到各诸侯国去必须带着它，现在自己的任务还没完成，怎么能把它送给别人呢？只能暗下决心，返回时一定把此剑献上。

后来，他离开徐国，先后出使鲁国、齐国、郑国、卫国、晋国等地，当返回时又途经徐国，当他想去拜访徐国国君以实现自己赠剑的愿望时，却得知徐国国君已死。

万分悲痛的季札来到徐国国君的墓前祭奠，祭奠完毕，解下身上的佩剑，挂在坟旁的树木之上。随从人员说："徐国国君已死，那宝剑还留下干什么呀？"季札说："当时我内心已答应了他，怎么能因为徐国国君已死，就违背自己的心愿呢！"

一个已经亡故的赠剑对象，一把价值连城的宝剑，诠释了"诚"的真实含义；相比那些对别人做出了承诺而找各种理由不履行诺言的人来讲，季札无疑做出了良好的表率。

王阳明告诫自己的学生：讲良知，自然就不能够容忍不诚实。不诚实一旦存在，心就能够察觉。而诚实好比人的名片，无论走到哪里，都会为其赢得信赖。在一个人的成功道路上，诚信的品格比能力更重要。

在我们的人生旅途中，也许我们会由于诚实而错过一些东西；但是，从长远来看，这些都算不了什么。因为我们树立了诚实守信的形象，从而被人信赖，这是无法用金钱来衡量的。有时，凭借欺诈可以获得一时的成功；但是只有凭借诚实与守信，我们才能获得永久的成功。

第三章

进取心：立志由心，量力而行

志不立，天下无可成之事

志不立，天下无可成之事，虽百工技艺，未有不本于志者。

——王阳明

孟子说："天将降大任于是人也，必先苦其心志，劳其筋骨，饿其体肤，空乏其身，行拂乱其所为，所以动心忍性，曾益其所不能。"自古以来，凡欲做大事者必先立志，志不坚则事必难成。

王阳明作为一代大儒，对立志与人生的关系有着独到的见解。他说，一个人若是想做出一番事业，首先要立志，否则就会一事无成。不仅如此，即便是各种工匠技艺，也都要靠着坚定的意志才能学成。

确实如此。人们常说，一个人的理想往往决定了他的高度。燕雀焉知鸿鹄之志，鸿鹄是要像大鹏那样展翅翱翔于九天之高，尽收天下于眼中的；而燕雀不知道去千万里之远有何用，自然对能够触及榆树和枋树就已经心满意足了。如翱翔于九天之大鹏一般，王阳明从小便胸怀大志，要读书做圣贤之人。

有一次，年仅十二岁的王阳明在书馆里问他的老师："何为第一等事？"老师回答说："惟读书登第耳。"王阳明竟持着怀疑的态度反驳道："登第恐未为第一等事。"老师反问他什么才是人生的头等大事。王阳明说："读书学圣贤耳。"

"读书学圣贤"这样大的志向正是出自少年王阳明之口，他认为登第当状元只是外在的成功，而读书做圣贤是追求内在的修养，才能够永垂不朽。这崇高的志向，对王阳明以后的生活产生了深远的影响，在思考和实践的过程中，他常常以这为标准来解决生活当中出现的问题。

只要有了高远的志向，那么无论想成就什么事业都有了可能，所以立志是十分重要的。王阳明作为一位洞悉心灵奥秘、闻名古今中外的心学大师正是在自己志向的带动下才一步一步走向成功的。即便后来受到种种磨难，他也没有放弃。不只是王阳明，古往今来，每个有所成就的人物在努力奋斗之前都为自己立下远大的志向，告诉自己要去哪里。

班超是我国东汉时期杰出的军事家和外交家，他从小胸怀大志，不拘小节。汉明帝永平五年（公元62年），班超因哥哥被聘为校书郎，而随同母亲一起来到洛阳。因为他写得一手好字，便受官府的雇用，抄写文书，以此谋生。为了将这份工作做好，班超每天天不亮就起床，晚上直到很晚才睡。

当时，北方的匈奴时常侵犯汉朝边境，班超特别愤慨；同时，他又看到西域各国与汉朝的交往已断绝了五十多年，心中非常忧虑。有一天，他正在抄写文件，写着写着，觉得这份工作实在无聊，想到自己远大的志向，忍不住站起来，将笔狠狠地掷在地上说："大丈夫即便不能实现自己的理想，也应该像傅介子、张骞那样，为国家的外交作贡献，以取得封侯，怎么可以在这种抄抄写写的小事中浪费生命呢！"周围的人听了这话都笑他，班超回应说："凡夫俗子怎能理解志士仁人的襟怀呢？"于是，他决定投笔从戎，去干一番大事业。

后来，他当了一名军官，在对匈奴的战争中取得胜利。接着，朝廷采纳他的建议，派他带着数十人出使西域，重新打通了丝绸之路。他也由此成为我国历史上杰出的外交家，名垂青史，万古流芳。

班超投笔从戎，建立了千秋功业，正在于他没有满足于抄抄写写、安稳度日。他把自己的境界和志向提升到一定的高度，才有了名垂青史的成就。可见，人生的志向对一个人是何等重要。

“大丈夫四海为家”“好男儿志在四方”，不要隅居于自己的狭小天地之中，做一只井底的青蛙。而应该走出去，看看外面的大千世界，去关注天下苍生，站在一个更高的角度去看待世间的万物，以一种更广阔的胸怀去面对自己的人生。在相信“天生我材必有用”的同时，努力使自己成为有用之材，那么远大的四方之志终会有实现的一天。

靠人不如靠己

笃信固亦是，然不如反求之切。

——王阳明

王阳明十八岁之时，于江西成亲后同夫人回老家途中拜访了娄谅先生。娄先生十分欣赏王阳明，并且告诫他：必须通过学习才能成为圣人。这句话王阳明深深记在了心底，它不仅坚定了王阳明成圣的志向，还让他得出了一条成圣的标准：只有通过自身不断努力读书和实践，最终才能实现自己的愿望。

自古以来，因他人指点迷津、相助而成功的故事比比皆是。每个人都期望如王阳明遇到娄谅先生的点拨一样，在迷茫时能够得到他人的指点，在困境中能够得到他人的帮助。

在做学问方面，王阳明认为，虽然做学问也需要老师的指点教化，但始终不如自己去探究来得彻底。在为人处世方面，只有自己肯上进，不断完善自我，关键时刻充分发挥自己的才能，才有可能闯出一片天。历史上诸多求人不如求己的故事，也说明在任何时候都必须靠自己，而不是依赖他人。

一个书生在屋檐下躲雨，看见观音菩萨撑着伞走过，便说：“菩萨，普度一下众生吧，带我一程如何？”观音菩萨说：“我在雨里，你在屋檐下，而檐下无雨，你无须我度啊。”书生立刻走出屋檐，站在雨中说：“现在我也在雨中，该度我了吧？”观音菩萨说：“你在雨中，我也在雨中，我不被淋雨，是因为我有伞，你被雨淋是因为你没有伞。所以不是我度你，是伞度你。你要想得度，请找伞去！”说完就走了。

第二天，这个书生又遇到了难事，便去庙里求菩萨。走进庙里，发现观音菩萨的像前也有一个人在跪拜，那个人长得和观音菩萨一模一样。书生很惊讶，问他：“你真是观音菩萨吗？”那个人说：“我就是。”书生又问：“那你为什么还自己拜自己呢？”观音菩萨笑道：“我也遇到了难事，但我知道，求人不如求己啊！”

王阳明曾在回答学生提问时说道：“子夏笃信圣人，曾子反求诸己。笃信固亦是，然不如反求之切。今既不得于心，安可狃于旧闻，不求是当？”他认为，相信圣人固然没错，但不如自己反省探究来得真切。如果自己心里都没有搞清楚，又怎么可以因循守旧，而不去自己探究正确的答案呢？做学问如此，做人同样如此。

真正能够帮助自己的，还是自己。此所谓“天助自助者”。

道理虽然浅显，但人们往往不能彻悟。孔子是少数深谙此理的人之一。在面对上大夫的刁难时，他能够轻松地以此向对方还以颜色。

卫国的王孙贾曾问孔子：“与其向比较尊贵的祭祀场所‘奥’祈祷保佑，不如向并不尊贵但作为五祀之一的‘灶神’祈祷保佑，这是什么意思？”

孔子说：“此言差矣。如果犯了滔天大罪，向什么神祈祷也没用。”

王孙贾想要告诉孔子，他与其跟各国诸侯往来，不如来拜访他们这些士大夫，祈求他们在君王面前替他说几句好话。孔子却认为，一个人若真的做了坏事，那他怎样祷告都没有用，任何菩萨都不能保佑他。言下之意就是他不需要那些王孙贵胄帮腔求情，因为自己没有做错事，君子坦荡荡，无愧于心。

正如王阳明所言：“笃信固亦是，然不如反求之切。”个人的成功应从完善自身入手，不断地主动创造条件使自己在他人心目中留下深刻印象，而不是寄希望于他人偶然间对自己的青睐。即便是上天的眷顾，也只会降临在有准备的人身上。

心之所想，力之所及

只念念要存天理，即是立志。能不忘乎此，久则自然心中凝聚，犹道家所谓“结圣胎”也。此天理之念常存，驯至于美大圣神，亦只从此一念存养扩充去耳。

——王阳明

王阳明作为宋明道学中心学一派的代表人物，强调个人的主体意识和自主精神。他认为，只要心中念念不忘存天理，就是立志。能不忘记这一点，久而久之，心思自然会凝聚在天理上，就像道家所说的“把凡胎修炼成圣胎”。如此将天理时刻铭记于心，逐渐达到宏大神圣的境界，正是从心中最初的意念不断坚持并发展下去的。

“心之所想”虽然只是停留在脑海中的意识，却有着不可小觑的力量。王阳明所言的“念念要存天理”，就是用我们的意念影响我们的思维。当心存念想时，才能做到心无旁骛、专心致志；倘若心无所思，则难以排除杂念。

“心之所想”的力量远不止于此。在奋力追求成功的人生道路上，“想”成功是必不可少的前提条件。缺少这个“心之所想”的动力，抑或受外界干扰而无法将之坚持到底，则难以发挥潜在的能力，难以超越自我，挑战极限。

明朝后期是中国古代科学技术史上最灿烂辉煌的一段时期。那时出现了一位伟大的地理学家、探险家——徐霞客。

徐霞客自幼聪明好学，喜欢读历史、地理、游记之类的书籍，立志成人之后遍游国家的大好河山。

但是父亲去世后，老母无人照顾，徐霞客的游览计划被搁置了，终日闷闷不乐。母亲看出了他的心思，对他说："男儿志在四方，哪能为我留在家里。"母亲的支持，坚定了徐霞客远游的决心。

徐霞客便辞别母亲游历他乡。他先后游历了太湖、洞庭湖、天台山、雁荡山、泰山、武夷山和北方的五台山、恒山等名胜，并且记录下了各地的奇风异俗和游历中的惊险经历。

几年后，徐母去世，徐霞客把他的全部精力放在游历考察事业上。他跋山涉水，到过许多人迹罕至的地方，攀登悬崖峭壁，考察奇峰异洞。

在湖南茶陵，徐霞客听说这里有个深不可测的麻叶洞，便决心去探访。可当地人说洞里有神龙和妖精，没有法术的人不能进去。刚走到洞口，向导得知徐霞客不会法术，就吓得跑了出去。徐霞客毫不动摇，独自手持火把进洞探险。当他游完岩洞出来的时候，等候在洞外的当地群众纷纷向他鞠躬跪拜，把他看成是有大法术的神人。

徐霞客白天进行实地考察，晚上就借着篝火记录当天的见闻。三十多年里，他走遍祖国南北，对曾走过的地方之地理、地质、地貌、水文、气候、植物做了深入细致的调查研究，并用日记体裁进行详细、科学的记录。就是在这样的坚持之下，他写出了闻名世界的《徐霞客游记》。

很多人虽然都心有所想，却很少有人为了愿望而坚持不懈地努力下去，也很少有人为了一个目标而坚定地执行下去。因为总是会有来自外界各种各样的干扰。我们每个人都向往成功，但是心有所想的同时需要排除外界的干扰，需要在心里不断地提醒自己，不断地朝目标前进。要相信自己的心之所想，清楚地告诉自己想要的是什么，并为之而努力奋斗。只有时刻保持这种"想要"的念头，才能彻底抛开所有阻挠它实现的因素。最后我们会发现，所有的"我想"，都变成了"我要""我一定"。想都不敢想的事情，未必就是我们无法做到的事情。

大胆地坚持心之所想，方知自己的潜力有多大。

正如放风筝。风筝能飞多远，关键在于手中的线有多长。如果线断了，再好的风筝也飞不起来。我们想要成功的心，就是牵着风筝的线，不要让线在风筝飞上云端之前断掉，更不要在“心想事成”之前放弃最初的信念。成功不仅需要奋力拼搏，更需要一份坚持不懈的动力。坚持心之所想，并为之努力奋斗，成功就会向你招手。

志当存高远，路从脚下行

譬之树木，这诚孝的心便是根，许多条件便是枝叶。须先有根，然后有枝叶。不是先寻了枝叶，然后去种根。

——王阳明

王阳明一介文人，作战百无一失，在中国历史上是绝无仅有的，而他所做的，只是一直在修养自己。但是火候到了，就如同鱼跃龙门，化身为龙，自由地游走在天地之间，无往而不利。

对于人来说，志向其实是未来行为举止的驱动力，正如先贤孔子所说的：“志于道，据于德，依于仁，游于艺。”意思是说，将天地道义的实现作为自己终生奋斗的目标，然后用道德的标尺来约束自己，以仁义作为自己处世的原则，同时还要学习六艺来丰富生活的内容。道德之性、仁爱之心、六艺之才，是实现人生目标必不可少的重要条件。而其中最重要的前提便是树立高远的志向，以志向来引导前进的方向。

秦朝丞相李斯年少时跟随荀子学习。由于家境贫寒，经常食不果腹。一日，李斯在厕所里看到粪坑中的老鼠又小又瘦，一见到人就惊慌逃窜。过了几日，李斯去米仓盛米，看到一只在米仓中偷米吃的老鼠。这只老鼠又肥又大，见到李斯不但不逃跑，反而瞪着眼很神气地看着他。李斯觉得很奇怪：为什么厕所中的老鼠见着我就拼命地逃跑，而这只老鼠见着我不但不逃跑，反而还敢瞪我呢？

李斯陷入沉思，反复琢磨两只老鼠间的差异，终于悟出了一个道理：又小又瘦、见人就逃的老鼠，是没本事没靠山、被欺负惯了的老鼠；而又肥又大、见人不避的米仓老鼠，认为自己很有本事，很有靠山，所以敢见人不避，目空一切。李斯突然觉得，现在的自己就像厕所里的那只小老鼠，非常可怜。于是，李斯暗暗发誓：做人也要如此，要做就做米仓中的大老鼠，绝不做那可怜的粪坑老鼠——不但吃不饱，还备受欺负！

悟出这个道理之后，李斯便告诉荀子自己不读书了。荀子问他不读书要去做什么，李斯说要去游说诸侯，求得功名富贵。就这样，李斯半途荒废了学业，开始追求富贵功名的人生。后来，李斯得到秦始皇的信任，当上了秦朝丞相。他在为人处世中处处奉行“老鼠哲学”——仰仗秦始皇的信任和自己的地位，打击陷害异己忠良，贪赃枉法，肆无忌惮。秦始皇死后，李斯便落了个遭人诬陷、满门抄斩的悲惨结局。

米仓中的老鼠激励着李斯立下了人生的大志，但是“老鼠哲学”却又让李斯一败涂地。“据于德，依于仁，游于艺”固然重要，但人生全部的努力及其方向，更多地源于我们确立的志向。诚如王阳明所言：“譬之树木，这诚孝的心便是根，许多条件便是枝叶。须先有根，然后有枝叶。不是先寻了枝叶，然后去种根。”确立志向之时，倘若其心不正，则容易失之偏颇，惨淡收场；其志不高，则容易碌碌无为，一事无成。

然而，高远的志向只是心之所向的念想，如何将之付诸实践呢？对于这个问题，不同的人会做出不同的选择。而最典型的莫过于“依于仁”“游于艺”，抑或徘徊于二者之间。

苏轼与佛印出游，看到一个木匠在做墨盒，于是即兴对诗。佛印曰：“吾有两间房，一间赁与转轮王，有时拉出一线路，天下邪魔不敢当。”苏轼淡然一笑，对曰：“吾有一张琴，五条丝弦藏在腹，有时将来马上弹，尽出天下无声曲。”

同样一根线，苏轼与佛印看出了不同的人生哲理。佛印说的是眼前所见的墨盒里的线，用的时候要拉出来，非常直，就像为人处世所坚持的原则和底线，天下邪魔看到它的正直都不敢靠近。他强调了一个端直的人品和操守对实现人生目标的重要性。再看苏轼所言：我也有丝弦，不过不像墨盒的线那样要拉出来，而是藏在我心中。苏轼用弹奏只有自己能够明白的天籁来比喻他的人生——追求自由自在的欢愉。

上述二人不同的人生态度分别代表了中国人格理想上的两个支点："仁"是嘈杂世界中生命自我选择与坚持的力量；而"艺"是令我们心神荡漾、触目生春的欢愉。这两点之于生活，就如阳光雨露之于草木，缺一不可。然而最为重要的，还在于"志于道"。王阳明高度强调道德的自我完成，在他看来，凡墙都可以是门，只有树立远大的抱负，循着高尚而伟大的理想之路从心头做起，才不至于鼠目寸光，荒废一生。

不搞偶像崇拜，只是做好自己

圣人与天地民物同体，儒、佛、老、庄皆吾之用，是之谓大道。

——王阳明

偶像崇拜自古有之，偶像的含义因时代的变迁而有所不同。就中国传统的儒学思想而言，更多的是比喻人心目中具有某种神秘力量的象征物。这种象征物，既可以是塑造成形的佛像，也可以是活生生的人物。就其本质而言，偶像具有供人仿效、提供精神力量的积极作用。然而，它也可能导致崇拜者自主意识的迷失。

我们崇拜偶像是为了给自己树立一个榜样，从而完善自我。在自我完善的过程中，来自外界的考验越严苛，我们进步的空间就越大。只有经受住严峻的考验，才能在千般折磨、万般痛苦之后"立地成佛"。被视为偶像之人，他们以自身的成就为世人树立了榜样，并非要压倒众人而独占鳌头，更希望的是后继之人大胆超越，有所创新。若在偶像崇拜的过程中迷失了自我，盲目模仿他人，将永远活在偶像的阴影中不得解脱。这样的人只剩躯壳，而禁锢了一颗自由跳动的心。尤其是那些已逝的偶像，生前的丰功伟绩载于青史，更容易令人产生偶像包袱而迷失自我。

王阳明所言“圣人与天地民物同体，儒、佛、老、庄皆吾之用，是之谓大道”，指出圣人与天地万物、芸芸众生并没有本质上的区别，只要是适合自己的，都可以为我所用。因此，对于心中崇拜的偶像，我们可以借鉴其思想，而不应迷信其思想。盲目的偶像崇拜是成功路上的绊脚石，而有所选择、取其精华的偶像崇拜，才能铺平成功的人生之路，激发出人生智慧。

诚然，每个人的心中都或多或少地存在着几位令自己无比佩服、无比崇拜的偶像。在树立人生志向的时候，多以偶像为目标，为人处世以偶像的作风为参照。这就容易忽略真正适合自己的人生方向，忘记了偶像所具备的不一定都适合自己，强行模仿只会适得其反。王阳明“格竹子”失败的事件就给我们很好的启示。他崇拜朱熹，认真钻研朱子学说的同时，还仿照朱熹提出的格物致知理论“格竹”，没有悟出万物的道理，反而落得一身病痛。这次体验，让王阳明对朱子学说产生了疑惑，为他走上自己的学术探索之路打下了基础。

王阳明讲“立志贵专一”，前提便是“于始生时删其繁枝”“于始学时去夫外好”。因此，对于偶像，我们要学会欣赏、借鉴，以其作为我们学习的榜样，激发前进的斗志，实现人生的目标，绝不能过分地崇拜偶像，使自己的思想、行动以及丰富的创造力受到束缚，最终成为偶像的奴隶。

人贵有自知之明

后儒不明圣学，不知就自己心地良知良能上体认扩充，却去求知其所不知，求能其所不能，一味只是希高慕大，不知自己是桀、纣心地，动辄要做尧、舜事业，如何做得？

——王阳明

《传习录》中有这样一段记载：一对父子发生争执，互相控诉对方，想请王阳明为其评理。王阳明听他俩说完，对他俩说了一番话。话未说完，父子俩就抱头痛哭，冰释前嫌而离去。弟子们都很好奇，问先生："您对他们说了什么，令他们这么快就有所感悟了？"王阳明说："我对他们说，舜是世间最不孝的儿子，而舜的父亲瞽叟是世间最慈爱的父亲。"弟子们愕然，继续请教先生。王阳明解释说："因为舜常常认为自己不够孝顺，所以他能做到至孝；而他的父亲瞽叟常常以为自己已经非常慈爱了，所以做不到真正慈爱。瞽叟只想着舜是他从小养大的，今天凭什么不能取悦我、让我高兴。他不知道自己的心已受后妻的影响改变了，还自以为对舜慈爱，所以就越不慈爱；而舜只想着父亲在他小时候是多么爱他，今日不爱他是因为他不够孝顺，于是他每天反省自己不够孝顺的地方，因此就越来越孝顺。"

众所周知，舜是中国古代有名的孝子。王阳明之所以说舜是世间不孝之子，是为了让那对互相控诉的父子明白，做人要有自知之明，要学会从自己身上找原因，而不是一味地责怪他人。

人贵有自知之明，但自知的获得，又谈何容易。只有经历暴风骤雨的洗礼、雪压霜欺的磨砺，在无数次跌倒中爬起，才能够找到真实的自我，才能够正确面对自己的对与错、美与丑、善与恶，从内心做到不怨天尤人，真正认识到自己的能力，再通过不断修补与完善，向更加完美的人生靠近。可见，人贵有自知之明的"贵"字来得何其不易！

自以为了解自己是大多数人容易犯的毛病，因为真正了解自己的人少之又少。人生如秤，对自己的评价过轻容易自卑，过重则容易自大；只有准确把握，才能实事求是、恰如其分地感知自我、完善自我。自知无知才求知，自知无畏才拼搏。倘若连自己擅长什么、欠缺什么都不知道，又何谈奋力拼搏、努力改进呢？因此，自知之明总是在无边的黑夜中熠熠生光，为不同的人生指引正确的方向。有了自知之明，才能在深浅之间权宜做人。

理发师有一把刮脸刀，它不仅十分漂亮，而且工作出色。有一段时间，理发师因事外出，理发店里没有顾客光顾了，刮脸刀闲得无聊，突然想要出去见见世面，并在众人面前展示一下自己。

刮脸刀刚迈出门槛，太阳光射进来，在它的刀刃上闪出耀眼的光芒。它非常得意，觉得自己实在是了不起。

经历了如此壮丽的场面，刮脸刀已经不愿意再回到理发店去为理发师服务了。“那破旧的小小理发店，怎能配得上我这锋利的刀刃呢？我得找个僻静的角落躲藏起来，让那个讨厌的理发师再也找不到我。”

从此，理发师再也见不到这把刮脸刀的踪影了。

几个月过去，多雨的季节来临了。躲藏已久的刮脸刀决定出来透透气，却没想到在它跳出刀鞘时已经锈迹斑斑了。

刮脸刀知道自己错了，它悔恨地痛哭：“我为什么忍受不住诱惑呢？善良的理发师照顾我、保养我，他曾为我的劳动充满自豪！可现在，一切都失去了，我的刀锋生出令人厌恶的锈斑。”

有自知之明才能让我们明晓得失、看清自己，去做力所能及的事。王阳明说，不知道从自己内心的良知良能上去体认扩充，却去强求他所不能做到的事，一味只是希高慕大，不知道自己是桀、纣心地，又如何能成就像尧、舜那样的事业呢？

人生的旅途有千百条路，是选择距离较远的平坦大道，还是近在咫尺的崎岖山路，因人而异。“成名成家”固然风光，但绝不是每一个人都能够实现，“心想事成”有时候不过是美好的愿望罢了。对于大多数人而言，平淡快乐的生活比功成名就更有意义。无论是能力上还是思想上的力所不及，都有可能陷入理想与现实之间那道永远不可逾越的鸿沟。自知之明的可贵之处，便在于它能指导人们量力而行，选择一条适合自己的人生道路。

道德心：小赢靠智，大赢靠德

土地不如德行，财物不如仁义

良知只是个是非之心，是非只是个好恶，只好恶就尽了是非，只是非就尽了万事万变。

——王阳明

修身、齐家、治国、平天下，此乃儒家文化中传统的道德理想。儒家思想将“修身”放在人生事业的第一位，而“欲修其身者，先正其心”。可见对于我们中国人而言，人品修养有多么重要。尤其是对于立志创出一番事业的年轻人而言，无论是奋斗的过程还是成功之后，良好的道德修养都不可或缺。

王阳明的心学思想尤其注重个人自身的道德修养，将之与天理相统一。他认为，“良知”作为人内心的是非准则，具有知善去恶的能力，人们能够凭借它去辨明是非善恶。也就是说，一个人的道德修养，会影响他的言语、行为以及为人处世的原则。

段干木是战国时晋国人，赵、魏、韩三家分晋后居于魏。他小时候家里贫穷，社会地位低下，因而他的志向难以实现。他游学西河，师事孔子弟子卜商（子夏），成为很有学问的人。他住在魏国的城邑段木，所以人们称他为段干木。他很有才能，但不愿做官。魏国国君魏文侯曾经登门去拜访他，想授给他官爵。他却避而不见，越墙逃走了。从此，魏文侯更加敬重他。每当乘车路过他家门外时，就下车扶着车前的横木走过去，以表示对段干木的尊敬。

魏文侯的车夫感到纳闷："段干木不过一介草民，您经过他的草房表示敬意，不是太过分吗？"魏文侯答道："段干木是一位贤者，他在权势面前不改变自己的节操，有君子之道。他虽隐居于贫穷的里巷，而名声却远扬千里之外，我经过他的住所怎敢不对他表示敬意呢？他因有德行而取得荣誉，我因占领土地而取得荣誉；他有仁义，我有财物。土地不如德行，财物不如仁义。这正是我应该学习、尊敬的人啊！"

后来，魏文侯见到了段干木，诚恳地邀请他任国相，段干木谢绝了。魏文侯与段干木倾心交谈，两人成为莫逆之交。没过多久，秦国想兴兵攻打魏国，司马唐雎向秦国国君进谏道："段干木是贤人，魏国礼遇他，天下没有不知道的。像这样的国家，恐怕不是能用军队征服的吧。"秦国国君觉得有道理，于是按兵不动。

上古先秦歌谣中有一首歌谣，其中写道："吾君好正，段干木之敬。吾君好忠，段干木之隆。"段干木终身不仕，然而他又不是真正与世隔绝的山林隐逸之流，而是隐于市井穷巷、隐于社会底层的平民百姓。进而"厌世乱而甘恬退"，不屑与那些乘战乱而俯首奔走于豪门的游士和食客为伍，使倾覆之谋"浊乱天下"。

与此相反，那些见利忘义者，必遭人唾弃。历史上不乏道德败坏之人登上高位、不可一世的例子。在金钱与权力面前，人们会质疑，良好的道德品质还有何用？然而，真实的历史给了我们最好的印证，没有良好的道德品质，再位高权重、大富大贵之人，也会不得善终、惨淡收场。

秦朝赵高，为官期间横征暴敛，滥杀无辜，却官居高位，一人之下，万人之上；汉末董卓个性粗暴，奸诈无比，却自封相国，专断朝政，凶暴淫乱，无法无天；唐朝的李林甫，为人奸诈阴险，手段卑鄙，世称"口有蜜，腹有剑”，受贿无度，生活奢华，却官至宰相；南宋的奸相秦桧，其人残忍阴险，陷害忠良，却能为相十九年。然而，赵高后来为子婴所杀；董卓为王允等人所杀；李林甫的腐败最终引发了“安史之乱”，留下千古骂名；秦桧死后被筑“跪像”，永世不得翻身。官居高位固然令人称羡，但他们的下场，向世人清楚地昭示了罔顾道德、埋没良心而得来的荣华富贵，是以令人唾弃、遗臭万年为代价的。

在追逐成功的人生道路上，获得一定的社会地位是成功的一个重要方面。然而，地位有两层含义：一是外在的权位高低，二是在众人心目中的位置。有远见之人看重“赢得生前身后名”，鼠目寸光之人只见眼前的风光而听不到背后的骂名。上述道德败坏之人，无不因其外在的权位而一时风光，却背负着世人的唾骂而不自知。王阳明忠君爱国，体恤百姓，鞠躬尽瘁，死而后已，因此流芳百世；而与王阳明同时代的刘瑾，狡诈得权，肆意贪污，因而遗臭万年，其身后评价差之千里。

由此可知，立志成功之人，无论最后处于何种地位，都不能忘记德行这个“本”。只有时刻保持良好的品德，并以此为准约束自己的行为，才能在有限的能力范围之内创造出无限的人生价值，才能以良好的口碑传世，成为人生道路上真正的大赢家。

以德为先，德才兼备

世之君子，惟务致其良知，则自能公是非，同好恶，视人犹己，视国犹家，而以天地万物为一体，求天下无治不可得矣。

——王阳明

高尚的品德与出众的才能，是获得成功的两个必备条件。儒家圣贤们十分看重人的品德，认为品德比才能更重要。孔子在《论语·泰伯》中说道：“如有周公之才之美，使骄且吝，其余不足观也已。”

孔子认为，即使有周公那样的才能和那样美好的资质，只要骄傲吝啬，其余的一切也就都不值一提了。如果一个人才高八斗而品德不好，那么圣人连看也不会看他一眼。只有德才兼备，以德育才，才是真正的人才。当德与才不可兼得时，当舍才而取德，正如孟子“舍生而取义者也”。

王阳明有关“致良知”的观点，就能够从中看出他教育的目标。如他所言，“世之君子，惟务致其良知，则自能公是非，同好恶，视人犹己，视国犹家，而以天地万物为一体，求天下无治不可得矣”。心学推崇“心即理”的思想，“致良知”在这一基础上是可能的，也是必要的。王阳明认为，世上的君子，只要专心于修养自身品德，那么自然能够公正地辨别是非好恶，像对待自己那样对待他人，将国事等同家事一样关心，把天地万物看作一个整体，从而求得天下的大治。因此，“致良知”不仅是为学之道，更是育人之道，重在育人之德，“道德”或“良知”等精神品质蕴含于经典之中，对人的自身修养有着与之相应的陶冶价值。

唐朝汝州有个叫夏子胜的人，十年寒窗苦读，一朝高中，被皇帝授予南县县令。这日，夏子胜携一家仆赴任，来到县衙，大小县吏已在门口等候多时，见新县令到来，一个个急忙迎上去。夏县令问他们去年南县老百姓生活如何，粮食是否丰收，商贾是否安分行商，官粮是否收齐，赋税是否完成，然后叫来师爷将县吏们所说记录在册，逐一核对账簿。几天后，师爷对夏县令说，一切都如县吏所言，去年南县一切安好。听完汇报，夏子胜点点头。

在南县县吏们的眼里，这个新来的县令与以往的县官老爷大有不同：除了处理诉讼官司时会开口说话外，平时听不到他说一句话。不过话虽然很少，但是所做的事情却极为合乎规范，往来公文，刑罚办差，无论是上司还是下面的老百姓，都称赞夏县令做事稳当，是个好官。

这些官吏十分不解，这个不爱说话的老爷到底是怎样一个人？一天，有个胆大的县吏将这一疑问向夏子胜提了出来，夏子胜听后，呵呵一笑，说道："圣人行道，心正而行端，做官做民都是一个道理，为官之道在于教民养民，为人之道贵在德行，明白了其中的道理，做起事情来就不会有偏颇，如此，又何必说那么多的话呢？"

我们可以将这位南县县令的话理解为对"执事敬"的最好注解，事实上，一如这位县令所说，行圣人之道又何必多言，"行"首在"知"，这是心灵净化、涵养提升的必然结果。由此，对人忠信而不诡诈，与人交往而不奸猾，堂堂正正做人，端端正正做事。与此相对，再多的话都不过是水中倒影，没有实际意义。

在现实生活中，我们会遇到两种品质不好的人。一种是品质不好、能力也不强的人，这种人因其能力有限，对他人和社会造成的危害不会太大；另一种则是品质败坏但才思敏捷、能力出众的人，这种人更容易寻捷径上位，一旦得势，将会对反对他的人或社会集团造成巨大的危害，甚至达到一发不可收拾的毁灭程度，最终断送一个家庭、一个公司甚至一个国家。没有灵魂的头脑，没有德行的知识，没有仁善的聪明，只能起负面的破坏作用。

反之，品德高尚的人，即便能力有所不及，也会虚心好学，不断提高自己，通过脚踏实地的努力奋斗来获得成功。当然，不能因此而走向另一个极端：忽略人的才能，一味强调道德修养。不懂得尊重知识、尊重人才的人，何谈培养自己的道德品质！历史经验告诉我们，无论做人还是做事，都要以德为先，就好像王阳明告诉弟子的话：良知在人心，随你如何，也不能泯灭。德行是我们行走人生的前提，而才能是我们创造人生的手段。做到德才兼备，才能使我们的人生绚烂多姿！

君子如玉亦如铁

名与实对，务实之心重一分，则务名之心轻一分；全是务实之心，即全无务名之心。若务实之心如饥之求食、渴之求饮，安得更有工夫好名！

——王阳明

王阳明出身于官宦世家，自幼受到良好的教育，并以读圣贤书、修身齐家治国平天下为己任。为官期间屡立战功，声望不断升高，然而他的仕途却日趋坎坷。

由于不满太监刘瑾把持朝政、任意妄为，许多正直的官员上疏正德皇帝，要求严惩刘瑾及其党羽，结果被打入死牢。时任兵部主事的王阳明站出来为他们辩护，委婉地请求皇帝释放众人。刘瑾当即下令将王阳明谪迁至贵州龙场，做了一个没有品级的驿丞。不仅如此，他还暗中派人尾随王阳明，准备在途中将他害死。

王阳明在钱塘江边遇到杀手，急中生智，趁夜色跳入江中，逃过一劫。但为了家人的安全，王阳明仍不得不前往贵州赴任。

刘瑾倒台后，王阳明被重新起用，但又因平定宁王朱宸濠叛乱而惹怒龙颜，不但没有得到皇帝的嘉奖，反而因为朝中佞臣作梗，差点获罪。他的仕途再次陷入低谷。

一年之后，正德皇帝驾崩，嘉靖皇帝登基。王阳明被任命为南京兵部尚书，仅仅是一个闲职，无大事可为。

王阳明的一生历经坎坷，但他始终没有气馁，不断探索人生的真谛，努力不懈地完善和传播他的思想，最终成为一代心学大师。

王阳明既能以德修心，注重自身道德修养，以开阔的胸襟包容万物；又能在坎坷的人生道路上铁骨铮铮，不畏权贵的迫害，毅然坚持自己的理想，不愧为如玉亦如铁的君子。

“谦谦如玉，铮铮若铁”，是孔孟儒家思想中对君子人格的最高评价。“谦谦君子，温润如玉”，以玉喻君子，取其圆润、不尖锐之义。佛家的“圆融”境界，要求戒嗔、戒痴、戒贪，无欲无求，而后能不动声色、不滞于心。谦谦君子的圆润亦同此理。虽然成佛修仙遥不可及，但磨去棱角，收敛光华，养成谦谦如玉的君子人格却是可为之事。具有容人之量是谦谦君子的前提，开阔的胸怀、宽广的胸襟，是谦谦君子的基本品质。

“铮铮若铁”，突出君子人格中铁骨铮铮的特质，就像一树寒梅，挺立在风雪中，傲然绽放。拥有此等品质的人，敢于仗义执言，决不妥协；不油滑，不世故，不屈不挠；有志气，有勇气，有胆有识。他们立世一尘不染，对人一片冰心，一箪食，一瓢饮，却敢于承担一切苦难。正如古诗所云：“冰雪林中著此身，不同桃李混芳尘。忽然一夜清香发，散作乾坤万里春。”

王阳明曾言：“名与实对，务实之心重一分，则务名之心轻一分；全是务实之心，即全无务名之心。若务实之心如饥之求食、渴之求饮，安得更有工夫好名！”圆润如玉方能名实并重，铮铮铁骨力保务实而不受沽名钓誉之心所扰。

“谦谦如玉”与“铮铮若铁”，从不同侧面展现了君子人格的两种特质。当今之世，纷繁复杂，倘若只养谦谦如玉之性情，抑或只炼铮铮铁骨之傲气，恐怕都难成大事。要想在现实生活中成就一番事业，应当像王阳明那样，讲究方圆之道，既养铮铮铁骨的一身正气，处世有底线，为人讲原则，又取谦谦如玉的圆融为人，包容四方。如此，才能在人世间游刃有余，成其大事，为后世所传颂。

顶天立地，刚正不阿

岂有邪鬼能迷正人乎！

——王阳明

正德皇帝朱厚照登基之后，整日与刘瑾等宦官混在一块儿，不理朝政。朝中忠臣不断规劝皇帝将精力放到处理国家大事上来，皇帝并没有理会。随着朝政的逐渐混乱，以及刘瑾等人越来越专横跋扈，朝中很多大臣联名上疏，要求惩治刘瑾等人，以此稳定政局，维护大明江山。

联名上疏并没有惩治到恶势力，刘瑾安稳住皇帝之后，利用手中大权抓捕了这些上疏要求惩治他的大臣。当时很多正直的官员得知这个消息之后，纷纷上疏为这些官员打抱不平。但是，这些上疏反而激化了刘瑾的报复行动，更多上疏的官员被革职、被抓捕、被杀害。朝廷上下，乌烟瘴气，人心惶惶，很多官员为了保命都选择了缄默。

当时，王阳明任兵部主事一职，官位并不高。但是看到越来越多的官员被打压，敢说话的人也变得胆怯，满朝文武都闭口不言了，王阳明挺身而出，为受冤官员说话。

刘瑾等人见一个小小的兵部主事竟敢同他们作对，于是，将王阳明逮捕进大牢，最后，处以廷杖之罚。

王阳明在危难关头不畏强权、坚持正义的行为表现了他崇高的品德和高尚的人格。自古大丈夫者，胸怀大志，腹有良谋，包藏宇宙之机，吞吐天地之志，创不世之基业，立不世之奇功。真正的大丈夫，其标准之高，让当今之人望而却步。然而，“大丈夫”贵在其自身的道德修养。堪称“大丈夫”之人，必有一身大无畏的气概，敢于面对生与死的考验，勇于做出一番惊天动地的壮举。

文天祥面对死亡，潇洒题下“人生自古谁无死，留取丹心照汗青”；谭嗣同在被押赴刑场之前写下“我自横刀向天笑，去留肝胆两昆仑”。如此情怀，壮烈豪迈，气冲霄汉，令人敬佩不已。

堪称大丈夫之人，必有顶天立地、刚正不阿之品质。王阳明有言：“岂有邪鬼能迷正人乎！”刚正不阿之人，即便是邪恶鬼神也不能使其心智迷乱，如此才能直面残酷的现实；即使身心受创，仍能奋然而起，成就一番事业。

黄宗羲在《宋元学案》说道：“大丈夫行事，论是非，不论利害；论顺逆，不论成败；论万世，不论一生。”大丈夫之所以能“论是非、论顺逆、论万世”，是因为在其心中，万事以仁义为先，以道德为本。

正所谓“玉可碎而不可改其白，金可销而不可易其刚”。只有具备“玉碎而志不改”的坚毅品质，才能成为顶天立地的大丈夫，才能经受住风霜雨雪的磨炼而成就人生大业。

养一身浩然正气

是集义所生者，胜得容易，便是大贤。

——王阳明

王阳明奉旨前往广西平乱，到了之后，他了解到汉族官兵与少数民族之间的矛盾是当地少数民族起义的原因，由此认为，如果以武力镇压当地少数民族起义，可能会使双方的矛盾越积越深，这样冤冤相报何时了！于是，王阳明开始寻找机会，想要缓和双方的矛盾。

这个时候，王阳明获知起义首领哈吉的母亲卧病在床。王阳明赶紧派跟随自己的医生去给哈吉的母亲看病。不出几日，在医生的治疗下，哈吉的母亲能够下床走路了。但是出于双方的敌对关系，哈吉并没有过多的表示。之后，哈吉从医生的口中听说了王阳明的为人，而且得知用来医治母亲病的药都是王阳明本人所必需的，王阳明在哈吉心中的好印象大为加深。

随后，王阳明写了一封信给哈吉，实事求是而又诚恳谦虚地劝哈吉从大局出发，和睦相处为妙。哈吉早已被王阳明高尚的人格所折服，这封信正好说到了他的心坎里。就这样，王阳明未用一兵一卒，只是晓之以理，动之以情，便解决了叛乱问题。

孟子说养气修心之道，虽爱好其事，但一曝十寒，不能专一修养，只能算是知道有此一善而已；必须在自己的身心上有了效验，进而由“充实之谓美”直到“圣而不可知之之谓神”，才算是“吾善养吾浩然之气”的成功。

何为浩然正气？一谓至大至刚的昂扬正气，二谓以天下为己任、担当道义、无所畏惧的勇气，三谓君子挺立于天地之间无所偏私的光明磊落之气。浩然正气便是由这昂扬正气、大无畏的勇气以及光明磊落之气所构成。有些人表面上很魁伟，但与之相处久了就觉得他猥琐不堪；有些人毫不起眼，默默无闻，却能让人在他的平淡中领略到山高海深的浩然正气。正是因为后者具有正直如山的品质，才能让人感受到他的一身正气。

古今之成大事者，心中都有大气象。正是“笑览风云动，睥睨大国轻”，“俯仰天地之气概”“力拔山兮气盖世”，乃浩然正气也。

三国时期的诸葛亮，羽扇纶巾，貌似轻松淡定、潇洒自如，实则神机妙算、运筹帷幄。西晋开国元勋羊祜，平日一副潇洒打扮，飘逸十足，甚至在打仗的时候，仍不失其儒雅的风度。魏晋名士大多旷达风流，痛快淋漓，毫不矫揉造作。

不管是英雄本色，还是名士风流，都具备孟子所说的“浩然正气”：“其为气也，至大至刚，以直养而无害，则塞于天地之间。其为气也，配义与道；无是，馁也。是集义所生者，非义袭而取之也。”有志之士当养浩然正气，大者壮我泱泱中华之神威，小者在为人处世中光明磊落、至情至性。

养浩然正气并非易事。在孟子看来，浩然正气是正义的念头日积月累所产生的，而不是一时的正义行为就能得到的。关于“集义”，王阳明认为做每一件事都应符合良知的要求，这样才能使心中的浩然之气壮大起来，再遇到其他事情就更能以良知为指导，从而达到“从心所欲不逾矩”的中庸境界。由此看来，要养浩然正气，就要做正直之人，诚实地对待生活中的每一件小事，日积月累。

浩然正气是人的精神脊梁，是抵御歪风邪气的屏障。正气长存，则邪气却步、阴霾不侵；正气长存，则清风浩荡，乾坤朗朗。要保持浩然正气，就必须“一日三省吾身”，做到自重、自省、自警、自励，时时处处以激浊扬清、弘扬正气为己任，使正气日盛，邪气渐消，引领整个社会不断走向正义和文明。此乃君子之道也。

好德如好色

公且先去理会自己性情，须能尽人之性，然后能尽物之性。

——王阳明

子曰："吾未见好德如好色者也。"好德如好色是王阳明最爱举的例子。孔子说从来没有见过好德如好色之人，王阳明则期望人们能像喜欢漂亮的姑娘那样追求美德，将美德作为人类一种本性的东西自然而然地表现出来。

很多人一听到"色"，就会联想到一些不好的方面。其实，"色"是万物生灵所共有的，"好色"更是人的本性，不必视之为万恶之源。由文献记载可知，"好色"一词并非贬义，只是到了近代，随着社会文化现象的转变而发生了语义上的偏离。孟子曾说："人少则慕父母，知好色则慕少艾，有妻子则慕妻子，仕则慕君，不得于君则热中。"意思是说，人在年幼时爱慕父母，成年之后爱慕少女，有了妻子则爱慕妻子，走上仕途为官则忠于君主。"知好色"代表了一个相对于幼年的成熟时期，在这个时期年轻人开始喜欢异性。即便是在现代社会，"好色"也是一个人生理和心理上正常而健康的倾向。人不近色，则人性失；人性失，则不能为人。孔子言"好德如好色"，也就是肯定了"好色"是人们应该有的行为倾向。

既然"好色"是人之本性，其所固有的不以外界条件为转移的特性，正是好德之人应该努力做到的。要做到"好德如好色"，就必须将美好的品德根植于心，才能使之如人之本性那样自然地流露出来。否则，仅仅囿于思想中的品德，就算再美好，也无法影响我们的行为，无法使我们成为真正具备美好品德的人。

明朝有个农人，一年四季辛苦耕作，每年都能获得丰收。因为这个原因，在这个农人生活的村子里，很多人一天只能吃两顿饭，而他家却能顿顿饱餐，这让村里人很是羡慕。因为家有余粮，农人用一部分粮食当作学费，让自己的儿子上了私塾。这以后，老农见到谁都显得非常开心，经常对村里人说：“人活一世，不就是吃饭养家识字，做个好人嘛。现在这几样我家都做得差不多了。以后你们有什么要我做的，尽管开口，乡里乡亲的，我一定帮忙。”

半年后，这个农人的兄弟家遭了灾，离家来投奔这个农人，农人让他的兄弟先住在年久失修的祖居，说过一阵子给他修个新房，然后再搬过去。他的兄弟听后很高兴，逢人便夸自己的兄长好。为了表达感谢，农人的兄弟抢着干农活，无论做什么都很勤快。渐渐地，农人自己不动手了，家里有什么事都让他的兄弟去做。

就这样三个月过去了，这个农人说的新屋迟迟不见动静，他的兄弟有些等不及了，思来想去，他硬着头皮跟农人提起了屋子的事情。听完自己兄弟的话，农人沉默了一会儿，对他说：“这个事情啊，我还真给忘了，你放心，自家兄弟的事我一定会说到做到的。”

第二天，农人的兄弟走在田埂上，有人问他房子造得怎么样了，他红着脸说不出话来，仿佛是自己做错了什么。当冬天来临之际，他还住在四面透风的祖居里，而他的兄长正在温暖的家中喝着自酿的米酒。次日一早，他没有跟农人打招呼，就离开了村子。

没过多久，村里人便知道了这件事，他们在农人背后议论纷纷，有的人说：“还说什么有事尽管向他开口，你看看，这种人，对自己兄弟都这样，我们还有什么好说的，我看哪，还是离他远点吧。”从此以后，再也没有人理睬农人，甚至农人一家都成了全村唾弃的对象。

说好的做不到，实际上是心里根本没有想过要给自己的兄弟盖新房，行由心生，由此可见这个农人到底是怎样一个人。

儒家专注的是“内外皆美”的生命志趣，不念旧恶，君子怀德是美，居处恭、执事敬、与人忠是美，当仁不让更是一种美。这种美在王阳明看来其实就是根植于内心的道德感使然，行动起于心智，倘若内心缺少道德的约束，只会说漂亮话，而无真行动，那么其便是“巧言令色，鲜矣仁”。

如果说“好色”是一种在人内心天然生成的本能反应，那么，“好德”就是一种经过教化之后能够自然流露的理性反应。好德之人对美好品德的追求发自内心，自然能够在其言行举止中表现出来，并且不易受到外界因素的干扰。相反，那些只将仁义道德挂在嘴边的人，一旦受到金钱权力的诱惑，则会把持不住，做出丧德败行之事。

王阳明的弟子梁日孚曾问他：“程颐说‘一草一木皆有理，不可不察’，您觉得这个看法如何？”王阳明说：“我就没那闲工夫了。你应当先去涵养自己的性情，修养自己的品德，必须能够完全了解人性道德之后，才能了解世间万物的道理。”也就是说，人应该先在“好德”的本性上而不是其他无关的琐事上下功夫，促进人格的完善，提升自己，最终才能够自然地显示出美好的品德。

真正的智者将道德修养作为人生最可靠的支柱。只要我们从现在开始将美好的品德根植于心，并将之付诸实践，像追求美的人和美好的事物一样去追求它，就能做到像孔子所说的“好德如好色”，也就离成功的人生目标不远了。

以德服人

尧、舜、三王之圣，言而民莫不信者，致其良知而言之也；行而民莫不说者，致其良知而行之也。……施及蛮貊，而凡有血气者莫不尊亲，为其良知之同也。

——王阳明

古人云：“得民心者得天下。”然而，如何才能得民心呢？有人以利诱之，结果民心尽失；有人以德服之，则名留青史。

历代君王欲得民心，就必须“德天下”，即以德治天下。三国时期刘备不善于谋略作战，但是，他具有良好的品德，能够以此感召部下同心协力，一同建功立业。虽然一个人的能力有限，但其高尚的品德能够换来别人的尊重和爱戴，愿意尽心效力。纵观历史，有大成就的人必然有德行而能令人为其舍命效劳。

王阳明将圣人治天下之道归结为“致其良知”，即注重以德治天下。他说：“尧、舜、三王之圣，言而民莫不信者，致其良知而言之也；行而民莫不说者，致其良知而行之也。……施及蛮貊，而凡有血气者莫不尊亲，为其良知之同也。”他认为尧、舜以及夏禹、商汤、周武王说的话天下人没有不相信的，因为他们是致其良知之后才说的；他们的行为没有令百姓不高兴的，因为他们是致其良知后才做的。把这样的治国之道推广到蛮夷之地，那么凡是有血气的人，没有不孝敬父母的，因为他们都有良知。

“德天下”不仅要为人处世忠于良心，做利人利己而不是损人利己之事，更要为人忠诚。但凡忠于国家、忠于社会之人，才能把持住心中的天平，不向贪图利益、腐败堕落倾斜。

东汉末年，孙策任用吕范主管东吴财政，孙策的弟弟孙权此时年少，总是偷偷地向吕范要钱，吕范则一定要请示孙策，从不在未经孙策允许的情况下答应孙权。因为这事，孙权对吕范很有意见。后来孙权任阳羡县令，建立了自己的小金库以备私用。孙策有时来查账，功曹周谷总是为孙权涂改账目，造假单据，使孙策没有理由责怪孙权。孙权当时很感谢周谷。当孙权接替孙策统管东吴大事之后，他选择了重用吕范而不是周谷。因为吕范忠诚，而周谷却善于欺骗。

不仅做大事之人如此，寻常百姓亦应该如此。一个人如果不诚实，在工作中往往会成为墙头草两边倒，在生活中会成为见利忘义的人。这样的人难以与人深交，难以得到他人的信任，更别说是天下人的敬佩了。

以德治天下，关键还在于以德服人，而非以暴制暴。给他人说话的权利，才能更全面、更深刻地了解他人的想法，从而了解自身的弊病，并及时改正。倘若将所有反对的声音都置之脑后，又如何做到致其良知，德治天下？春秋时期郑国的子产便是因为以德服人的举措而受到他人的敬佩。

一日，子产被郑国大夫然明叫去问话。然明问子产："我们把乡校取缔了怎么样？"

子产说："为什么要取缔？人们清闲的时候可以来，议论我们到底做得好不好。他们如果喜欢，我们就继续推行；他们如果讨厌，我们就立刻改正。这不是挺好吗？为什么要取缔它呢？我只听说过我们应该尽力做好事以减少人民的怨恨，没听说过倚权仗势来防止怨恨。大河宜疏不宜堵啊。堵上容易决堤，危害反而更大。我们不如开个小口导流，把有用的建议当作治病的良药。"

然明非常佩服子产的见解："我现在才知道您确实是可以成大事之人啊。佩服，佩服！"

正因为这件事，子产在被人污蔑"不仁"时，孔子却坚信他并非如此。孔子曾言："以是观之，人谓子产不仁，吾不信也。"

历史上的亡国之君，绝大多数是不修道德、重财利之人。他们不以德修身，更难以德治天下，反而纵容下面的官吏搜刮民脂民膏供其挥霍享乐，罔顾社会法纪，独断专行，致使民不聊生，国家最终走向灭亡。例如崇祯皇帝听信谗言，关键时刻克扣军饷，导致明军兵败如山倒。

王阳明虽然是一介文人，但是他深谙做官为政之道。王阳明不论职位的高低，心中始终装着老百姓，只想为百姓做点实实在在的事。因为在他看来，为官好与坏，怎样对待百姓便是最好的炼金石。

只有坚持良好的道德修养，做到"德天下"，才能真正地凝聚人心，才能真正做到"得天下"。

第五章

孝敬心：以孝安家，以敬持家

孝顺在当下

就如称某人知孝，某人知弟，必是其人已曾行孝行弟，方可称他知孝知弟。不成只是晓得说些孝弟的话，便可称为知孝弟。

——王阳明

王阳明给弟子邹守益的信说："近来信得致良知三字，真圣门正法眼藏。往年尚疑未尽，今自多事以来，只此良知无不具足。譬之操舟得舵，平澜浅濑，无不如意，虽遇颠风逆浪，舵柄在手，可免没溺之患矣。"他认为致良知必须讲孝道。对于母亲早逝，他没能奉养，祖母临终，未及一见，王阳明深感伤痛并一直自责于心。在其父去世之后，王阳明也卧病多日。

人的一生难免有很多缺憾，其中最大的可能莫过于"子欲养而亲不待"。当有一天我们蓦然发现，父母已两鬓斑白，此时才孝敬他们，我们会错过无数时机。甚至当双亲已离你远去，才幡然悔悟，却已尽孝无门，这将成为永远无法弥补的憾事。

王阳明主张知行合一，强调孝也要知行合一，"就如称某人知孝，某人知弟，必是其人已曾行孝行弟，方可称他知孝知弟。不成只是晓得说些孝弟的话，便可称为知孝弟”。他强调孝要及时行动，将知和行紧密结合起来。

孝，经不起等待。生时如果不养父母，死后万事皆空。《孔子家语》中“子欲养而亲不待”就讲述了这样一个道理。

春秋时，孔子和其弟子出去游玩，忽然听到路边有人在啼哭，就上前去问怎么回事。啼哭的人叫皋鱼，皋鱼解释了他啼哭的原因：“我年轻时好学上进，为了求学曾经游历各国，等我回来时父母却已经双双故去。作为儿子，当初父母需要侍奉的时候我却不在身边，这好像‘树欲静而风不止’；如今我想要侍奉父母，父母却已经不在了。父母虽然已经亡故，但他们的恩情难忘，想到这些，内心悲痛，所以痛哭。”

人生在世，必然会经历种种痛苦的情感折磨，也在痛苦中锻炼得越发坚强，面临悲痛越发能强忍声色，而“子欲养而亲不待”却让人们倍觉“生命中难以承受之痛”。

很多人总在说，等有钱有时间了，一定要好好孝敬父母。你可以等待，但父母不能等待。在不经意间，父母渐渐变老。花点时间多陪陪父母，父母没有太多的要求，只是想多让你陪陪。否则当你挚爱的亲人离你而去，你在脑海中回想他们以往对你如何嘘寒问暖、呵护备至，你却只顾着打拼自我天地，忽略了关爱他们，让他们在守望你的寂寞中落寞而去。你的悔、你的痛，将成为你一生最深刻的烙印，什么都无法抹去。

生孩子不易，养孩子更不易，付出的辛苦是没有当过父母的人难以理解的。古时候父母亡故，做子女的要服丧三年，这是对自己刚出生时父母耐心守候的报答。孝敬父母，是每个人都应该奉行的——无论是过去还是现在。

闵损，字子骞，春秋时期鲁国汶上人，是孔子著名的弟子之一。闵子骞幼年即以贤德闻名乡里，他母亲早逝，父亲怜他衣食难周，便再娶后母照料闵子骞。几年后，后母生了两个儿子，待闵子骞渐渐冷淡。

闵子骞受到后母的虐待，冬天穿的棉袄以芦花为絮，而其弟穿的棉衣则是厚棉絮。一天，父亲回来，叫闵子骞帮着拉车外出。外面寒风凛冽，闵子骞衣单体寒，但他默默忍受，什么也不对父亲说。闵子骞冻得瑟瑟发抖，其父见状，便鞭打闵子骞，霎时，闵子骞袄烂而芦花飞。父亲看到棉袄里的芦花，知道儿子受后母虐待，回家后便要休妻。闵子骞看到后母和两个小弟弟抱头痛哭，难分难舍，便跪求父亲："母亲若在，仅儿一人稍受单寒；若驱出母亲，三个孩儿均受寒。"子骞的孝心感动后母，使其痛改前非。自此母慈子孝合家欢乐。

孟子曰："惟顺于父母，可以解忧。"闵子骞的孝行备受后人推崇，明朝编撰的《二十四孝图》，闵子骞排在第三，成为中华民族文化史上的先贤人物。闵子骞不仅孝，而且宽容友爱，正是这些品德，使一个即将分崩离析的家庭重归于好，他以自己的行为感动后母，使家庭和睦，母慈子孝。

在现代，人们对自由的追求导致了家庭观念逐渐淡漠，孝的精神也逐渐丧失，这不仅是传统文化的重大损失，也是个人品德修养的重大缺陷。今天的我们，不应该只用一些时髦的理论"武装"自己，面对过去，新一代的我们应该继承和发扬传统文化中优秀的部分，比如平常多关怀、孝敬父母，也就不会再如皋鱼一般暗自哭泣"子欲养而亲不待"。

百善孝为先，原心不原迹

父而慈焉，子而孝焉，吾良知所好也。

——王阳明

中国有首名为《劝孝歌》的古诗："人不孝其亲，不如禽与兽。"语言虽然很直白，但是却蕴含丰富的内容。一个人不论他出身于什么样的家庭，也不论他将来的地位有多大的变化，只要他的父母还健在，那么他就有尽孝道的义务，这也是人之所以为人的根本。

试想一下，我们的父母养育我们多年，如果等到老了却享受不到应有的亲情，会多么寒心！

《庄子》中曾记载：“子之爱亲，命也，不可解于心……是以夫事其亲者，不择地而安之，孝之至也。”孟子也讲：“孰不为事，事亲，事之本也。”而王阳明也是一个认为百善孝为先的至孝之人。

王阳明三十二岁的时候，因病移居西湖，往来于南屏、虎跑寺庙，见一僧人闭于龛内打坐、诵经、念佛有三年之久，也不说话，像呆了一样。一日，王阳明就朝僧人大喊起来，僧人大吃一惊，和王阳明攀谈起来。王阳明问了他家庭的一些情况，僧人说家里还有老母亲。王阳明又询问其是否不起俗念。僧人答曰没法不念。王阳明听了，就给僧人讲爱父母和人本性的道理，僧人感动落泪，并离开寺庙回去奉养老母亲。

古人讲“求忠臣必于孝子之门”，一个人对父母家庭有真感情，就一定有责任感。换言之，忠就是孝的发挥，将爱父母发展为爱别人、爱国家、爱天下。“子之爱亲，命也”，儿女爱父母，这是天性，是没有道理可讲的，人不孝其亲，不如禽与兽。然而，很多人通常将父母的爱视作理所当然，不懂得“子欲养而亲不待”的道理，直到自己也有了子女，理解了为人父母的苦心，才发现自己想要反哺回报已来不及了。

北魏时，房景伯担任清河郡太守。一天，有个老妇人到官府控告儿子不孝，回家后，房景伯跟母亲崔氏谈起这事，并说准备对那个不孝子治罪。崔氏是一个知书达理、颇有头脑的人，她得知情况后，说道：“普通人家子弟没有受过教育，不知孝道，不必过分责怪他们。这事就交给我来处理好了。”

第二天，崔氏派人将老妇人和儿子接到家里，崔氏对不孝子一句责备的话也没说。崔氏每天同老妇人同床睡眠，一同进餐，让不孝子站在堂下，观看房景伯是怎样侍候两位老人的。不到十天，不孝子羞愧难当，承认自己错了，请求与母亲一起回家。崔氏私下对房景伯说："这人虽然表面上感到羞愧，内心并没有真正悔改。姑且再让他住些日子。"又过了二十几天，不孝子被房景伯的孝顺深深打动，真正有了悔改之意，不断向崔氏磕头，答应一定痛改前非，老妇人也替儿子说情，这时崔氏才同意他们母子回家。后来这个不孝子果然成了乡里远近闻名的孝子。

崔氏相信每个人心中都会有"仁"在，其中之一就是孝心。她以身教代替言传，让不孝子心中蛰伏之"仁"能在外面的触动下得以彰显。

百善孝为先，原心不原迹，原迹贫家无孝子，所以说，孝的止境，在于以父母待你之心回报父母，无论何时何地，无论贫穷富有，孝由心生，不由外物。《孝经》云："用天之道，分地之利，谨身节用，以养父母，此庶人之孝也。故自天子至于庶人，孝无终始，而患不及者，未之有也。"

在王阳明看来，良知一开始便蕴含着情感之维："良知只是个是非之心，是非只是个好恶，只好恶就尽了是非，只是非就尽了万事万变。"良知的好恶情感形成了行善的动因。当学生徐爱问王阳明如何通过服侍父母等的孝道而求得孝的道理时，王阳明认为关键出自忠诚的孝心。只有出自真心，行为才具有真实性，光是一点行孝的表面文章，而不把爱树立起来，那就不是真孝。

孝顺是发自内心，由衷而出的。孝不仅仅是形式，更重要的是在于内心。一个人总强调正己，而正己的伊始要从回馈父母开始，孝为百德的先行，如果尚不知爱父母，这样的人绝难成事。

孝是生存必备的品质

善人也，而甚孝。

——王阳明

良心是人人内心都具有的，不需要到外面去求。见父自然知孝，见兄自然知悌，见孺子入井，自然知恻隐。王阳明认为孝是人的一种本能，也是其良知的体现，是一个人生存必备的品质。

《论语·学而》中，子曰："其为人也孝弟，而好犯上者，鲜矣；不好犯上，而好作乱者，未之有也。君子务本，本立而道生；孝弟也者，其为仁之本与！"其意为：做人，孝顺父母，尊敬兄长，而喜好冒犯长辈和上级的，是很少见的；不喜好冒犯长辈和上级，而喜好造反作乱的人，是没有的。君子要致力于根本，根本确立了，治国、做人的原则就产生了。因此，孝顺父母，敬爱兄长，可以作为"仁"的根本。

国学大师钱穆也认为，孔子之学所重在道。所谓道，即人道，其本则在心，而这人道最鲜明的体现是孝悌之心。所以要想培养仁爱之心，必先从孝悌开始。中国古代有很多关于孝的事例，著名的"二十四孝"就是典型的代表，其中的"卧冰求鲤"的故事是这样的：

晋朝琅邪人王祥，生母早丧，继母朱氏多次在他父亲面前说他的坏话，使他失去父爱。但是王祥并没有因为这些而怨恨父母，相反，他对父母非常孝顺。父母患病，他衣不解带，日夜侍候。继母想吃活鲤鱼，但当时是寒冬腊月，冰封三尺，天寒地冻，根本无法捕鱼。但是王祥为了能让病中的继母吃上活鲤鱼，就解开衣服卧在冰上，突然三尺厚的冰自行融化，从冰下跃出两条鲤鱼。王祥高兴地回家为继母做鲤鱼，继母食后，果然病愈。这就是"卧冰求鲤"的故事。后来王祥隐居二十余年，给父母养老送终后，才应邀出外做官。从温县县令做到大司农、司空、太尉，并被封为睢陵侯。后人为了纪念他，作诗云：继母人间有，王祥天下无。至今河水上，一片卧冰模。

儒家认为，“孝”是伦理道德的起点。一个重孝道的人，必然是有爱心的、讲文明的人。重孝道的家庭，亲情浓郁，关系牢固；反之，必然是亲情淡薄，家庭结构脆弱。而家庭是社会的基础，可见，不重孝道将会影响到整个社会的稳定与和谐。正像一位名人指出的：“孝道不受重视，生存的体系就会变得薄弱，而文明的生活方式也会因此而变得粗野。我们不能因为老人无用而把他们遗弃。如果子女这样对待他们的父母，就等于鼓励他们的子女将来也同样对待他们。”

从前，有一对夫妻生了一个白白胖胖的儿子，他们对儿子尽心竭力地抚养，所以孩子一天天茁壮成长。这对夫妻还有一个老母亲与他们同住，平时儿媳老是嫌弃婆婆，不愿意养婆婆，但是因为婆婆能帮他们干活，所以媳妇虽有怨言但还是让婆婆同他们吃住。年复一年，随着孙子渐渐长大，婆婆越来越老了，她的腰因为长年的劳作变得佝偻，她再也不能做重活了。而且由于年龄的原因，吃饭的时候常会洒出一些饭粒。

媳妇看婆婆越来越不顺眼，她急于想把婆婆赶出家门，于是总在丈夫面前说婆婆的坏话，没想到丈夫竟然答应妻子赶母亲出门。一天吃过午饭，这对夫妻就把老母亲送到三十里外的山沟里，扔下几块饼，让老母亲自生自灭。没想到回家后，他们发现儿子在村口的大树下坐着。夫妻俩问儿子为什么不回家，儿子说：“我在等奶奶，你们现在把奶奶拉出三十里地外，以后我拉你们八十里也不止。”听了儿子的一番话，夫妻俩赶紧回到山沟里把母亲接了回来。

将来不懂得孝敬父母的人如果到了社会上，就是社会动荡不稳定的主要因素！这绝不是危言耸听，不是骇人听闻。正如王阳明所说：“知是理之灵处。就其主宰处说，便谓之心，就其禀赋处说，便谓之性。孩提之童无不知爱其亲，无不知敬其兄。”只有良知走入我们的内心，我们才能“爱其亲”“敬其兄”。

孝是一种生存策略，将来孩子能否做到孝，关键还是在于父母的言传身教。所以从孩子出生开始，你就要明白，在无微不至地关怀和爱孩子的同时，必须让孩子懂得孝敬。如果意识不到这一点，以后就会自酿苦果，老无所养！

能养只是一半的孝

言学孝，则必服劳奉养，躬行孝道，然后谓之学。岂徒悬空口耳讲说，而遂可以谓之学孝乎？

——王阳明

王阳明曾与一个名叫杨茂的聋哑人用笔进行交谈。

王阳明问：你口不能言是非，你耳不能听是非，你心还能知是非否？

杨茂：知是非。

王阳明感慨：如此，你口虽不如人，你耳虽不如人，你心还与人一般。

杨茂首肯，拱谢。

王阳明：大凡人只是此心。此心若能存天理，是个圣贤的心；口虽不能言，耳虽不能听，也是个不能言不能听的圣贤。你如今于父母，但尽你心的孝；于兄长，但尽你心的敬。

杨茂首肯，拜谢。

王阳明：我如今教你，但终日行你的心，不消口里说；但终日听你的心，不消耳里听。

杨茂顿首再拜。

王阳明向杨茂指出，人人都有一颗知是非的心，如看见父母自然知孝、看见兄长自然知敬的道德行为。即使是聋哑人，口虽然不能表达，耳虽然不能聆听，但心与常人是一样的，能知善知恶、辨别是非。这就是因为人心都有“良知”，无须口说，也无须耳听，只要用心去行就可以了。

能养只是一半的孝，真正的孝是发自内心的。只有心里时时想着孝，并努力践行，这才是真正的孝。

有一个财主有两个儿子，大儿子愚笨，不讨人喜欢，小儿子聪明伶俐，于是财主就尽心抚养小儿子。两个儿子逐渐长大了，大儿子一直在家里陪着父母。小儿子因为颇有才华，被父亲送到县城读书。

小儿子果然不负众望，考取了功名，一家人欢天喜地，两位老人也准备收拾行李，和小儿子一起到新地方生活。本来小儿子不想带着父母，但是想到兄长愚钝，就勉为其难地带上了两个老人。

到了就职的地方之后，小儿子给父母选了一间房子，安排了一个奴婢，从此就消失了。两位老人看不见他的人影，生病了也只能使唤下人去找大夫。虽然在这里不愁吃穿，但是两个老人心里很难过。

一年以后，大儿子带着家乡的特产来看老人，一见到老人，就难过地哭了——一年不见，父母老了许多，以前胖胖的父亲瘦成一把骨头了。虽然大儿子很笨拙，但是很心疼父母，他决定带着父母回家生活。父母想到自己以前和大儿子生活在一起的时候，从来没有把他当回事，端茶倒水像下人一样使唤，但是他从来没有生气，反倒是乐呵呵地照顾自己，不禁也流下了眼泪。就这样，大儿子带着老人回到乡下去了。小儿子想不明白，为什么父母不跟着自己这样有头有脸的儿子，却要和那笨人一起生活？

其实，感动老财主的正是一颗孝心。只有让父母感受到我们的孝心，他们才会觉得幸福。孝绝不仅仅是能够保证父母衣食无忧，因为父母更希望得到的是儿女的真情关心，他们希望儿女能常回家看看。

王阳明说，只要有头脑，只要此心去人欲、存天理，便自然会在冬凉夏热之际要为老人去找个冬温夏凉的地方。这些都是发自内心的孝。能养不是孝，有孝顺的心才能算作孝。

时刻念父母生养之恩

不慈不孝焉，斯恶之矣。

——王阳明

“百善孝为先”，在中国人的眼中，孝是一切美德的基础，是一切事业的起点，不孝者不成大业。

王阳明提倡以良知为本的孝道观。他认为万事万物的本源是良知。有了良知之心，自然就会发自内心地孝顺父母。良知一旦被蒙蔽，孝顺就仅仅是形式上的孝道，而非出自内心忠诚的孝。要孝敬父母不能光做表面文章，还必须有爱。

汉文帝时期，在临淄这个地方出了一个很有名的人，她就是勇于救父的淳于缇萦。

淳于缇萦的父亲叫淳于意，本来是个读书人。但是非常喜欢医学，还经常给别人看病，所以在当地出了名。后来他做了太仓令，但是他为人耿直，不愿意跟做官的来往，也不会拍上司的马屁，所以在官场上很不得意，没有多久就辞职当起医生来了。

一次，淳于意被一位商人请去为他的妻子看病，结果没有好转，反而在几天之后死了。大商人仗势欺人，向官府告了淳于意一状，说他看错了病，致人死亡。当地的官吏也没有认真审理，就判处淳于意肉刑（脸上刺字、割鼻子、砍左足或右足等），要把他押解到长安去受刑。

除了小女儿缇萦外，淳于意还有四个女儿，可就是没有儿子。在他被押解到长安去受刑的时候，他望着女儿们叹气说：“可惜我没有儿子，全是女儿，遇到现在这样的急难，一个有用的也没有。”

听到父亲的话，小缇萦又悲伤又气愤。她想：“为什么女儿就没有用呢？”因此，当衙役要把父亲带出家门时，她拦住衙役说：“父亲平时最疼我，他年龄大了，戴着刑具走不太方便，我要随他一起照顾他。另外，我父亲遭到不白之冤，我要去京城申诉，请你们行行好，让我和你们一起去吧。”

衙役们见小姑娘一片孝心，就答应了她。当时正值盛夏，天气反复无常，时而阴雨连绵，时而天气晴朗。天晴时，小缇萦就跟在父亲旁边，不住地为父亲擦汗；遇上阴雨天，她就打开雨伞，以防父亲被雨水淋湿。

晚上，小缇萦还要给父亲洗脚解乏。这一切深深地感动了押送淳于意的衙役。经过二十多天的长途跋涉，他们终于来到京城。办完相关手续，淳于意被关进了牢房。小缇萦不顾疲劳，四处奔走，为父亲喊冤。可是，人们一看申诉的竟是个还未成年的小姑娘，便没有理睬。小缇萦想，要解决父亲的问题，只能直接上疏皇上了。于是，她找来纸笔，请人帮忙将父亲蒙冤的经过一一写好，恳求皇上明察。同时她还表示，如果父亲真的犯了罪，她愿代父受刑。

第二天，小缇萦怀里揣着写好的信，来到皇宫前。就在这时，只见不远处尘土飞扬，马蹄声声，一辆飞驰的马车直奔皇宫而来。小缇萦心想："上面坐的一定是一位大臣。"她灵机一动，用双手举起书信，跪在马车前。

车上坐的是一位老者，他看到了小缇萦，便俯下身来，关心地问："小姑娘，为什么在这儿拦住我的去路，难道有人欺负你了吗？"小缇萦就把父亲被抓的事情一五一十地告诉了这位大臣，并请求他把信带给皇上。

听小缇萦说得那么诚挚恳切，这位大臣答应了她的要求。皇上读了这封信后，被深深地打动了，当他听说小缇萦千里救父的事迹后，更是十分钦佩。之后，皇上亲自审理此案，并为淳于意洗清了不白之冤。

年少的小缇萦拥有一颗良知之心，正是这颗良知之心使她产生最朴素的孝顺行为，时时事事都想着自己的父亲，都站在父亲的角度来考虑问题。

其实，孝敬真的很简单，只要真心爱父母、爱家人，并体现在日常的一些细小的行动上，就做到了孝顺，就是一个实实在在懂得孝顺的人了。念父母生养之恩，这是每个子女都应该做到的，报父母之恩，更是每个子女应尽的义务。“不慈不孝焉，斯恶之矣。”王阳明认为孝悌是良知的一个表现，不慈不孝，这是良知被蒙蔽，由此产生恶。由知孝到行孝，是由良知到致良知的过程，也是知行合一观点所要求的。

《诗经》中说：“哀哀父母，生我劬劳。”父母生养我们的时候，辛苦劳瘁，不是一般人所能想象的。因此作为儿女，若能真切体会父母的深恩重德，孝敬父母之心必会油然而生，随之付诸实践。

为父母尽点儿心

故为子而傲，必不能孝。

——王阳明

王阳明在京师跟当时的文人交往时，其诗文受到人们的广泛赞赏。但他总是不满足，觉得这不是他的理想，就告病回家，筑室阳明洞，行导引术。有一天坐在山洞里，友人王思舆等四人来看他，刚出五云门，他让仆人去迎，并且说出他们来的情况。仆人在路上遇到几人，王阳明说的与他们的行迹相合。大家觉得很惊讶，以为他得道了。然而，过些时间，他觉悟说：“这是簸弄精神，不是道。”这样静坐久了，想离世远去，只是祖母与父亲（王阳明十三岁丧母）舍不下，因此下不了决心。过了些时间他忽然醒悟说：“这种恋念之心从小就有，如果没有此念，就断灭人性了。”

从我们一出生开始，亲情就包围着我们。我们被父母精心呵护，在他们不辞辛劳的照顾下茁壮成长，而父母从未要求我们报答。有人说，世间最难斩断的就是父母对子女的爱。这种爱永远都是真诚、可贵、质朴和无条件的。父母是我们最亲密的人，而我们对于他们的感情也是最深重的。

郯子是周朝人，祖上世代以耕种为生，老实巴交的爹妈，一年到头披星戴月地辛苦劳作，也只是半饥半饱。这年赶上闹灾荒，田里收成不济，日子越发艰难，爹妈忧急交加，一时心火上来，双双眼睛失明，这可急杀了小小年纪的郯子。郯子每天半糠半菜地侍奉双亲充饥后，就到处求人，寻医问药。

一天，郯子到深山采药，路过一座庙宇，便进去讨口水喝。他见方丈童颜仙骨，就向他请求治疗眼疾的药方。老方丈问明缘由，沉吟一下说："药方倒有一个，恐怕你采不来。"

"请说，我舍命去采！"

"鹿奶，鹿奶可以治眼疾。"

郯子听了，立即叩头谢过老方丈，飞步赶往鹿群出没的树林中。这里的鹿确实不少，可它们蹄轻身灵，一见有人靠近，就一阵风似的飞快逃去。

怎样才能弄来鹿奶呢？郯子绞尽脑汁，昼思夜想。

一天，他见村东头猎户家的墙头上晒着一张鹿皮，忽地眼前一亮：把鹿皮借来，披在身上，扮成小鹿的模样，不就能悄悄接近鹿群了吗？

于是，郯子迫不及待地走进猎户家，说明来意。好心的猎户欣然把鹿皮借给了他，还指点郯子如何模仿小鹿四肢跑跳的动作。经过多次演练，郯子竟然举手投足都像一只活脱脱的小鹿。

第二天，郯子用嘴叼着一只木碗，悄悄地蹲在树林里。待鹿群走近时，披着鹿皮的郯子像一只小鹿似的不紧不慢地凑到一只母鹿身边，轻手轻脚地挤了满满一木碗鹿奶。直到鹿群走开，他才站起身来，捧着鹿奶直奔家中。

打这以后，郯子多次用扮成小鹿的办法，去挤母鹿的奶汁。爹娘由于常常喝到鲜美的鹿奶，营养不良的身体一天天强壮起来，后来，失明的眼睛竟然奇迹般地恢复了。

乡亲们知道了，都夸奖剡子是个孝敬父母的好孩子。

孝是人最基本的善举，如果连父母的大恩都不报，还能指望一个人有什么善举？一个连父母都不孝敬的人，还能指望他对朋友付出真诚吗？所以，孝既是对父母的宽慰，也是对自身的完善。

强调正己，而正己的伊始正是从回馈父母开始，多为父母尽一点儿心，经常给父母打电话，倒一盆洗脚水，这才是真正的孝。

有诚心，才能让父母宽心

此心若无人欲，纯是天理，是个诚于孝亲的心，冬时自然思量父母的寒，便自要去求个温的道理。夏时自然思量父母的热，便自要去求个清的道理。这都是那诚孝的心发出来的条件。却是须有这诚孝的心，然后有这条件发出来。

——王阳明

孝，必须是对父母发自内心的敬，是一种自觉的伦理意识和道德情感，而不仅仅止于供养上，否则就不是真正的孝。子女要做到孝顺，最不容易的就是对父母和颜悦色。仅仅是有了事情，儿女替父母去做；有了酒饭，让父母吃。这并不是完整的孝。正如国学大师钱穆先生所言，人之面色，即其内心之真情流露，色难，乃是心难。有愉色者，必有婉容。所以孝子服侍父母，以能和颜悦色为难。有的儿女在为父母盛饭倒水时总把碗或杯子“砰”的一声放在父母面前，把父母吓得不知所措。这样的态度会让父母作何感想，这样的行为能算是孝敬吗？

王阳明也认为子女应有“诚于孝亲的心”，“冬时自然思量父母的寒，便自要去求个温的道理。夏时自然思量父母的热，便自要去求个清的道理”，这都是发自内心的诚孝。他还打比方说：“譬之树木，这诚孝的心便是根，许多条件便是枝叶。须先有根，然后有枝叶。不是先寻了枝叶，然后去种根。”所以子女在孝顺父母的时候，一定要真心诚意，表里如一。

从前有个老人，妻子去世以后一直过着孤单的生活。他一生都是个辛苦工作的裁缝。但时运不佳，他身无分文。现在他太老了，已经不能做活儿了。他的双手抖得厉害，根本无法穿针；而且老眼昏花，缝不直一条线。他有三个儿子，都已经长大成人，结了婚有了各自的家。他们忙于自己的生活，只是每周回来和父亲吃一顿饭。老人的身体越来越虚弱，儿子看他的次数也越来越少。他心想：“他们不愿意陪在我的身边，因为他们害怕我会成为他们的累赘。”他通夜不眠为此而担心，最后他想出了一个办法。

一天早上，他找到木匠朋友，让其帮助自己做一个大箱子。然后他又跟锁匠朋友要了一把旧锁头。最后他找到卖玻璃的朋友，把朋友手头的碎玻璃要过来。老人把箱子拿回来，装满碎玻璃，紧紧地锁住，放在了饭桌下面。当儿子们又过来吃饭的时候，他们的脚踢到了箱子上面。他们向桌子底下看，问他们的父亲：“里面是什么？”

“噢，什么也没有，”老人说，“只是我平时省下的一些东西。”

儿子们轻轻动了动箱子想知道它有多重，他们踢了踢箱子，听见里面发出响声。“那一定是他这些年积攒的金子。”儿子们窃窃私语。他们经过讨论，认为应该保护这笔财产。于是他们决定轮流和父亲一起住，照顾他。

第一周，年轻的小儿子搬到父亲家里，照顾父亲，为他做饭。第二周是二儿子，再下一周是大儿子。就这样过了一段时日，年迈的父亲生病去世了，儿子们为他举办了体面的葬礼，因为他们知道饭桌下面有一笔不小的财产，为葬礼稍微挥霍一些他们还承担得起。葬礼结束后，他们满屋子搜，找到了钥匙。打开箱子后，他们看到的当然是碎玻璃。

“好恶心的诡计，”大儿子说，“对自己的儿子做出这么残忍的事情！”“但是他为什么要这样做呢？”二儿子伤心地问，“我们必须对自己诚实，如果不是为了这个箱子，直到他去世也不会有人注意他。”“我真为自己感到羞愧，”小儿子抽泣着，“我们逼着自己的父亲欺骗我们，因为我们没有遵从小的时候他对我们的教诲。”

但是大儿子还是把箱子翻过来，想看清楚在玻璃中是不是真的没有值钱的东西，他把所有的碎玻璃都倒在地上。顿时三个儿子都噤声无言，箱子底下刻着一行字：孝敬父母要发自内心！

真正的孝顺要发自内心。孔子说过：“做父母的有错误时，我们要温和地提醒他们。如果他们不听劝，那么我们就不要再继续唠叨了。但是不能因为父母有错，我们对他们就不尽孝道。不仅要孝敬他们，而且态度还要恭敬，侍奉他们不能有怨言。”

孝是发自内心的情感表达，没有表里如一的孝就没有真心实意的爱。在履行赡养父母的义务时，我们要发自内心，真心地为父母做事，穷则穷孝，富则富孝，只要用一颗真正的孝心让父母开心愉快，自己也就真正尽到孝道了。另外我们还要注意，用期待孩子对待你的方式来对待你的父母吧，不要再为一点小事情而“色难”。

素净心：减一分人欲，得一分轻快

身外物不奢恋

然可欲者是我的物，不可放失，不可欲者非是我物，不可留藏。

——王阳明

随着社会不断向前发展，一些人越来越注重追求物质利益。在趋向于物质化的同时，其精神愈来愈和自己的心灵分离。如何使人荒芜的精神家园满园翠绿，获得一种心灵的自由？王阳明为人们提供了一种解决方式。

王阳明的学生问他："良知恐怕也存在于声色货利之中。这种观点对吗？"王阳明回答说："当然，但初学用功时，对自己的内心必须进行扫除荡涤，使它臻于清静澄明的境界，不要让自己的心陷入声色货利等东西之中，它们来了既不欢迎，去了也不留恋、惋惜，这样，我们才能以坦然的心情来对待所遇到的各种事物，才不会成为心灵上的负担，自然就会依顺自己本来的智慧去应对。"

王阳明强调以一种豁达的心态为人处世，不要让所遇之物成为心中羁绊，不能做声色货利的奴隶。

每个人的烦恼都有两个来源：一个是自身的欲望，另一个就是外物。金钱、权力、华屋、名声、美色、佳肴等，它们诱惑着人们，也使人烦恼。

就是因为人们有太多的贪欲，整天惦记着如何才能得到声、色、名利等外在的东西，心里才会受到煎熬。如果能豁然看待，来去随缘，人生自然会多几分洒脱。

有一个富翁，背着许多金银财宝到远处去寻找快乐。他走过了千山万水，却始终未能寻找到快乐，于是他沮丧地坐在山道旁。一个农夫背着一大捆柴草从山上走下来，富翁说："我是个令人羡慕的富翁。请问，为何我没有快乐呢？"

农夫放下沉甸甸的柴草，舒心地擦着汗水："快乐很简单，放下就是快乐！"富翁顿时开悟：自己背负着那么重的珠宝，老怕别人抢，怕被别人暗算，整天忧心忡忡，快乐从何而来？于是，富翁将珠宝、钱财接济穷人，专做善事，慈悲为怀。善行滋润了他的心灵，他也尝到了快乐的味道。

钱财终究是身外之物。"身外物，不奢恋"是思悟后的清醒，它不但是超越世俗的大智大勇，也是放眼未来的豁达襟怀。谁能做到这一点，谁就会活得轻松、过得自在。

王阳明那段倾心讲学的日子被他自己称为人生当中最幸福的时光。既然未得到朝廷的重用，那就投身于讲学事业当中，何乐而不为？所谓官名、事功都是些外在的东西，内心和精神得以满足才是最重要的。所以，在那一段时间，前来求学之人络绎不绝。不管是因为他生性的乐观感染了他人，还是心学的思想鼓舞了他人，可以肯定的是，王阳明有一颗豁达的心。

生活中，我们想要的太多，如果不能得到我们想要的，我们就不停地去想我们所没有的，并且总是不满足。如果已经得到想要的，却仍旧不满足。当我们充满无休止的欲望时，是得不到幸福的。

一位心理学家指出，最普遍的和最具破坏性的倾向之一就是集中精力于我们所想要的，而不是我们所拥有的。这对于我们拥有多少似乎没有什么不同；我们不断地扩充我们的欲望名单，这就导致了我们产生不满足感。你的心理机制说："当这项欲望得到满足时，我就会快乐起来。”可是一旦欲望得到满足后，这种心理作用却会不断重复。

幸运的是，有个可以快乐起来的方法，那就是改变我们思考的重心，从我们所想要的转而想到我们所拥有的。不是期望你的爱人是别人，而是试着去想她美好的品质；不是抱怨你的薪水，而是感激你拥有一份工作；不是期望你能去夏威夷度假，而是想到你居所附近亦有乐趣。

别勉强自己去做别人，不要看到别人住别墅豪宅就想要别墅豪宅；看见别人开宝马香车就渴望拥有宝马香车；甚至看见别人的女友漂亮、妻子贤惠，就想把自己的女友、妻子换掉。世界上哪有完美的事物、完美的人呢？这样想你就一刻也不能拥有幸福的感觉，你就会在欲望之路上越走越远。

其实外物都是虚假的，即使我们把它追到手，也不会感到满足，反而会使人生出更多更大的欲望来。而这一切都是无根的，都是会走到尽头，走向反面的，“富不过三代”是一例，“乐极生悲”也是一例。因此，不如保持一颗平静的心，学会“物来而应，过去不留”，适当放下，这不仅是一种洒脱，更是参透万物后的一种平和。只有放下那些过于沉重的东西，才能得到心灵的放松。当某一件东西带给你的只有无尽的烦恼和忧愁，各种各样的负担如山一般压在你的心上让你不能自由呼吸时，那么最明智的办法就是舍弃它，不要为其所累，快乐自然会回到你的身边。

心安理得，知足常乐

尚功利，崇邪说，是谓乱经。

——王阳明

在人生这条道路上，荣华富贵并不一定就永久快乐，贩夫走卒也不是一辈子劳苦，一个人只要心安理得，恰如其分地做其本分事，即是幸福。

在被贬至龙场之时，王阳明常以孔子之话勉励自己：居住者要是道德修养高、有知识有智慧的君子，是不会觉得居所简陋的。

为生活所迫，他不得不亲自耕作来解决温饱。他不会农事，边看边学。他了解到龙场人的耕作是原始的刀耕火种，通过实践，他掌握了不少做农活的技术和规律。他还向当地的人请教种地的经验，和当地百姓的关系也越来越近。对于一直心存百姓的王阳明来说，得到龙场百姓的理解和支持就是一种幸福。

为人处世，穷而不乏，实属难能可贵。但有了钱财和权力，未必能给人带来快乐，烦恼也会随着名利袭上心头。反而是那些本本分分活着的人，可能会更幸福，他们或许物质上未能达到极大丰富，但精神却不匮乏。

春秋时的名士原宪住在鲁国，拥有一丈见方的房子，屋顶盖着茅草；用桑枝做门框，用蓬草做成门；用破瓮做窗户，用破布隔成两间；屋顶漏雨，地面潮湿，他却端坐在那里弹琴。子贡骑着大马，穿着华丽的大褂去见原宪，小巷子容不下高大的马车，他便走着进去。原宪戴顶破帽子，穿着破鞋，拄着藜杖在门口应答，子贡说："啊？先生生了什么病？"原宪回答说："我听说，没有钱叫作贫；有学识而无用武之地叫作病。现在我是贫，不是病。"子贡听后脸上露出羞愧的表情。

子贡听了名士对贫穷的看法，自己的脸上露出了羞愧的表情。因为他自己实际上有了心病，不能从高层次看待贫困的问题，不理解那些甘于忍受贫困而心怀大志的人。

对于贫穷，现实中每个人的看法不同，标准不同，忍受贫穷的能力也不同。有些人是不得不居于贫困、苦熬贫困，所以觉得贫困是可怕的，这是着眼于物质生活的贫困。还有一些人是甘于贫困，是借贫困的环境来磨炼自己的意志，这是自觉地忍受贫困。不管是贫穷还是富有，我们都应该注重自己的精神修养。

《庄子·山木》中曾记载了这样一则故事：

庄子身穿有补丁的粗布衣服，走过魏王身边。魏王见了说：“先生为什么如此疲惫呢？”

庄子说：“是贫穷，不是疲惫。士人身怀道德而不能够推行，这是疲惫；衣服坏了鞋子破了，这是贫穷，而不是疲惫。这种情况就是所谓生不逢时。大王没有看见过那跳跃的猿猴吗？它们生活在楠、梓、豫、章等高大乔木的树林里，抓住藤蔓似的小树枝自由自在地跳跃而称王称霸，即使是神箭手羿和逢蒙也不敢小看它们。等到生活在柘、棘、枳、枸等刺蓬灌木丛中，小心翼翼地行走而且不时地左顾右盼，内心震颤恐惧发抖。这并不是筋骨紧缩有了变化而不再灵活，而是所处的生活环境很不方便，不能充分施展才能。如今处于昏君乱臣的时代，要想不疲惫，怎么可能呢？比干遭剖心刑戮就是最好的证明啊！”

庄子物质生活很贫乏，但是他的精神生活却并不贫乏。物质上贫穷并不可怕，但一定不要使自己的精神贫穷，精神贫穷才是真正的贫穷。庄子生活困苦，但是庄子的精神力量却散发出耀眼的光辉，他深谙快乐生活的道理，心与物游，天真烂漫。

《中庸》上讲“素富贵，行乎富贵……素患难，行乎患难”，王阳明认为只有努力修养心体，继而修养得纯正才可做到此。贫穷毕竟不是什么好事。每个人都希望改变贫穷的状况，但是急于求成或是用歪门邪道去脱贫，不是真正的忍贫，而不过是贪恋富贵罢了。那些贩夫走卒，奔波劳苦，虽然生活不尽美好，但他们付出了努力，所以他们的精神充实，将来未必过不上好日子；那些满腹经纶的人，虽然积累学识非常辛苦，但他们可以用知识来创造财富，一样能成就人生。相反，许多人心灵空虚，贪欲满腹，即使家财万贯，也未必能快乐，因为他们不知道什么叫作知足常乐。

“财”是静心的拦路虎

人须有为己之心，方能克己；能克己，方能成己。

——王阳明

人生的热闹风光说穿了不过“名利”二字，唯有与功名利禄保持适当的距离，才能超然物外，潇洒、通透，做个真正的快活人。然而，从古至今，多少人为了名利而丧失原则，迷失自我，最后身败名裂。孔子说得好：“君子疾没世而名不称焉。”古语又云：“名利本为浮世重，古今能有几人抛？”

王阳明带兵打仗时曾经规定：“各兵但有管哨官总指称神福、馈送打点等项名色，科派银物，自一分以上，俱许赴该道面告究治。”他严格要求自己的部下不能接受百姓的任何东西，否则严加追究。他说：“吏书、义民、总甲、里老、百长、弓兵、机快人等，若揽差下乡，索求赍发者，约长率同呈官追究。”不仅如此，他还倡导百姓揭发收受贿赂的行为，对那些廉洁的官员给予奖励。通过这些措施，王阳明教化当地人“务洗贪鄙之俗，共敦廉让之风”。

王阳明对财的态度很好地体现了他的清廉和静心。《红楼梦》开篇偈语中，“世人都晓神仙好，惟有功名忘不了”的《好了歌》似乎在诉说繁华锦绣里的一段公案，又像是在告诫人们提防名利世界中的冷冷暖暖。世人总是被欲望蒙蔽了双眼，被名利所累。

那些把名利看得很重的人，总是想将所有财富收入囊中，将所有名誉光环揽至头顶，结果必将被名缰利锁所困扰。

一天傍晚，两个要好的朋友在路上散步。突然，有个人从路旁的密林中惊慌失措地跑了出来，两人见状，忙拉住那人问道：“你为什么如此惊慌，发生了什么事情？”

那人忐忑不安地说：“我正在移栽一棵小树，却突然发现了一坛金子。”

这两人听后感到好笑，说："挖出金子来有什么好怕的？你真是太好笑了。"然后，他们又问，"你是在哪里发现的？告诉我们吧，我们不怕。"

那人说："你们还是不要去了吧，那东西会吃人的。"

这两人哈哈大笑，异口同声地说："我们不怕，你告诉我们它在哪里吧。"

于是那人只好告诉他们金子的具体地点，两人飞快地跑进树林，果然找到了那坛金子。

一个人说："我们要是现在就把黄金运回去，不太安全，还是等到天黑以后再运吧。现在我留在这里看着，你先回去拿点饭菜，我们在这里吃过饭，等半夜的时候再把黄金运回去。"于是，另一个人就回去取饭菜了。

留下来的这个人心想："要是这些黄金都归我，该有多好！等他回来，我一棒子把他打死，这些黄金不就都归我了吗？"

回去的人也在想："我回去之后先吃饱饭，然后在他的饭里下些毒药。他一死，这些黄金不就都归我了吗？"

不多久，回去的人提着饭菜来了，他刚到树林，就被另一个人用木棒打死了。然后，那个人拿起饭菜，吃了起来，没过多久，他的肚子就像火烧一样痛，这才知道自己中了毒。临死前，他想起了路人的话，后悔不已："他说得真对啊，我当初怎么就不明白呢？"

可见，财这只拦路虎，它确实诱人，一旦骑上去，又无法使其停住脚步，最后必将摔下万丈深渊。

庄子在《徐无鬼》篇中说："钱财不积则贪者忧；权势不尤则夸者悲；势物之徒乐变……驰其形性，潜之万物，终身不返，悲夫！"意思是追求钱财的人往往会因钱财积累不多而忧愁，贪心永不满足；追求地位的人常因职位不够高而暗自悲伤；迷恋权势的人乐于看到时局变动，以期从中谋利，扩大自己的权势。放纵自己沉溺于无限的物欲当中，且终生执迷不悟，这种人实在是可悲呀。

权势等同枷锁，富贵有如浮云。生前枉费心千万，死后空持手一双。名利，就像是一座美丽豪华舒适的房子，人人都想走进去；只是这座房子只有进去的路，却没有出来的门。枷锁之所以能束缚人，房子之所以能困住人，主要是因为人不肯放下。放不下金钱，就做了金钱的奴隶；放不下虚名，就成了名誉的囚徒。因而，莫不如退一步，远离名利纷扰，给自己的心灵一片可自由驰骋的广袤天空。

养心在于寡欲

只要去人欲、存天理，方是功夫。静时念念去人欲、存天理，动时念念去人欲、存天理，不管宁静不宁静。

——王阳明

生活中有一个“抓沙子”的经验，许多人都想把沙子抓得多，他们用力抓，但手抓得越紧，结果漏掉的越多。相反，如果松开手轻轻地托着，所抓的数量会更多。

唐代文学家柳宗元曾写过一篇名为《蝜蝂传》的散文，文中提到了一种善于背负东西的小虫蝜蝂，它行走时遇见东西就拾起来放在自己的背上，高昂着头往前走。它的背发涩，堆放在上面的东西掉不下来。背上的东西越来越多、越来越重，不肯停止的贪婪行为，终于使它累倒。这篇文章说明了这样一个道理：想抓住的东西越多，抓得住的就越少。

王阳明的门生方献夫从喜欢辞章之道到找到圣人之道的过程，也证明了“大无大有，先无后有”的道理。方献夫本是吏部的郎中，职位比王阳明要高，二人在辩解道义的时候经常会发生一些争论。后来，方献夫热衷于讲学论道、辨析义理，这时他开始认同王阳明的一部分观点。之后经过长时期在一起讲论，方献夫赞同王阳明的圣人之道，他诚心诚意仰慕和敬佩王阳明，于是在王阳明面前自称门生，恭恭敬敬。王阳明说方献夫之所以能脱出世俗之见，是因为他能做到“超然于无我”和“大无大有”。方献夫用两年时间完成了三次“飞跃”，靠的是“无我之勇”。王阳明发自内心地说：“圣人之学，以无我为本，而勇以成之。”

人心常常是不清净的，从“无”到“有”，从“大无”到“大有”，往往也体现出欲望越少，得到的也越多。人生在世，很难做到一点欲望都没有；但是物欲太强，就容易沦为欲望的奴隶，一生负重前行。每个人都应学会减重，更应学会知足常乐，因为心灵之舟载不动太多负荷。

从前，一个想发财的人得到一张藏宝图，上面标明在密林深处有一连串的宝藏。他立即准备好了一切旅行用具，他还找出了四五个大袋子用来装宝物。一切就绪，他进入那片密林。他斩断了挡路的荆棘，蹚过了小溪，冒险通过了沼泽地，终于找到了第一个宝藏，满屋的金币熠熠夺目。他急忙拿出袋子，把所有的金币装进了口袋。离开这一宝藏地时，他看到了门上的一行字：“知足常乐，适可而止。”

他笑了笑，心想：有谁会丢下这闪光的金币呢？于是，他没留下一枚金币，扛着金币来到了第二个宝藏点，出现在眼前的是成堆的金条。他见状，兴奋得不得了，依旧把所有的金条放进了袋子，当他拿起最后一条时，上面刻着：“放弃下一个屋子中的宝物，你会得到更宝贵的东西。”

他看了这一行字后，更迫不及待地走进了第三个宝藏点，里面有一块磐石般大小的钻石。他发红的眼睛中泛着亮光，贪婪的双手抬起了这块钻石，放入了袋子中。他发现，这块钻石下面有一扇小门，心想，下面一定有更多的东西。于是，他毫不迟疑地打开门走了进去。谁知，等着他的不是金银财宝，而是一片流沙。他在流沙中不停地挣扎着，可是他越挣扎陷得越深，最终与金币、金条和钻石一起长埋在流沙下了。

如果这个人能在看了警示后立刻离开，能在跳下去之前多想一想，那么他就会平安地返回，成为一个真正的富翁。物质上永不知足是一种病态，其病因多由权力、地位、金钱之类引发。这种病态如果发展下去，就是贪得无厌，其结局是自我毁灭。世间一切我们能抓住的只是很少的一部分，又何苦为了抓住更多而失去一切呢？

王阳明告诫学生，只有将好色、贪财、慕名等私欲统统揪出来，连根拔去，才能活得自在。《伊索寓言》中有这样一句话："有些人因为贪婪，想得到更多的东西，却把现在所拥有的也失掉了。"所以，生活中的我们应该明白：即使你拥有整个世界，你一天也只能吃三餐。这是人生思悟后的一种清醒，谁真正懂得它的含义，谁就能活得轻松、过得自在。

看淡功名利禄

天地生意，花草一般，何曾有善恶之分？子欲观花，则以花为善，以草为恶。如欲用草时，复以草为善矣。

——王阳明

天下之事，利来利往。贪腐者们追求的那些东西其实不外乎身体的安适、丰盛的食品、漂亮的服饰、绚丽的色彩和动听的乐声，到头来终究是一场空而已。

面对功名利禄、荣辱毁誉，王阳明悟出了自己最佳的人生态度：渊默。"渊默"的理念体现了"众方嚣然，我独渊默，中心融融，自有真乐"的超然物外的境界。

王阳明认为无论是做学问还是生活，都必须保持心境的澄澈和安定，不能为名利所累。因而在他看来，不能有太多的得失之念，他所理解的"渊默"则恰好契合了做学问的境地。

有一个人十分苦恼，他跟自己的一个好友说："我的妻子贪婪而且吝啬，对于做好事行善，连一点儿钱财也不舍得，你能到我家里去，向我太太讲些道理吗？”

这个好友是个痛快人，听完他的话，非常爽快地就答应了。

好友到这人的家里时，他的妻子出来迎接，可是却连一杯水都舍不得端出来给丈夫好友喝。于是，好友握着一个拳头说：“嫂子，你看我的手天天都是这样，你觉得怎么样呢？”

这人的妻子说：“如果手天天这个样子，这是有毛病，畸形啊！”

好友说：“对，这样子是畸形。”

接着，好友把手伸展开成了一个手掌，并问：“假如天天这个样子呢？”

这人的妻子说：“这样子也是畸形啊！”

好友趁机立即说：“不错，这都是畸形。钱只贪取，不知道给予，是畸形；钱只知道花用，不知道储蓄，也是畸形。钱要流通，要能进能出，要量入而出。”

这人的妻子听后，若有所思，羞愧地低下了头，赶紧端来一杯水招待丈夫好友。

世间的道理大多是相通的。人降临世界的时候，手是合拢的，似乎在说：“世界是我的。”他离开世界时的手是张开的，仿佛在说：“瞧，我什么都没有带走。”

一个人是否追求名利，往往取决于其荣辱观。有人以出身显赫作为自己的尊荣。如公侯伯爵，讲究某某“世家”、某某“后裔”，有的人则以钱财多寡为标准，所谓“财大气粗”，以及“有啥别有病，没啥别没钱”，等等，这些观点正说明其三观不正。

以家世、以钱财来划分荣辱毁誉的人，尽管具体标准不同，但其着眼点、思想方法并无二致。他们都是从纯客观、外在的条件出发，并把这些看成是永恒不变的财富，而忽视了主观的、内在的、可变的因素，导致了极端、片面的形而上学错误，结果吃亏的是自己。持这种荣辱观的人，往往会拼命地追逐名利，最终铤而走险，走向贪污、腐败的道路。

人格的伟大之处就在于，它超出了欲望的需求而追求品德的完善。一个人做到无欲的时候，就是放弃了心中的杂念，就是清空了心灵中积存的枯枝败叶。清空了心灵，才能最大限度地获得生命的自由、独立；清空了心灵，才能收获未来的光荣与辉煌。清心去欲，是王阳明思想的一个重要主张，他认为一切功名利禄都不过是过眼烟云，得而失之、失而复得等情况都是经常发生的。要意识到一切都可能因时空转换而发生变化，明得失，就能够把功名利禄看淡、看轻。

淡泊明志

循理之谓静，从欲之谓动。

——王阳明

《文子·道原》曰：“真人者，知大己而小天下，贵治身而贱治人，不以物滑和，不以欲乱情，隐其名姓，有道则隐，无道则见，为无为，事无事，知不知也。怀天道，包天心，嘘吸阴阳，吐故纳新，与阴俱闭，与阳俱开，与刚柔卷舒，与阴阳俯仰，与天同心，与道同体，无所乐，无所苦，无所喜，无所怒，万物玄同，无非无是。”

中国人不仅倾慕诸葛亮的神机妙算，还欣赏他的淡泊人生观，常常借用他的一句话“淡泊以明志，宁静以致远”来勉励自我。

王阳明提倡要有淡泊的心态。淡泊名利是王阳明家族的“传家宝”，他的六世祖王纲性情淡泊，虽然文武皆通，但是为了躲避乱世，他便往来于山水之间。

王纲和刘伯温是好友，但他对刘伯温说：“老夫性在丘壑，异时（你）得志，幸勿以世缘见累，则善矣。”以此可见其淡泊的心境。

只有看淡生活琐事，才能让我们有时间和精力去实现我们远大的理想，也只有能够安静地坐下来，我们才有时间去思考人生。

战国时齐国有位贤者，名叫颜斶。齐宣王十分仰慕他，便把他召进宫来。颜斶走进宫内，来到殿前，就停住了脚步，不再往前。齐宣王叫他上前，颜斶不仅一步不动，还叫齐宣王下来迎接他，还说："如果是我走到大王面前，说明我仰慕大王的权势；如果是大王走过来，说明大王礼贤下士。与其让我仰慕大王的权势，还不如让大王礼贤下士。"齐宣王生气地说："到底是君王尊贵，还是士人尊贵？"颜斶不假思索地说："当然是士人尊贵！从前秦国进攻齐国的时候，秦王下过一道命令：有谁敢在高士柳下季的坟墓五十步以内的地方砍柴的，格杀勿论！他还下了一道命令：有谁能砍下齐王脑袋的，就封为万户侯，赏金千镒。由此看来，一个活着的君主的脑袋还不如一个死了的士人的坟墓呢！大禹的时候，诸侯有万国之多，是因为他尊重士人；到了商汤时代，诸侯有三千之多；如今，称孤道寡的才二十四个。由此看来，重视士人与否是得失的关键。从古到今，没有不务实事而成名于天下的，所以君王要以不经常向人请教为羞耻，以不向地位低的人学习而惭愧。"

齐宣王听到这里，才觉得自己理亏，于是对颜斶说："听了您的一番高论，茅塞顿开，希望您接受我拜您为师。今后您就住在这里，饮食有肉吃，出门有车乘，您的家人个个衣着华丽。"颜斶却说："玉，产于山中，一经匠人加工，就会破坏它；碎玉虽宝贵，但失去了本来的面貌。士人生在穷乡僻壤，如果选拔上来，享有利禄，他外在的风貌和内心世界就会遭到破坏。所以我希望大王让我回去，每天饥饿了才吃饭，像吃肉那样香，安稳而慢慢地走路，足以当作乘车。平安度日，并不比权贵差。清静无为，纯正自守，乐在其中。"颜斶说罢，向齐宣王拜了两拜便离开了。

在大富大贵面前，颜斶安于淡泊的生活而不追名逐利。做人的确需要几分淡泊，只有如此，才能豁达地面对人生的得失。王阳明提倡心中以良知为主宰，不以当官为荣，不以不当官为辱，坦坦荡荡，心无困扰。所以说，淡泊是一种境界，是一种从容不迫的生活态度。

淡泊的人是幸福的，淡泊使人心更加宁静、更加自由，不再受外物羁绊。淡泊是不慕名利，远离喧嚣和纠缠，走向超越。淡泊是在遭受挫折时仍有与花相悦的从容，淡泊是别人都忙于追名逐利时仍然保持恬淡。只有淡泊，才可以使你真正地享受人生，在努力中体验欢乐，在淡泊中充实自己。古往今来多少名士终其一生都在寻求淡泊的心境："采菊东篱下，悠然见南山"，陶渊明算得上是个淡泊者；钱钟书学富五车，闭门谢客，静心于书斋，潜心钻研，著书立说，留下旷世名篇；齐白石晚年谋求画风变革，闭门十载，破壁腾飞，终成国画巨擘。

在人的生命历程中，轰轰烈烈是暂时的，大部分时间都在平淡中度过。只有怀有淡泊的心境和一生一世永不放弃的追求，才能获得生活馈赠的那份幸福和快乐，拥有成功赋予的那份慰藉和乐趣。

安贫乐道也是信仰

一自移家入紫烟，深林住久遂忘年。山中莫道无供给，明月清风不用钱。

——王阳明

孔子在《论语·述而》中发出这样的感叹："饭疏食饮水，曲肱而枕之，乐亦在其中矣。不义而富且贵，于我如浮云。"

《后汉书·韦彪传》中写道："安贫乐道，恬于进趣，三辅诸儒莫不慕仰之。"言外之意就是，在贫富与仁义不可兼得时，韦彪是宁可受苦受穷也不愿放弃仁义的。

有时候，生活就像一个圈，无论你的人生多么辉煌壮丽，到最后终究还是要回到原点。这样看来，安贫乐道未必就是不思进取，反而体现出一种和谐有度的生活哲学来。

王阳明初至龙场，条件艰苦，连住的地方都没有，他便借《墨子》中的话来勉励自己："昔者尧舜有茅茨者，且以为礼，且以为乐。"

意思是说，上古时候的尧舜都住过茅草棚，他们一样讲究礼仪，一样喜爱音乐。王阳明以尧舜为榜样，起点很高。

《始得东洞遂改为阳明小洞天三首》第三首有这样的诗句：“邈矣箪瓢子，此心期与论。”诗中引用了颜回对待艰苦生活的态度——“一箪食，一瓢饮，在陋巷，人不堪其忧，回也不改其乐”。王阳明说，颜回虽离我们很远，但我愿意像他那样安贫乐道。

梁实秋在《雅舍小品》中也说过：“安贫乐道的精神之可贵更难于用三言两语向唯功利是图的人解释清楚的。”在佛家看来，能够安贫乐道，独守一份内心的清净，是修行的一种境界。如做人也能够如此的话，必将有所收获。

春秋时期，楚国令尹孙叔敖深受楚庄王倚重，功劳卓著，但他非常俭朴。庄王几次封地给他，他都推辞不受。

后来，孙叔敖得了重病，临死前他嘱咐儿子孙安：“我死后，你就回到乡下种地，千万别做官。如果大王非要赏你东西，你就要那块没人要的寝丘。”寝丘位于楚越之间，在今河南省固始县内。地方偏僻，地名也不好，而且是一片贫瘠的薄沙地，楚人视之为鬼地，越人认为其不祥，所以很久以来都没人要。

不久，孙叔敖去世，楚庄王十分悲痛，便打算封孙安为大夫。但孙安百般推辞，庄王只好让他回家去了。孙安回家后，靠打柴为生，日子过得十分清苦。后来，楚庄王听从优孟的劝说，派人把孙安请来封赏。孙安想起父亲的遗命，就要了寝丘那块薄沙地。

按楚国的规定，封地延续两代，如果其他功臣想要，就改封其他功臣。因为寝丘太贫瘠了，功臣们在请赏的时候，都忘了那里，于是，孙叔敖的子孙十几代拥有这块地，得以安身立命。

光彩夺目的金子会引起贪婪之人的激烈争夺，金光大道上挤的人太多了，反倒不如走独木小桥幽静和从容。

什么是衡量人生成功的标准？是财富、权力，还是享受一份粗茶淡饭的宁静日子？在王阳明看来，安于贫困生活，以学习和掌握圣人之道为乐，不被现实名利所扰，便能找到自己的人生意义，便是一种成功的表现。

元代施惠在《幽闺记·士女随迁》中说："乐道安贫巨儒，嗟怨是何如，但孜孜有志效鸿鹄。"如果沉溺在世俗名利中不能自拔，一心追求欲望的满足，那么还不如在宁静中享受简单的幸福。

徒有虚名不中用

世之人从其名之好也而竞以相高，从其利之好也而贪以相取，从其心意耳目之好也而诈以相欺，亦皆自以为"从吾所好"矣，而岂知吾之所谓真吾者乎！夫吾之所谓真吾者，良知之谓也。

——王阳明

王阳明从少年时代起，受到父亲的耳濡目染，便要通过科举考取功名。而通过读书摆脱平民的命运，走上仕途，是当时很多人唯一的道路。为此，很多人为了求取功名苦读数年，甚至付出了一生。王阳明虽然也受到科举的束缚，但是他并不为它所左右：功名仅仅是一个虚名，考不上不算什么；一日考取，便要让其有实际的用处，为百姓、为社会谋福谋利。这也是他用一生来践行的做人之本。

然而，世界上有很多人，为了达到自己的目的，不择手段。他们为什么不能守住自己的本分呢？多数情况下，是因为"名心"的驱使。所以，人最高的道德，就是把这个"名心"抹平，不去刻意追求"名"，往往会得到意想不到的结果。

我们以赤子之身来此世界，当以赤子之心面对此世界，也就是真正留取清白在人间。所以，我们的先哲曾经说："至人无己，神人无功，圣人无名。"

王阳明追求的人生应该是"致良知"的一生，他对人生有着自己的终极关怀和哲学导向，他不仅希望能实现“饥者歌其食，劳者歌其事”，还希望实现报国行道的理想。他集思想家和政治家于一身，却不希望为名所累。

事实上，人生的规则也正是如此，贪慕虚名、急功近利者往往得不到真正的名誉，沽名钓誉之徒往往得不到真正的快乐。

有一个书生因为像晋人车胤那样借萤火夜读，在乡里出了名，乡里的人都十分敬仰他。一天早晨，有一个人去拜访他，想向他求教。可是这位书生的家人告诉拜访者，书生不在家，已经出门了。来拜访的人十分不解地问：“哪里有夜里借萤火读书，学一个通宵，而清晨大好的时光不读书，却去干别的杂事的道理？”家人如实回答说：“没有其他的原因，主要是因为要捕萤，所以一大早出去了，到黄昏的时候就会回来的。”

车胤夜读是真用功、真求知，而这个虚伪的书生真的好学到这种地步吗？在大好的天光下出门捕萤，黄昏再回来装模作样地表演一番，完全是本末倒置，名是有了，但时间一长难免会露出马脚。靠一时的投机哗众取宠，这样的名往往很短暂，如过眼云烟，很快会被世人遗忘。

追求名誉难免被虚名所累，误了一生。其实看开了，虚名不过是噱头，虚名能为人带来一时的心理满足，但它本身毫无价值、毫无意义，任何一个真正的有识之士，都不会看重虚名。王阳明和学生讨论有关名这个问题时，他说如果一味力追声名，就不会懂得真实、纯朴的道理，人生中就会徒增烦扰。

为了虚名而去争斗，是人世间各种矛盾、冲突的重要起因，也是人生之中诸多烦恼、愁苦的根源所在。我们追求的是精神的不朽，那么，抛却背后的虚名，着眼于未来，脚踏实地，我们终将到达人生的制高点。

不为名利所累

人欲横流，天理几灭。

——王阳明

王阳明在受到刘瑾等人的残酷迫害后复出，功绩卓然，虽依然受谗害，但他经国济世的雄心不变，执着地追求真理的心不变，在官场的旋涡中保持内心对圣人的虔诚和敬仰。

循圣之心一直没有改变，为生民立命之志也从未减弱，在尔虞我诈的封建官场中，王阳明被打压、被排斥，但是他依旧在其位，谋其政，百忙之余还讲学传道。粗食淡水，幕天席地，仰对苍天，俯依大地，其乐无穷。对于富贵名利，看得如浮云般清淡。

在无常的人生里，要照顾好自己的心，不要与身外的名利、地位等纠缠不清，心若有贪念——贪名利、地位、权势等，这一生不仅不会快乐，还会过得很辛苦。

玉戴生和三乌丛臣是同学，相交甚好，他们没有钱，于是以品性互勉。玉戴生对三乌丛臣说：“我们这些人应该洁身自好，以后在朝廷做官，决不能趋炎附势而玷污了纯洁的品性。”三乌丛臣说：“你说得太有道理了，巴结权贵绝不是我们这些正人君子所为。既然我们有共同的志向，为何不现在发个誓呢？”玉戴生非常高兴，于是他们郑重地把鸡血抹在嘴上发誓：“我们二人一致决心不贪图利益，不被权贵所诱惑，不攀附奸邪的小人而改变我们的德行。如果违背誓言，就请明察秋毫的神灵来惩罚他。”

后来，二人一同到晋国做官。玉戴生又重申以前发过的誓言，三乌丛臣说：“过去用心发过的誓言还响在耳边，怎能轻易忘呢！”当时赵宣子受到晋王的宠爱，人们争相拜访赵宣子，以期能得到他的推荐，从而得到国君的赏识。赵宣子的府邸前车子都排出了很远。这时三乌丛臣已经后悔，想去赵宣子家又怕玉戴生知道，但是又很想结识赵宣子，几经犹豫后，决定尽早去拜访，以避人耳目。当鸡刚叫头遍，他就整理衣冠，匆匆忙忙去拜访赵宣子了。进了赵府的门，却看见已经有个人端端正正地坐在正屋前东边的长廊里等候了，他走上前去举灯一照，原来那个人是玉戴生。两人相对而愧，赶紧告退了。

三乌丛臣和玉戴生为了各自的仕途利益而违背了当初的誓言。

所以，人心一旦被名利牵制，将造成不堪设想的后果。有智慧的人，在短暂的人生里，视荣华富贵如浮云，而愚痴者则被权势名利所迷惑。

虚名本身其实毫无价值、毫无意义，为了争夺名利而起矛盾和冲突，人生往往徒增诸多烦恼。

不要为虚名所累，在名利的旋涡中做最单纯的自己，脚踏实地地工作，力求不使自己背上虚名这种沉重的思想包袱。

少一些欲望，少一些痛苦

汝若于货、色、名、利等心，一切皆如不做劫盗之心一般，都消灭了，光光只是心之本体，看有甚闲思虑？

——王阳明

历史上多少悲剧出于争名夺誉，人们只看到了虚名表面的好处，却不知道在虚名的背后，埋藏了多少辛酸和苦难。为了承受这么一个毫无价值的虚名，一些人常常暗中钩心斗角，明里打得头破血流，朋友反目成仇，兄弟自相残杀，虚名之累，有什么好处？

中国儒家极力提倡“存天理、去人欲”，王阳明更是把“去人欲”当作“存天理”的条件，他说：“去得人欲，便识天理。”

王阳明将天理、良知、本体合而为一，也就是将道德伦理的价值与存在的本体合而为一，要证得本体，就必须除掉一切人欲。

欲望越多，痛苦也越多。人心不足蛇吞象，而蛇吞象——咽不进，吐不出，要多别扭有多别扭。什么都想要，最后可能什么也得不到，反而一辈子将自身置于忙忙碌碌、钩心斗角之中。这样活着，未免太累！如果少一些欲望，就会少一些痛苦。

苏秦，字季子，东周洛阳人，是战国时期著名的纵横家。

苏秦早年在鬼谷子门下学习纵横捭阖之术，他勤奋刻苦，博览群书，学业精进。苏秦学业有成，辞别鬼谷子时，鬼谷子考察了他一番，苏秦侃侃而谈，滔滔不绝。不想鬼谷子眉头紧皱，脸上并无喜悦。

苏秦把话说完，怯生生地问："先生，我说错什么了吗？先生为何脸有异色？"

鬼谷子语重心长地对苏秦说道："你说得很好，并无错漏。事不可尽，尽则失美。美不可尽，尽则反毁。你只知善辩的好处，唯恐不能发挥至极处。却不知善辩之能遭人嫉妒，若一味恃弄，祸不可测啊。"

后来，苏秦到各国游说，最终配六国相印，权倾一时，但他在燕国受到他人的嫉妒。怕燕王杀他，他就自请到齐国做燕王的奸细。他花言巧语又使齐王信任了他，但最终被车裂于市。

人生的许多痛苦都是因为得不到想要的东西。王阳明说："汝若于货、色、名、利等心，一切皆如不做劫盗之心一般，都消灭了，光光只是心之本体，看有甚闲思虑？"一切私心的存在就好比做贼的心，到最后不光没有得到想要的，还丢失了本体。

其实，人人都有欲望，都想过美满幸福的生活，都希望丰衣足食，这是人之常情。但是，如果把这种欲望变成不正当的欲求，变成无止境的贪婪，那我们就无形中成了欲望的奴隶。在欲望的支配下，我们常常感到非常累，但是仍觉得不满足，因为在我们看来，很多人比自己生活得更富足，所以我们别无出路，只能硬着头皮往前冲，在无奈中透支体力、精力与生命。

每个人的世界都是他自己的。一个人心中充满欲望，就会衍生出恐惧、怀疑、绝望、忧虑等情绪。一个人若是使自己的思想里充满了恐惧、怀疑、绝望、忧虑的东西，那么他的整个生活就难以走出悲愁、痛苦的境地。但他若能抱着乐观的态度，那么就可使蒙蔽心灵的种种阴霾烟消云散。

人生如白驹过隙，生命在拥有和失去之间很快就流逝了。心灵空间需要自己去经营，如果心中装满势利、欲望等，心灵哪里还有空间去承载别的呢？

第七章

喜乐心：常思一二，不思八九

心是快乐的根

常快活便是功夫。

——王阳明

王阳明的学生陈九川卧病虔州，王阳明问他："病了之后是不是觉得格物穷理更加困难了啊？"陈九川说："这个功夫确实太难了。"王阳明告诉他："常快活便是功夫。"

的确，保持一颗快活的心很难。人总会遇到一些不如意的事情：生病了，降职了，失恋了，失业了，等等，想到这些总是很难快活起来。在陈九川看来，格物穷理本就是一个很难的功夫，生病了就变得更难了。其实，王阳明的话实际是在劝诫他，快活不快活与外物环境没有太大的关系，主要在于内心。

物质环境的好坏，固然可以影响到人的心情与思想，但有极高精神修养的人，同样也能够以自己的心去改变环境。如果没有立身处世的道德标准和精神的修养，纵然有再多的财富、再好的物质环境，他也不会快乐。

快乐是一种身心愉快的状态，离苦得乐，是人最本质的需要。快乐很简单，它与一个人的财富、地位、名气无关，它不需要大量的金钱去支撑，也不需要以名气为后盾，更不需要“乌纱帽”来提携。相反，快乐只与一个人的内在有关，物质财富的获得可能让人获得快乐，可是处理不当则会成为人生的负累，生活从此远离快乐，永无宁日。

从前有一个樵夫，他长年累月都以打柴为生，早出晚归，风餐露宿，但是家里仍然常常揭不开锅。于是他老婆天天祈求上天让他们早日脱离苦海。

真是苍天有眼，大运降临。有一天，樵夫在大树底下挖出了一包金子。转眼间，他就成了百万富翁。于是他买房置地，宴请宾朋，好不热闹。亲朋好友也都像是一下子从地下冒出来似的，纷纷前来向他表示祝贺。

按理说樵夫应该非常满足了，现在终于知道荣华富贵是什么滋味了。可是他只高兴了一阵子，就愁眉苦脸，吃睡不香，坐卧不安了。他的妻子看在眼里，劝他说：“现在我们有很多金子，吃穿不愁，又有良田美宅，你为什么还是愁眉苦脸的呢？你这个丧气鬼，天生就是个受穷的命！”

樵夫听到这里，不耐烦了：“你个妇道人家懂得什么？我们得了金子的事情，人人都知道了。如果有人来偷来抢怎么办？我是愁没有好的地方来藏它们。”妻子听过之后也觉得有理。于是夫妻二人开始找藏金子的好地方。可是无论何地他们都觉得不安全，结果就这样天天找，天天担心，生活没有了一刻的宁静。

挖出金子之后的樵夫并没有之前那么快乐，是因为他将金子看得过重。人生在世，名利钱财都是身外之物，即使时时刻刻永不停息地去追求和索取，也不会有满足的时候。一味追求反而丢失了生活的宁静与快乐，得不偿失。快乐无须附丽，它只是内心深处的富足，它像一缕清纯的阳光，既可以照亮自己，也可以照耀周围的人。那些身无长物的人，同样可以获得人生的快乐。

孔子说颜回：“贤哉！回也。一箪食，一瓢饮，在陋巷，人不堪其忧，回也不改其乐，贤哉回也！”颜回短暂的一生，师从孔子，周游列国，虽有满腹经纶，德才兼备，但是甘于贫苦生活而不改其乐，可以说是乐由心生、无须附丽的典型了。

当我们哀叹命运不公、抱怨时运不济时，以为只有得到名利才快乐。快乐其实很简单，它就在每个人的心里，不过，需要你用心寻找。王阳明曾经说过：乐是心的本体，只有心才是快乐的根。快乐不是霓虹灯下的买醉，不是一掷千金的快感。不放纵生命，不麻醉灵魂，珍惜生命的点点滴滴，才是快乐；拥有一颗感恩的心，感激生命，感激阳光雨露，忘却曾经的苦痛，快乐就会油然而生。

希望有所成就并且生活得逍遥自在、豁达明朗，就首先要努力使自己成为一个有道德教养的人、一个有良好品格的人、一个有丰富心灵的人、一个有益于他人的人，这样才能有效去掉那些使人沮丧和紧张的因素，从而充分享受工作和生活本身蕴含的乐趣，在任何情况下保持一种“临清风，对朗月，登山泛水，肆意酣歌”的心境，陶陶然乐在其中，不亦快哉！行走于青山绿水之间，且听风吟，了无牵挂，快乐盈心！

沉浮动静皆人生

尔却去心上寻个天理，此正所谓理障。

——王阳明

生是头，死是尾，中间的是过程，人生就是如此。不问来处，不问去路，只问今何处，才是现实。愚者以为幸福在遥远的彼岸，聪明者懂得将周遭的事物培育成幸福。快乐的人生不在山珍海味，而在清和淡雅；不在盲目追求，而在真诚相待；不在别人的施舍，而在自己的努力；不在遥远的未来，而在当下的获得。追求快乐的人生不在于“快乐”二字，而在于快乐的过程。

对于王阳明来说，从早年的官场争斗到后来的南征北战，从江西剿匪到平定宁王叛乱，再到后来的潜心治学教书，他的一生是短暂的，他逃不过死亡的结局；但他的一生又是漫长的，他的的确确闯出了一片天地，在这片广阔的天地之中干了一番大事业。在他生命的全部过程中他一直坚守少年时候的志向与追求，无论是创立心学、提出“知行合一”，还是带兵打仗，为的都是报效祖国。他一直坚持自己的追求，并为之付出了毕生心血，他的人生是成功的，也是幸福的。

对于一个人来说，从胎儿、婴儿、孩童、少年、青年、中年到老年，这个过程诠释了生命的真谛，它包含了酸甜苦辣，凸显着人生得意的光芒和失意的暗淡。

人们苦苦追求，苦苦寻觅，只为了得到一个结果。但当你得到了那个果时，常会变得失望，反而是在争取的过程中，你尝遍了各种快乐和心酸，那种滋味才令人回味无穷。不要因为在人生过程中失去的东西而忧心忡忡，因为已经得到，就不怕失去。否则，在你不断为失去而感叹时，你会错过大好的时光，而说不定你错过的时光，会让你得到更好的事物。

有位孤独者倚靠着一棵树晒太阳，他衣衫褴褛，神情萎靡，不时有气无力地打着哈欠。

一位智者由此经过，好奇地问道：“年轻人，如此好的阳光，如此难得的季节，你不去做你该做的事，懒懒散散地晒太阳，岂不辜负了大好时光？”

“唉！”孤独者叹了一口气，说，“在这个世界上，除了我自己的躯壳外，我一无所有。我又何必去费心费力地做什么事呢？每天晒晒我的躯壳，就是我要做的所有的事了。”

智者问：“你没有家？”

“没有。与其承担家庭的负累，不如干脆没有。”孤独者说。

智者问：“你没有你的所爱？”

“没有，与其爱过之后便是恨，不如干脆不去爱。”孤独者说。

智者问：“你没有朋友？”

“没有。与其得到还会失去，不如干脆没有朋友。”孤独者说。

智者问：“你不想去赚钱？”

“不想。千金得来还复去，何必劳心费神动躯体？”孤独者说。

“噢。”智者若有所思，“看来我得赶快帮你找根绳子。”

“找绳子干吗？”孤独者好奇地问。

智者答：“帮你自缢。”

“自缢？你叫我死？”孤独者惊诧道。

智者答：“对。人有生就有死，与其生了还会死去，不如干脆就不出生。你的存在，本身就是多余的，自缢而死，不是正合你的逻辑吗？”

孤独者无言以对。

“兰生幽谷，不为无人佩戴而不芬芳；月挂中天，不因暂满还缺而不自圆；桃李灼灼，不因秋节将至而不开花；江水奔腾，不以一去不返而拒东流。更何况是人呢？”智者说完便转身离去。

如智者所说，“江水奔腾，不以一去不返而拒东流”，人生是一个过程，人生目标是我们永远的明天，我们的人生永远是今天。有目标的人是活得有意义，能看重人生本身这一过程并把握住过程的人，这样的人才活得充实而真实。“没白活一辈子”，应该是目的和过程两方面都有质量。沉浮动静皆人生，体悟每种境遇，不以物喜，不以己悲，得失沉浮皆是人生所获的赐予。

沉浮动静皆人生。如果我们总用一种效益坐标来判别人生的状况，前进为正，后退为负，上升为优，下沉为劣，那么，我们就永远不能读懂人生。所以，追求幸福的过程才是最幸福的。既然每个人的未来结果是相同的，那么还不如在生命的过程中好好享受，这才不枉在人世走一遭。

幸福在于追求得少

彼其胶于人欲之私，则利害相攻，毁誉相制，得失相形，荣辱相缠，是非相倾，顾瞻牵滞，纷纭舛戾，吾见其烦且难也。

——王阳明

“譬如空中飞鸟，不知空是家乡；水中游鱼，忘却水是生命。”空中飞鸟翱翔天际，本身即在天空中，它并未想过向生活索取更大的空间，因为天空够宽了；水中游鱼，水是非常重要的东西，而它并未一味因其重要而操心忧虑。若能以这种积极的态度努力生活，生活必然愉快、幸福。

俗话说，人生失意无南北，宫殿里也会有悲恸，茅屋里同样会有笑声。只是，平时生活中无论是别人展示的，还是我们关注的，总是风光的一面、得意的一面。这就像女人的脸，出门的时候个个都描眉画眼，涂脂抹粉，光艳亮丽，这全是给别人看的。回到家后，一个个又都素面朝天。

就像王阳明所说的，毁誉、得失、荣辱、是非都是相辅相成的，世间没有绝对的事情。当然，人生也没有绝对的幸福与不幸，两者相差的也许只是一个角度罢了。站在城里，向往城外；而一旦走出了围城，就会发现生活其实都是一样的，有许多我们一直在意的东西，在别人看来也许根本就不算什么。所以，与其不停地长吁短叹，不如欣赏一下自己的生活，静心体会生活的快意。

一条河的一边住着农夫，另一边住着官员。农夫看到官员每天无须劳作，吃好的喝好的，十分羡慕他；官员看到农夫每天在田园山水中修身养性，也十分向往那样的生活。日子久了，他们都各自在心中渴望着到对岸去。

一天，农夫和官员达成了协议。于是，农夫过起了官员的生活，官员过上了农夫的日子。

几个月过去了，成了官员的农夫发现，原来官员的日子并不好过，表面上悠闲自在，其实是日理万机，官场的明争暗斗更是让他感到无所适从，便又怀念起以前当农夫时的生活来。

成了农夫的官员也体会到，他根本无法忍受农夫每日为生活而辛苦地劳作，于是也想起做官员的种种好处。

又过了一段日子，他们各自心中又开始渴望：到对岸去。

农夫羡慕官员，官员羡慕农夫，互换生活后，又发现原来的生活才好。其实，你眼中的他人的快乐，并非真实生活的全部。每个生命都有欠缺，不必与人做无谓的比较，珍惜自己所拥有的一切就好。

生物界寿命的长短，决定了生命境界的不同感受：树根上的小蘑菇寿命不到一个月，因此它不理解一个月的时间是多长；蝉的寿命很短，生于夏天，死于秋末，它们不知道一年当中有春天和冬天。它们的生命都是短暂的，一般人觉得它们可怜。其实，不完全是这样。那些生命即使活了几秒钟也觉得自己活了一辈子，因为它们有它们的快乐。感受的境界不同，生命也各有各的幸福。或许你的生活很简单，但是你也会有自己的乐趣。

胡九韶，明朝金溪人。他的家境很贫困，一面教书，一面努力耕作，仅仅可以衣食温饱。每天黄昏时，胡九韶都要到门口焚香，向天拜九拜，感谢上天赐给他一天的清福。妻子笑他："我们一天三餐都是菜粥，怎么谈得上是清福？"胡九韶说："我首先很庆幸生在太平盛世，没有战争兵祸。然后庆幸我们全家人都能有饭吃，有衣穿，不至于挨饿受冻。最后庆幸的是家里床上没有病人，监狱中没有囚犯，这不是清福是什么？"

胡九韶虽然贫困，但是他认为有饭吃、有衣穿、没病痛、没兵祸便是幸福。正如这首诗："木末芙蓉花，山中发红萼。涧户寂无人，纷纷开且落。"那山中的芙蓉花并不因生在深山而黯然神伤。春去秋来，它依然绽放自己生命的美丽，灿烂地活在世上，体验生命的大幸福。什么是幸福，怎样才算是幸福？幸福没有绝对的答案，关键在于你的生活态度。

幸福不是虚无缥缈的东西，把对幸福的理解建立在客观条件允许的范围内，切不可脱离实际，不可好高骛远，那么幸福每时每刻都在我们每一个人的身边，关键是我们如何去发现它、理解它、感受它、创造它。

人生不必太较真

读书作文安能累人？人自累于得失耳。

——王阳明

王阳明的一生，几经起落，但无论是京都的富贵还是穷乡僻壤的贫寒，他从来没有计较过。他认为，人之所以活得很累，就是因为过于计较自己的得失。人生就像天气一样变幻莫测，有晴有雨，有风有雾。无论谁的人生，都不可能一帆风顺，况且，一帆风顺的人生，就像是没有颜色的画面，苍白枯燥。等人老了的时候，回过头看看自己走过的路，开心的、伤心的，不都成了过眼云烟吗？一路走过来，会有许多辛酸的泪水，也会有许多欢乐的笑声，当一切成为过去，谁还记得曾经有多痛，曾经有多快乐。

一切都会过去的。那么，对于眼前的不幸，又何必过于执着？世间万事，来不可阻挡，去也不必挽留。生生死死，哭哭笑笑，一切的幸与不幸，都只是一个过程。

明朝开国文臣之一、大学士宋濂在《秦士录》中写了一介狂士。

这秦士指的是邓弼，他以力量称雄于人，喜欢酒后使性，对旁人怒目而视，人们就说："狂徒不可接近，接近则必受奇耻大辱。"

有一日，他在青楼独自饮酒，看到萧、冯两位书生经过楼下，就请他们上来共饮。这两人向来瞧不起他，就百般推托。邓弼发怒说："你们如果不接受我的邀请，那我就杀了你们，然后逃到荒山僻野去，怎么可能让你们如此侮辱我！"

两书生不得已，只好和他一起饮酒。邓弼一边大声吆喝着要酒喝，一边高歌。喝到畅快时，他解开衣服，两腿叉开，粗鲁地席地而坐，还拔刀放在桌面上，铿然作响。两位书生向来听说他酒后发狂，想起身离开，邓弼制止说："不要走！我也稍微读了些诗书，你们何至于把我看得低贱？今日并非特意请你们喝酒，只是想略吐胸中不平之气罢了。经、史、子、集四部的书籍任凭你们询问，如果不能回答，就让这把刀沾上鲜血。"

两书生说："竟有这样的事？"

随后两书生便摘取七经数十义问他，邓弼列举古书中注释经文的文字和解释传文的文字，不漏一句。他们又询问历代史事，上下三千年谈吐流畅，滔滔不绝。

邓弼笑着说："你们服不服？"

两书生相顾，沮丧失色，不敢再问问题。邓弼取酒，披头散发跳着说："我今天压倒老书生了！古者学在养气，如今的人穿着读书人穿的衣服，反而毫无生气，只想卖弄学问，把世上豪杰当小孩子看待。你们还是算了吧。"

两书生向来自负博学多才，听到邓弼的话大感惭愧，下楼去了，走路都不正常。回去问与邓弼交往的朋友，他们也没有看见他拿着书本低声吟咏过。

虽然天生神力，但是因丞相阻挠，邓弼始终没有受天子重用。他慨叹不已："天生一具铜筋铁肋，却不能建立功勋，而只能困死在野草之下，生不逢时，这就是我的命啊！"

随后，邓弼去王屋山做了道士，十年后死去。

邓弼满怀壮志却难酬，最后选择入王屋为道士来回避现实，已经对人生心灰意冷，如此，还有何乐趣可言呢？

苏轼曾在赤壁慨叹道："人生如梦，一樽还酹江月。"既是如此，又何苦执着？

众生苦苦寻求，就是为了离苦得乐，然而，什么才是快乐的真正法门？也许我们可以从这句话中找到答案："不要讨厌坏境界，也不要贪求好现象，只有不忮不求，才能无欠无赊，才能体会到真正的快乐。”命运弄人，它总是喜欢以玩笑来捉弄世人，那么，我们又何必太较真呢？有时候不妨也以游戏的心态面对，“游戏”不是态度，而是一种心情。逆境中要勇于承担，切不可自暴自弃；顺境中要谦卑恭谨，切不可得意忘形。

生活不会永远一帆风顺，正因为如此，我们的生活才有滋有味、绚丽多彩。在跌宕起伏中保持一颗平常心很重要，不以物喜，不以己悲，宠辱不惊，在平淡中给自己一份力量，在喧闹中给自己一份宁静。

王阳明在一封信中曾写到：普通人和圣人都怀有快乐之心，只是普通人却不自知本身拥有这种快乐，反而还要自寻烦恼，久而久之，自己舍弃了这份快乐。其实，即便真正处于烦恼迷离的处境当中，这种乐的本体也是不会消失的。快乐是一种独特的体验，真实的常在，无论雅俗，都会活得有滋有味。比如说，你有大本事或小本事，朋友多，会有种种发展的机会；你拥有爱情，拥有家庭，拥有多彩的故事，你总有一些盼望，会发现一些趣事，甚至某个消息、某个话题、某种现象都能让你兴奋。这兴奋可能太俗，让人瞧不上眼，或根本就不值一提。但只要是真实快乐的体验，也就够了。即使是真正遇上不称心的事，也别抱着死理，跟自己过不去，这样你便能从容应对，潇洒地走出困境。

幸福源自内心的简约

但论议之际，必须谦虚简明为佳。若自处过任而词意重复，却恐无益有损。

——王阳明

古人有句话叫“大道至简”，用今天的话来说，就是“越是真理的就越是简单的”。著名的美籍华裔数学家陈省身有一个很有趣的“数学人生法则”：数学的一个重要作用就是九九归一，化繁为简。智者的简单，并非因为贫乏或缺少内容，而是繁华过后的一种觉醒，是一种去繁就简的境界。简单的过程是一个觉醒的过程。大道至简，健康的人生就是一个去繁就简的人生。

对于这一点，王阳明也有过相关论述。他认为为文应该“谦虚简明”才好。不简明、过多重复就有损而无益了。这句话虽然说的是议论、作文的道理，其实也是人生的道理。

人的一生会有许多追求：宽敞豪华的寓所；美满的婚姻；让孩子享受好的教育，成为有出息的人；努力工作以争取更高的社会地位……为了满足内心的虚荣，可能于不知不觉中拥有很多，但是也负担了很多，纷繁的生活让生活反而没有了意义。其实，幸福与快乐源自内心的简约，简单使人宁静，宁静使人快乐。

有个中年人觉得自己的日子过得非常沉重，生活压力太大，想要寻求解脱的方法，因此去向一位禅师请教。

禅师给了他一个篓子，要他背在肩上，指着前方一条坎坷的道路说：“你每当向前走一步，就弯下腰来捡一颗石子放到篓子里，然后看看会有什么感受。”

中年人照着禅师的指示去做，他背上的篓子装满石头后，禅师问他这一路走来有什么感受。他回答说：“感到越走越沉重。”

禅师于是说：“每一个人来到这个世上时，都背负着一个空篓子。我们每往前走一步，就会从这个世界上捡一样东西放进去，因此才会有越来越累的感慨。”

中年人又问：“那么有什么方法可以减轻人生的重负呢？”

禅师反问他：“你是否愿意将名声、财富、家庭、事业、朋友拿出来舍弃呢？”那人没出声。

禅师又说：“每个人的篓子里所装的，都是自己从这个世上寻来的东西。但是你拾得太多，如果不能放弃一些，你的生命将承受不起。现在你有了选择吗？丢下什么，留下什么？”

中年人反问禅师：“这一路上，您又丢下了什么，留下了什么？”

禅师大笑道：“丢下身外之物，留下心灵之物。”

功名利禄就像背篓里的石子，得到的越多步履越沉；反倒是心灵之物，装得越多，人就会越有智慧，越是通达，越容易感受到幸福。

人在世上，无时无刻不受到来自外界的诱惑：功名、金钱、爱情、权力……你该怎么办？留下什么，舍弃什么，选择变得尤为重要。稍有不慎，就会背上沉重的枷锁，与幸福擦肩而过。

人生不会一帆风顺，不如意事十之八九，得失随缘，不要过分强求。世间万事转头空，名利到头一场梦，想通了，想透了，心也就豁然了。名利是绳，贪欲是绳，嫉妒和褊狭都是绳，还有一些过分的强求也是绳。牵绊我们的绳子很多，只有摆脱这些牵绊心的绳索，才能享受到真正的幸福，体会到做人的乐趣。

有些人，他们活着，却没有时间去懂怎么爱。也有些人，他们满足，因为他们没有奢望生活过多的给予；他们简单，不用在人前掩饰什么。简单就是快乐。

人之所以不快乐，就是因为活得不单纯。其实，不要去刻意追求，不要向生命去索取，简单本身就是一种幸福。

时时微笑，雨打芭蕉也无愁

溪边坐流水，水流心共闲。不知山月上，松影落衣班。

——王阳明

“芭蕉叶上无愁雨，只是听时人断肠。”阳光明媚、鸟语花香时，内心却可能愁云密布，甚至没有任何阳光可以照进的缝隙。快乐时，“绿杨烟外晓寒轻，红杏枝头春意闹”；失意时，“泪眼问花花不语，乱红飞过秋千去”。

宦海沉浮本就是很平常的事情，这一点王阳明很清楚，所以即使经历了大起大落，他依然坚守内心的生活哲学。几次被贬，他也沉默过、失望过，但他终究没有被困难、失意所俘虏，依然微笑着面对人生。他的微笑来自长期自省、为学、修身的自信和内心深处的平静。

有两个见解不同的人在争论三个问题。

第一个问题：希望是什么？

悲观者说：是地平线，就算看得到，也永远走不到。乐观者说：是启明星，能告诉我们曙光就在前头。

第二个问题：风是什么？

悲观者说：是浪的帮凶，能把你埋葬在大海深处。乐观者说：是帆的伙伴，能把你送到胜利的彼岸。

第三个问题：生命是不是花？

悲观者说：是又怎样？凋谢了也就没了！乐观者说：不，它能留下甘甜的果实。

突然，天上传来了一阵声音，也问了三个问题。

第一个问题：一直向前走，会怎样？悲观者说：会碰到坑坑洼洼。乐观者说：会看到柳暗花明。

第二个问题：春雨好不好？悲观者说：不好！野草会因此长得更疯！乐观者说：好，百花会因此开得更艳！

第三个问题：如果给你一片荒山，你会怎样？悲观者说：修一座坟茔！乐观者反驳：不！种满山绿树！

于是上天分别给了他们一样礼物：给了乐观者成功，给了悲观者失败。

乐观者和悲观者对同样的问题有截然相反的答案，可见，决定一个人心情的，不在于环境，而在于心境。当一个人的心情阴云密布的时候，看什么都不顺眼；当一个人欣逢喜事之时，连花儿都笑得灿烂。有个哲人曾说："当你一个人哭的时候，只有你一个人在哭；当你微笑的时候，世界在跟着你笑。"

很多人都知道"境由心造"的道理，但很多人常常被外境所困，以至于自己的心常常被困在围城中。明心见性，看清自己的本心，才能找到症结所在，扫除心中的杂草，剪掉心中的死结，走出围城，做到心神通畅。所以在面对人生烦恼的时候，最好的办法就是对身边的人时时微笑。

有一个人常常觉得生活没有任何意义，除了悲伤就是烦恼，所以，他越来越颓废、越来越忧郁。一天，他听说在远方的深山里有一位得道高人，能够帮人答疑解惑，便跋山涉水地寻到这个高人，向高人请教解脱之法。

忧郁者问："我究竟应该怎么做，才能够摆脱这悲观痛苦的深渊，得到充实而轻盈的快乐呢？"

高人回答："微笑，对自己微笑，也对他人微笑。"

忧郁者仍然困惑，又问："可是我没有微笑的理由啊！生活如此艰辛，我为什么要微笑呢？"

高人略微思索了一下，说："第一次微笑是不需要理由的，你只要尽情地绽放自己的笑容就可以了。"

"那么第二次、第三次呢？一直都不需要理由吗？"

"不要担心，到第二次、第三次的时候，微笑的理由就自己来找你了。"

忧郁者踏上了返乡的归程，高人微笑着目送他离去。

与人相处时，善意的开始必然带来快乐融洽的结果。面带微笑，心存真诚，两人相对的第一个瞬间，必定能传达出友好的信号。

其实，我们每个人的心灵都是一座种满花草的花园，它需要我们时时垦殖翻耕。这个花园中有秽土，也有净土，所以不可能永远保持快乐与清净。作为自我心灵花园的园丁，我们绝不能任杂草丛生，占尽花木所需的阳光雨露；否则这座花园就会成为人生困顿的围城。而及时修剪，时时微笑，求得和谐美好的内心环境，围城之中也能过自在人生。

要活得轻快洒脱

吾辈用功，只求日减，不求日增。减得一分人欲，便是复得一分天理，何等轻快脱洒，何等简易！

——王阳明

王阳明从小熟读“四书五经”，对宋代的程朱理学也有深刻的见解，这些都是他创立心学的基础。尤其对朱熹提出的“存天理，灭人欲”观点，他更有着深刻的理解。

一次，他路过道观，问一位禅师是否想念自己的母亲，禅师想了想，面露愧色地说：“想！”于是，王阳明开始思考所谓的“人欲”。谁都有母亲，想念自己的母亲为什么要感觉到羞愧呢？这不是人之常情吗？从这开始，他对朱熹的“存天理，灭人欲”产生了质疑，进而将这个说法做了新的诠释。他认为，人应该“求减不求增”，减少自己的欲望，天地间便多了一分天理，这就是人生快乐、洒脱的法则。而这个法则也与心学相照应，其实天地间万事万物都是人心的写照。世间之风月景物本就没有烦恼、快乐之别，有别的是人的内心：内心繁复，自然多了几分烦恼；内心简单快乐，自然容易了许多。

唐代诗人张若虚的《春江花月夜》被称为“孤篇盖全唐”的杰作，其中几句说：“江畔何人初见月？江月何年初照人？人生代代无穷已，江月年年只相似。”大自然中的月亮、太阳、风、山河，它们永远如此，古人看到的天和云，和我们现在看到的这个天和云是一样的，未来人看到的也是这个自然天地。江月虽一样，但情怀却不尽相同。快乐的人看到风景很高兴，痛苦的人看到一样的风景，却深感悲哀，其实这都是自己心境的照应。

生活中，很多人往往自寻烦恼，自己给自己套上枷锁，从而让自己疲惫不堪。每个人都不愿意让烦恼缠身。为此，有人试图通过酒精、尼古丁和大量的镇静剂来解除不安和痛苦。也有人把大部分精力用于消除外在表面上的痛苦，以获得暂时的解脱；或者是整日整夜地守在电视机前，嘴里还不停地咀嚼着零食。

而这些方法不是麻痹自己就是给自己带来另一种烦恼、痛苦或者伤害，与其这样，倒不如给自己减压，解除这些束缚，从而让自己活得轻松、活得快乐。其实，人生的痛苦和悲哀皆由心造，人的心能大能小，痛苦和悲哀也源自人心的不同。一个拥有快乐心情的人，就会远离痛苦、悲哀。

牛弘，字里仁，隋朝大臣。他不但学术精湛，位高权重，而且性格温和，宽厚恭俭。牛弘有个弟弟叫牛弼，他就没有哥哥那么谨言慎行了，一次牛弼喝醉了酒，竟把牛弘驾车的一头牛用箭射死了。牛弘回家时，其妻就迎上去对他说："小叔子把牛射杀了！"牛弘听了，不以为意，轻描淡写地说："那就制成牛肉干好了。"待牛弘坐定后，其妻又提此事："小叔子把牛射杀了！"显得非常着急，认为是件大事。不料牛弘随口又说："已经知道了。"他若无其事，继续读自己的书。其妻只好不再说什么。

明代著名作家冯梦龙评点此事时说："冷然一句话扫却了妇道人家将来多少唇舌。"想要摆脱琐事带来的烦恼，最好的办法就是放宽心胸，如牛弘一样，不问"闺中"琐碎之事。

人生的烦恼多半是自己寻来的，而且大多数人习惯把琐碎的小事放大。"月有阴晴圆缺，人有悲欢离合"，自然的威力，人生的得失，都没有必要太过计较，太较真了就容易受其影响。我们到这个尘世中并不是来寻找烦恼的，所以我们没有必要成日在忧伤和苦闷中度过，自寻烦恼，这样的人生又有什么意义呢？快活地奔走在眼花缭乱的世界，在杂乱中寻找宁静，在失意中追寻进取，做一个真正意义上的快乐者，这样的人生才活得有意义、有价值。

我们的身体就好比一个小小的院落，脸上的五官就是五个房间，而心脏则是大厅。想要生活在一个宁静的院落里，我们就必须保证这五个房间和一个大厅都处于安静的环境之中，尤其是大厅的宁静至关重要。心中的安宁是一切外在事物宁静的源头，因此心脏也理所当然地成为五官的总领，只有当人们拥有一颗平静的心时，所听到的、所看到的、所闻到的以及所尝到的才有可能是甜蜜和幸福。

其实，魔鬼不在心外，魔鬼就在自己的心中。就像王阳明说的："破山中贼易，破心中贼难。"这样看来，自己的敌人就在自己心里，自己的烦恼痛苦也都是自己心里的心魔，能将其降伏者，也只有我们自己。

第八章

决心：知行合一，言行一致

慎思之，笃行之

知者行之始，行者知之成。

——王阳明

常言道，“三思而后行”，意思是思考在前，行动在后，必须经过仔细周密的考虑才能有所行动，如此才能取得好的效果，避免一些不必要的麻烦。

“三思而后行”出自《论语·公冶长》：“季文子三思而后行。子闻之，曰：‘再，斯可矣。’”孔子对季文子三思而后行的评价着实令人费解。有的人指出，孔子是赞同季文子的做法的，并且孔子认为三思还不够，还要再想一次才可以；有的人则持相反的观点，指出孔子实际上是反对季文子这种过多思虑的做法，认为只要“再”，即只要想两次就可以了。从字面的意思看来难免糊涂，然而从孔子的思想主张，从他周游列国游说各诸侯施行仁政的行事作风不难看出，上述第二种观点更符合孔子的本意。

而王阳明对于思与行的关系则这样认为：知者行之始，行者知之成。他强调知与行的统一。所谓知，是对事情各方面的思考与了解，只有思考明白、了解清楚了才能开始行动；所谓行，是将那些思考明白、了解清楚的东西付诸实践，如此才能有所成就。王阳明指出，圣人之学乃身心之学，其要领在于体悟实行，不可将其当作纯粹的知识，仅仅流于口耳之间。

三思而行，已成为对冲动气盛的年轻人最好的劝诫，一直颇受世人的推崇。人们相信，经过深思熟虑的决定才是最好的，经过反复思量的行动才能顺利地进行。不幸的是，由此而形成了一种重思考而轻行动的风气。或许是过于谨慎，过于追求万无一失，有些人将大量的时间与精力用在了无限的沉思之中，结果越想越觉得准备不够充分，越想越觉得存在很大问题，想着想着，本可以尝试的想法变成了不可能完成的任务，让整件事最后无疾而终。由于人的思维空间是无限宽广的，不受客观事物与能力的强行束缚，因此，想着想着便偏离正轨，越想越远而找不到重点。当人们在思想的海洋中畅游太久而迟迟不上岸来付诸实践时，结果无疑是窒息于其中，彻底失去付诸实践的机会与能力。

唐代，中原有一片山脉盛产灵蛇，蛇胆和蛇心都是很好的药材，虽然蛇毒剧烈，见血封喉，可是为了赚钱，很多人不惜冒着生命危险去捕蛇。有一天，有三个从南方来的年轻人来到附近的村子，准备进山捕蛇。

年轻人甲在村里住了一天，第二天清晨便收拾行装上山捕蛇，但是几天过去了，他都没有回来。因他不懂得蛇的习性，在山里乱窜，惊扰了灵蛇，而他又不懂如何捉蛇，最终因捕蛇而丧命。

年轻人乙见状，心中害怕不已，再三思虑要不要去山里捉蛇。他每天都站在村口，向大山的方向望去，时而向前走几里路，不久又走回来，终日惶惶然行走于村子与大山之间。

年轻人丙则充分考虑了如何找蛇穴、如何捕蛇、如何解毒等问题，并经常向村里人讨教，掌握寻找蛇穴、引蛇出洞等捕蛇技术，学习制作解毒的药剂。经过半个月的准备，年轻人丙带着工具上山了。七天过去了，大家都以为他已经丧命，可是年轻人竟然背着沉重的箩筐回到了村里。他捕到了上百条灵蛇，赚了很多银两，之后还做起了药材生意，成为著名的捕蛇之王。

三个年轻人一起捕蛇，一个毫不考虑方式方法，鲁莽行动；一个思来想去，迟迟不动；一个经过深思熟虑之后付诸行动。三个人对待思与行的不同态度，注定了他们的际遇截然不同。思考与行动是相辅相成的。无论偏向于哪一方，都难成大事。诸如乱猜结果蒙对、想发财就捡到钱等意外、碰巧之事，不过是人生乐章中少之又少的特殊音符，难以用它来谱写一生的成就。

思考与行动，对于一个正常人而言，是至关重要的。小到处理家庭琐事，大到掌握国家命脉，不加思索地行动和多番思虑却不见行动的人，轻则败家，重则亡国。思与行，不可偏其一，这便是中国几千年历史总结下来的沉痛教训，也是王阳明知行合一观的核心所在。

把学问用在实处

圣学只一个功夫，知行不可分作两事。

——王阳明

古往今来，但凡做学问的大家，皆强调学以致用，主张在实际中发挥学问的作用。儒家圣贤孔子周游列国，欲以其学说劝谏各诸侯治国之道，虽受时势的阻碍未能成功，但在之后的太平盛世则成为占统治地位的思想学说。北京大学第一任校长蔡元培先生对孔子的治学之道提出了独到的见解，他认为，一个人求学问就是为了经世致用，即使刚开始时有人不了解，还是要一如既往地去做，这样才能学得真学问。

何谓“经世致用”？“经世”就是要考察我们生活的社会，知道社会的问题，同时也要在社会中去寻找知识。“致用”就是要把所学的知识与社会中存在的问题联系起来，并通过学习知识来提出解决问题的办法。清朝末年，由于帝国主义的侵略日盛，国家处在生死存亡的紧要关头。在这种情况下，经世致用之学再度兴起。魏源、龚自珍以及稍后的康有为都是这方面的代表。他们借经书的“微言大义”来表达自己社会改革的主张，对警醒国人、救国图存起到了很重要的作用。

王阳明主张知行合一，认为知行的本体并不是先知后行或者可以将知与行分为两件完全不同的事来做。他认为，圣人的学说只有一个功夫，那就是认识和实践不可以分成两件事，也就是他所说的“知之真切笃实处，即是行；行之明觉精察处，即是知”。真正做到知与行的合一，就要在学习的过程中以实践来检验知识的正确与否，在实践的过程中更深刻地理解所学知识的内涵，如此才能将所学知识经世致用。晚清名臣曾国藩也特别注重经世致用。

曾国藩带兵十分注重筹饷工作，是因为兵书上说“兵马未动，粮草先行”。因此，湘军的饷银是当时最高的。如此一来，士兵自然愿意加入曾国藩的队伍。兵书上也说治军要“上下同心”，曾国藩就注重对士兵们信念的培养，他把湘军打造成了一支上下齐心的军队。曾国藩的手下大多是流落民间的知识分子，这些人得到了曾国藩不遗余力的提拔和重用，因此形成了以曾国藩、胡林翼、左宗棠为首的湘军政治集团。曾国藩成为湘军政治集团的事业领袖和思想领袖。

曾国藩强调的经世致用正是王阳明所说的知行合一。然而王阳明的弟子徐爱却未能领会王阳明关于知行合一的意思，与王阳明的另两位弟子黄绾、顾应祥反复辩论，始终未能得出明确的答案，于是向王阳明请教。

徐爱说：“比如现在的人都知道要孝顺父亲、尊敬兄长，然而却又不能做到，这就是说，‘知道应该怎样’和‘真正做到’分明是两回事。”

王阳明说：“你说的这种情况已经被人的私欲所阻碍，已经不是知行的本体了。圣贤教育世人知与行，正是要恢复知行的本体，不是只教人们如何知、如何行就算了。因此，《大学》里提到了一个真正反映知行本体的例子给世人看，即‘如好好色，如恶恶臭’：看见美色属于知，喜欢美色属于行；人在看见美色时自己本身就已经有喜欢之心，而不是见了之后又有个想法去喜欢。闻到恶臭属于知，厌恶恶臭属于行；闻到恶臭时自己就已经厌恶了，并不是闻到之后又另有个想法去厌恶。比如鼻塞的人，即使看到恶臭的东西在自己面前，但由于鼻子闻不到，也就不会太厌恶，这也只是因为他还没有在实践中认识到臭味……”

如果学问不能用来指导自己，我们就很难取得任何进步，这样的学习又有何意义呢？由此可知，我们学习知识，不能只知学习，不知联系实际。要做到知行合一，经世致用。倘若埋头苦读若干年却不知道学来有何用，便容易失去继续求学的动力，无法树立人生的目标，难以明确前进的方向。

成功不在难易，在于身体力行去做

未有知而不行者，知而不行只是未知。

——王阳明

获得成功的方法有很多种，然而不论是哪一种，即便是最简单的成功之道，也无法在空想中实现。原因很简单，思想的力量只有在行动中才能发挥作用。为学如此，处世亦如此。要想收获成功，必须首先在身体力行上下功夫。

王阳明作为心学一派的代表人物，同样强调行动的重要性。他认为，知道一定的道理却不采取行动的人，并不算真正了解道理。正如现实生活中，那些妄想着坐享其成的人，并不知道“有付出才会有回报”的道理，就算他们知道，也并不了解其中的深意，否则便不会“知而不行”了。

张溥是明代的大学者，他有非常独特的读书方法，那就是通过多次抄写、多次阅读、多次焚烧的办法，加深理解、熟读精思，所以叫“七焚法”或“七录法”。张溥的“七焚法”分三步。第一步，每读一篇新文章，就工工整整地将它抄在纸上，一边抄一边在心里默读；第二步，抄完后高声朗读一遍；第三步，朗读后将抄写的文章立即投进火炉里烧掉，烧完之后，再重新抄写，再朗读，再烧掉。这样反复练习七八次，一篇文章要读十几遍以上，直至把文章彻底理解，背熟于心为止。张溥一直坚持这种读书法，他把自己的书房叫作“七焚斋”，也叫“七录斋”，并把自己的文集命名为《七录斋集》。

张溥反反复复练习，在不知不觉中就把自己雕琢成器了。人们常说，我们生活在一个很现实的世界里。“现实”不仅仅体现在人情冷暖上，更体现在行动的力量上。行动，是一个人的知识、智慧、思想境界等“虚”的东西的现实载体。有些人也知道“知识就是力量、智慧就是财富”，却忽略了自己的行动，忽略了行动带来的无穷力量。实际上，只要开始行动，就算成功了一半。因为行动能够将知识、智慧、思想境界的力量切实发挥出来，从而形成一股强大的推动力，在正确方向的指引下，能够推动行动者更快地迈向成功。

世界上牵引力最大的火车头停在铁轨上，为了防滑，只需在它八个驱动轮前面各塞一块一英寸见方的木块，这个庞然大物就无法动弹。然而，一旦这个巨型火车头开始启动，这小小的木块就再也挡不住它了；当它的时速达到一百英里时，一堵五英尺厚的钢筋混凝土墙也能轻而易举地被它撞穿。

从一块小木块令其无法动弹，到能撞穿一堵钢筋混凝土墙，火车头的威力为何变得如此巨大？原因不是别的，是因为它开动起来了。

俗语说“火车跑得快，全靠车头带”。火车头不只是方向的象征，更是力量的体现。很多人往往因为低估了自身的能力或者惧怕眼前的困难而放弃行动，殊不知，当我们行动起来，其威力往往超乎想象，甚至能够轻松突破障碍，超越自我极限。前提就是，必须行动起来！

王阳明讲知行合一，经常拿写字来举例。他说，“我要写字”是“知”，而提笔写就是“行”，想要知道一个字如何写，就需要付诸实践才行。所以有了“知”就一定要行动起来。

行动，是通往成功的必经之路。只有行动起来，才能真正把握成功的契机。有才之人最怕的，莫过于错失良机、大志难舒。要想把握那千载难逢的机会，等待是必不可少的，但行动是关键。成功不在难易，而在于“真正去做了”。这个世界不缺乏机遇，而缺少更多抓住机遇的人。只有在恰当的时机主动出击，才能把握成功的契机，成就人生的梦想。

磨盘只在转动时才能磨面；风车只在转动时才能发电；人，只有在行动的过程中才能获得成功，创造奇迹。只有身体力行，才能使人格魅力与办事能力完美结合，才能在展现自我的擂台上独占鳌头。要想得到他人的器重，就得有所表现；要想把握成功的契机，就得有所行动。为人处世，与其吹得天花乱坠，不如做到滴水不漏，这样方能日进千里，收获成功。

千里之行，始于当下

我辈致知，只是各随分限所及。今日良知见在如此，只随今日所知扩充到底，明日良知又有开悟，便从明日所知扩充到底。如此方是精一功夫。

——王阳明

“活在当下”，所谓“当下”，就是现在遇到的人，现在正在做的事，现在所处的环境。“活在当下”就是要把关注的焦点集中在这些人、事、物上面，全心全意地认真去接纳、投入和体验这一切。活在当下是一种全身心地投入生活的人生态度。当你活在当下，而没有过去拖在你后面，也没有未来拉着你往前时，你全部的能量都集中在这一刻，生命因此更具一种强烈的张力。

当下之所以如此重要，是因为它是千里之行的起点。人生漫漫长路，只从当下开始。无论是过去的，还是即将到来的，都不如当下的一切来得真切、来得实在。王阳明说过：“我辈致知，只是各随分限所及。今日良知见在如此，只随今日所知扩充到底，明日良知又有开悟，便从明日所知扩充到底。如此方是精一功夫。”意思是，我们致良知，因各人的差异而达到不同的程度。今天达到这样的程度，就根据今天所能理解到的扩充下去，明天又有了新的理解，便将明天理解到的扩充下去，这才是专注于一个目标的功夫。王阳明认为，初学者对于修身养性的功夫，应当循序渐进，着眼于当下，而不是妄图将来。

活在当下，意味着要抛开往事的牵绊。人活一世，不可能不做错事，也不可能完美无缺。关键是能够改正错误，接受遗憾。倘若一味沉浸在过往的痛苦或对完美的觊觎之中，则难以关注当下的一切，更难以开启未来之门。

古时候，有户人家有两个儿子。当两兄弟都成年以后，他们的父亲把他们叫到面前说：“在群山深处有绝世美玉，你们都成年了，应该做探险家，去寻求那绝世之宝，找不到就不要回来了。”

两兄弟次日就离家出发去了山中。大哥是一个注重实际、脚踏实地的人。有时候，即使发现的是一块有残缺的玉，或者是一块成色一般的玉，甚至那些奇异的石头，他都统统装进行囊。过了几年，到了他和弟弟约定的会合回家的时间，此时他的行囊已经满满的了——尽管没有父亲所说的绝世完美之玉，但造型各异、成色不等的众多玉石，在他看来也可以令父亲满意了。后来弟弟来了，两手空空，一无所得。弟弟说：“你这些东西都不过是一般的珍宝，不是父亲要我们找的绝世珍品，拿回去父亲也不会满意的。我不回去，父亲说过，找不到绝世珍宝就不能回家，我要继续去更远更险的山中探寻，我一定要找到绝世美玉。”

哥哥带着他的那些东西回到了家中。父亲说：“你可以开一个玉石馆或一个奇石馆，那些玉石稍一加工，都是稀世之品，那些奇石也是一笔巨大的财富。”

短短几年，哥哥的玉石馆已经享誉八方，他寻找的玉石中，有一块经过加工成为不可多得的美玉，被国王御用做了传国玉玺，哥哥也因此成了倾城之富翁。

在哥哥回来的时候，父亲听了他介绍弟弟探宝的经历后说："你弟弟不会回来了，他是一个不合格的探险家。他如果幸运，能中途醒悟，明白至美是不存在的这个道理，是他的福气。如果他不能早悟，便只能以付出一生为代价了。"

很多年以后，父亲已经奄奄一息。哥哥对父亲说要派人去寻找弟弟。父亲说："不要去找了，如果经过这么长的时间和挫折他都不能顿悟，这样的人即便回来又能做成什么事呢？世间没有纯美的玉，没有完善的人，没有绝对的事物，为追求这种东西而耗费生命的人，何其愚蠢啊！"

弟弟不懂欣赏，不懂抓住当下，因此失去了本该收获的美好。其实，世界并不完美，人生一定会有遗憾。不完美是客观存在的，我们无须怨天尤人。

活在当下，意味着要踏踏实实地努力于眼前的事，把握眼前的时机，而不是寄希望于明天，寄希望于一个新的开始。无论人生的目标有多么明确，未来总是充满诸多未知因素，这就是计划赶不上变化。如果我们时时刻刻都将力气耗费在未知的未来，却对眼前的一切视若无睹，那就永远也寻找不到通往未来的道路。我们的努力只有从现在开始，才有可能获得成功。

现实生活中，很多人都无法专注于现在。他们总是若有所想，心不在焉，想着明天、明年甚至下半辈子的事。他们喜欢预支明天的烦恼，想要早一步解决掉明天的问题。然而，即便明天有问题，今天也是无法解决的。每一天都有每一天的人生功课要交，努力做好今天的功课才是关键。

由此可知，千里之行，始于当下。有志之人，必当从现在做起，日积月累，为实现伟大的理想奠定坚实的基础。连今天都把握不住，又何谈将来！

大胆尝试，实践出真知

如人走路一般，走得一段，方认得一段；走到歧路处，有疑便问，问了又走，方渐能到得欲到之处。

——王阳明

王阳明的父亲王华于成化十七年（公元 1481 年）的科举考试中高中状元，进京为官后不久，便将王阳明接到京城生活。王华对儿子的起居生活以及学业都已经做了安排，他认为王阳明应该和自己一样读书考科举，随后走入仕途，光宗耀祖。年少的王阳明虽然遵循父亲的安排，但是心中却是另有所想。在他看来读书考科举不一定是人生的第一大事，读书追寻圣贤才是第一等大事。立下大志后的王阳明便开始探索圣贤之道路：十五岁试马居庸关，十七岁钻研宋儒朱学，之后又追求心学境界。在不断尝试和突破中，王阳明渐渐有所领悟，最后创立心学。

在日常生活中，很多人从小就被家长的期望安排着。比如小时候在哪一所学校读书，长大了从事什么样的职业，建立怎样的家庭……前半生有太多的时间还没来得及思考的时候，就已经被家长安排好、规划好了。没有追逐，没有尝试，甚至也没有挫折和失败，一切都按部就班地进行着。可是，在这样的安排中，人内心的愿望被忽略，心中的梦想被埋没，虽然走得很顺畅，却不真实。因为在这一路顺畅中，缺少了尝试失败，缺少了亲身经历的深切体悟。

五代时期的画虎名家厉归真从小喜欢画虎，但是由于没有见过真的老虎，别人总笑话他把老虎画成病猫。于是他决心进入深山老林，寻找真的老虎。他经历了千辛万苦，后来在猎户的帮助下，终于见到了真的老虎。他通过大量的写生临摹真虎，其画虎技法突飞猛进，笔下的老虎栩栩如生。他从画虎中得到启发，后来又用大半生的时间游历了许多名山大川，最后终于成为一代绘画大师。

实践出真知，画画也是如此，如果厉归真只是局限在书斋里，没有看到真正的老虎，不管他怎样努力，也只能画出一只像猫的老虎。只有真正地去观察老虎，才能使自己所画的老虎具有生气。耳听不如眼看，实践能拉近与成功的距离。

我们常常听到长辈劝告，那些劝告都是经历了岁月的检验最终被证明为正确的人生智慧，都足以令我们的人生步入一条康庄大道。可是，我们的人生，难道不应该由我们自己去一步一步地走出来吗？吸取前人的经验教训是正确的，但没有经历过大胆的尝试，没有用自己的实践去摸索，则难以取得超越前人的成就，难以创造一番前所未有的事业。就像我们走路一样，走了一段才能认识一段，走到布满荆棘处才能深刻领悟战胜困难的艰辛，才能发掘自己的潜能，发现战胜困难的方法，以此为鉴，逐步积累地走下去，才能到达比前人更高更远的地方。

在一个村子里，有个渔夫有一流的捕鱼技术，被人们尊称为“渔王”，每次外出打鱼，总是他收获最多。然而渔王非常苦恼，因为他的三个儿子的捕鱼技术都很平庸。于是渔王经常向人诉说心中的苦恼：“我真不明白，我捕鱼的技术这么好，我的儿子们为什么这么差？我从他们懂事起就传授捕鱼技术给他们，从最基本的东西教起，告诉他们怎样织网最容易捕到鱼，怎样划船最不会惊动鱼，怎样下网最容易请鱼入瓮。他们长大了，我又教他们怎样识潮汐、辨鱼汛。凡是我长年辛辛苦苦总结出来的经验，我都毫无保留地传授给了他们。可他们的捕鱼技术竟然赶不上那些技术比我差的渔民的儿子！”每次，村里的人听完后都会表示遗憾。

有一天，一位路过的老人听了他的诉说后，问：“你一直手把手地教他们吗？”

渔王说：“是的。为了让他们学到一流的捕鱼技术，我教得很仔细，很有耐心。”

老人又问：“他们一直跟随着你吗？有没有犯什么错误？”

渔王回答："是的，一直跟随。为了让他们少走弯路，我一直让他们跟着我学。在打鱼的时候，他们的方法都没有问题，从没有出过差错；但是打上来的鱼却总是没有别人的多。"

老人想了片刻，感慨道："如此看来，其中的原因就很明显了。他们只知道认真学习你传授给他们的技术，却没有在下海打鱼的过程中总结自己的失败教训和成功经验。这样学下去，不仅难以达到像你一样的水平，更难超越你而有更高的成就了！"

渔王的捕鱼技术固然高明，但他那一套方法并不一定适合他的三个儿子。学习基本的技能是必需的，然而更重要的，是在学习的过程中大胆尝试，在实践的过程中总结自己的经验和教训，如此才能有所觉悟，才能寻找到真正适合自己的一套方法，才能更进一步，有所成就。别人的经验只能用来借鉴，而不能生搬硬套在自己身上。只有自己去尝试，自己去实践，才能有更深刻的体会，才能掌握对自己而言最有用的方法。

现实生活中，很多人难以摆脱父母的期望，在既定的生活框架中遵循着前人的步子平稳地前进。然而，生命的最高意义并不在于一代又一代的重复，而在于前所未有的超越与突破。正如王阳明所言："如人走路一般，走得一段，方认得一段；走到歧路处，有疑便问，问了又走，方渐能到得欲到之处。"每个人都可以走出一条不一样的人生道路，都有能力去创造不同于前人的精彩。困惑是在所难免的，遇到了便自己去寻找答案，方能渐渐弄清自己人生的方向所在。前提就是，敢于大胆尝试，在实践中体悟人生智慧。

不逆不臆，言行一致

不逆、不臆而为人所欺者，尚亦不失为善，但不如能致其良知，而自然先觉者之尤为贤耳。

——王阳明

儒家思想自古强调诚信的重要性。王阳明在给弟子的回信中曾说道：“不逆不臆而先觉，此孔子因当时人专以逆诈、臆不信为心，而自陷于诈与不信；又有不逆、不臆者，然不知致良知之功，而往往又为人所欺诈，故有是言。非教人以是存心，而专欲先觉人之诈与不信也。以是存心，即是后世猜忌险薄者之事。而只此一念，已不可与入尧、舜之道矣。不逆、不臆而为人所欺者，尚亦不失为善，但不如能致其良知，而自然先觉者之尤为贤耳。”由此可见，不事先怀疑别人，并以“致良知”的功夫而不受人所欺，是待人以诚的一个极为重要的方面。而另一个方面，则是“示己之诚”——以自己的实际行动履行诺言，以示诚信之心。诚实守信，既是中华民族流传千年的传统美德，更是做人的基本准则。

曾子是孔子的学生。有一次，曾子的妻子准备去赶集，由于孩子哭闹不已，她便答应孩子回来后宰猪给他吃。曾子的妻子从集市回来后，曾子便要捉猪来宰，妻子阻止说：“我不过是跟孩子闹着玩的，你怎么还真动手了呢？”曾子说：“答应孩子的事是不可以说着玩的。小孩子不懂事，凡事跟着父母学，听父母的教导。现在你哄骗他，就是教孩子骗人啊。”于是曾子坚决把猪宰了。

倘若曾子因可惜那头猪而失信于孩子，那么家中的猪是保住了，可孩子纯洁的心灵上却会留下不可磨灭的烙印。曾子用他的实际行动向孩子证明他是信守承诺的，也给后世之人留下了千古传颂的佳话。

近代学者梁漱溟先生曾说，中国文化的最大特征是“人与人相与之情厚”，也就是说人和人之间感情非常深厚。这种深厚的感情唯有以互信为基础方能长久。世人常言“说到做到”，真正的行动才是对诺言最好的证明。倘若只在口头上夸下海口、许下诺言，却无法以实际行动去证明，即便能够蒙蔽一时，最终也难欺骗一世。

王阳明提倡知行合一，真知就必须要行动，而真正的行动也必须要达到知的目的。所谓“言必信，行必果”，以实际行动对自己的诺言负责，这是先贤们留给我们的人生智慧，这不仅仅是个人道德修养问题，更关乎社会责任感。现如今，人人都希望建立一个诚信的社会，却甚少有人能够一生都遵循“言必信，行必果”的原则，有的甚至以善意的谎言作为信口开河、言而无信的幌子。人类社会发展至今，虽已进入高度文明的时代，无论是治国安邦还是学术科研领域，都取得了比过去更为显著的成就。然而，人与人之间的信任程度却开始降低。反观历史，古人十分看重诚信，认为“言必信，行必果”才是君子所为，“一言既出，驷马难追”，才堪称大丈夫之举。

张劭和范式同在太学学习，二人脾气相投，结拜为兄弟。后来两人分别返乡，约定第二年重阳到范式家拜见他的父母，看看他的孩子。当约好的日期快到的时候，范式把这件事告诉他母亲，请他母亲准备酒菜招待张劭。

然而，范式左等右等，直到太阳西坠，新月悬空，仍不见张劭来赴约，母亲问：“你们分别已经一年了，相隔千里，你就那么相信他吗？”范式回答：“张劭是一个讲信用的人，他一定不会失约的。”范式一直候在门外，直至深夜时分，才见一黑影隐隐飘然而至，仔细一看，来的却是张劭的鬼魂。原来为了养家，张劭忙于经商，不知不觉忘了二人重阳之约，直到当日早上才回想起来。可是从张劭所在的山阳到这里足有一千里路，一天之内无论如何是走不到的。为了守约，他想起古人曾说过：人不能一日千里，而鬼魂可以。于是挥刀自刎，让鬼魂来赴约。

“请兄弟原谅我的疏忽。看在我一片诚心上，你去山阳见一见我的尸体，那我死也瞑目了。”张劭的鬼魂话音未落，便飘走了。而范式在赶到山阳见了张劭的灵柩后，自愧张劭为己而死，也挥刀自刎来回报张劭的信义！众人惊愕不已，后来就把二人葬在了一起。汉明帝听说此事，非常赞赏二人之间的真诚与心意，在他们墓前建了一座庙，称为“信义祠”。

为了履行一年前的承诺，张劭不惜以放弃生命为代价；范式为回报故友的一片赤诚之心，同样以命相陪。虽然此事未必属实，然张、范二人之间的故事能够流传至今，备受推崇，可贵之处便在于那“生命诚可贵，诚信价更高”的为人处世之道。

生活中，我们经常需要用承诺来取信于他人，与此同时，我们更需要用实际行动来支撑我们的承诺。没有行动的证明，一切口头承诺都只是空谈。倘若将一时的失信于人看作无伤大雅的小错，那么，最终将留下一生都无法弥补的遗憾。失信于人，不仅会侵蚀一个人的良知，更会令其失去他人的信任，生命因此变得暗淡无光。只有能够坚持“言必信，行必果”的守信之人，才能够得到他人的信任与器重，才有可能站到巨人的肩膀上，成就一番丰功伟业，其人生将会因此而绽放出灿烂夺目的光芒。

第九章

细心：天下大事，必作于细

事事精细成就百事，时时精细成就一生

所谓汝心，亦不专是那一团血肉。

——王阳明

对于世间万物来说，大与小的概念不尽相同。地球很大，但跟银河系比起来就是九牛一毛了；一片树叶很小，但对于一只蚂蚁来说它就是一个大的广场了。在很多人看来，成功就是做大事，所以不屑于做小事。俗话说“一屋不扫，何以扫天下”，同样的道理，小事不做，何以成大事！

正德元年（公元1506年），由于受到宦官刘瑾的排挤，王阳明被贬为贵州龙场驿丞。与繁华的京城相比，龙场这个蛮荒之地，用“穷山恶水”来形容也不为过，方圆几百里少有人出没。可是王阳明并没有因为龙场是个小地方就从此士气不振。在他眼里，“天下之大，何事不可为？”。他认为在这个小地方，也一样能有所作为。的确，就是在龙场任职期间，他悟出了“道”，也就是心学的核心内容。

王阳明在龙场这样的小地方却悟出了大道理：大事虽然大，但也要从小事做起，把小事做到极致自然成就了大事。粒米中藏须弥山，许多不起眼的人、事、物有着不可限量的能量。小砂石可以建高楼；小火星可以燎原；小小微笑可以散播欢喜与爱。所以，“小”中往往蕴含有无穷的力量。任何一小步都有可能是成就前途的一大步，再小的事情如果能够做到极致，就能成就大事。

注荼半托迦尊者在众罗汉中最有神通，但他幼年时却是一个非常愚笨的孩子。

注荼半托迦尊者愚笨到了让人无可奈何的程度。老师教他念“悉达摩”，教他“悉达”时，他忘了“摩”，教“摩”时，他忘了前边的“悉达”。老师对注荼半托迦的父母说，他宁愿去教婆罗门人家的其他的孩子，也不愿把时间花在这一个学生身上。

注荼半托迦的父母只好把他送到一位吠陀教师那里。在那儿，老师又教他念“奥玛普”几个字，他也学不会，教师只好叫他的父母另请高明。

注荼半托迦有个哥哥半托迦，很聪明并博学有礼。机缘之下，兄弟二人遇到一些佛陀的弟子，不久，哥哥就出家为比丘，注荼半托迦被认为太笨不适于出家，只好独自住在附近。

一天，哥哥半托迦和其他人结伴到室罗伐悉底城去朝拜释迦牟尼佛，很多人都跟去看热闹。注荼半托迦也混在人群里，恰好被半托迦看见，半托迦问注荼半托迦道：“你现在以什么为生呢？”

注荼半托迦回答：“无以为生，生活异常艰难。”

半托迦又问：“你想出家为僧吗？”

“像我这样的愚笨之人，如何能渴望加入殊胜的佛陀僧团呢？我甚至连最简单的偈颂也记不住，每个人都知道我愚笨无比。”注荼半托迦说。

半托迦对弟弟说：“习学佛法不分种姓高低、贵贱和智力高下，最重要的是遵循佛陀原教义，并付诸实践。如果你真心诚意地想成为僧人，那么你就能做到。”

注荼半托迦很恭敬地来到佛陀及其弟子阿难面前，全知的佛陀洞悉注荼半托迦谦卑和纯净的心，就要阿难尊者为注荼半托迦剃度出家。

阿难教注荼半托迦一个偈颂："诸恶莫作，使自己免于邪恶的思想；众善奉行，莫执自我，正念、正知、正命，则能免于伤害、烦恼，这就是诸佛教示。"

三个月后，注荼半托迦仍然记不住这个简单的偈子，而其他的新出家众早就把整章经典背熟了，就连当地的牧羊人也都熟知这简单的偈颂和其他好几个偈子。

最后，佛陀只好亲自教他。佛陀要他打扫寺院来清除业障，同时要边扫边念诵、思考"扫帚"二字。

虽是极其简单的两个字，但注荼半托迦依然是记前忘后、记后忘前，想到"扫"就忘了"帚"，想到"帚"就忘了"扫"，因此苦恼不堪。于是佛陀慈悲地告诉他："'扫帚'的意义就是去除尘垢。想想看，你诵'扫帚'二字的目的是什么呢？"注荼半托迦依佛陀的教导思忖着："什么是尘垢呢？灰土瓦砾是尘垢。什么是去除呢？去除就是清净。所以佛陀是在提醒我们，除了扫除外面的尘垢外，还要去除心中的尘垢，烦恼除尽，智慧自然就会开显。"注荼半托迦就这样不断地重虑缘真，最后一念相应慧，手执扫帚透视幻象而证得开悟，终于证得阿罗汉果。

注荼半托迦的愚笨殊乎常人，连个简单的偈子都不会背。可是，仅仅因为专心扫地，就成为神通第一的大罗汉。《大智度论》云："一心正念，速得道果。"

有做小事的决心，就能产生做大事的气魄。不要小看做小事，只要有益于工作，有益于事业，人人都应从小事做起。用小事堆砌起来的事业才是坚固的，用小事堆砌起来的长城才牢靠。千里之行，始于足下；合抱之木，生于毫末。欲行千里，想成大树，就从脚下开始，从毫末做起。不屑于平凡小事的人，即使他的理想再壮丽，也只能是一个五彩斑斓的肥皂泡。想要壮志凌云，必须脚踏实地，专注于小事。

学无息止，巅峰之上有巅峰

与其为数顷无源之塘水，不若为数尺有源之井水，生意不穷。

——王阳明

“问渠那得清如许？为有源头活水来。”朱熹这句诗同王阳明“与其为数顷无源之塘水，不若为数尺有源之井水，生意不穷”这句话不谋而合。在他们看来，人生本身就是个不断学习的过程，除非我们自己限制了自己的眼界和见识，否则学习永远没有止境。

王阳明认为，没有源头的一潭死水，就算是有数顷也没有什么用处，到头来终归逃不过两个结局：要么干涸，要么发霉发臭。那样的话，有很大的一塘死水还不如有哪怕几尺的井水，因为井水是“活水”，总是源源不断、生生不息，取之不尽用之不竭。而学习者也应该宁做几尺井水，不做数顷死水，把学习当作终生的事业。而成就了心学的王阳明也正是这样做的，无论是处庙堂之高还是居江湖之远，他求学、为学从未停止过。

孔子在《论语》中说过：“学如不及，犹恐失之。”蔡元培先生解释说，一个人真正用心做学问，就会像孔子说的那样，总觉得自己还不够充实，还有许多进步的空间。就好像去追赶什么，总怕赶不上，赶上了又怕被甩掉。有这样的求学精神，就不需要怕原有的学问和修养会退失。不管做什么、学什么，总有很多知识是你没有学到的，做学问不要骄傲自满。人只有放下自我，才能成为一个空的容器，继续容纳事物。

一个徒弟跟着一位名师学习技艺，几年之后，徒弟觉得自己的技艺达到炉火纯青的地步，足以自立门户，因此收拾好行囊，准备和大师辞别。

大师得知后问道：“你确定你已经学成了，不需要再学习了吗？”

徒弟指了指自己的脑袋，自豪地说：“我这里已经装满了，再也装不下了。”

“哦，是吗？”大师随即拿出一只大碗放在桌上，命徒弟把这只碗装满石头，直到石头在碗中堆出一座小山后，大师问徒弟：“你觉得这只碗装满了吗？”

“满了。”徒弟很快地回答。

大师于是从屋外抓起一把沙子，撒入石头的细缝里，然后再问一次：“那么现在呢，满了吗？”

徒弟考虑了一会儿，恭恭敬敬地回答道：“满了。”

大师再取了案头上的香灰，倒入那看似再也装不下的碗中，看了看徒弟，然后轻声问：“你觉得它真的满了吗？”

“真的满了。”徒弟回答道。

大师没有再多说什么，只拿起桌上的茶壶，慢慢地把茶水倒入碗中，而水竟然一滴也没有溢出来。

徒弟看到这里，总算明白了师父的良苦用心，赶紧跪地认错，诚心诚意地请求大师再次收自己为徒。

大师苦口婆心想要告诉徒弟的只有一个道理，就是学无止境。俗语云“活到老要学到老”，是的，人生在不断探索中得到升华，才会有辉煌出现，像文坛的几位巨匠，冰心、巴金、金庸……他们都深知这个道理，而且始终如一地贯彻下去，因此才会有大成就。我们熟知的金庸更是在八十岁高龄之际提笔修改了《射雕英雄传》，使这部经典名作再次受到世人瞩目。

波兰著名钢琴家阿瑟·鲁宾斯坦，三岁时学琴，四岁登台演奏，直到九十五岁仍未曾间断过对艺术的追求。因为他深知学无止境，艺术无止境。不间断的创作会使心灵得到净化，从而也增添了其本身的魅力。

学习是光明，无知是黑暗。只有天天做学问，时时不忘知识更新，才能走向光明，使人生更亮丽。只有在不断求知的过程中，我们才会真正得到乐趣。

而越是到了高的境界，人越会感到自己的不足，因此，把握你生命的每分每秒，好好弥补这些不足。人外有人，天外有天，巅峰之上，还可以再创巅峰。这一切的前提是——学无止境！

把握现在，认真做每一件事

吾始学书，对模古帖，止得字形。后举笔不轻落纸，凝思静虑，拟形于心，久之始通其法。既后读明道先生书曰："吾作字甚敬，非是要字好，只此是学。"既非要字好，又何学也？乃知古人随时随事只在心上学，此心精明，字好亦在其中矣。

——王阳明

王阳明曾以练字为例，说自己一开始学习写字为的只是学习字形，后来落笔之前都要认真思考，因为他明白了其中的奥妙——要首先在心里模拟这个字的形状。从古人练字的心得中，王阳明也悟出了道理：要随时随地把学习放在心上，那么自然也就能写好字，做好学问了。

总有人问，到底要做到怎样才称得上是精进？精进，说起来其实很简单，把握现在，认真面对每一件事就是真正的精进。

年少的王阳明经常对着大自然思考人生、领悟哲学，最终将心学发扬光大，这都与他的认真、专心分不开。他充分把握了生命中每一个学习机会，就算是面对大自然，思考也时时刻刻不肯放松。因为他深知，昨天的付出是昨天的事，如果今天尚未付出，就不要期待收获。

吕蒙是东汉末年东吴一位非常著名的将领，孙权曾对吕蒙说："吕蒙啊，你现在担任要职，执掌权力，不能不学习。"吕蒙不愿学习，于是推辞说军中事多，没时间学习。孙权说："我不是要你研究儒家经典，去做博士。我只是要你去浏览书籍，了解过去发生过的事情。你说你事多，没时间学习，但你能像我这样忙吗？我还经常读书，并从中得到很多好处。"于是吕蒙下定决心读书。后来鲁肃经过浔阳，与吕蒙谈话，大吃一惊，说："你今天的才干谋略，已非当初吴下阿蒙了！”吕蒙说：“士别三日，就当刮目相待，大哥怎么对这个道理都不明白啊？”鲁肃大受震动，就去拜见吕蒙的母亲，与吕蒙结为好友。

陈寿在《三国志》中对吕蒙做了如下评论：“吕蒙勇而有谋，断识军计，谲郝普，禽关羽，最其妙者。”吕蒙本来是一介武夫，后来在孙权的劝说下，用功读书，终于成为文武双全的帅才，也成就了一段学习的佳话。对于学习，很多人往往跟吕蒙最开始的认识一样，认为没有时间，没有精力。但一切都是借口，只要从现在开始，下定决心，用心去学，你就会得到意想不到的收获。

世界上并没有免费的午餐，你必须付出。而其关键不在于要不要付出，而是什么时候付出。是在得到回报前付出，还是在得到回报后付出。如果你在前面付出的代价比在后面的小，你越晚付出，付出的就越多。如果你在前面玩乐，你在后面就要付出高昂的代价；如果你在前面付出，你就可以在后面享有更多的玩乐机会。

把握住现在，认真做好每一件事情，是一种在收获前的付出，是一种简单而朴素的生活信仰，其目的是锤炼自己的品性，充实自己的生活。当然，这种看似简单的信仰绝非是一日或短时间内形成的，在时光的洪流中，只有日日如此，步步踏实，才能寻求生命的超脱之境。

王阳明认为良知是看不见、听不见、摸不着的。一般人只知道在看得见、听得见、摸得着的地方下苦功，却忽略了真正的良知，最终也就无法达到“致良知”的境界。因为人的心神只在表面的事情上，而不在看不见、听不见、摸不着的事情上下功夫。其实，对于那些不易显现的地方要更加警惕、更加小心，这才是“致良知”的功夫。要做到这一点，需要时刻怀着谨慎认真的态度，关注细微，关注平时被忽略的事情，再小的事情，都要落到实处，认真去做。这样积累之后就能成熟，在遇到挑战和困难时才可以不需要费太大力气，不会被外在所牵累。

生命只在一呼一吸间，每一个“现在”都是生命中最重要的时光，都需要用心体会。春风秋雨，花开花落，人们总是对不经意间消逝的美丽扼腕叹息，却不愿意为身边的美驻足赞叹，待其逝去，方才幡然悔悟。这种人何其可悲。

印度大诗人泰戈尔说：“如果你因失去了太阳而流泪，那么你也将失去群星了。”若希望在生命中的每分每秒都有所作为，便需要在每一步都留下坚实的脚印。

不懈追求，不懈努力

以亲之故而业举为累于学，则治田以养其亲者，亦有累于学乎？先正云：“惟患夺志。”但恐为学之志不真切耳。

——王阳明

在王阳明心里，为学之人“惟患夺志”，最可怕的就是为学的志向不坚定、不真切。对于王阳明来说，他时时刻刻没有忘记先人的话。无论受到了多大的打击，无论是被罚还是被贬，他都既没有放弃也没有忘记自己的志向。在他心里，学问永远没有做完的时候，凡事也没有一个最好的标准，只有坚定志向，不懈追求，不懈努力。

再长的路，一步一步总能走完；再短的路，不迈开双脚，永远无法走完。成功贵在坚持，要取得成功就要坚持不懈地努力。很多人的成功，也是饱尝了许多次的失败之后才得到的。我们经常说“失败乃成功之母”，成功诚然是对失败的奖赏，但也是对坚持者的奖赏。古往今来，那些成功者不都是依靠坚持而取得成就的吗？

东晋大书法家王羲之被后人誉为“书圣”，王献之是王羲之的第七个儿子，天资聪颖，机敏好学，他七八岁时始习书法，师承其父。有一次，王羲之看王献之正聚精会神地练习书法，便悄悄走到其身后，猛然伸手去抽王献之手中的毛笔。王献之握笔很牢，没被抽掉。王羲之很是高兴，夸赞道：“此儿后当复有大名。”

王羲之曾对王献之说，只有写完院里的十八缸水，他的字才会有筋有骨、有血有肉，直立稳健。王献之心中颇有些不以为然，他勤奋地练了五年，写完了三缸水，自认为书法已小有所成，遂将自己十分满意的习字拿给父亲过目。谁知王羲之一张张掀过，却频频摇头。直到看见一个“大”字，王羲之才现出较满意的神色，随手在“大”字下填了一个点。小献之又将习字拿去给母亲看，母亲认真地翻看，最后指着王羲之在“大”字下加的那一点，说：“吾儿磨尽三缸水，唯有一点似羲之。”王献之此时方知与父亲的差距，又锲而不舍地练了下去。当他真的用尽十八缸水，其书法果然达到了力透纸背、炉火纯青的程度。王献之书法与其父并列，被人们称为“二王”。

王献之坚持不懈地努力，最终为他赢得与父亲齐名的声誉。陶渊明说过：“勤学似春起之苗，不见其增，日有所长；辍学如磨刀之石，不见其损，日有所亏。”正是此理。

古人云：“圣贤之学，固非一日之具，日不足，继之以夜，积之岁月，自然可成。”这就是说，圣贤的学问，本来就不是一天就可以成就的。白天不够用，就用夜晚来继续学习，日日月月地积累起来，自然可以完成。王阳明一生追求成圣成贤，也以弘扬圣学为己任，怀着辅助君主教化百姓的伟大抱负，讲学不辍，所到之处，成立乡约、社学、书院。同时，他还提出勤学是为学之人的教条和准则之一。

无论是做事还是学习都不是一蹴而就的，做事永远没有最好的标准，学问也没有最终的止境。一个人的为学做事的精神只有永远年轻，才能够“苟日新，日日新，又日新”，时时保持进步的状态，随时都会有新的境界。

世间之事正如逆水行舟，不进则退。有大学问的人，贵在有勤勉和持之以恒的努力。成大事之人，贵在对事业的不懈追求。在一点成就面前就沾沾自喜、骄傲自满，自认为高人一等，再聪明的人也会有栽跟头的那一天。

专心和坚持是成功道路上的一对好伙伴。持之以恒，坚持不懈，滴水也能穿石。相反，半途而废，浅尝辄止，只会让人止步不前，也得不到进步和发展。功到自然成。成功之前难免有失败，然而只要能克服困难，坚持不懈地努力，那么，成功就在眼前。

石头是很硬的，水是很柔软的，然而柔软的水却穿透了坚硬的石头，其中的原因无他，唯坚持不懈而已。我们在黑暗中摸索，有时更是需要很长时间才能找寻到通往光明的道路。以勇敢者的气魄，坚定而自信地对自己说，我们不能放弃，一定要坚持。也只有坚持，才能让我们冲破禁锢的蚕茧，最终化成美丽的蝴蝶。

再多一点努力，多一点坚持，你会惊奇地发现，周围都开着绚烂的成功之花。

勤于求知，细于做事

问难愈多，则精微愈显。

——王阳明

庄子说："吾生也有涯，而知也无涯。"一个人，若想有一个美好的、成功的人生，必须不断学习。王阳明认为，在学习中问的问题越多，说明他的学问越精细。而要想"问难愈多"，必然离不开勤奋。他还曾说过："学者时时刻刻常睹其所不睹，常闻其所不闻，功夫方有个实落处。"治学要时时刻刻抱着求知的心态，勤奋才能成才，做事也一样，要勤奋、细致才能成功。

如果不勤奋，想要做成事业是万万不可能的。"千古之圣贤豪杰，即奸雄欲有立于世者，不外一'勤'字。"奸雄也是出类拔萃之人，他们同样需要经过不懈的奋斗才能为历史所承认，更何况是英雄呢。

曾国藩非常重视"勤"，他晚年在家训四条中，关于勤劳的阐述最为详备。他说喜欢安逸、厌恶劳作是人之常情，一个人如果能战胜惰性，每天所用衣食与自己对社会的贡献相当，那么自然会得到旁人的认可。

古代贤者的言行体现了勤劳的两种境界：一是通过劳动培养了一技之长，增长才识；二是能够体会到别人的困难，用自己的行动去帮助别人。

在生活中，许多人都会有很好的想法，但只有那些在艰苦探索的过程中付出辛勤劳动的人，才有可能取得令人瞩目的成就。

西汉时期，有个农民的孩子，叫匡衡。他小时候很想读书，可是因为家里穷，没钱上学。后来，他跟一个亲戚学认字，才有了看书的能力。

匡衡买不起书，只好借书来读。那个时候，书是非常贵重的，有书的人不肯轻易借给别人。附近有个大户人家，有很多藏书。一天，匡衡卷着铺盖出现在大户人家门前。他对主人说："请您收留我，我给您家里白干活不要报酬，只要让我阅读您家的全部书籍就可以了。"主人被他的诚心感动，答应了他的要求。

过了几年，匡衡长大了，成了家里的主要劳动力。他一天到晚在地里干活，只有中午歇晌的时候，才有工夫看一点书，所以一卷书常常要十天半月才能够读完。匡衡很着急，心里想：白天种庄稼，没有时间看书，我可以多利用一些晚上的时间来看书。可是匡衡家里很穷，买不起点灯的油，怎么办呢？

有一天晚上，匡衡躺在床上背白天读过的书。背着背着，突然看到东边的墙壁上透过来一线亮光。他站起来，走到墙壁边一看，原来是从壁缝里透过来的邻居家的灯光。于是，匡衡想了一个办法：他拿了一把小刀，把墙缝挖大了一些。这样，透过来的光亮也大了，他就借着透进来的灯光，读起书来。

匡衡就是这样勤奋学习的，后来他做了汉元帝的丞相，成为西汉时期有名的学者。

匡衡勇于战胜艰苦的条件，勤奋读书，为我们树立了刻苦读书的好榜样。匡衡为了获得学习的机会，甘愿给有书的人家白干活不要报酬，而他"偷"光的行为，更是令人感叹。

在这个世界上，到处都有一些看来很有希望成功的人，他们的身上有着非凡的品质，眼中也闪烁着智慧之光。但是，他们最终并没有成功，原因就在于缺乏勤奋的精神。而那些资质一般，又没有什么特别能力的人，因为能够通过勤奋弥补自身的不足，并且坚持不懈，所以成就了自己的辉煌。勤劳是所有人通往成功的必由之路。古罗马有两座圣殿：一座是勤奋的圣殿，另一座是荣誉的圣殿。人们必须经过前者，才能到达后者。勤奋是通往荣誉的必经之路，那些试图绕过勤奋寻找荣誉的人，总是被荣誉拒之门外。

从古至今，从精卫填海到悬梁刺股、凿壁偷光，无一不告诉我们，只有勤奋、认真才能走向成功。王阳明讲良知时也说过，勤勤恳恳，兢兢业业，良知自然就会常存。所以，只要勤奋求知，细致做事，坚持不懈，有困难也能克服，悬梁刺股的疼痛、凿壁偷光的贫寒都不能阻挡成功的脚步，而如果我们本来就不需要面对这些困难，还有什么理由虚度光阴呢！

从某种程度上说，学习是人生的第一要务。一个不求知的人、不勤奋的人，只能永远生活在愚昧之中，只有不断学习、不断求知的人才能有一个美好的前程。

忍耐心：岁寒，然后知松柏之后凋也

苦是乐的源头，乐是苦的归结

哑子吃苦瓜，与你说不得。你要知此苦，还须你自吃。

——王阳明

生活的波浪在高峰时，人即显得快乐；在低谷时，人便显得痛苦。而波浪永远都是忽高忽低，没有永恒的上扬，也没有永恒的倾泻，所以人生是痛苦与快乐交织并行的，二者相伴相生，既矛盾又关联。所谓“没有痛苦也就无所谓快乐”，就是告诉我们要正确对待人生的苦乐。

弘治十二年（公元 1499 年），王阳明举进士，之后他担任过刑部主事、兵部主事。正当他要为朝廷出力的时候，劫难降临到他头上。正德元年（公元 1506 年），因营救南京科道戴铣、薄彦徽等人，王阳明抗疏，触犯了刘瑾，被罚廷杖，并因此下狱，再被贬谪至贵州龙场做驿丞。在赴任的路上，刘瑾又派人跟踪追杀。他侥幸逃过一死，之后他又乘坐一只商船游舟山，却不料遭遇飓风，船漂流至福建的武夷山。王阳明本想隐居武夷山，却又担心刘瑾找父亲的麻烦，于是他到南京探望父亲之后，便辗转到达龙场。

逆境对个人的发展不利，但是却能磨砺人的意志，使之由脆弱变得坚强，变得有韧性。王阳明历经磨难，心性比以前更为坚强。他开始了解民间疾苦，为生民立命，在艰苦的环境中成长，最终构建了心学理论的大厦。

其实，从长远来看，挫折和失败才是人生最宝贵的精神财富。没有苦中苦，哪有甜中甜？哈密瓜比蜜还要甜，人们吃在嘴里乐在心上，苦巴豆比中药还要苦，人们很是嫌恶，然而，种瓜的老人却告诉我们：哈密瓜在下秧前，先要在地底下埋上半两苦巴豆，瓜秧才能茁壮成长，结出蜜一样的果实来。

苦是乐的源头，乐是苦的归结。“不经风霜苦，难得蜡梅香。”成功的快乐，正是经历艰苦奋斗后产生的。吃得苦中苦，方能得成果。古人头悬梁，锥刺股，苦则苦矣，但他们下苦功实现上进之志，本身就是一种快乐，以苦为乐，苦中求乐，其乐无穷。

人生就是一个过程，航行在人生之船上，我们可能经历波涛汹涌，也会感受风平浪静。喜悦和幸福相伴，苦难和挫败也是航行的一部分，只有痛饮过航行中的苦与乐这杯酒，人生才会完整。然而，在“痛饮人生的满杯”的过程中，悲苦从来都是无法逃避的，多苦少乐是人生的必然。

有一群弟子要出去朝圣。师父拿出一个苦瓜，对弟子们说：随身带着这个苦瓜，记得把它浸泡在你们经过的每一条圣河，并且把它带进你们所朝拜的圣殿，放在圣桌上供养，并朝拜它。

弟子朝圣走过许多圣河圣殿，并依照师父的教言去做。回来以后，他们把苦瓜交给师父，师父叫他们把苦瓜煮熟，当作晚餐。晚餐的时候，师父吃了一口，然后语重心长地说：奇怪呀！泡过这么多圣水，进过这么多圣殿，这苦瓜竟然没有变甜。弟子听了，好几位立刻开悟了。

苦瓜的本质是苦的，不会因圣水圣殿而改变；人生是苦的，修行是苦的，生命本质也是苦的，这一点即使是圣人也不可能改变，何况是凡夫俗子！看过著名油画大师凡·高的故居的人都知道，那里只有张裂开的木床和破皮鞋。凡·高一生潦倒困苦，没有娶妻。但也许正是生活中的困窘，造就了他艺术上的成功，使他成为大师中的大师，使他的作品成为经典中的经典。

我们的人生也应该是这样的，时时准备受苦，不是期待苦瓜变甜，而是真正认识那苦的滋味，这才是有智慧的态度。苦瓜本来就是苦的，是连根都苦的，变甜只是我们虚幻的期待而已。

圆满的人生并不是一辈子没有吃过苦、没有失过恋，而是经历过、体验过、面对过那苦的滋味、超越那苦的感觉。苦与乐是生命的盛宴，是生命的波峰波谷，高低起伏，因而才会波澜壮阔。

当我们接纳苦，把苦看作是人生的必然历程时，苦便不再“苦”。同样，接受乐，把乐当作是生命的历程，去享受生命的盛宴，享受所有的高潮与低谷，活在生命的苦乐之中，由此生命的乐趣便已被我们掌握在手中。

面对成败淡然处之

譬如行路的人，遭一蹶跌，起来便走，不要欺人做那不曾跌倒的样子出来。

——王阳明

辉煌与低谷、成功与失败都只是人生的一段旅程。今天的辉煌不代表日后的成功，今天的成功也不能代表日后的低谷。正是这一段段不同的旅程才成就了此时此刻的我们，塑造着以后的我们。然而在低谷和辉煌、失败和成功转化的过程中，每个人的人生航线都会发生转折，而每一个转折都需要我们从容面对，淡然处之，勇敢继续下一段旅程。

被贬谪龙场是王阳明人生的一个重大转折点。他没有逃避，也没有自暴自弃，而是思考儒佛道思想，于艰难的生命波涛中寻找立身之本。他针对程朱理学越来越脱离人的生命而知识化、外在化的倾向，尤其是其末流暴露出来的支离破碎的弊病，从以更加简易直接的功夫与“先立乎其大”的方法入手，开辟了另一条与朱子不同的成德之学，拓宽了主体自立自主的精神价值世界，展示了道德自律与人格挺立的实践精义及具体路径。

转折是我们每个人都必须面对的。如意或不如意，起决定作用的，并不是人生的际遇，而是思想；成功或不成功，有时候也不是由个人的努力所决定的，而是取决于意念的转换。当生活与感情皆陷入泥潭，倘若连迈出下一段旅程的勇气都没有，那岂不是自讨苦吃、苦上加苦吗？

一个秀才悠闲地走在满是尘土的路上，他背着诗词，摇着脑袋，很惬意的样子。

秀才出门已经一年多了，他原先是进京赶考的，但是考场失利，名落孙山，心情黯淡地度过了几个月的黑色时光，整日借酒浇愁，以泪洗面。两个月前，他和几个朋友共游，与一老者相谈，秀才倒出了心中的苦闷，老人听后，说道：“昨天早上与你说话的第一个人是谁？”

秀才回道：“这个已经忘了。”

老人问：“那明天你会遇到什么人？”

秀才回道：“这个我哪里知道？明天还没来。”

老人问：“此时此刻，你面前有谁？”

秀才愣了一下，说：“我面前当然是您啊。”

老人轻轻点头道：“昨天之事已忘却，明日之事尚未来，能把握的唯有此刻，你又何必对过去之事耿耿于怀？因为明天不可知，昨日已过去。不如放下挂念，平淡对之，你并没失去什么，不过是重新开始。”

秀才瞪大双眼，等着老人继续说下去，他似乎听懂了老人话中的意思。

老人说道：“既然又是新的开始，又何来执着于以前？如潺潺溪水，偶被沙石所阻，但其终究万里波涛。你可明白了？”

秀才微笑着点点头，此刻的他，已经有了新的打算。在京城办完一些事情后，这个秀才告别朋友，踏上了回家的路途。他决定三年之后再考一次。

常人说，害怕失败，是因为想得太多，想得太多是因为情绪太盛。秀才考场失败后，顿觉颓唐。好在他及时醒悟，心境归于平淡，目标得以重新确立。

成功和失败都是生活的转折点，每一个成功都是一个新的开始，每一次失败也都是为成功做准备。当面对失败时，没有比鼓起迈出下一段旅程的勇气更重要的了，无论再怎么好的计划与机会，不往前迈一步，那就永远都无法成功。

有位作家曾说："生命是个橘子，自己决定了生命，就像你选择买了这个橘子，酸甜就要自己负责了。生命是个橘子，一瓣跟着一瓣，有时是甜的，也有时是酸的，但也要亲自尝了才酸甜自知。"生命本是一段路，每一段旅程，都需要一个开始，都需要你自己去生活、去体验、去锻炼，去接受成功与失败。

事实上，成功者能够不断获取成功不在于他们有多高的智慧，而在于他们无论是成功或失败都敢于往前迈一步，哪怕只是小小的一步，都是迈向成功的必经之步。王阳明在回答学生的问题时说，走路摔跤是正常的，跌倒了便要起来继续走，不要做出一副从来没有跌倒过的样子，也不要站在原地不敢动。

在人生之路上，可以累积小冒险、小失败、小挫折、小成功、小胜利，唯有经过尝试，你才能让自己找到目标、找到方法。学习开始练习小步前进，体验小小的风险和小小的冒险，直到冒险的经验已够多，让你有信心去实践更大的梦想，到了那个时候，你会认为它只不过是稍微有点危险的一小步而已。绽放生命，需要你勇敢迈向下一段旅程。

学会忍耐，才能苦尽甘来

诸君只要常常怀个“遁世无闷，不见是而无闷”之心，依此良知，忍耐做去。

——王阳明

“沧浪之水清兮，可以濯吾缨；沧浪之水浊兮，可以濯吾足。”渔父的一首《沧浪歌》，虽隔了千年，音犹在耳。从中我们可以悟出一个道理，一个人无论身处清世抑或浊世，都要刚直进取，要有豁达的心胸，只有学会忍耐，才会苦尽甘来。

面对无道昏君和奸佞小人，很多贤者要么选择迎面直对，要么选择委曲求全。然而王阳明却选择了等待。他并未向奸臣屈从，也没有速死以求解脱，他选择了坚持和忍耐。

王阳明一心为国，却忍受莫大屈辱。“何玄夜之漫漫兮，悄予怀之独结。严霜下而增寒兮，皦明月之在隙。风呶呶以憎木兮，鸟惊呼而未息。魂营营以惝恍兮，目窅窅其焉极！懔寒飚之中人兮，杳不知其所自。夜辗转而九起兮，沾予襟之如泗。”从这些诗句中能够看出王阳明内心之苦楚与郁结，自己一片衷心，却无人理解。“何天高之冥冥兮，孰察予之忠？”然而也正是这份等待和坚持，王阳明固守着自己的良知，以平和的心态执着一份信念，最终在孤寂决绝中省悟：“圣人之道，吾性自足，向之求理于事物者误也。”

欲成事业，就要耐得住挫折和落寞，潜心静气，才能深入“人迹罕至”的境地，汲取智慧的甘饴；如果过于浮躁，急功近利，就可能适得其反，劳而无功。

《庄子·内篇·逍遥游第一》说：“北冥有鱼，其名为鲲。鲲之大，不知其几千里也；化而为鸟，其名为鹏。鹏之背，不知其几千里也；怒而飞，其翼若垂天之云。”北冥之鲲化身为鹏的过程虽然只是转瞬，但在此之前力量的累积却非一朝一夕能够完成。

“鲲化鹏”包含着两个方面：沉潜与腾飞。在人生的某个时刻，或是耽于年幼，或是囿于困境，都只能沉潜在深水之中。而一旦时机成熟，或自身储备了足够的能量，就能摇身一变，展翅腾飞了。

等待的目的既是使自己能够安心地韬光养晦，更是想有朝一日能够一怒而飞。

春秋时期楚国著名的贤君楚庄王，少年即位，面对混乱不堪的朝政，他表面上三年不理朝政，声色犬马，实则在暗地里等待时机。旁人问他，他说：“三年不飞，飞将冲天；三年不鸣，鸣将惊人。”

果然，其后楚庄王励精图治。他在位的二十二年间，知人善任，整顿朝纲，兴修水利，重农务商，楚国国力日渐强盛，先后灭庸、伐宋、攻陈、围郑，陈兵于周郊，问鼎周王朝，成为历史上著名的春秋五霸之一。

楚庄王可谓厚积薄发的典型，他并不惧怕蛰伏期间的碌碌无为所招致的质疑与轻蔑，而是心平气和地选择了等待。事实上，人生绝大多数时间都是在蛰伏，在积蓄，在等待。这种淡然、平静的处世并非无为，而是以一种示弱的、最不易引起警觉和敌意的状态为自己争取到一种好的条件，让人能够在静如止水、乐山乐水的淡然中获取自己想要的东西。

“世上无难事，只怕有心人。”不懂忍耐的人得不到幸福。那些不愿意在寂寞中充实自我、等待机遇的人，是不会成功的。在一个著名的投机者的墓碑上写着这样的墓志铭：“他曾经生活、投机、失败。”生活与商海一样，投机所得也会因投机而失去。故而，有了长长久久的等待，才会有精钢出鞘的绝响。

苦不入心，生命自有芳华

凡劳其筋骨，饿其体肤，空乏其身，行拂乱其所为，动心忍性以增益其所不能者，皆所以致其良知也。

——王阳明

幸福之于人，就像尾巴之于狗，怎么转圈都咬不到；但是只要你向前走，它就会乖乖地跟在后面。苦恼之于人，像运动员握在手里的铅球，除非尽全力抛出去，否则就是沉甸甸的负担。倘若一直把那些不幸的或者痛苦的经历捧在手里，势必身心俱疲。而如果不把苦楚与悲痛放入心间，生命自然会绽放芳华。

王阳明初到贵州，便遭遇意想不到的困难。那里的生活非常艰难，而且瘟疫肆虐。从中原流放到这里来的人，很多都死在半道。即使到了流放地，也很难融入当地的生活，或者没有生活来源，或者生病无法医治，直至饿死病死。

在艰难困苦之中，王阳明以圣人对待困境的态度作为精神支撑，苦不入心。他在《初至龙场无所止结草庵居之》中说："缅怀黄唐化，略称茅茨迹。"他沉湎在儒佛道思想之中，并渐渐感悟。他将思想的粗略处与生活的精微处相结合，用内心的意志抵抗物质的贫瘠，对待凶险像对待坦途那样平静，而不在意谪居龙场的困苦。他曾感叹：啊，这就是古圣人当囚徒而忘了自己是囚徒，老了也不以为意的原因了，我知道我也该这样度过自己的一生。

苦不入心，生命自有芳华。这样的逻辑思维，对于指导人们应对种种挫折、变故，无疑有极大的好处。人生好似一场考验，任何通向成功的道路上都布满了荆棘，充满了数不清的艰难与困苦、辛酸与煎熬。只有经得起考验的人才能体验到生命的价值，才能最终绽放生命的芳华。著名的佛学大师弘一法师的房间里挂着他的一幅书法作品，上面有一句偈语：花繁柳密处拨得开，才是手段；风狂雨急时立得定，方见脚跟。意思是说，只有经得起考验的，才是最好的。

车胤，字武子，东晋南平（今湖北公安一带）人。车胤自幼好学，可是由于家境贫困，没有钱买灯油在晚上读书。因此，到了晚上他只能背诵诗文。

一个夏夜，他在屋外诵书，忽然看到原野里如星星一样的萤火虫在空中飞舞。他突发奇想，萤火虫的光亮在黑夜里不正如灯一样吗？这样我就能够彻夜苦读了！想到这儿，兴奋的他立即找来了白绢扎成一个小口袋，并抓了几十只萤火虫放在里面。果然，还真的管用。

车胤就这样用功苦读，终于成了一个很有学问的人，后来做过吴兴太守、辅国将军，官至户部尚书。

“读书莫畏难”，一个有志于学的人应该早早有心理准备，经得住各方的考验，才能够读有所成。不仅读书学习要经得住苦楚，生活也是如此。生活在给我们期待和欢乐的同时，也给我们很多失望和伤心，很少有人能够生活得一帆风顺。但是当走过一段历程时，我们会发现那些你曾经跋涉的足迹多多少少都会留下成长的痕迹，而每一段的成长之路都是真实而亲切的，故而相信一切都是最好的安排！当我们沉溺在暗河时，如果能拥有一汪名为“乐在其中”的心湖，就不会再因生活的坎坷而郁郁寡欢了。

初入仕途的王阳明因为伸张正义而被贬下狱，他虽然被关在破败而黑暗的监牢中，而且身体也遭受了严重的摧残，但是他的心却更加坚定，好像沐浴在春风中般洒脱、浩荡。他说：“俯仰天地间，触目俱浩浩。”足可见王阳明坦荡无私的胸怀。

生活固然不易，但我们不能总以苦脸回应苦脸。生活艰苦如何，衣衫破旧又如何，只要有一束发光的微笑，这些灰暗的色调就会全部被照亮。

一位哲人曾说过：“人的生命似洪水在奔腾，不遇到岛屿与暗礁，便难以激起美丽的浪花。”苦难并不可怕，它如咸盐，有了它的调剂，生活的满汉全席才不会显得缺少滋味。苦难如烈酒，麻木过后的人会体验到释放的快乐，醉酒之后方知清醒的可贵。喜悦与悲伤、顺利与坎坷、幸运与不幸、得到与失去交织在一起，让生命显得更加多姿多彩，也让人在垂暮之年拥有了更多可供回首的往事。

生活本身就是一道难题，最艰难的是破解的过程。波澜不兴的生活对人们心灵的成长并没有多少益处，若想变得更加勇敢、更加坚强，反倒需要苦难来给我们的心灵淬淬火，加点钢。

忍得一时方能成就伟业

岂能“以不忍人之心，而行不忍人之政”，则虽茅茨土阶，固亦明堂也：以幽、厉之心，而行幽、厉之政，则虽明堂，亦暴政所自出之地邪？武帝肇讲于汉，而武后盛作于唐，其治乱何如邪？天子之学曰辟雍，诸侯之学曰泮宫，皆象地形而为之名耳。然三代之学，其要皆所以明人伦，非以辟不辟、泮不泮为重轻也。

——王阳明

正德十六年（公元 1521 年），明武宗去世，明世宗继位。因为平定朱宸濠叛乱有功，王阳明被封授“新建伯”爵位。但是他坎坷的境遇并未因此而改变，爵位只是一个虚名，没有任何实质性的待遇。这时，王阳明的父亲王华病逝。

对手的诽谤、朝廷的无视、父亲的离世，都压得王阳明透不过气来，最终病倒。身体虽然倒下了，但是王阳明那颗竭尽全力的心却还在有力跳动着。他深知悲痛无济于事，只能忍耐，坚持下去。在这种心念之下，王阳明的病情渐渐好转。远离政治的烦扰，他将精力全部投入到讲学当中去，在这段日子，王阳明感受到了从未有过的幸福和满足。

弹劾王阳明、非难他的学说的对手仍然有所举动，但是这些都不妨碍王阳明学说的发扬光大，越来越多的人前来听他讲学。

王阳明忍耐当下、豁达乐观的态度，让他拥有了面对生活的勇气，并且使得心学大告于天下。其实，每个人降生到这个世界的时候，就注定要背负起生命中的各种困难和折磨。灰心丧气、抱怨失望是人们面对苦难最常见的态度；忍耐、等待是另一种态度。三十年河东，三十年河西，说不准哪一天时来运转，就可以东山再起了。

从某种意义上说，忍耐是成就一项事业必备的品质，人要获得某方面的成就，必须学会忍耐。正如一位西方学者曾经说过的：“忍耐和坚持是痛苦的，但它会逐渐给你带来幸福。”

那么，究竟“忍”是如何的呢？中国人对于“忍”有特殊的理解，通常认为，所谓“忍”是“忍辱”。没有忍辱，就不能负重；没有忍耐，就什么事情都不能做成。“忍”是一个人获得成就的不可回避的过程。

汉更始元年（公元23年），刘秀指挥昆阳之战，震动了王莽朝廷。然而，刘秀兄弟的才干也引起了更始皇帝刘玄的嫉妒。

刘玄本是破落户子弟，投机参加了农民起义军，没有什么战功，自当上更始皇帝后，又整日饮酒作乐，不理朝政。刘玄怕刘秀兄弟夺了他的皇位，便以“大司徒刘缤久有异心”的莫须有罪名，将立有战功的刘缤杀害了。刘秀接到兄长刘缤被杀害的消息，几乎昏厥。但当着信使的面仍极力克制自己，说道：“陛下至明。刘秀建功甚微，受奖有愧，刘缤罪有应得，诛之甚当。请奏陛下，如蒙不弃，刘秀愿尽犬马之劳。”转而，刘秀又对手下众将说：“家兄不知天高地厚，命丧宛县，自作自受。我等当一心匡复汉室，拥戴更始皇帝，不得有二心。皇帝如此英明，汉室复兴有望了。”刘秀的这种虔诚态度，感动得众将纷纷泪下。刘秀突然遭此打击，自然难以忍受。然而他心里清楚，刘玄既然杀了兄长，对他刘秀也难容。

此后，刘秀对刘玄更加恭谨，绝口不提自己的战功。刘秀的行动，早已有人密报给刘玄。刘玄在放心的同时，觉得有些对不起刘秀，便封刘秀为破虏大将军，行大司马之事，并令刘秀持令到河北巡视州郡。刘秀借机发展自己的力量，定河北为立足之地。更始三年（公元25年）初春，刘秀实力已壮，便公开与刘玄决裂。

更始三年六月己未日，刘秀登基，是为光武帝，复国号汉，史称东汉。此时，刘秀只有三十二岁，正是年轻气盛、成就大业的时候。以屈求伸，“忍小愤而就大谋”，终使刘秀化险为夷，建立了东汉王朝。

细观刘秀的处世，你会发现一切成就也都来源于“忍”。“小不忍则乱大谋。”忍不是懦弱无能，忍是以退为进，忍耐是上善，老子曰“上善若水”，水是最温柔的，却又是最强大的。

能屈能伸，大丈夫之道也。忍得一时方能成就伟业。相反，不能忍耐、毛毛躁躁，最终只能错失良机、遗恨千古。莫大的祸患，都来源于不能忍耐一时。刘邦在取得基本胜利后按兵不动，将功劳经常归于项羽。是忍耐，终厚积薄发成汉高祖一代帝业；项羽急不可待，最终却是霸王别姬、饮恨乌江。韩信甘愿受胯下之辱是忍耐；司马迁受到宫刑忍耐而出《史记》；刘备与曹操青梅煮酒论英雄是忍耐，之后韬光养晦，才有与曹操、孙权三足鼎立之局。

事业失败需要忍耐，感情受挫需要忍耐，人生磨难需要忍耐，交易合作需要忍耐，人际关系需要忍耐，家庭生活需要忍耐。在人生的历程中，我们会遇到一些需要忍耐的事情，借以历练自己的心智。学会忍耐，在生命历程中实践忍耐，你就能够在不久的将来成就你的人生。

人生需要反复磨炼

常人之心，如斑垢驳杂之镜，须痛加刮磨一番，尽去其驳蚀，然后纤尘即见，才拂便去，亦自不消费力。到此已是识得仁体矣。

——王阳明

《诗经》中说：“如切如磋，如琢如磨。”人生犹如一块璞玉，必须在切、磋、琢、磨中精心打磨，只有自己努力来雕琢这块璞玉，才能使它成为完美无瑕的艺术品。

王阳明讲圣人之心与常人之心时说，圣人的心如镜子般明亮，丁点纤尘都无所容。而常人的心，则需要经过一番痛加刮磨，其表面的污垢杂质才可拂去。王阳明的一生历经种种艰难险阻，在他看来，都是磨炼心性的过程。

《传习录》中记载，王阳明的学生陆澄暂居鸿胪寺时，突然接到家中的来信，说是儿子病危。听到这个消息后，陆澄甚是担忧。

王阳明开导陆澄：这正是一个磨炼的机会，平日讲学探讨都没有什么用，只有在遇到困难的时候用功夫，才能够真正提升自己的能力。

王阳明就是抱着这种要到达更高的人生境界，就得经历百难千苦的磨炼的心态，慢慢磨炼自己的心性，慢慢体味人生，慢慢雕琢粗糙的自我，渐渐将心性打造成了美玉。像王阳明这般，如果仔细切磋琢磨自己的人生，会发现顽石中隐藏的是连自己都不曾察觉的美玉。如果不精雕细琢，安于粗陋的人生，那么终将平庸一世。

当然，并不是每一块石头都能成为璞玉，不是每一个贝壳都可以孕育出珍珠，也不是每一粒种子都可以萌生出幼芽。一个人的思想和意志得不到磨炼，就不可能有积极向上的动力。那些遇到挫折而不退缩的人，才能活出生命的意义。

很久以前，有一个养蚌人，他想培养一颗世上最大最美的珍珠。

他去海边沙滩上挑选沙粒，并且一颗一颗地问那些沙粒愿不愿意变成珍珠。那些沙粒都摇头说不愿意。养蚌人从清晨问到黄昏，他都快要绝望了。

就在这时，有一颗沙粒答应了他。

旁边的沙粒都嘲笑起那颗沙粒，说它太傻，去蚌壳里住，远离亲人、朋友，见不到阳光、雨露、明月、清风，甚至还缺少空气，只能与黑暗、潮湿、寒冷、孤寂为伍，不值得。

可那颗沙粒还是无怨无悔地随着养蚌人去了。

斗转星移，几年过去了，那颗沙粒已长成一颗晶莹剔透、价值连城的珍珠，而曾经嘲笑它傻的那些伙伴，依然只是一堆沙粒，有的已风化成土。

也许我们只是众多沙粒中平凡的一颗，但只要我们有要成为珍珠的信念，并且忍耐着、坚持着，当走过黑暗与苦难的长长隧道时，我们就会惊讶地发现，在不知不觉中，我们已长成一颗珍珠。每颗珍珠都是由沙子磨砺出来的，能够成为珍珠的沙粒都有着成为珍珠的坚定信念，并为之无怨无悔。

提到正身做人，想到了雕砚。砚石最初都是工匠从溪流里涉水挑选而来，石块呈灰色，运回后首先需要暴晒，因为许多石头在溪流里十分精致，却有难以察觉的裂痕，只有不断经过日晒雨淋才能显现。未经打磨的石头，表面粗糙，不容易看出色彩和纹理。只有在切磨打光之后，才能完美而持久地呈现其质地。雕砚最重要的一步就是修底，因为底不平，上面不着力，就没有办法雕好，无论多么细致的花纹与藻饰，都要从基础开始。

做人也是如此，无论表面怎样，经过琢磨，都会呈现美丽的纹理。在生活中历练，正如同在雕砚时磨砺，外表敦厚内心耿介的君子，经过心志与机体的劳苦之后，方能承担大任。修底与磨砺都是正身的过程，戒与慎则是正身的方法。

王阳明注重的是将受束缚的常人之心变成圣人之心，这虽然是一个很艰难的改变过程，但是只要有着永不退缩的勇气和毅力，就可以完成。人生是要经过磨炼的，不经过反复磨炼，自己就会永远停留在原地。无论在怎样的环境里都要精心琢磨，否则就不可能改变自己的人生，为社会创造价值。

深陷逆境，其实“别有洞天”

困知勉行，学者之事也。

——王阳明

有这样一段话描述过苦难：苦难犹如乌云，远望去但见墨黑一片，然而身临其下不过是灰色而已。苦难并不可怕，可怕的是面对苦难缺乏一种从容的健康心态。只要心里有阳光，苦难永远也不能统治我们的生命；只要梦里有美景，冬天就永远也不会来临；只要在关爱中相互扶持，“黑夜”里也有最美丽的童话。

苦难可以使人更严肃地思索人生，启迪智慧。王阳明就是在不断追求真理、维护真理、历经艰难、走出困境的过程中，逐渐明白了一些百思不得其解的难题之后，悟出了“心”能左右一切的道理。

他在龙场附近的一个小山洞里品读《易经》，在沉思中“穷天人之际，通古今之变”，心境由烦躁转为安然，由悲哀转为喜悦，一种生机勃勃的情绪油然而生。在和当地农民的相处过程中，他体会到农民的朴质无华和真诚善良。他们为他修房建屋，帮助他渡过了难关，使他感受到人间真情，深感“良知”的可贵，从中得到很多新的启示和灵感。

不经历巨大的痛苦，就不会有伟大的事业。我们每做一件事，自我怀疑、恐惧不安、过高的期望等等，都会在心中构筑一道障碍，这些障碍都会一直存在。然而只要心中怀有美丽的“童话”，以积极乐观的态度应对发生的一切，“黑夜”里照样会开放出最美丽的花。

苦难是炼狱，我们应该勇敢地面对苦难，在苦难的磨砺中不断地历练自己，而不是将苦难看作人生不可逾越的鸿沟。为什么在各种灾难之中会有人奇迹般地活下来？不仅仅是因为他们比别人更幸运一些，更是因为他们有着别人没有的意志力，他们相信自己可以挺过去，于是咬紧牙，最终渡过了难关。

人处逆境之中，可以明智；处顺境之中，刀光剑影立于前犹不自知。人往往身处逆境，人格、本领才会得到提高，此时的磨难不是一种苦果，而成了锤炼人心的工具。一切的磨难、忧苦与悲哀，都是铸就优秀品质的资本。正像田单处逆境而成功，居顺境而无所作为一样。我们在面对苦难与忧患的时候，如果能保持一颗平常心，对任何事情都清楚明白，居安思危，那么就没有什么事情是做不成的。

在平凡的日子里，一杯茶、一本书，甚至偶尔邂逅的一抹绿都能带给我们无限的感动和惊喜。而当我们深陷黑夜的时候，也要相信自己会有开花的季节，因为生命在达到某一沸点之前注定要有很多煎熬和等待、痛苦和折磨。然后，在某一刻，我们就会突然明白，这样的生活其实才是对生命最真实的追求。你活的每一天都是值得的，都是精彩的。

曾看到一句话：“生活有多难，就有多勇敢。”走过的，不只是经历，更多的是心的满足。从薄脆到丰盈，亦如春，万物复苏，生命经历轮回而重新绽放。但是人的生命只有一次，所以我们要在有限的日子里完成无限的自我超越和前进，故而我们需要倍加珍惜当下的每一步、每一个选择。正如王阳明提倡“本心”，只要依照本心做事，积极地履行自己的使命和责任，那么自己的世界便是光明的。

每个人的人生都有黑夜，然而只要你在黑夜里种一颗光明的种子，它总会生根、发芽，最后开出光明的花朵。

寂寞是考验

何处花香入夜清？石林茅屋隔溪声。幽人月出每孤往，栖鸟山空时一鸣。草露不辞芒屩湿，松风偏与葛衣轻。临流欲写猗兰意，江北江南无限情。

——王阳明

一位西方哲学家说：“世界上最强的人，也就是最孤独的人。只有最伟大的人，才能在孤独寂寞中完成他的使命。”每个想要突破目前困境的人首先都需要耐得住寂寞，只有在寂寞中，一个人才能更好地成长。

王阳明在遭贬谪期间饱尝各种人生摧残与折磨。为了摆脱寂寞和苦楚，他兴办书院，传播文化。他还经常和当地人交流，深刻感受到边地民众质朴人性的可贵和可爱。譬如彝族首领安贵荣知道他在龙场的艰难处境后，便主动给予他生活上的照顾，使他通过与少数民族“礼益隆、情益至”的密切交往，激发了悟道传道的生命热情。

虽然王阳明在贵州的时间不长，但贵州人对他的感情却十分深厚。在修文阳明洞，有彝族土司安国亨的题字，大书“阳明先生遗爱处”。《与安宣慰》的两封书信表达了他与少数民族之间情真意深，永志难忘。他所写的《居夷诗》百余首，还有《玩易窝记》《何陋轩记》《君子亭记》《宾阳堂记》，记述了他在贵州期间的心迹，是其思想转变的历史见证。

每个人一生中的际遇肯定不会相同，但是当面对寂寞的时候，你要善于寻找方法帮助自己接受人生的这一考验。只要你耐得住寂寞，不断充实、完善自己，当际遇向你招手时，你就能很好地把握，获得成功。

李忱是唐宪宗李纯的第十三个儿子，于长庆元年被封为光王。在成为皇帝之前，贵为王爷的李忱不得不离京出走，这得从他当时的处境说起。

李忱的母亲并不是一个有身份地位的妃子，她作为当时叛臣的罪孥进宫，结果邂逅了当朝皇帝，生下了李忱。可惜在李忱幼年，宪宗皇帝就被宦官暗杀了，留下这一对母子，既不能母凭子贵，也不能子凭母达。820 年，李忱之兄李恒被宦官扶上皇位，是为唐穆宗。四年后穆宗服长生药病逝，其子李湛接任，是为唐敬宗。但敬宗只活到十八岁，驾崩后由其弟李昂、李炎相继接任。

在长达二十年的时间里，三朝皇叔李忱的地位既微妙又尴尬，他只能以黄老之道韬光养晦，装傻弄痴。尽管他为人低调，不张扬，但光王的特殊身份，还是让他逃避不了受侄儿们猜忌、排斥、挤压的命运。文宗、武宗两位皇帝对他心存芥蒂，非但不以礼相待，还想方设法迫害他。841 年，唐武宗登基时，李忱为避祸，便“寻请为僧，行游江表间”，远离了是非之地。应该说，李忱当时做出的这一抉择，当属达人知命的明智之举。而流放底层，阅尽人世沧桑，也为他将来修成大器提供了一个难得的机会。

法号“琼俊”的李忱虽然隐居于与世隔绝的深山之中，却并没有忘却心中之志。握瑾怀瑜的他效法孔明，抱膝于隆中，准备伺时而动。在唐武宗统治的六年间，他不停地通过秘密渠道打探宫内情况，积极做准备，以实现“归去宿龙宫”的夙愿。

虽然他一直隐藏自己的这一志向，在福建境内的天竺山真寂寺的三年间，他言行谨慎，不露端倪。但在一次与黄蘖和尚观瀑吟联时，他那深藏于心的雄才大略却通过一副对联表露无遗。一日，他与当时的名僧黄蘖和尚在山中闲话，面对悬崖峭壁上的一条飞瀑，黄蘖来了雅兴，对李忱说道："我出一上句，看你能否接下句。"李忱也兴致盎然，说道："你道来我听，我必对得上。"黄蘖于是吟道："千岩万壑不辞劳，远看方知出处高。"李忱几乎是脱口而出："溪涧岂能留得住，终归大海作波涛。"黄蘖听了，赞赏有加。

没有深沉的寂寞，哪有动地的长歌？李忱就像那瀑布，经历"千岩万壑不辞劳"的艰险后，终将飞珠溅玉、石破天惊。846 年，深谙权谋、忍辱负重的李忱果然在太监们的拥戴下，从侄儿手中夺过大位，成为唐宣宗，时年三十七岁。由于他长期在民间生活，深知黎民疾苦，故躬行节俭，虚怀纳谏，颇有作为，号称"大中之治"。

耐得住寂寞的人不喜形于色，而是以更寂寞的人生态度去探求另一奋斗目标和途径。而浮躁的人生是与之相悖的，它以历来不甘寂寞和一味追赶时髦为特征，受强烈的功利主义驱使。浮躁的向往，浮躁的追逐，只能产出浮躁的果实。

其实，寂寞不是一片阴霾，寂寞也可以变成一缕阳光。如果你勇敢地接受寂寞，拥抱寂寞，以平和的心态对待寂寞，你会发现，寂寞并不可怕，可怕的是你对寂寞的惧怕；寂寞也不烦闷，烦闷的是你自己内心的空虚。寂寞的人，往往是感情较为丰富、细腻的人，他们能够体验人所不能体验的生活，感悟人所不能感悟的道理，发现人所不能发现的思想，获取人所不能获取的能量，最后成就常人所不能成就的事业。

耐得住寂寞是一种人生品质，不是与生俱来，也不是一成不变的，它需要长期的艰苦磨炼和不断自我修养、完善。耐得住寂寞是一种有价值、有意义的积累，而耐不住寂寞往往是对宝贵人生的挥霍。

一个人的生活中有可能会有这样或那样的挫折，会有这样或那样的机遇，但只要你有一颗耐得住寂寞的心，用心去对待、去守望，那么，成功一定会属于你。

第十一章

反省心：静察己过，不论他人是非

静察己过，勿论人非

是非之悬绝，所争毫厘耳。

——王阳明

谈论他人是非并不是好的行为方式，古人曾如此告诫世人：“时时检点自己且不暇，岂有工夫检点他人。”圣人孔子也曾说过：“躬自厚而薄责于人。”其意思无非是，在静察己过的同时勿论人非。

而“勿论人非”体现的是古人对为人处世的另一层哲理性的思考与智慧。的确，有是非之言的地方便成了是非之地。人生在世，你有你的是非，他有他的是非，是非总是讲不清的，而人往往容易为是非所累。

祖孙俩买了一头驴，爷爷让孙子骑着走时，别人议论孙子不懂得孝敬爷爷；孙子让爷爷骑着走时，有人指责爷爷不疼爱孙子；祖孙俩干脆都不骑了，又有人笑话他俩放着驴不骑是傻瓜；祖孙俩同时骑在驴背上，又有人指责他们不爱护动物。结果，不知所措的爷孙俩只好绑起驴扛着走了。

祖孙两人最后不知所措，是因为他们深为那些“是非”所累。“是非”本身就是极其无聊的谈资，没有任何意义。而且那些喜欢在背后议论他人、搬弄是非的人往往也是最可恶的人。其实，背后议论别人并不是什么好事，也不是正人君子的做派，做人就应该光明磊落，有话就当面说，不要在背后搞任何小动作。要知道，一味地去搬弄是非不仅害人，同时也是害己，对于自身没有任何好处，反而会让人看不起。

喜欢议论别人，对别人可以做到360°无死角批评，而对自己却不能有个清醒的认识。越是喜欢议论别人的人，本身也就存在着许多缺点，他们从不正视自己，不作自我批评。越是这样，缺点越是得不到改正，长此以往，缺点就会越来越多，到头来对自己没什么好处，对他人来讲也没有什么好的影响。“正己才能正人”，不能律己，又何以要求别人呢？

在王阳明看来，是与非相差并不遥远，“所争毫厘耳”。的确，只差毫厘就有本质的变化了。正所谓“失之毫厘，谬以千里”，好与坏、对与错、是与非只在一念之间。既然是这样，那么莫不如少谈论一些是非，多一些对自己的省察。

自省是涤荡心灵的清泉

学须反己。若徒责人，只见得人不是，不见自己非。若能反己，方见自己有许多未尽处，奚暇责人？

——王阳明

年少时候的王阳明曾到居庸关去“见世面”，他深深地被大漠风光所吸引，回来之后向父亲表达了以几万人马讨平鞑靼的志向，当时父亲批评他太狂傲。之后，王阳明经过一番思考、自省，向父亲承认了自己的错误。王阳明善于自省，在他立志成为圣贤的那一天起，“格物穷理”成了他每天的任务。但是“格物”并不是一天两天就能见成效的，在“格物”的过程中，王阳明也通过自省、反思一次次地推翻自己的理论，最后才得以创立心学。可以说，王阳明的成功与他善于反躬自省是分不开的。

自省在于不断地反省自我，善于承担生命给你的那一部分责任。王阳明认为，人要经常自省，若老是去指责别人，看到的只能是别人的错误，就不会看到自己的缺点。返身自省，才能看到自己的不足之处，也就不会去指责别人了。一个不善于反省自己过错的人，总是把过错推给别人，反省自己却比登天还难。这样的人是不会成功的。

有人怀疑反省自己的作用，认为反省了半天也不见得能改变什么。其实，经过它的荡涤，就能让俗世纷纷扰扰的尘埃从我们心中流走。

一位老人和他的小孙子住在一块儿。每天早上，老人都坐在厨房的桌边读一本书。

一天，他的孙子问道："爷爷，我试着像您一样读书，但是我不懂得书里面的意思。我好不容易理解了一点儿，可是我一合上书便又立刻忘记了。这样读书能有什么收获呢？"老人安静地将一些煤投入火炉，然后对孙子说道："用这个装煤的篮子去河里打一篮子水回来。"

孩子照做了，可是篮子里的水在他回来之前就已经漏完了。孩子一脸不解地望着爷爷。老人看看他手里的空篮子，微笑着说："你应该跑快一点儿。"说完让孩子再试一次。

这一次，孩子加快了速度。但是篮子里的水依旧在他回来之前就漏光了。他对爷爷说道："用篮子打水是不可能的。"说完，他去房间里拿了一个水桶。老人说："我不是需要一桶水，而是需要一篮子水。你能行的，你只是没有尽全力。"接着，他来到屋外，看着孩子再试一次。

现在，孩子已经知道用篮子盛水是行不通的。尽管他跑得飞快，但是，当他跑到爷爷面前的时候，篮子里的水还是漏光了。孩子喘着气说："爷爷，你看，这根本没用。"

"你真的认为这一点儿用处都没有吗？"老人笑着说，"你看看这篮子。"孩子看了看篮子，发现它与先前相比的确有了变化。篮子十分干净，已经没有煤灰沾在篮子上面了。“孩子，这和你读书一样，你可能什么也没记住，但是，在你读书的时候，它依然在影响着你，净化着你的心灵。”

其实，我们每一个人都应该有一本心灵的书，即使我们未曾记住一句话、一个字，却依然会受益终身。因为，它会让我们的心灵如泉水般清澈、纯净，这就是自省的作用。

自省是道德完善的重要方法，是涤荡心灵的一股清泉，它能给我们混沌的心灵带来一缕光芒。在我们迷路时，在我们掉进罪恶的陷阱时，在我们的灵魂遭到扭曲时，在我们自以为是、沾沾自喜时，自省就像一道清泉，将思想里的浅薄、浮躁、消沉、阴险、自满、狂傲等污垢涤荡干净，重现清新、昂扬、雄浑和高雅的旋律，让生命重放光彩，生气勃勃。

自省的主要目的是找出过失及时纠正，所以自省绝不可以陶醉于成绩，更不可以文过饰非。以安静的心境自查自省，才能克服情感的干扰，找到过失并加以纠正。

只有善于发现并且敢于承认自己的过失，才能进一步改正过失。我们常常看不到自己的短处，很多缺点都是通过旁人指出才知道的。这就要求我们有一颗平常心来对待别人善意的规劝和指责，反省自己的过失。

俗话说“忠言逆耳利于行”，那些逆耳忠言常常能照出我们不易察觉的另一面。唐太宗李世民就有一面镜子——宰相魏徵。倚助这位忠臣的当面进谏，唐太宗改正了自己的许多缺点，完善了治国之道，迎来了国家的空前繁荣。这个辉煌业绩的取得，不仅得益于魏徵的敢于直言，更应归功于李世民的宽大胸怀，试想，如果他是一个听不进意见的昏君，魏徵可能早就人头落地了。正是由于他在听了魏徵的谏言之后，能够认真地检讨自己、反省自身，才使得听起来很刺耳的意见变成了治国安邦的金玉良言，而李世民的人格也因此变得崇高。

自省是一次自我解剖的痛苦过程。它就像一个人拿起刀亲手割掉身上的毒瘤，需要巨大的勇气。认识到自己的错误或许不难，但要用一颗坦诚的心去面对它，却不是一件容易的事。懂得自省，是大智；敢于自省，则是大勇。割毒瘤可能会有难忍的疼痛，也会留下疤痕，但它却是根除病毒的唯一方法。只要“坦荡胸怀对日月”，心地光明磊落，自省的勇气就会倍增。王阳明的良知之说，即明心见性，就是以心为理，一切都在心中，所以只要心下自省，就是致良知。

孔子说：“君子之过也，如日月之食焉。过也，人皆见之；更也，人皆仰之。”这句话的意思是，日食过后，太阳更加灿烂辉煌；月食复明，月亮更加皎洁明媚。君子的过错就像日食和月食，人人都看得见；但是改过之后，会得到人们更崇高的尊敬。

终日不忘反省

悔悟是去病之药，然以改之为贵。若留滞于中，则又因药发病。

——王阳明

一个东西，用秤称过，才知道它的轻重，用尺量过，才知道它的长短。世间万物，都要经过某些标准的衡量，才知道究竟。而一个人更应该如此，经常反观自省，才能认识自己、完善自己。

关于自省，在王阳明看来，不是目的，而是一个办法。人要学会自省，才能有所悔悟。然而悔悟就像是治病的药，如果握在手里看着，不吃下去，病还是不会好。所以人应该通过自省、悔悟来不断地超越自己，这样才有可能走向成功的道路。

从前有座山，山上住着师徒两人。师父经常模仿徒弟，徒弟做什么，他也做什么。徒弟浇水种地，他也浇水种地；徒弟玩石子抓麻雀，他也玩石子抓麻雀。甚至徒弟偷跑出去到集镇上玩，他也跑到集镇上玩。

终于有一天，徒弟说：“师父，您这么大岁数了，为什么总和我做一样的事情啊？”

师父说：“我从四十岁起，就把年轻时候的事情重新做了一遍，我现在八十岁了，年轻时的我早就没有了。可是，我每天还能过年轻的生活，还能找到年轻的心态，所以我这四十年，等于过了两个四十年：一个从四十岁到八十岁的变老的四十年，一个从一岁到四十岁的重新年轻的四十年。如果这么说，我已经一百二十岁了。”

师父又说：“况且小时候做过的事，肯定有很多荒谬可笑的，现在我知道哪些是对的、哪些是错的；哪些是宝贵的，应该保持；哪些是可笑的，应该一笑置之。就算保留的和抛弃的各占一半吧，那么我这重新年轻的四十年，节省了一半过去被荒废的时间，就相当于延长了一倍，要是这么说，我已经一百六十岁了。

“回顾过去，对现在是有好处的。它可以使现在的我避免错误、节约时间，在现实的路上走得更稳，让我这变老的四十年避免走许多弯路。所以这样算来，我恐怕还不止一百六十岁呢。”

故事中师父的年龄到底多大，没有深究的意义，重要的是要和他一样保持一颗年轻的心，时时自省。正如《菜根谭》里所说的：为人修身，应该时时自省。这一点做起来并不难，但总是被大家忽略。人生就像走路，有走得顺畅的时候，也有绕弯路的时候，甚至还有走入迷途的时候。如果不管以前走过什么路，不知反省，仍然照感觉行事，就像一只掰玉米的熊，掰下一个，丢了一个，最终腋下永远只夹着一个玉米。

人必须懂得反省，通过反省来发现问题、解决问题，从而提高自己。正如老和尚所说的，反省可以延长我们的生命，更重要的是，它让我们在以前的基础上有了提升，让我们超越了之前的那个自己。

有位哲学家在晚年的时候刺瞎了自己的双眼。别人都不理解他的这一举动。他说：“我只是为了更好地看清自己。”“知人者智，自知者明。”真正的聪明人必须具有自知之明。圣人都有自知之明，是因为他们时刻审视着自己。能够时时审视自己的人，一般都很少犯错，因为他们会时时考虑：我到底有多少力量？我能干多少事？我该干什么？我的缺点有哪些？为什么失败了（或成功了）？这样做就能轻而易举地找出自己的优点和缺点，为以后的行动打下基础。

人生最大的敌人是自己。那些认真审视自己、时刻反省自己的人，才可能真正觉悟。反省是一棵智慧树，只有深植在思维里，它才能与你的神经互联，为你提供源源不断的智慧，让人生这条路变得简单、精彩起来。可见，在工作中，只有不断自我反省，才能使自己不断进步。

不断地自我反省，才可以令自己立于不败之地。一直探索格物致知的王阳明在一次同友人的对话中说，要达到真正的格物致知目的，就必须仔细省察克制，不要让心中有丝毫的偏离。能够时时审视自己的人，一般很少犯错，因为他们会时时分析自己的优点和缺点，跳出自己的局限来重新审察自己的所作所为是否正确，从而为以后的行动打下基础。

静时存养，动时省察

省察是有事时存养，存养是无事时省察。

——王阳明

老子在《道德经》中说："知人者智，自知者明。"只有自知，才能知人。确实，人需要有自知之明。特别是在身处困境、地位低下的时候，一个人更应该反省自身，多思考一下自己的缺陷和不足，才能借由不断的自我调整而进步。

王阳明也很看重自我省察，他说省察是有事的时候存养天理，存养天理是无事的时候省察。通过省察看清自己成功的基础，不能因为境况的不如意而迷迷糊糊混天日。

如果无法认清自己，容易骄傲自满，就像装满了水的容器，稍一晃动，水便会溢出来。一个人若心里装满了骄傲，便很难听取别人的忠告，吸取别人的经验，接受新的知识。长此以往，必定故步自封，或止步不前，或猝然受挫。

大禹时代，一个背叛的诸侯有扈氏率兵入侵，夏禹派他的儿子伯启抵抗，结果伯启被打败了。他的部下很不服气，要求继续进攻。但是伯启说：

“不必了，我的兵比他多，地也比他大，却被他打败了，这一定是我的德行不如他，带兵方法不如他。从今天起，我一定努力改正过来才是。”从此以后，伯启每天很早便起床工作，粗茶淡饭，照顾百姓，任用有才干的人，尊敬有品德的人。过了一年，有扈氏知道了，不但不敢再来侵犯，反而主动投降了。

像伯启这样肯虚心地检讨自己，马上改正有缺失的地方，那么最后的成功，舍他其谁呢？伯启的经历，与孔子的一句话很是契合，孔子说：“已矣乎！吾未见能见其过而内自讼者也。”意思是说：完了啊！我没见过能看到自己过失而深切自责的人。孔子教育学生们要“修持涵养”，也就是注重修养。而“内自讼”正是修养不可缺少的部分。所谓“内自讼”，说简单些，就是由内心对自己进行自我审判。怎么审判呢？就是从内心进行情感与理性、天理与人欲的权衡，找出自己的缺点，时时自我反省。

学到一点东西就自满自足，甚至不可一世、盲目骄傲，这都是不对的。不断学习的人就像不断装入石子、沙子、石灰及水的木盆，它总是能放下更多的东西，人生也便在日积月累中向上提升。

对自己心存不满的人会随时随地为自己充电，他们从不会为了已有的知识和成绩感到骄傲，因为他们知道容器的容量虽然有限，心胸却可以无限扩展，他们总会把自己摆在最低的位置。

人生如秤，对自己的评价称轻了容易自卑，称重了又容易自大，只有称准了，才能实事求是、恰如其分地感知自我、完善自我，对自己了然于心，知道自己有几斤几两，有几许价值，才能做到自知。《吕氏春秋》中说：“物固莫不有长，莫不有短，人亦然。”一个人不仅要了解自己的能力有多大，也要知道自己的长处和短处在哪里，才能借由不断的自我调整而进步。

现实中人们常常称重自己，有些人过于自信，总觉得高人一等，办事忽左忽右、不知轻重，造成不必要的尴尬和悲剧。当然也有称轻自己的人，其往往表现为自轻和自贱，多萎靡少进取，总以为自己不如人，而经常处于无限的悲苦之中。

自知之明来源于自我修养和自我慎独。因为自省才能自制自律，自律才能自尊自重，自重才能自信自立。自尊为气节，自知为智慧，自制为修养。人有了自知之明，其人格顶天立地，其行为不卑不亢，其品德上下称道，其事业蒸蒸日上。

自知之明与自知不明一字之差，两种结果。自知不明的人往往昏昏然，飘飘然，忘乎所以，看不到问题，摆不正位置，找不准人生的支点，驾驭不好自己的命运之舟。自知之明关键在“明”字，对自己明察秋毫，了如指掌，因而遇事能审时度势，善于趋利避害，很少有挫败感，其预期值就会更高。所以，王阳明说，懵懂的人要是真的能在事物中省察，那么，愚蠢也会变得聪明，柔弱也会变得刚强。

君子改过，人皆仰之

一念改过，当时即得本心。人孰无过？改之为贵。

——王阳明

人在这个世界上生活、工作，就难免会犯错误，错了并没有什么，勇敢承认自己的错误就会受到人们的敬仰和尊重。而在生活中、工作中，我们往往碍于面子，对自己的错误避而不谈，将错就错。其实，真正的自省是完全袒露内心，是从里到外对每个灵魂细胞的审视，是站在宇宙之上思维广阔的思考，是停下脚步仔细查看前后左右的条条道路是否顺畅。

在《寄诸弟》中，王阳明说了这样一句话：“一念改过，当时即得本心。人孰无过？改之为贵。”意思是，很多错误都是一念之差造成的，“人非圣贤，孰能无过？”但只要改正了，就可以得到“本心”，找回真正纯洁的灵魂。

战国时期，赵国有一文一武两个得力的大臣。武的叫廉颇，多次领兵战胜齐、魏等国，以英勇善战闻名于诸侯。文的叫蔺相如，有勇有谋，面对强悍的秦王能够临危不惧。他两次出使秦国，第一次使国宝和氏璧得以完璧归赵，第二次是陪同赵王去赴秦王的渑池之会，两次都给赵国争回了不少面子，秦王也因此不敢再小看赵国。于是，赵王先封他为大夫，后封他为上卿，地位在大将廉颇之上。

廉颇对蔺相如很不服气。他想：蔺相如有什么能耐？无非是会耍几下嘴皮子，我廉颇才是真正的功臣呢！他对手下的人说："我要是见到了蔺相如，一定要让他尝尝我的厉害，看他能把我怎么样！"

这话传到了蔺相如的耳朵里，他干脆装病不去上朝，避免与廉颇发生冲突。他还吩咐手下的人，叫他们以后碰着廉颇的手下，千万要让着点，不要和他们争吵。一次，蔺相如出门办事，看见廉颇远远地从对面过来，他就叫马车夫把车子赶到小巷子里，让廉颇的车马先过去。

蔺相如的手下气坏了，纷纷责怪蔺相如胆小，害怕廉颇。蔺相如笑一笑，问手下："廉颇和秦王哪个厉害呢？"手下说："当然是秦王厉害了。"蔺相如接着说："我连秦王都不怕，还会怕廉颇吗？要知道，秦国现在不敢来打赵国，就是因为国内文官武将一条心。我们两人好比是两只老虎，两只老虎要是打起架来，难免有一只要受伤，这就给秦国制造了进攻赵国的好机会。你们想想，国家的事要紧，还是私人的面子要紧？所以，我宁可忍让一点儿。"

这话传到了廉颇耳朵里，他感到非常惭愧。一日，他裸着上身，背着荆条，跑到蔺相如的家里去请罪。从此，两人成了最要好的知心朋友，一文一武，共同保卫赵国。

廉颇不仅是一员猛将，还是一个勇士，一个勇于面对错误、承认错误和改正错误的勇士。知错能改，这是我们从小便接受到的教育。但因为面子问题，很多时候，即使明知自己犯了错，还是很难主动认错。一味地回避自己所犯的错，不如直接为自己的错"埋单"，并将它看作一次深刻的教训。人总是在磕磕碰碰中长大，错误只是一个小水坑，许多人都是被水溅湿过，才知道以后要小心地避开。所以，前进的路上不要害怕犯错，只要在犯错之后坦诚地接受并注意改正，之后的小水坑便会越来越少，前进的道路便会越来越顺畅。

西汉时期，汉中有个叫程文矩的人，他的妻子不幸去世，留下四个儿子，后来他又娶李穆姜为妻，生了两个男孩。程文矩死后，繁重的家务和教育孩子的责任都落在了李穆姜身上。作为后母的李穆姜对程文矩前妻生的孩子无比慈爱，甚至比对自己的亲生儿子还要好。但是，这四个孩子却一点都不尊敬她，还处处为难她，认为李穆姜是假仁假义。

久而久之，有邻居劝李穆姜不要再管那四个儿子了。李穆姜却说："我要用礼仪劝导他们，不让他们走邪路。"有一次，程文矩的大儿子程兴重病卧床，李穆姜十分难过，她不仅到处访求名医，还亲自熬药，将程兴照顾得无微不至。在李穆姜的精心照料下，程兴的病慢慢得以痊愈。而李穆姜的行为也深深感动了程兴。他不仅向李穆姜道歉，还对三个弟弟说："继母仁慈，我们兄弟却置她的养育之恩于不顾，真连禽兽都不如。虽然母亲并不怪我们，对我们越来越好，但我们的罪过是不可饶恕的。"四兄弟感到非常悔恨，便跑到掌管刑罚的官员面前请求治罪。这件事传到汉中太守那里，太守不仅表彰了李穆姜，还让四子改过自新。在李穆姜的严格教育下，四子也都各有建树。

程文矩前妻的四个孩子认识到自己的错误，并且改过自新，才有了后来的建树。人的一生总是难免会犯这样或者是那样的错误，而问题的关键在于该如何去面对我们的过错。首先是知错，若连自己的错误都不承认，就不能采取下一步行动，其后果也必定会是一错再错。但若能正视、承认自己的过错，并且能在此基础上改正错误，那么，对于我们而言便是一笔财富了，要知道，犯了错误改得早，就进步得快。

反观自身，不断自我提升

见贤思齐焉，见不贤而内自省，则不至于责人已甚，而自治严矣。

——王阳明

自省是一面莹澈的镜子，它可以照见心灵上的污垢，继而照亮前进的路途。工作中，有很多人经常怨天尤人，就是不在自身上找原因。实际上，一个人失败的原因是多方面的，只有从多方面寻找失败的原因，并有针对性地加以改正，才能起到纠错的作用。

“见贤思齐焉，见不贤而内自省。”王阳明十分赞同孔子的这句箴言。看到比自己好的人就要争取进步与之齐头并进，见到不好的就要反思自己是否也有这样的错误或者坏习惯。这样才不至于严于待人，宽以待己。要想成为一个成功的人、伟大的人，就要严于律己、宽以待人，从反躬自省中完善自己，发现、发展自己的优势力量。

陈子昂是我国初唐著名诗人。他的老家在梓州射洪（现在的四川省射洪县），幼年时他就随父亲一起来到京城长安定居。由于父母平时对他非常娇惯，所以他长到十几岁时仍然不爱读书，每天只知道跟他的朋友出城打猎、游玩，要不就是四处找人斗鸡赌钱。

随着时间的流逝，陈子昂渐渐长大了，这时他的父母才发现自己的宝贝儿子不学无术，一无所长，开始为他的前途担忧。父母对他平日里的行为也看不下去了，多次劝他改掉身上的恶习，潜心攻读。可陈子昂早就游荡惯了，哪里听得进去。

有一天，他在游玩途中路过一处书塾，在窗外无意中听到老师说了这样一段话：“一个人是否能够享有荣誉或蒙受耻辱，完全取决于他本人的品德。品德好的人，自然会享受荣誉；品德坏的人，也自然会蒙受耻辱。一个人如果放任自流，行为举止傲慢，身上具有邪恶污秽的东西，就无法得到他人的尊敬。要想成为一名君子，就要让自己博学多才，还要经常用学来的道理对照自身进行检查。如果坚持这样做下去，你的学问和知识就会越来越多，行为上也很少出现过失。俗话说得好：‘少壮不努力，老大徒伤悲。’在生活中，我们看到别人能做一番大事业时总是非常羡慕人家，可是你哪里知道，人家之所以能够取得成功，是下了一番苦功夫的！不经过自身的努力就想得到学问，那就如同缘木求鱼一样幼稚得可笑。”无意中听到的这一番话，使陈子昂的内心受到很大的触动。他忘记了游玩，马上赶回家，在自己的屋中反思起来，回首自己以前做过的荒唐的事情，追悔莫及。

从那一天起，陈子昂毅然跟原来那些朋友断绝了来往，把在家中饲养的各种小动物也都放掉了，从此和书本成了朋友，每天书不离手，勤奋刻苦地学习，最后成为一名伟大的诗人。

每个人都需要反思自己的行为，陈子昂如果没有反思自己，想必也很难成为名留千古的大诗人。要想取得成功，必须适时清理一下内心的“乌云”，经常自查自省，把负面的东西扔进“垃圾桶”，吸取教训，总结经验，以免以后发生类似事情。

一个人只有不断地反省，才会不断地提高。一个人进步的能力、学习的能力，就体现在他反省的能力上。若能通过自省找到自己的优势，并将优势发挥到极致，他就能够在该领域中取得非凡成就，获得人生的成功。

生活的真正悲剧并不在于我们没有足够的优势，而在于未能使用我们的优势。王阳明为实现圣人之志亲身实践探索的过程告诉我们，人人都可以成为圣人。虽然世界上没有两片完全相同的树叶，每个人的天赋都是不同的；但是每个人都有表现突出的地方，只是我们没有发现而已。

我们的时间有限、精力有限，不可能把所有事情都做到最好，但是我们一定可以把其中的一件事做到最好。也就是说，一个人，必须首先找到自身的优势所在。做最好的自己，你就能在不知不觉中超越众人，跨越平庸的鸿沟，脱颖而出。

第十二章

谨慎心：三思而后言

近话远说

真言求功。

——王阳明

说话是一门艺术，懂得如何说话，在何种场合说话，往往能够转祸为福。有句俗语称“见什么人，说什么话”，这确实是说话的一种策略；但是这个话却有一个标准，那就是都要讲真话。王阳明说讲真话是很难得的，特别是在一些特定的时候和场合更加宝贵。真正能够打动人心的还是真话。不过，在某些场合讲话要注意方式方法。

有这样一个幽默故事，说有个外国的留学生赞美中国的男同学很帅时，那男同学谦虚道：“哪里，哪里。”这个学了一点中文的外国留学生感到不可思议：“我只不过客套地赞美他，他还要问我具体美在哪里。”这个留学生当然不知道这是我们中国人的含蓄。

其实在某些特定的场合，含蓄一点未尝不好。因为如果把话说得太直、太透，可能会引起对方的不满，或者对自己产生不利影响，但意思又不能不表达。这时，如果采用“借他人之言，传我腹中之事”的方法，借用一个并不在场的第三者之口说出，便可以达到一定的效果。

在语言策略上，这种方法称为“近话远说”。运用此法，能够人为地拉开话题与现场之间的距离，给双方留下一个缓冲带。

说话转个弯，在表达自己意见的同时，也为自己留了条后路，顾及了双方的面子，使自己和对方都有台阶下。对于不宜直言的问题，绕个弯说话，有时会让自己化险为夷。说话绕弯子在中国历史上屡见不鲜，有时确能化解过激的行为。

古时候，我国有一个县官很喜欢附庸风雅，尽管画术不佳，但画画的兴致很高。他画的虎不像虎，反而像猫。并且，他还每画完一幅画，都要在厅堂内展示，让众人评说。大家只能说好话，而不能说不好听的话，否则，就要遭受惩罚，轻则挨打，重则流放他乡。

有一天，县官又完成一幅“虎”画，悬挂在厅堂，召集全体衙役来欣赏。

县官得意地说：“各位瞧瞧，本官画的虎如何？”

众人低头不语。县官见无人附和，就点了一个衙役说：“你来说一说看。”

衙役战战兢兢地说：“老爷，我有点怕。”

县官：“怕，怕什么？别怕，有老爷我在此，怕什么！”

衙役：“老爷，您也怕。”

县官：“什么，老爷我也怕？那是什么？快说。”

衙役：“怕天子。老爷，您是天子之臣，当然怕天子呀！”

县官：“对，老爷怕天子，可天子什么也不怕呀！”

衙役：“不，天子怕天！”

县官：“天子是天老爷的儿子，怕天，有道理。好！天老爷又怕什么？”

衙役：“怕云。云会遮天。”

县官：“云又怕什么？”

衙役：“怕风。”

县官：“风又怕什么？”

衙役：“怕墙。”

县官：“墙怕什么？”

衙役：“墙怕老鼠。老鼠会打洞。”

县官：“那么，老鼠又怕什么呢？”

衙役：“老鼠最怕它！”

衙役指了指墙上的画。

故事中，被点名的衙役没有直接说县太爷画的虎像猫，而是接二连三地抬出第三方，绕着弯说话，让县官在众人面前保住了脸面，又让自己避免了一场灾难。

人常说：“良言一句暖三冬，恶语伤人六月寒。”一言可以兴邦，一言可以丧邦；一句话可以把人说笑，一句话也可以把人说恼。人与人性格等各方面都有差别，生活中也常常遇到一些不便于直言的场合和事情，说话含蓄一点自然可以生出迂回进言的效果。

善言的高手，即使遇到棘手的话题或难以回答的问题，也能够巧妙地运用一些方法，如近话远说，从而避免恶语伤人。

言辞不可太露骨

能言实阶祸。

工阳明

当代著名学者季羡林曾说过一句话：假话全不说，真话说一半。这句话是季羡林从大半生丰富的阅历中总结出来的经验。前半句警告那些喜欢吹嘘、撒谎的人，一句假话要靠十句假话来圆，假话越说越多，只能给自己带来更多的麻烦，所以还是不说为好。后半句就更微妙了：真话为什么要说一半呢？因为很多时候，说得越多错得也越多，少说话不仅能够避免传播谣言，也能够给人留下处世谨慎的好印象。

有这样一句话：“言不可尽善。”意思是讲话不可以只讲好话、亲善的话。因言招祸的事情常常发生，王阳明自己就是一个很好的例子。因为不满刘瑾等宦官为非作歹，王阳明上疏朝廷，为受害同僚讲话，最终导致自己也遭受迫害。所以，这句话的意思是警示人们在讲话上要非常谨慎小心。

有一篇文章叫作《说话的温度》，它这样写道：

急事，慢慢地说；大事，清楚地说；小事，幽默地说；没把握的事，谨慎地说；没发生的事，不要胡说；做不到的事，别乱说；伤害人的事，不能说；讨厌的事，对事不对人说；开心的事，看场合说；伤心的事，不要见人就说；别人的事，小心地说；自己的事，听听自己的心怎么说；现在的事，做了再说；未来的事，未来再说。

话语本身是有温度的，说话也是有技巧的。只有将技巧拿捏得恰到好处，才能赋予语言适宜的温度，不会把聆听者灼伤，也不会让其感觉到冷漠。

早在两千多年前，孔子就曾告诫我们：“可与言而不与之言，失人；不可与言而与之言，失言。”说话之前，先得想清楚“可与言”和“不可与言”这两种人和两种情况，对那些有诚意、可信赖的“可与言”的人，如果“不与之言”，不说真话，那就是我们的失理、失礼，可能会因此失去难得的朋友或师长；但如果对方是不可信赖的“不可与言”者，你仅凭听了几句漂亮说辞或慷慨承诺，就“与之尽言”，向他掏出了所有心里话，那你就可能失言或上当。

心与心的距离就像硬币的两面，有时候很近，近得似乎融为一体；但有时候又很遥远，远到永远不可能到达对面。没有人能完完全全地理解另一个人，也没有一个人能被人完完全全地理解。我们每个人内心里都有一片私人领域，在这里我们埋藏了许多心事。心事是自己的秘密，一般时候都只可留给自己，不要轻易说出口。

很多人有一个共同的毛病：心里藏不住事，有一点点喜怒哀乐之事，就总想找个人谈谈；更有甚者，不分时间、对象、场合，见什么人都把心事往外吐。其实这也没有太大关系，每个人都有与他人分享心情与感想的欲望。话可以说，但不能“随便”说。因为我们面对的每个倾诉对象都是不一样的，所以要学会有所鉴别，有所取舍。

管好自己的舌头

以言语谤人，其谤浅。

——王阳明

外交官在传达两方意见的时候，翻译官在翻译的时候，要传其原意，不能添油加醋，做到了这一步，才算完成使命。这虽然是讲外交官的修养，做外交的哲学，但也是告诉我们做人的道理，即应该怎么做，不应该怎么做。王阳明在回复学生周道通的信中说：“以言语谤人，其谤浅。”意思是用言语诽谤别人，这种诽谤是很肤浅的。尽管舌头没有骨头，但也应该特别小心它。因为话一旦说出口，就像射出的箭，再也不能收回了。因此，管好自己的舌头，学会说话很重要。

在为人处世方面，要学会对人的性格做具体分析，要见什么人说什么话：对傲慢无礼的人说话应该简洁有力，最好不要跟这种人多谈，所谓“多说无益”；对沉默寡言的人就要直截了当；对深藏不露的人，你只把自己预先准备好的资料拿给他看就可以了；对于瞻前顾后、草率决断的人，说话时要把话分成几部分来讲。

徐文远是名门之后，他幼年跟随父亲被抓到了长安，那时候生活十分困难，难以自给。但他勤奋好学，通读经书，后来官居隋朝的国子博士，越王杨侗还请他担任祭酒一职。隋朝末年，洛阳一带发生饥荒，徐文远只好外出打柴维持生计，凑巧碰上李密，于是被李密请进了自己的军队。李密曾是徐文远的学生，他请徐文远坐在朝南的上座，自己则率领手下兵士向他参拜行礼，请求他为自己效力。徐文远对李密说：“如果将军你决心效仿伊尹、霍光，在危险之际辅佐皇室，那我虽然年迈，仍然希望能为你尽心尽力。但如果你要学王莽、董卓，在皇室遭遇危难的时刻，趁机篡位夺权，那我这个年迈体衰之人就不能帮你什么了。”李密答谢说：“我敬听您的教诲。”

后来李密战败，徐文远投奔了王世充。王世充也曾是徐文远的学生，他见到徐文远十分高兴，赐给他锦衣玉食。徐文远每次见到王世充，总要十分谦恭地对他行礼。

有人问他：“听说您对李密十分倨傲，对王世充却恭敬万分，这是为什么呢？”

徐文远回答说：“李密是个谦谦君子，所以像郦生对待刘邦那样用狂傲的方式对待他，他也能够接受；王世充却是个阴险小人，即使是老朋友也可能会被他杀死，所以我必须小心谨慎地与他相处。”

等到王世充也归顺唐朝后，徐文远又被任命为国子博士，受到唐太宗李世民的重用。

徐文远之所以能在隋唐之际的乱世保全自己，屡被重用，就是因为他针对不同的人有不同的应对之法，懂得灵活处世，懂得管好自己的嘴。到哪山唱哪歌，掌握说话的技巧，做事就能达到意想不到的效果。

愚者常常暴露出自己的愚昧，贤者却总是隐藏自己的知性。因为善于听话的人，易表露知性；而喜欢表现自我、喋喋不休的人，通常都是些愚者。请记住这么一句忠言：“假如你想活得更幸福、更快乐的话，就应该从鼻子里充分吸进新鲜空气，而始终关闭你的嘴巴。”

平常做人就是如此，你说过分的话，结果倒霉的是你。当你时时意识到这个问题，不说闲话也就成了一种习惯，并进而改变了自己的心态，从耻笑别人转为审视自己。王阳明被封“新建伯”爵位，表面上十分光鲜，但只是挂了一个空号，没有半点实质性的作用，本有怨言的他被老父亲对他封爵一事的评价“人以为荣，我以为惧”说得心服口服。父亲去世之后，他不再抱怨，不再说一些闲话，而是潜心学习。

警惕自己的舌头，如同慎重地对待珍宝一样，使自己的舌头保持沉默。人之所以有两个耳朵、一张嘴巴，是为了让人多听少说，听的分量要有说的两倍。于是，那些懂得此理的人总是让人尊敬，而那些喋喋不休之人只能让人更厌恶。

赞美也要有度

诡辞以阿俗，矫行以干誉，而祸乱相寻于无穷矣！

——王阳明

每一个人都希望受到别人的称赞，希望自己的价值被认可，尤其是希望得到同人的认可。尽管人人都喜欢受到赞扬，但赞扬也必须恰如其分。恭维人的话过了头，就会让对方不自在，觉得你是虚情假意、逢场作戏，因此而不信任你。

清朝的重臣李鸿章，位高权重，文武百官都想讨他欢心，以便多多提携自己，能升个一官半职。这一年，他的夫人要过五十大寿，这自然是个送礼的大好时机，寿辰未到，满朝文武早已开始行动了，生怕自己落在别人后面。

合肥知县也想送礼，因为李鸿章祖籍合肥，这可是攀附中堂大人的绝好时机。无奈小小的一个知县囊中羞涩，礼送少了等于没送，送多了又送不起，这下可把知县愁坏了，思来想去拿不定主意，于是请师爷前来商量。

师爷看透了知县的心思，满不在乎地说："这还不好办？交给我好了。保准您一两银子不花，而且送的礼品让李大人刮目相看。"

"是吗？快说送什么礼物。"知县大喜过望，笑成了一朵花。

"一副寿联即可。"

"寿联？这，能行吗？"

师爷看知县还有疑虑，便安慰他："您尽管放心，此事包在我身上。这寿联由我来写，您亲自送去，请中堂大人过目，不能疏忽。"

知县满口答应。

于是第二天，知县带着师爷写好的对联上路了。他昼夜兼程赶到北京。等到祝寿这一日，知县报了姓名来到李鸿章面前，朝下一跪："卑职合肥知县，前来给夫人祝寿！"

李鸿章看都没看他一眼，随口命人给他沏茶看座，因为来他这里的都是朝廷重臣，区区一个七品知县，李鸿章哪能放在眼里！

知县连忙取出寿联，双手奉上。

李鸿章顺手接过，打开上联：

"三月庚辰之前五十大寿。"

李鸿章心想：这叫什么句子？天下谁人不知我夫人是二月的生日，这"三月庚辰之前"岂不是废话。于是，李鸿章又打开了下联：

"两宫太后以下一品夫人。"

"两宫"指当时的慈安、慈禧两位皇太后，李鸿章见"两宫"字样，不敢怠慢，连忙跪了下来，命家人摆好香案，将此联挂在《麻姑上寿图》的两边。

这副对联深得李鸿章的赏识，自然对合肥知县另眼相待，称赞有加。

一副对联既抬高了李鸿章夫人的地位，同时又做到了不偏不倚，没有盲目哄抬，自然深得被赞的人喜欢。

好话说得多了，听话的人会觉得讲话的人虚伪不真实，不但达不到讲话的目的，甚至还会为自己带来不必要的麻烦。

据说有一个年轻人曾经给恩格斯写了一封热情洋溢的信，信中称赞恩格斯是一位无与伦比的革命导师，一位伟大的思想家，甚至称其为马克思的再现。恩格斯并没有因为这封信而受丝毫感动，反而生气地回信说："我不是什么导师、思想家，我的名字叫恩格斯。"恩格斯作为一位杰出的思想家，他不喜欢别人在赞美他时用夸张的词汇；又因为他和马克思有着几十年的友谊，他是非常尊敬马克思的，当然会忌讳别人称他为"马克思的再现"。

此人本意在于表达对恩格斯的赞扬，却引发不好的后果。的确，有时候，赞美别人也要有个度，在事实的基础上略有拔高就可以，如果不顾实际情况只是一味地表扬，别人不但不会感激，反而会心生厌烦。

所以，我们平日就要把握赞美别人的度，点到为止，让别人心里高兴，也不会觉得你另有所图。

少妄言，多好话

凡今天下之论议我者，苟能取以为善，皆是砥砺切磋我也，则在我无非警惕修省进德之地矣。

——王阳明

王阳明的一封书信中曾经写道：“凡今天下之论议我者，苟能取以为善，皆是砥砺切磋我也，则在我无非警惕修省进德之地矣。”做人应该以恕己之心恕人，以责人之心责己。

一个人心地再好，如果不积嘴德，也不能算是好人。言语谨慎是十分必要的。如果一个人总是滔滔不绝地讲话，说得多了，话里自然而然便会暴露出来很多问题。诗曰：“不智之智，名曰真智。蠢然其容，灵辉内炽。用察为明，古人所忌。学道之士，晦以混世。不巧之巧，名曰极巧。一事无能，万法俱了。露才扬己，古人所少。学道之士，朴以自保。”

如王阳明所说，面对讥谤、无礼要做到不发怒不怨恨，而这又需要多么博大的胸怀。总是对别人吹毛求疵的人，一定不是个受欢迎的人；能容天下者，方能为天下人所容。你想要彩虹，就得宽容雨点；如果雨点滴到身上的那一刻便勃然大怒，又怎么能在彩虹出现的时候以一份怡然自得的心情去观赏那美丽的风景呢？

与讥谤相反的是赞美，赞美是一种良好的修养和明智的行为，诗人布莱克曾经说过：“赞美使人轻松。”不要吝啬对他人的赞美，每一个人的身上都有其自身的闪光点，都有值得别人赞美的地方。而在赞美他人的时候，你的心情也同样是愉快的，经常赞美他人的人往往也容易得到他人的赞美，正所谓“送人玫瑰，手留余香”。

言满天下无口过

夫言日茂而行益荒，吾欲无言也久矣。

——王阳明

老子说“多言数穷，不如守中”，王阳明对此十分赞同。天地好比是一个大风箱，当用的时候，便鼓动成风，助人成事；当不需要的时候，便戛然而止，缄默无事。因此，“多言数穷，不如守中”，并非让人完全不开口说话，只是说所当说的，既不可多说，也不可不说。所谓“言满天下无口过”，才是守中的道理。

宋人张邦基《墨庄漫录》中录有一则与苏轼有关的乡谈趣闻。

苏轼在翰林院供职时，他的弟弟苏辙在处理政务的机构为官。有个早年与苏轼兄弟有往来的旧交，写信求苏辙在任内为他谋份差事，久而未遂。一天，这人找到苏轼，说：“鄙人想托学士为我的事情跟令弟打个招呼。”苏轼沉吟片刻，跟他讲了个故事：“过去有个人很穷，无以为生，就去盗墓。他挖开一座古墓，见有个全身赤裸的人坐在棺内对他说：‘我是汉代的杨王孙，提倡裸葬，没有财物可接济你。’盗墓人无奈，又费了好一番力气挖开了另一座古墓，见有个皇帝躺在棺内对他说：‘我是汉文帝，墓里没有金银玉器，只有陶瓦器皿，无法接济你。’盗墓人颇为丧气，见有两座古墓并排在一起，就去挖左边那座墓，直挖到精疲力竭方才挖开。只见棺内有个面带菜色的人对他说：‘我是伯夷，被饿死在首阳山下，没办法帮到你。’接着，伯夷又说，‘我劝你还是别费力气再挖了，还是另找个地方吧，你看我瘦成这样，我弟弟叔齐也好不到哪儿去，也帮不了你。’”

听完苏轼所讲的故事，旧交顿悟，大笑而去。

苏轼以讲故事的形式，巧妙地运用了三个典故，将自己兄弟俩严于律己、不谐流俗的意思，逐层循次地表达了出来，语言生动流转，妙趣横生，取得了非常好的婉拒效果。既说出了自己的原则，又让故人会心而去，言满天下，不留罅隙。

鬼谷子也曾说过："与智者言依于博，与博者言依于辩，与辩者言依于要，与贵者言依于势，与富者言依于豪，与贫者言依于利，与贱者言依于谦，与勇者言依于敢，与愚者言依于锐。"意思是告诉人们，和聪明的人说话，须凭见闻广博；与见闻广博的人说话，须凭辨析能力；与身份高贵的人说话，要懂得借用他力；与有钱的人说话，言辞要豪爽；与穷人说话，要晓之以利；与低贱的人说话，说话时态度要谦恭；与勇敢的人说话，不要怯懦；与愚笨的人说话，可以锋芒毕露。

可见，"言满天下无口过"是智慧，也是一门语言艺术、做人的艺术。正如王阳明所言"夫言日茂而行益荒"，话多而行为少时要遵循"多言数穷，不如守中"的原则。

第十三章

包容心：能容能恕，厚德载物

待人处世，忍让为先

一起一伏，一进一退，自是功夫节次。

——王阳明

在明朝正德年间，朱宸濠起兵反抗朝廷。王阳明率兵征伐，一举擒获了朱宸濠，为朝廷立了大功。但是当时受正德皇帝宠信的江彬十分嫉妒王阳明的功绩，以为他夺走了自己建功立业的机会。于是，就四处散布流言："最初王阳明和朱宸濠是同党，后来听说朝廷派兵征伐，才抓住朱宸濠自我解脱。"

王阳明听到这个消息，就与身边的人商议道："如果退让一步，把擒获朱宸濠的功劳让出去，就可以避免不必要的麻烦。假如坚持下去，不做妥协，江彬等人很可能狗急跳墙，做出伤天害理的勾当。"为此，他将朱宸濠交给太监张永，使之重新报告皇帝："擒获朱宸濠，是总督军和士兵的功劳。"如此一来，江彬等人也就无话可说了。

王阳明称病到净慈寺修养。张永回到朝廷之后，大力称颂王阳明的忠诚和让功避祸的高尚之举，正德皇帝终于明白了事情的始末，就免除了对王阳明的处罚。王阳明以退让的方法，避免了飞来的横祸。

努力进取、坚持不懈的行为无疑是值得肯定的。然而，在复杂的人生道路上，既需要勇敢拼搏，也需要有卫有守。退让不仅是一种机智，也是一种坚忍的毅力和顽强的意志。瞬间的忍耐，有限的退让，将使狭隘的人生之路变得无限广阔。

唐朝娄师德性格稳重，很有度量。他弟弟当上代州刺史，临行前向他告别，并征询他的建议。娄师德对弟弟说：“我现在辅助丞相，你现在又承皇上厚爱，得以任州官，我们真是受皇上恩宠太多了。而这正是别人所嫉妒的，你如何对待这些妒忌以求自免家祸呢？”娄师德弟弟说：“自今以后，若有人朝我脸上吐唾沫，我自己擦去唾沫，绝不叫你为我担忧。”娄师德说：“这正是我所担忧的地方。别人向你吐唾沫，是对你恼怒。如果你将唾沫擦去，那岂不是违反了吐唾沫人的意愿吗？别人会因此而增加他的愤怒。不要擦去唾沫，让它自己干了，应当笑着去接受它。”

任唾沫自干，笑着忍耐接受，娄师德想要告诉我们的无非是“忍一时风平浪静，退一步海阔天空”的道理。能够将别人的愤怒化为无形是很不容易的事情，能够称赞挖苦过你的人，那真令人敬佩；能够用智慧、品行战胜狭隘的嫉妒，可以说更是很了不起的本事了。如果一个人平常为人在语言上让人一句，做事情留有余地，肯让人一步，收获就能更大。

对于隐忍退让，王阳明也曾说过，起伏、退让都是功夫。就像海上波浪一样，有起就有伏，人生际遇有进也必然有退。

人之形形色色，事之千变万化。在现实生活中，常常遇到不如意的事，如不能处之泰然，就很容易引起心理上的不平衡，并进一步导致身体上和精神上的疾病。为了保持心理上的平衡，必须学会欣赏自己，对他人期望不要过高，以免对方达不到自己的要求而感到失望。要及时疏导自己的愤怒情绪。在小的地方无须过分坚持，必要时应做出适当让步。暂时回避，等情绪稳定后再重新面对。不要处处与人竞争，对人多存善意，心境自然会变得平衡。

更多时候，有限的退让是一种自保的策略，更是一种为人处世必备的心理素质。因为只有退让才能换来更大的生存空间、发展空间；只有退让才能换来以后更长足的进步、更辉煌的前程。

待人处世，凡事要忍让为先。常言道："忍得一时之气，免得百日之灾。"对长辈容忍则孝，夫妻间容忍则和，对朋友容忍则善，对年幼者容忍则美。能容忍别人的人，别人自然会容忍你。忍字头上一把刀，一忍万事消。宁可人负我，决不我负人。万一跟人有了争执，一定要这么想："小不忍则乱大谋。"对人应宽其胸，明其理，知其道，以谦为上，切勿以己之心，度他人之腹。要知道："能忍耐终身受益，大学问安心吃亏。"

退一步，得饶人处且饶人

不管人非笑，不管人毁谤，不管人荣辱，任他功夫有进有退，我只是这致良知的主宰不息，久久自然有得力处，一切外事亦自能不动。

——王阳明

王阳明不仅是思想者，更是一名出色的军事家。而王阳明的用兵之道往往与众不同：在别人认为应该进攻的时候，他却认为应该退守。宁王之乱中，宁王朱宸濠久攻安庆不下，集结兵力的王阳明不顾众人从背后攻击叛军的意见，坚持认为应该退而攻南昌。结果证明他的判断是对的，南昌城攻下之后，朱宸濠彻底失去了反击的根据地。

其实，王阳明的军事思想和用兵之道也适用于我们的生活。人生是一场舞会，聪明人往往选择跳探戈，自始至终保持着优雅奔放、进退自如的姿态。我们无论处于何时何地，都会遇到各种各样的人，都要与各种各样的人相交相处。在人际关系中，难免会出现磕磕碰碰，难免会发生问题。有人说只要有人的地方，就会有争斗。若想与他人和平共处，就要拥有良好的人际关系，要有包容的胸怀。若太过计较，双方都将陷入泥潭而难以挣脱，就像是那些在篓中互相钳制难以逃生的螃蟹。

一个青年到河边钓鱼，遇到一捕蟹老人，身背一个大蟹篓，但没有盖上盖子。他出于好心，提醒老人说："大伯，您的蟹篓忘了盖上。"

老人回头看了他一眼，微微一笑："年轻人，谢谢你的好意。不过你放心，蟹篓可以不盖。要是有蟹爬出来，别的蟹就会把它钳住，结果谁都跑不掉。"

那一篓互相钳制的螃蟹是否曾想到，钳住别人也就堵住了自己的出路。在现实生活中，留三分余地给别人，就是留三分余地给自己，就像跳探戈一样。

探戈是一种讲求韵律节拍、双方脚步必须高度协调的舞蹈。探戈好看，但要跳好探戈绝非一件轻而易举的事，很多高手均需苦练数年才能练就炉火纯青的舞技。跳探戈与处世，有着许多异曲同工之处，亲子、朋友、同事、上下级之间，如果能用跳探戈的方式彼此相处，彼此协调，知进知退，不但要小心不踩到对方的脚，而且要留意不让对方踩到自己的脚。这样，人与人之间才能和睦相处。

与人方便就是与己方便，在人生中，将别人渴望的东西主动送上门去，能免愤恨、招感激，为自己赢得一份宝贵的人情，给自己以后的人生留下余地。因为世事艰险，谁也说不准会遇到什么天灾人祸，如果不注意在人生的点滴处留人情，就会无形中给自己埋下不少可怕的定时炸弹！而如果得饶人处且饶人，就会避免一些不必要的麻烦。

宰相肚里能撑船

凡人言语正到快意时，便截然能忍默得；意气正到发扬时，便翕然能收敛得；愤怒嗜欲正到腾沸时，便廓然能消化得；此非天下之大勇者不能也。

——王阳明

“宰相肚里能撑船”不是一句虚话，但凡真正的大人物，都有广阔的胸襟，斤斤计较之辈，一般难有太大的出息。

王阳明虽然没有做过宰相，却比一般宰相还要大度。平定了叛乱，俘虏了宁王朱宸濠之后，他把功劳全让给了别人。之后，朝中太监张永向王阳明索要朱宸濠准备造反时送礼行贿的账本，张永本想借此账本整治一下那些平时跟王阳明唱反调的人，但王阳明却声称把这个账本给烧了。在他眼中，叛乱已经平定，再没有理由大动干戈，就到此为止吧！

一个真正成功的人，有着博大的胸襟。一个胸襟宽广的人，才能不被狭隘偏私所限制，才能认识生命真正的意义，成为识人才的伯乐，眼光高远，千金买马骨。

曹操在《短歌行》一诗中所说：“青青子衿，悠悠我心。但为君故，沉吟至今。”无论在什么时代，人才永远都是最重要的。人才难得，所以很多政治家对冒犯自己的人才往往能既往不咎，收为己用。这也是他们能成就霸业的关键。

齐桓公即位后，即发令要杀公子纠，并把管仲送回齐国治罪。因为管仲当公子纠的师傅时，想用箭射死齐桓公，结果齐桓公假死逃过一劫。管仲被关在囚车里送到齐国。鲍叔牙立即向齐桓公推荐管仲。齐桓公气愤地说：“管仲拿箭射我，想要我的命，我还能用他吗？我恨不得杀之而后快！”鲍叔牙说：“以前他是公子纠的师傅，所以他用箭射您，这不正好体现了他对公子纠的忠心吗？而且要是论起本领来，他比我强多了。主公如果要干一番大事业，我看管仲可是个用得着的人。”

齐桓公也是个豁达大度的人，听了鲍叔牙的话，就没有治管仲的罪，还立刻任命他为相，让他管理国政。管仲帮着齐桓公整顿内政，开发富源，大开铁矿，多制农具，让齐国越来越富强。

齐桓公既往不咎，原谅了管仲的冒犯，原因在哪呢？一是各为其主；二是管仲确有大才。还有最重要的一点是齐桓公确实是一个有胸襟的人。化敌为友，使管仲成为自己最得力的干将。

能够包容、忍受他人不能忍受的苦难甚至屈辱，才能成就他人无法成就的大事业。

韩信是淮阴人，他幼年丧父，后来母亲也在贫病交加中死去了。韩信从小读书习武，不会种田、做生意，到了无以为生时，只得到邻里家中混饭吃。

一天，韩信遇到一群恶少，其中一个侮辱韩信说：“别看你长得又高又大，好佩刀剑，其实是个胆小鬼。你要是怕死，就从我的胯下钻过去。”韩信盯着他看了好久，终于忍气爬着从那人的胯下钻了过去。市井人皆耻笑韩信，认为他胆小如鼠。这就是“胯下之辱”。后来，刘邦在韩信的帮助下终于打败项羽，平定了天下。

如果当时韩信一怒之下杀了那个无赖，吃了官司，置身牢狱之中，还谈什么抱负。要想能屈能伸就得学会忍，忍气吞声是一种肚量，能够克己忍让，是有力量的表现，也是雄才大略的表现；能够明白轻重、分清大小的人才具有成大业的潜质。

王阳明接受两广新命的时候，当朝的小人对其诬陷仍然不断，朝廷没有替他予以任何澄清。但是王阳明把天下百姓的安危放在最重要的位置，不顾病体，踏上了前往广西收拾残局的道路。我们也应该学学王阳明，凡事不要总考虑自己的利益，心自然就能容纳更多。

容人方能得人之心

处朋友，务相下则得益，相上则损。

——王阳明

嘉靖元年（公元1522年），一位泰州商人穿着奇装异服来到王阳明家里求学，想拜在王阳明门下，王阳明一口答应了。不久，这人就打算穿着奇装异服出去游历、讲学。王阳明问他为什么要穿成这样，这人便以反对理学陋规、讲究心学为借口。王阳明知道他是怕别人看不起，所以才穿着奇异的服装，打着王阳明的旗号出去讲学，便一口拆穿了他，说他只不过是想出名罢了。这人见被老师看穿了，就想离开。没想到王阳明没有计较，反而继续留他在家里。从此这个人洗心革面、一心向学，他就是王阳明最优秀的学生、泰州学派的创始人——王艮。

“水至清则无鱼，人至察则无徒。”如果上级或者师长不能容忍下属、学生的任何过错与不足，是很难在下属或者学生之中树立起威信的。

历史上有很多明君，他们在小事情上都无比糊涂，不会把下属逼得战战兢兢，如临深渊。容忍别人的过错，是一个人心胸宽广的表现。

楚庄王设宴款待群臣。席间，庄王命最宠爱的妃子为参加宴会的人敬酒。

这时，天色渐渐暗下来，大厅里点起蜡烛。猜拳行令，敬酒干杯，君臣喝得兴高采烈，好不热闹。忽然，一阵狂风刮过，大厅内所有的蜡烛一下全被吹灭，整个大厅一片漆黑。庄王的那位美妃，正在席间轮番敬酒，突然，黑暗中有一只手拉住了她的衣袖。对这突然发生的无礼行为，美妃喊又不敢喊，走又走不脱，情势紧迫之下，她急中生智，顺手一抓，扯断了那个人的帽缨。那人手头一松，美妃趁机挣脱身子跑到楚庄王身边，向庄王诉说被人调戏的情形，并告诉庄王，那人的帽缨被扯断了，只要点燃蜡烛，检查帽缨就可以查出这个人是谁。

楚庄王听了宠妃的哭诉，表现出很不以为意的样子，在黑暗中高声说道："今天宴会，请各位开怀畅饮，不必拘礼，大家都把自己的帽缨扯断，谁的帽缨不断谁就是没有喝好酒！"群臣哪知庄王的用意，纷纷把自己的帽缨扯断。等蜡烛重新点燃，所有赴宴人的帽缨都断了，根本就找不出那位调戏美妃的人。就这样，调戏庄王宠妃的人，不仅没有受到惩罚，就连尴尬的场面也没有发生。按说，在宴会之际竟敢调戏王妃，堪称杀头之罪了。楚庄王为什么蓄意开脱，不加追究呢？他对王妃解释说："酒后失态是人之常情，如果追查处理，反会伤了众人的心，使众人不欢而散。"

后来，楚国与晋国交战，战斗十分激烈，历时三个多月，发动了数次冲锋。在这场战斗中有一名军官奋勇当先，与晋军交战斩杀敌人甚多，晋军闻之丧胆，只得投降。楚国取得胜利，在论功行赏之际，才得知奋勇杀敌的那名军官，名叫唐狡，就是在酒宴上被美妃扯断帽缨的人，他此举正是感恩图报啊！

如果说当年楚庄王"三年不鸣，一鸣惊人"之举体现出他在诸侯中问鼎称霸的韬略和气魄的话，那么在宴会中绝缨之事，则体现了他宽容大度的襟怀。

容人之过，方能得人之心。有过之人非常希望得到他人的宽容，希望得到悔过自新的机会。一名统御者能宽宥属下的某些过失，宽大为怀，容人之过，念人之功，谅人之短，扬人之长，必然会得到部下的奋力相报。

不急人怒，忍让内敛

往年区区谪官贵州，横逆之加，无月无有。迄今思之，最是动心忍性砥砺切磋之地。

——王阳明

世间什么力量最大？忍辱的力量最大。拳头刀枪，使人畏惧，但不能服人，唯有忍辱才能感化强者。诸葛亮七擒孟获，廉颇向蔺相如负荆请罪，此皆忍辱所化也。

王阳明也坦言，当时被贬谪贵州，逆来顺受、一无所有的境地，是最能锻炼自己忍耐力、最能够使他静心忍性的。在军事思想上，王阳明最擅长的就是绝地反攻，在平定朱宸濠叛乱的时候，王阳明率领的义军几次陷入绝境却又都奇迹般获得胜利，最终打倒了朱宸濠。即使在自己占据兵力优势的时候，王阳明也善于忍耐、再忍耐，等到最佳时机用最少的损失获得战斗的主动权和最终的胜利。他善于忍耐，善于放低自己的姿态，这样的军事思想源自他的自信和忍耐。

“自行本忍者为上。”做人要忍，尤其对那些性情暴躁之人，遇事不要轻易发火，要学会克制，否则，会带来不必要的麻烦。

富弼是北宋仁宗时一位品行很好的宰相，然而富弼年轻的时候，因能言善辩在无意间得罪了不少人，给自己的事业、生活带来了不利影响。

经过长期的自省，他逐渐变得宽厚谦和。所以，当有人告诉他谁在说他的坏话时，他总是笑着回答：“怎么会呢，他怎么会随便说我呢？”

一次，一个穷秀才想当众羞辱富弼，便在街心拦住他道：“听说你博学多识，我想请教你一个问题。”

富弼知道来者不善，但也不能不理会，只好答应了。

秀才问富弼：“请问，欲正其心必先诚其意，所谓诚意即毋自欺也，是即为是，非即为非。如果有人骂你，你会怎样？”富弼想了想，答道：“我会装作没有听见。”秀才哈哈笑道：“竟然有人说你熟读四书，通晓五经，原来纯属虚妄，富弼才智驽钝，充其量不过是个庸人而已！”说完，大笑而去。

富弼的仆人埋怨主人道：“您真是难以理解，这么简单的问题我都可以回答，怎么您却装作不知呢？”

富弼说道：“此人乃轻狂之士，若与他以理辩论，必会剑拔弩张、面红耳赤，无论谁把谁驳得哑口无言，都是口服心不服。书生心胸狭窄，必会记仇，这是徒劳无益的事，又何必争呢？”

几天后，那秀才在街上又遇见了富弼。富弼主动上前打招呼。

秀才不理，扭头而去。走了不远，又回头看着富弼大声讥讽道：“富弼乃一乌龟耳！”

有人告诉富弼那个秀才在骂他。

“是骂别人吧！”

“他指名道姓骂你，怎么会是骂别人呢？”

“天下难道就没有同名同姓之人吗？”

他边说边走，丝毫不理会秀才的辱骂。秀才深感无趣，便走开了。

人的一生中，谁都难免会遇上像富弼这样难堪的局面，遭到他人不公正的批评甚至辱骂。富弼用行动告诉我们，面对这种情况，最好的方法就是保持沉默，不和别人发生正面冲突，就连多余的解释也没必要。如果别人骂你，你大可以对他置之不理。因为在这种情况下，相互争吵、辱骂既不会给任何一方带来快乐，也不会给任何一方带来胜利，只会带来更大的烦恼、更大的怨恨、更大的伤害。退一步讲，在对骂中没有占上风的一方，当众出丑，带来的只是对自己的怨恨。占了上风的一方，虽然把对方骂得体无完肤，又能怎么样？只能加深对立情绪，加深对方的怨恨。

成功学家戴尔·卡耐基说：“要真正憎恨对方的简单方法只有一个，即发挥对方的长处。”憎恶对方，其结果只能是使自己焦头烂额、心力交瘁。卡耐基的“憎恶”是另一种形式的“宽容”，憎恶别人不是咬牙切齿，而是把对方的长处化为使自己强壮身体的钙质。

为了更好地发展自己、成就自己，我们就要学会俯身，放低姿态，在社会生活中表现得谦逊、低调、圆融、平和。因为，许多时候，正是我们的低姿态、我们的内敛，才使我们的人生更加完满。

恕人之过，释人之嫌

及至吾身与至亲，更不得分别彼此厚薄。盖以仁民爱物皆从此出，此处可忍，更无所不忍矣。

——王阳明

王阳明推崇心学之说，认为万事万物要从自己内心中去寻求答案。在当时宋儒理学流行的年代，心学是一种突破性的学说，让人在一片茫然中看到了希望，所以听王阳明讲心学的弟子逐渐遍布天下。王学的风靡，让朝中当权者们受到了威胁，于是非难王阳明及心学。弟子们为老师受到的待遇很是不满，纷纷为王阳明打抱不平。王阳明倒是宽宏大度，一如既往地执着于自己的讲学事业。

一个人若能有宽宏的度量，他的身边便会集结起大群知心朋友。大度，表现为对人、对事能求同存异，不以自己的特殊个性或癖好对待他人；大度，也表现为能听得进各种不同意见，尤其能认真听取相反的意见；大度，还要能容忍他人的过失，尤其是当他人对自己犯有过失时，能不计前嫌，一如既往；大度，更应表现为能够虚心接受批评，发现自己的过失便立即改正，和他人发生矛盾时，能够主动检查自己而不文过饰非、推诿责任。大度者，能够关心人，帮助人，体贴人，责己严，责人宽。王阳明曾说，自己和亲人之间都不应该分彼此薄厚，应该以仁爱宽容的心去对待人民和世间万物。

人与人在相处中，难免会发生矛盾，出现这样或那样的失误与差错，如果你不让我，我不让你，就很容易引发争斗。这时，我们就需要打造宰相的"肚子"，既宽容他人也宽容自己。

朝廷里有位高官，这日在家中宴请宾朋，酒过三巡，高官向一旁的悬云观道士请教道："怎样才能提高一个人的修养？"

道士说："从最根本做起。"

高官道："愿闻其详。"

道士说："在你对别人求全责备的时候，想想自己是不是已经做到了毫无瑕疵；在指出别人不对的时候，看看自己是不是做正确了。所谓'严于律己，宽以待人'便是此理。"

按照这位道士的话，人最根本的修养就是用宽容之心对待他人。宽容是一门做人的艺术。宽容待人，首先要在心理上接纳别人、理解别人、体谅别人，在接受别人的长处时，也接受别人的短处。其次，当你遇到矛盾打算用愤恨去解决时，不妨试着去宽容，或许它更能帮你实现目标，解决矛盾，化干戈为玉帛。

把自己当成别人，站在对方的角度去体会对方的情感；把别人当成自己，感同身受，亲身去体验别人的感受；把别人当成别人，我们无法强求别人改变，只能去理解别人；把自己当成自己，我们的一切理解和包容并非为了别人，而是为了自己，设身处地地宽容别人，其实也是在宽容我们自己！

容人之过、释人之嫌是一种为人的度量，也是一种谋略。大肚能容，方能得人之心。人非圣贤，谁能不犯错误呢？人犯了错之后，总是非常迫切地希望得到别人的宽容，给自己一次悔过自新的机会。所以，对于一些不属于罪在不赦的错误，为什么不给对方一个改过的机会呢？对方一旦得到你的宽容，就会产生感恩图报的心理，以期通过自己加倍的改过表现来获得你的认可。

忍小事成大事

其后谪官龙场，居夷处困，动心忍性之余，恍若有悟。

——王阳明

王阳明自言被贬谪龙场后，居住在蛮夷之地，处境贫困至极，但是自己"动心忍性"，最终有所领悟。那时候的王阳明初入官场，胸怀大志却被奸臣刘瑾暗算，被贬谪到贵州，甚至在路上险些遭到杀害。但他还是忍下了这口气，巧妙地躲过了暗杀，走马上任。也正是因为他的隐忍，暂时打消了刘瑾的疑心，保住了性命；更是因为他暂时的隐忍，才有了后来的“龙场悟道”，从此创立了心学。

王阳明虽被贬，但他仍然不急不躁，不仅避免了杀身之祸，还成就了自己的前途。在现实生活中，性格急躁、粗心大意的人，难以办成大事；性情温和、内心安详的人，必然万事顺意。

古时，有位妇人经常为一些琐碎的小事生气。她也知道这样不好，便去求一位世外高人为自己指点迷津。世外高人听了她的讲述，一言不发，把她领到柴房中，上锁而去。妇人气得跳脚大骂。骂了许久，世外高人也不理会。妇人转而开始哀求，世外高人仍是置若罔闻。妇人终于沉默了。世外高人来到门外，问她：“你还生气吗？”

妇人说：“我只为我自己生气。我怎么会到这个地方来受罪。”

“连自己都不能原谅的人，怎么能心如止水？”世外高人转身而去。

过了一会儿，再次返回的世外高人又问她：“还生气吗？”

“不生气了。”妇人说。

世外高人问：“为什么？”

妇人答：“生气也没有办法呀！”

“你的气并没有消逝，还压在心里，爆发后，将会更加剧烈。”世外高人又离开了。

世外高人第三次来到门前，妇人告诉他：“我不生气了，因为不值得生气。”

“还知道不值得，可见心里还有衡量的标准，还是有‘气根’。”世外高人笑道。

看到世外高人的身影迎着夕阳立在门口时，妇人不禁问他：“什么是气？”

世外高人将手中的茶水倾洒到地上。

妇人看了一会儿，突然有所感悟，于是，她叩谢而去。

妇人问“什么是气”。高人想说的是：气，其实是一种需要上的失落。生气就是在用别人的过错来惩罚自己。既然如此，又何必生气呢？

莫生气，因为生气伤身又伤神。每个人都有自己的情绪，要学会控制，否则，有些过分的语言和行为，会误事更会伤人。要做大事，要成大事，关键在于一个“忍”字。人常说，忍字头上一把刀。忍耐是痛苦的，但是忍字也有一颗心。如果多一些容忍，不管是包容别人的人，还是被包容的人，都会获得身心的愉悦。

古代有个叫张崇的人，一天在山坡上放牛，没多久便不知不觉地打起盹来。这时，他被一声牛叫惊醒，他看到自己的邻居蹑手蹑脚地抓起缰绳，把自己家的牛牵走了。

张崇并没有马上喊叫，他很了解这个邻居的情况，由于家里贫困，邻居家已经很久没吃肉了。张崇从地上站起来，不动声色地跟在邻居的后面。

到了邻居家后，张崇看到邻居正在磨刀，看样子是要宰牛。此时，邻居发现张崇立在一旁，顿时满脸羞愧，拿刀的手不知往哪里放。张崇并没有责怪邻居，而是对他讲了一个故事。

原来，张崇小时候家里的日子过得很艰难，常常吃了上顿没下顿，一次，他跑到一户人家的地里，偷了一个西瓜，主人发现后并没有说什么，而是从地里又拿来几块西瓜给张崇吃，临走时还让他捎上几个。

过了十几年，张崇在京城当了官，经常对手下人讲起这两个故事，说：“我用我自己的行为去感染对方，这要比责骂杀头有用得多。如果天下人都这么做，那么我们就能看到太平之世了。”

西瓜的主人并没有责备张崇，反而给他西瓜吃。张崇被感动了，于是当自己的牛被人牵走时，他也没有责骂，而是忍耐着，用行动去感染对方。所谓“小事不忍，难成大谋”，为人要学会忍耐，如果一点小事都不能容忍而发脾气，就只会坏事。

明朝初期，宋儒理学占统治地位，但是王阳明的学说问世后刮起一股新风，开辟了儒学新的局面。但是也遭到了不少学者的非议。如同朝为官的吴廷翰就“知行”的问题对王阳明的学说进行了批判。王阳明对于他人的批判、指责，并没有表现出多大不满，而是包容大度，他认为这是学术发展的正常现象。

我们应当保持一种温和平静的心态，从容地面对生活中的纷扰。

心存厚道，宽容他人

禽兽与草木同是爱的，把草木去养禽兽，又忍得？人与禽兽同是爱的，宰禽兽以养亲与供祭祀、燕宾客，心又忍得？至亲与路人同是爱的，如箪食豆羹，得则生，不得则死，不能两全，宁救至亲，不救路人，心又忍得？

——王阳明

古人曾经咏叹零落成泥的落花，说："碾我入尘土，依旧笼乾坤。"意思是说，虽然被千人车马犬彘践踏，却并不抱恨，依旧用自己的香气笼罩乾坤天地，这种气质和胸襟着实令人敬佩。

王阳明也曾经发出类似的感叹：草木与动物都是值得人去爱护的，人们应该心存厚道，拔掉草木去喂养动物，怎么能忍心呢？人和动物也一样值得爱护，杀了动物去祭祀或者宴请宾客，怎么能忍心呢？亲人与陌生人也一样值得爱护，两个都快饿死了，给点吃的便可以救活，宁可救自己的亲人而不救陌生人，又怎么能忍心呢？

正所谓"宽可容人，厚可载物"，涵养包容不仅是立业之道，也是待人处世的良方。人人以慈悲安住身心，包容与自己不同思想、不同信仰、不同性别、不同种族的人，如此社会自然祥和。"当紫罗兰被脚踩扁的时候，却把芳香留给了它。"这是澳大利亚畅销书作家安德鲁·马修斯给宽容做的一个较为形象的注解。其实，宽容别人的同时，也是在升华自己。

一颗包容之心，既蕴含着善良的心意，又是一种人生智慧的体现。当包容心渐起的时候，人的自我观念就会改变，以一颗菩提心提升自我，关照他人。自古以来，宽厚的品德、宽容的性格就为世人所称颂。

唐代狄仁杰非常看不起娄师德，但娄师德并不计较这些，并推荐狄仁杰当宰相。还是武则天捅开了这层窗户纸。

有一次，武则天问狄仁杰："娄师德贤能吗？"

狄仁杰回答："作为将领只要能够守住边疆，贤能不贤能我不知道。"

武则天又问："娄师德能够知人善任吗？"

狄仁杰回答："我曾经与他共事，没有听到他能够了解人。"

武则天说："我任用你就是娄师德推荐的。"

狄仁杰知道后非常惭愧——尽管自己经常对娄师德嗤之以鼻，但是娄师德却仍然能宽厚地对待自己。他深深地感叹道："娄公德行高尚，我已经享受他德行的好处很久了。"

娄师德不仅不计前嫌，反而向皇帝推荐狄仁杰，正所谓任人唯贤，这种品质非常难得。包容别人，也会给自己创造更大的心灵空间。学会宽容，意味着我们不再患得患失。宽容，也包括对自己的宽容。只有对自己宽容的人，才可能对别人宽容。承认自己在某些方面有不足，才能扬长避短，才能快乐地工作与生活。人的烦恼一半源于自己，即所谓画地为牢、作茧自缚。芸芸众生，各有所长，各有所短。争强好胜达到一定程度，往往会受身外之物所累，失去做人的乐趣。懂得宽恕别人的人，自己也会得到真正的快乐。

《三国演义》中蜀国宰相蒋琬凭借其"以安定民众为根本，为政重实效，不做表面文章"的务实、稳重的作风，深得诸葛亮的赏识，诸葛亮留下遗言推荐蒋琬继任丞相一职。蒋琬上台后，有许多人不服气。蜀国另一位大臣杨仪，自认为做官的资历比蒋琬高，官阶却位于他之下，并且未得到重赏，所以经常口出怨言，对别人说要是在诸葛丞相初亡时，自己带着人马投靠魏国，就不会有如此抑郁不得志的下场了。后主刘禅听到此传言，大怒，要治杨仪死罪。蒋琬虽知杨仪不服自己，但罪不该死，反而替他求情。

蒋琬手下有个谋士杨戏，蒋琬和他讨论事务时，他常常一声不响。有人借机中伤杨戏，向蒋琬告密说他傲慢无礼，不把现任丞相放在眼里。蒋琬深知一个人若对另一个人没有好感，甚至怀有敌意的话，那么无论用何种方式都很难改变对方，而且，若计较一时一事，就有可能演变成门派斗争，不利于国家安定。于是他反过来替杨戏辩解：“杨戏不过是性情内向，言语谨慎罢了。以后不许在我面前说人是非。”

蒋琬就是以其宽容大度、求同存异的处世气度，赢得了众人的敬仰，赢得了广泛的支持，在诸葛亮去世后的一段时间里，对稳定蜀国民心起了很大的作用。

有位作家曾说过：“宽宏大量是一种美德。它是由修养和自信、同情和仁爱组成的。一个宽宏大量的人快乐必多，烦恼必少。”宽容是一种俯瞰的姿势，是一种善与美的投入，更是一种智慧。这种智慧的源泉来自文化的修养和思想的明智与深刻。

有了宽容，才有了人生的快乐和放松，这就是宽容的真谛。我们宽容了别人，自然就会放下情感的包袱，升华自己的心灵和人生。

王阳明指出，交朋友，要互相谦让宽容，如果只会互相攀比、憎恶，自然就会受到伤害。宽可容人，厚可载物。能宽容他人的人，也会心存厚道，为他人留情面。

第十四章

利他心：己所不欲，勿施于人

善待他人就是善待自己

君子贤其贤而亲其亲，小人乐其乐而利其利。

——王阳明

王阳明带兵打仗，所到之处，都会站在当地百姓的立场来看问题，想问题。王阳明在做任何决定前，都会从良知出发。他认为天地万物本是一体的，人民困苦，也就相当于自己身受困苦。他不仅采取措施帮助当地百姓逃离苦海，还上疏朝廷以帮助其解决困难。

两个同村的砍柴人相约去村西的山上砍柴，这两个砍柴人一个年长，一个少壮，都是砍柴的一把好手。但是相比之下，由于岁数和经验的差别，年长的这个砍柴人还是比少壮的这人显得更有能力。

两人来到山上，拿出砍刀砍柴。村西的这座山，山势不高但树木繁茂，一开始两个人的进度相差不多。过了两个小时，天气渐渐炎热起来，少壮的砍柴人躺在地上休息了一会儿，而年长的那位依然砍柴不止，并且已经从山的这边移到了山的那边。年长者眼看就要比预计的时间提前一个小时砍完柴。

这个时候，少壮的从梦中醒来，看看天色暗了下来，而自己还没有砍两捆柴，于是急了起来，也不用砍柴刀，而是用手一根根地折断树枝和杂草。但是今天的天色不知怎的暗得比以往早，直到太阳落山，少壮的砍柴人也没有砍到今天所需用的柴火。

这时年长的喊他下山了，当这个年长的砍柴人看到年少者只有一捆柴时，明白少壮的这人没有好好砍柴，他一声不响拿过自己的一捆柴火，对少壮的说："这下够你用一天的了。后天我们再来砍。"

少壮的说："这些柴火都是用来卖钱的，你给了我，不是少了很多收入吗？"

年长的说："钱今天少赚，明天可以多赚，但是烧火做饭却是一刻不能受影响的。我这些柴火够我用的了，而你也不会挨饿，这不是两全其美的事情嘛。"

年长的砍柴人其实说出了我们很多人明白但又很难付诸实践的真理——你是一个人享用此间的美好，还是将这种美好散播到每个人的身上？独乐乐不如众乐乐。其实，再平凡再普通的人只要有一颗爱心，一样能做出让所有人感动的善行。而那些只顾自己享乐的人因为心中欲望太多，不能得到满足，于是产生烦恼，就会觉得苦。

王阳明晚年回答学生的书信中写道："择其善而从之。"就是强调要有善行。善待别人、给予他人就是奉献，所奉献的不仅仅是物质财富，还包括精神和理念。这是抵制贪念的第一利器，是一个人充满爱心的具体表现，更是一个人有智慧和有责任心的表现。通过帮助别人可以体验到快乐，所以说，善待别人，也就是善待了自己。

我为人人，人人为我

夫道有本而学有要，是非之辩精矣，义利之间微矣。

——王阳明

王阳明很注重个体的社会责任，个体与社会是共存的关系，这个观念便具体化为以仁道的原则对待一切社会成员并真诚地关心、友爱他人。

他那看似不容于世，其实又处于俗世的一生始终都坚持着通过仁爱来显现内心的良知。

利他方能自利，害人实际是在害己。敬人者，人敬之；爱人者，人爱之；损人者，人损之；欺人者，人欺之。所以，我们应该做到自利利他，不可损人利己。我们每一个人都有两只手和两只脚，这本来就是为劳动而准备的，倘若我们不将它们用来劳动，不但让双手双脚发挥不了作用，而且对身体也没有任何好处。换句话说，倘若常常劳动，身体必定很健康。这样对双手双脚有利的同时也对身体有利，可谓一举两得。而在王阳明看来，义与利之间的差别很小，也就是说，如果能做一些“义”事，对他人有益，对自己也有益。

利己是人与生俱来的本性，它归根结底源自生存的需要。但人是生活在群体之中的，单方的利己行不通，互相帮助更有利，帮助别人就是帮助自己，于是产生了群体中利他的行为准则。

雍正年间，京城有一家规模很大的药店，他们的药物质地好，连皇上都信得过他们，并允许他们给皇宫供药。

有一年，由于前一年是暖冬，没怎么下雪，一开春的时候，气候反常，所以在三月里的会试能不能顺利举行，就成了朝廷最为担心的事情。当时清廷招募考生都是在科场号舍举行的，号舍搭在科场，里面空间狭窄，伸不开腿，也直不起腰。考生从开考到结束，三天不能出号舍，这样身体差一点的就会支撑不住，再加上天气的原因，很多考生都变得萎靡。

根据这一年的实际情况，那家药店赶制了一批治时气的药物，并托付内阁大臣奏明皇上，说要送给每一位考生，让他们备不时之需。雍正帝正在为会考的事情发愁，见这家药店主动为皇上解忧，自然大加赞许。于是，这家药店派专人守在考场门口，给每位考生发派药物，并且附带一张宣传单，上面印上了他们药店最有名的药物。结果，一半是因为药店的支持，另一半是由于当年考生的运气好，很少有人中场离席。由此一来，不管是中举的还是没中的，人们纷纷来这家药店买药。由于考生来自全国各地，自此以后，全国的人都知道了这家药店，并且都支持他们的生意。

这家药店能够赢得这么大的成功，就是因为经营者懂得利他方能自利的道理。

一个人活在世上，虽然不能做到利人不利己，最少要能从利己想到利人，此所谓“自利利他”。利己与利他并不总是处于对立的位置，很多时候，二者完全可以统一起来。人本能是利己的，这是由于每一个生命个体都有生存的各种各样的需求，人的一切行为都是为了满足自身的需要，因此人的行为动机为利己。在利己的意识驱动下，人做出了种种行为，而这种种行为的客观结果产生了利他。

如果我们每一个人都能做到利他，那么我们每个人也都会得到自利，这便是所谓“我为人人，人人为我”。因为我们在别人眼中也是“他”，对别人来说是利他，对自己来说就是利己。如果人人都不管他人，而只顾自己，那么我们自己就成了人人都不管的“他人”，而只有自己去关心自己。然而，在这个群体共生、互助依存的社会上，一个人的能力是有限的，需要借助他人的力量。因此，对于我们每一个人而言，利他方能利己，所以，用一颗利他的心去对待他人才是生存之道。

爱出者爱返，福往者福来

意在于仁民爱物，即仁民爱物便是一物。

——王阳明

正德年间，宁王朱宸濠叛乱，时任赣南巡抚的王阳明手里既没有平叛的兵权也没有平叛的谕旨，打倒朱宸濠的叛军对他来说不是责任也不是义务，但是他却毅然挑起了平叛的重任，不为别的，就为了报国救民，使千千万万无辜百姓免受硝烟战火的蹂躏和摧残。也正是因为王阳明对百姓的爱和付出，当他义旗高举的时候，在短短十几天内，他就获得了众多百姓的支持。平叛后，智勇双全的王阳明也自然受到了黎民百姓的爱戴。

“爱出者爱返，福往者福来。”为他人奉献善心，为社会造福祉，他人和社会必定会以善回报我们。这就好比因果循环，我们种下了什么样的因，也将会收获什么样的果。

人之所以不快乐，是因为不明白仁爱的道理，忽视了自己也是需要付出的，而去一味地寻求结果，结果只会导致不分青红皂白怨天尤人，抱怨自己没有得到幸福和快乐。无论福往与福来，我们都要为自己的举动负责，因果之间不只是简单的报应关系，更是对责任的深化。如果心中有爱，胸中有福，不是一人独享，而是与人分享，那人生又有什么苦恼可言呢?

孟子在与邹穆公对话时，引用了曾子的话：“出乎尔者，反乎尔者也。”这都是因果报应的观念。古今中外，一切事情都逃不开这个因果律。因果，最简单的解释，就是“种什么因，得什么果”，这是自然界的普遍法则，世界上没有任何一种结果不是由它的原因生成的，正所谓“种瓜得瓜，种豆得豆”，福往者才能福来。关于这方面的例子，实在不胜枚举。

春秋时期，秦穆公在岐山有一个王家牧场，饲养着各种名马。有一天几匹马跑掉了，管理牧场的牧官大为惊恐，因为一旦被大王知道，定遭斩首。牧官四处寻找，结果在山下附近的村庄找到了部分疑似马骨的骨头，心想，马一定是被这些农民吃掉了。牧官大为愤怒，把这个村庄的三百个农民全部判以死刑。牧官带着这些农民向穆公报告说，这些农民把王家牧场里的名马吃掉了，因此才判他们死刑。穆公听了不但不怒，还说这几匹名马是精肉质，就赏赐给他们下酒。结果这三百个农人被免除死刑，高兴地回家了。

几年后，秦穆公与晋惠公交战，陷入绝境，秦国士兵被晋军包围，眼看快被消灭，穆公自己也性命堪忧。这时晋军的一角开始崩裂，一群骑马的士兵冲进来，靠近秦穆公的军队协助战斗，这些人非常勇猛，只见晋军节节败退，最后只得全部撤走，穆公脱离险境。到达安全地点后，穆公向这些勇敢善战的士兵表达自己的谢意，并问他们是哪里的队伍。他们回答说：“我们是以前吃了大王的名马，而被赦免死罪的农民。”

秦穆公的善举最终获得了好的回报。一念之善救人救己，人生也是如此。一个人在其漫长的一生中所走的每一步，都已为明天埋下了伏笔。我们所做的每一件事，都如同我们撒下的一粒粒种子，在时光的滋润下，那些种子慢慢生根、发芽、抽枝、开花，最终结出属于自己的果实。我们自己所种下的因，遇到适合的条件就会产生一个结果。

我们种了什么种子，自然结出什么果子。善得善果，恶得恶果。

世间的爱就犹如这因果一样可以循环。爱，给予别人，最终也会循环到自己身上。如果每个人在爱护自己的同时，也去关爱别人，那么最终自己也能得到更好的爱护。

爱出者爱返，福往者福来。世间的爱等着我们去播撒与收获。

与人为善，暖人暖己

然爱之本体固可谓之仁，但亦有爱得是与不是者，须爱得是方是爱之本体，方可谓之仁。

——王阳明

早年间王阳明立志于格物穷理，在他看来，明白善与恶的差别就是良知，而怀有善心做一些善事，反对和去除一切“恶人”“恶事”便是格物，便能穷理了。其实，无论我们做什么工作，如果能秉持多付出一点爱心的原则，成功就是必然的。

“人之初，性本善”是人所共知的《三字经》的开篇语，但是长大的我们心中是否还留有这一份善呢？也许我们有，也许我们的心里早就被不良诱惑挤满了。然而，善良依然是这个世界最感人的力量，它使我们充满力量与勇气，使我们赢得尊重和支持，帮助我们一步步走向成功。

东汉的开国皇帝刘秀精于谋略，智勇兼备。刘秀在征伐天下的过程中，十分注重御心之术，很多棘手的问题他都能轻松化解，最终战胜所有对手，拥有天下。

建武三年（公元27年），刘秀亲率大军前往宜阳，截断了赤眉军的退路。赤眉军无可奈何只好投降。

刘秀的手下深恐赤眉军再起叛乱，私下对刘秀说："陛下仁爱待人，只需安抚住赤眉军将士即可。刘盆子身为敌人头领，难保不生二心，此人不可不除啊。"

刘秀对手下人说："行仁之义，全在心诚无欺，如此方有效力。朕待他不薄，他若再反，那是他自取灭亡；朕若背信枉杀，乃朕之失，自不同也。"

刘秀对刘盆子赏赐丰厚，还让他做了赵王的郎中。

在刘秀的治理下，天下混乱的局面平息下来，日渐安定。

刘秀懂得人心永远不是凭武力就可以征服得了的，让人心服才是真正的征服。而善良仁爱具有强大的力量，它在帮助别人的同时也帮助了自己。人的一生应该是施与爱的一生，只有这样，我们才能活出真正的自我，获得一个充实而美丽的人生。

善待他人，并不是一件复杂、困难的事，只要心中常怀善念，生活中的小小善行，不过是举手之劳，却能给予别人很大帮助，何乐而不为呢？

心中有情有爱，世界才会风光无限。仁爱之心如一盏明亮的灯，它可以照亮我们的人生。所谓仁爱，就是先想到别人，能宽容别人，就是要与人为善。

楚惠王吃酸菜时，突然发现菜中有一条蚂蟥，他没有声张，不动声色地吞了下去，结果肚子痛得不能吃饭。令尹前来问候，关心地问道："大王怎么得了这种病？"

楚惠王说："我吃酸菜时见到一条蚂蟥，心想，如果把这事张扬出去，只是斥责庖厨等人，而不治他们的罪，就违反了法度，那样，今后我自己的威信就无法树立；如果追究他们的责任，就应该诛杀他们，这样，太宰、监食的人，按法律都将处死，我于心不忍啊。所以，我只好把蚂蟥悄无声息地吞咽下去。"令尹深深地施了一礼，祝贺道："我听说上天是铁面无私、六亲不认的，只辅佐有德行的人。大王您大仁大德，正是上天保佑的人啊，这点小病是不会伤害您的。"当晚，楚惠王胃里的蚂蟥真的出来了，他也不用再忍受疼痛之苦了。

古语云："人生一善念，善虽未为，而吉神已随之。"意思是说一个人只要心存爱心，即使还没有付诸行动，吉祥之神已在陪伴着他了。楚惠王为使他人免除灾难，而不惜自己忍受痛苦，这样怎么会得不到上天的眷佑呢？爱人者，人恒爱之；敬人者，人恒敬之。

上善若水，涓涓细流，润物无声。播撒爱的种子，幸福触手可及。

爱人者人爱之

圣人一生实事，俱播在乐中。所以有德者闻之，便知他尽善尽美，与尽美未尽善处。

——王阳明

王阳明一生立志追循圣贤，虽然父亲觉得他的志向根本就是无稽之谈，只是痴人说梦罢了。可是，王阳明却从未停下过脚步，始终向着自己的目标迈进。他说，圣人一生要做的事情就是在人世间播种欢乐。他认为，善良是灵魂所固有的一种感情，行善是一种美德。善行既可以帮助身处困境中的人，又可以使自己的心灵得到安慰，使自己的修养得到提升。

当我们将手中的鲜花送与别人时，自己已经闻到了鲜花的芳香；而当我们要把泥巴甩向其他人的时候，自己的手已经被污泥染脏。与其在以自我为中心的疏远冷漠中承受孤单，不如走出自我封闭的心门，在融洽的相互交往中感受快乐——彼此的快乐。

有一句话叫"生命不是用来自私的"，这是对人性的呼喊与渴求，自私的人，时刻在想着自己，而忽略了世间的其他人。他们总是认为整个世界就是为了他而存在，地球也是为了他而转的。

从前有一个人，经过长途跋涉，非常疲乏和干渴。他看见一条由竹筒连成的水道淌出清清的细流，就赶紧跑过去捧水喝。喝饱后，他满足地对竹筒说："我已经喝够了，水就不要再流了。"他说完后，发现水依然细细地流着，心中发起了火，"我说我喝完了，叫你不要再流，为什么还流？"有人见到他这个样子，暗自发笑，上前开导说："你真没有智慧。你自己为什么不离去，反叫水不要流呢？"

希望那些水只为自己而流，不过是自私心理在作祟。即使我们无法做到"舍弃小我，成全大我"，但基本的仁爱也是应该有的，它可以帮助人们摒弃私心，它可以让人们明白：自己对别人的态度，就是别人对自己的态度。很多时候，我们无须刻意去为别人做些什么，只要在想到自己的同时还能想到别人，那么私心就已经开始远离，而一种共赢的局面就开始进入人们的生活。

王阳明说，人能够将天地万物看成一体，并不是他们特意这样去想，而是他们本有的善性和仁心。他们爱他人、爱生灵万物，把他人和万物视如自己身体的一部分，都是这种仁心善性的表现。

所以，生活在这个世界上，每个人都是给予者，同时也是接受者。每个人都有需要帮助的时候，我们应该在别人需要帮助的时候毫不吝啬地给予。

每一种善行都有回声

善念发而知之，而充之。恶念发而知之，而遏之。

——王阳明

慈悲不是出于勉强，它像甘露一样从天上降入尘世，它不但给幸福于受施的人，也同样给幸福于给予的人。行善是一种幸福，和尚出门化缘的时候，总是一家一家地敲门，其实这也是在提醒人们，时刻不要忘了做善事。

在平定了宁王叛乱之后，奸臣江彬却依然怂恿贪玩皇帝朱厚照南下江西去平叛。王阳明知道，一旦江彬这些群盗小人到了江西，江西百姓肯定逃不过一番烧杀抢掠，所以他做出了一个决定——抗旨将反王朱宸濠押往南京，迫使朱厚照在南京止步。王阳明的抗旨，是为了江西的百姓。

汉姬姓诸侯隋侯，有一次出使齐国，途中见一蛇被困在热沙滩上打滚，头部受伤流血。隋侯怜悯，急忙用药敷治，然后用手杖挑入水边让它恢复体力后游去。

一天夜里，隋侯从梦中惊醒，发现那条巨蛇口里衔着一颗硕大溜圆的珍珠盘踞在他的床头。巨蛇见他醒来便放下珍珠离去。原来巨蛇为报答隋侯的救命之恩，特意从江中衔来一颗硕大的珍珠给他，这就是“隋侯之珠”。

隋侯珠直径一寸，纯白色，夜里发光，可以照耀全室，世称“隋侯宝珠”。

“勿以善小而不为”，我们要让行善成为一种习惯，在不断的行善的过程中会发现，人生的道路会越走越广。

王阳明反复强调心的本体是至善的，恶是不存在的，一旦受到外物的干扰动了恶的念头，就要及时制止，也就是他所说的为善去恶的功夫。所以，每个人都有一盏心灯。点亮属于自己的那一盏灯，既照亮了别人，更照亮了自己。善意地帮助别人，就是点亮一盏心灯。今天你帮助他人，给予他人方便，他可能不会马上报答，但他会记住你的好处，也许会在日后给你以回报。

诸恶莫作，众善奉行

性之本体原是无善无恶的，发用上也原是可以为善、可以为不善的，其流弊也原是一定善一定恶的。

——王阳明

王阳明认为人性本来是无善无恶的，所谓善恶都是人心造成的。而他自己也无时无刻不怀一颗善心，做了许多善事。他从小就试马居庸关立志扫平鞑靼，报效祖国，解救天下饱受战争之苦的老百姓。后来他满腔热血却遭人暗算，被贬至偏远地区。他深感壮志难酬、报国无门，却没有放弃心中的理想。在蛮荒之地他开设学堂办学，教苗族人学文化、明道理。

想要做圣贤的王阳明进一步提出，常人之心和圣人之心是相通的，常人是因为蒙受私欲，才不及圣人之心明净。仁不仅是修养要达到的境界，也是人心之本体。

唐代诗人白居易喜欢佛法，有一次，他听说鸟巢禅师的修行相当高，于是专程到鸟巢禅师的住处请教。白居易问鸟巢禅师："佛法的大意是什么？"鸟巢禅师答："诸恶莫作，众善奉行。"白居易鼻孔里哼了一声，说："这个，三岁的小孩也知道。"

鸟巢禅师说："虽然三岁的小孩也说得出，但未必八十的老翁能够做到。"白居易心中服膺，便施礼退下了。

三岁小孩都知道的道理，又有几个人能够真正奉行呢？莫作诸恶，并尽量做到至善，这要求能够大爱无疆，想他人之所想，尽心行善，至善了无痕。

大爱无私，至善无痕。我们都应该怀着一颗慈悲的心，以一己之力帮助他人，做到至善至美，这也是人生之一大境界。

做人处世，时时刻刻要有至善的心，以一颗爱心惠及他人，不仅可以温暖他人，也能实现自己的生命价值。

古时候有个叫齐恒的人，自命清高，不喜欢与达官显贵来往，常常隐居乡间，吟诗作画，认为自己这样做是十分明智的。这天，齐恒从隐居的房舍里出来，走上一条小道，远远看到几个庄稼汉正在辛劳地种着秧苗，觉得好玩，便上前观看。

齐恒问其中一个老农："除了种田，你还会干别的吗？"

老农摇摇头，说："我是个庄稼人，没有什么别的本事，只会干农活，特别是对种葫芦很有方法。能在集市上卖出很高的价钱，官老爷也专门从我这里买葫芦。去年开始，我把种葫芦的方法教给了村里的乡亲，一年下来，大家都过上了好日子。"

齐恒听后，对这个老农说："这么好的事情，你一个人享用不就好了吗？何必还要让大家都学会种葫芦？你自己有了安定的生活，就不用大热天的还在田里干活，就能像我这样逍遥自在。"

老农听后，沉思了一会儿，说："我有一个大葫芦。它不仅坚硬得像石头一般，而且皮非常厚，以至于葫芦里面没有空隙。我想把这只大葫芦送给您。"

齐恒说："葫芦嫩的时候可以吃，老了不吃的时候，它还能盛放东西。可是你说你的这个葫芦不仅皮厚，没有空隙，而且坚硬得不能剖开，像这样的葫芦既不能装物，也不能盛酒，我要它有什么用处呢？"

老农笑道："先生说得对极了，不过先生是否考虑过这样一个问题：您隐居在此，空有满脑子的学问和浑身的本领，却对他人没有一点益处，您同我刚才说的那个葫芦不是一样吗？"

一个人即便怀有惊天的才能，然而不能惠及别人，也不过是瓷的花瓶，摆设而已。在老农看来，这就是齐恒最为失败的地方。

我们很难估量做好事对一个人生命价值的影响有多大。

大爱无私，做善事并不是为了引起别人的关注，我们应该敞开心扉爱他人，真诚地爱他人，去宽慰失意的人，安抚受伤的人，激励沮丧泄气的人。

第十五章

平常心：宠辱不惊，去留无意

饥来吃饭倦来眠

当下即去消磨，便是立命工夫。

——王阳明

《道德经》中说：“合抱之木，生于毫末；九层之台，起于累土；千里之行，始于足下。”合抱的大树，是从细小的萌芽生长起来的；九层的高台，是由一筐筐土开始堆积而成的；千里的远行，是从脚下第一步开始的。又说：“图难于其易，为大于其细。天下难事，必作于易；天下大事，必作于细。是以圣人终不为大，故能成其大。”难事是由件件容易的事累积成的，大事也是由一件件细微之事组成的。天下的难事，必定是从每一件容易的事做起；天下的大事，也必定是从每一件看似微不足道的小事做起。

正如小树，你看不到它是如何成长，但是它成长于不知不觉之间。它没有一刻不是处于成长变化中的，假如它有一秒钟不成长或不变化，那么第二秒、第三秒乃至永远都不会成长或变化。九层的高台、千里的远行、天下的难事无不说明这个道理。也正是由于这个原因，那些成就了伟大功业的圣人，从不好高骛远去做所谓“大事”，而是扎扎实实地从身边的每一件小事做起，每时每刻都在努力，活在当下。

王阳明说："我们这些人探索心灵的奥秘，也只是依据各自的能力尽力而为之。今天探究到这样的程度，就只依据今天所理解的延伸到底。明天，我们的心灵又有新的体悟，那就从明天所理解的延伸到底。这样才是专注于一个目标、踏踏实实的功夫。"

他认为，初学者修心养性的功夫，应当循序渐进。因为人的天赋不一样，领悟能力也不同，如果要求资质较差的学者一开始就去做那些天资很高之人才能做的事，如何能够做得到呢？所以一定要先从细小的地方去进行修养，不管环境怎样，自己只要持之以恒地完善自我，活在当下的每一刻，这样就能以最好的准备来等待机会的到来。

一位哲学家途经荒漠，看到很久以前的一座城池的废墟，哲学家想在此休息一下，就顺手搬过来一个石雕坐下来。望着被历史淘汰下来的城垣，想象曾经发生过的故事，不由得感慨了一声。

忽然，有人说："先生，你感叹什么呀？"

他四下里望了望，却没有人。正在他疑惑的时候，那声音又响起来。哲学家端详那个石雕，原来那是一尊"双面神"的神像。

哲学家好奇地问："你为什么有两副面孔呢？"

双面神回答说："有了两副面孔，我才能一面察看过去，牢牢地吸取曾经的教训；另一面又可以展望未来，去憧憬无限美好的蓝图啊。"

哲学家说："过去只是现在的逝去，再也无法留住，而未来又是现在的延续，是你现在无法得到的。你不把现在放在眼里，即使你能对过去了如指掌，对未来洞察先知，又有什么意义呢？"

双面神听了哲学家的话，不由得痛哭起来，他说："先生啊，听了你的话，我至今才明白我落得如此下场的根源。"

哲学家问："为什么？"

双面神说："很久以前，我驻守这座城池时，自诩能够一面察看过去，一面又能展望未来，却唯独没有好好地把握住现在，结果，这座城池被敌人攻陷了，曾经的辉煌都成了过眼云烟。我也被人们所唾弃而弃于废墟中了。”

世界上有三种人：前两种人就是和故事中的双面神一样，第一种人只会回忆过去，在回忆的过程中体验感伤；第二种人只会空想未来，在空想的过程中不务正事。只有第三种人注重现在，脚踏实地，慢慢积累，一步一步踏踏实实地走向未来。

“活在当下”就是要你把关注的焦点集中在这些人、事、物上面，全心全意认真去接纳、品尝、投入和体验这一切。它是一种全身心地投入人生的生活方式。

当你活在当下，没有过去拖你后腿，也没有未来拉着你往前时，你全部的能量都集中在当下的这一刻，你的生命因此而具有一种强烈的张力。然而大多数人都无法专注于当下，他们总是想着明天、明年甚至下半辈子的事，把生命大部分的气力都耗费在虚妄的未来，却对眼前发生的事情视若无睹。

其实，当下的每一步都是未来的阶梯，当下的每一步都重要于昨日、明日，因而我们应更加看重脚下，看重头顶的晴空。或许人生的意义，不过是嗅嗅身旁每一朵绮丽的花，享受一路走来的点点滴滴而已。昨日已成历史，明日尚不可知，只有“当下”才是上天赐予我们的最好的礼物。

人生无常，很多事情都不是我们能预料的，我们所能做的只是把握当下，珍惜拥有。该做什么就做什么，饿了吃饭，渴了饮茶，不为昨天的事犯愁和追悔。按照王阳明说的“当下即去消磨，便是立命工夫”，应做好当下力所能及的事情，避免历史重演，不再犯错误。

适时装糊涂

豹隐文始泽，龙蛰身乃存。

——王阳明

人生在世，我们总是避免不了别人对我们做出评价。评价有真有假，有赞誉也有批评。每个人面对评价的想法和反应会有不同，对于别人的评价，王阳明有着自己的思考。

王阳明的学生曾经问：叔孙、武叔两个人都诋毁仲尼，为什么像孔子这样的大圣人还有人诋毁呢？王阳明在解释这个问题的时候，说：“毁谤是从外界来的，即使是圣人也免不了。人只应注重自身修养即可。如果自己实实在在是个圣贤，纵然人们都毁谤他，也说不倒他。好比浮云蔽日，怎么能损害太阳的光明呢？如果自己是个外貌端庄恭敬、内心空虚无德的人，纵然没有一个人说他坏话，他潜藏的恶总有一天会暴露。所以孟子说：‘有意料不到的赞扬，也有过于苛刻的诋毁。’毁誉来自外面，怎么能逃避？只要能够修养自身，外来的毁誉又能怎样呢？”

在实际生活中，不只是面对别人的毁誉时我们要加强自己的修炼，偶尔也可以采取装糊涂的方式一笑而过。在生意场上甚至战场上，装糊涂都是一种智慧。

装糊涂是一种假糊涂，内心里却是一颗真聪明的心。为什么要装糊涂？有时候是情况所迫，不得已而为之。在这方面，历史上著名的军事家孙膑就有过这样的经历。

孙膑是战国时期著名的军事家，与庞涓一起拜鬼谷子为师，在才智方面超过庞涓而被庞涓嫉妒。鬼谷子因孙膑单纯质朴，对他厚待一层，偷偷地将孙膑先人孙武所著兵书《十三篇》传授给他。

庞涓当了魏国大将，孙膑到他那里去做事，庞涓才知道孙膑在老师那里另有所得，更加嫉恨孙膑。他在魏惠王面前诬告孙膑里通外国，并请魏惠王对孙膑施以刖刑。被施以刖刑的孙膑无法逃跑，庞涓就把他关在一个秘密的地方，好吃好喝地供养，以向孙膑索要《十三篇》一书。孙膑因无抄录手本，庞涓就让他抄录他记得的章节。庞涓准备在孙膑完成之后，断绝食物供给，把他饿死。但是，庞涓派来侍候孙膑的童仆偷偷把庞涓的阴谋诡计告诉了孙膑，孙膑才恍然大悟。

孙膑是一个有着远大抱负的军事谋略家，他立即想出了一条脱身之计。当天晚上，孙膑就伪装成得了疯病的样子，一会儿号啕大哭，一会儿嬉皮笑脸，做出各种傻相，或唾沫横流，或颠三倒四，又把抄好的书简翻出来烧掉。庞涓怀疑他装疯卖傻，派人把他扔进粪坑里，弄得满身污秽。孙膑为了自己的远大志向，在粪坑里爬行，显出毫不在意的样子。庞涓又让人献上酒食，欺骗他说："吃吧，相国不知道。"孙膑怒目而视，骂不绝口，说："你们想毒死我吗？"随手把食物倒在地上。庞涓让人拿来土块或污物，孙膑反而当成好东西抓来吃。庞涓由此相信孙膑确实是精神失常了，疑心稍有解除。

此时，墨翟的弟子禽滑釐把他在魏国所见的孙膑的情况全部告诉了齐国相国邹忌，邹忌又转告了齐威王。齐威王命令辩士淳于髡到魏国去见魏惠王，暗中找到孙膑，秘密地把孙膑带回齐国。

孙膑在身陷囹圄之时，冷静沉着，故意装得愚蠢疯傻，忍受巨大的耻辱与折磨，骗过庞涓，保住了性命。后来，在马陵之战中，孙膑以卓越的军事才能，设计除掉了死对头庞涓，洗刷了耻辱。

孙膑利用装糊涂的办法保全了自己的性命。这种装糊涂其实是一种大智慧，往往看似无用，实则抱愚藏拙，能包容一切人，而自己以"无用"的面目示人。你越谦虚，就显得对方越高大；你越朴实和气，对方就越愿与你相处，认为你亲切、可靠；你越恭敬顺从，他的指挥欲就越能得到满足，认为与你配合得很默契、很合得来。相反，你若以强硬姿态出现，处处高于对手，咄咄逼人，对方心里会感到紧张，做事没有把握，而且容易产生一种逆反心理，使交往和工作难以继续。

孔子曾说过"刚、毅、木、讷，近于仁"的话，而老子也说过真正的智者都是大智若愚的模样。在这一点上，古今中外的高人其观点惊人地相似。美国总统富兰克林·罗斯福如此表达他的为人哲学："不懂得隐藏自己智巧的人是一个真傻瓜。"因此说大巧若拙、大智若愚，此乃真聪明真智慧，只不过用一张假糊涂的脸来遮掩自己的聪明罢了。

生命任其流行，心体安稳平裕

无欲之谓也，是谓集义者也。

——王阳明

能人将才素来好“忆往昔峥嵘岁月”，以如今风华不再，垂垂老矣，不胜唏嘘。古今多少被称为天才的幼童，到了成年往往变得平庸；年轻时功勋卓绝的人到了晚年却往往籍籍无名。不免让人感慨时光流逝，世态炎凉。

王阳明作为军事家和政治家，立下不世之功，彪炳史册；作为思想家，开创儒学新天地，成为一代心学宗师。正如梁启超对王阳明的评价：“他在近代学术界中，极其伟大，军事上政治上，亦有很大的勋业。”但他的一生，坎坷波折，历遭贬谪、受诬、辞官、病老等人生中的不幸。

刘瑾倒台后，王阳明被重新起用，但他的仕途并没有从此一帆风顺，他被任命为南京兵部尚书的闲职。忧愤之下，以回家养病为名请求辞官回归故里，得到批准。然而嘉靖六年（公元1527年），两广地区再次爆发起义，朝野上下又想到了被闲置已久的王阳明，让他重新出山前去镇压起义，王阳明又重新上路。然而不幸的是，此时王阳明的身体每况愈下，到任不足一年就病逝了。

不管仕途走得多么辛苦，朝廷每每召唤，王阳明总能一切归零，重新出发。然而现实中芸芸众生常常自夸当年的辉煌，贪恋往昔成功的光环。

苏洵，字明允，四川眉山人，与其子苏轼、苏辙合称“三苏”，被列入“唐宋八大家”。

苏洵在文学上取得显著成就，是经过一番刻苦读书、认真作文的。据他自述，少年时，他不爱学习，到了二十五岁才开始读书。自以为比伙伴们学得好，后来，他无意中读到谢安一篇关于让人爱惜时间、刻苦攻读的故事。他认真地读了一遍，感到这个故事很生动，又读了一遍，感到更有意义，于是他反复读了好几遍，每读一遍，就有不同的收获。他觉得这故事好像是专门为自己写的，不由得发出感慨：时光无情地飞逝，我已经快到而立之年了，自己虽然写过一些文章，却都是些平庸之作，没有什么大的建树。他想：现在不努力，还要等到什么时候啊！于是，苏洵开始发愤苦读。经过一年多的时间，他觉得自己在学习上有了长进，就急急忙忙参加录取秀才和进士的两场考试，但两次考试都落榜了，才觉得古人的“出言用意”都跟自己大不相同。然后，将《论语》《孟子》以及韩愈的文章找来，终日诵读，读了七八年，才感到古人文章确实写得好。一天，苏洵的书房内冒出黑烟，家人以为发生了意外，忙不迭奔向书房，进去一看，只见苏洵把许多文稿一件件往火炉里送。家人一问才明白，原来，苏洵要把自己过去不成熟的作品当成废纸全部焚烧，决心从头开始。

从此，苏洵谢绝宾客，闭门不出，夜以继日地辛勤研读书卷。如此这般发愤攻读了五六年，终于文才大进，下笔有神。

苏洵把自己以前的书稿付之一炬，借此来激发自己在文学上的潜能。只有大胆与自己的过去告别，才能够在今后的道路上有更大的发展。如果因自己的一点小成就而沾沾自喜、裹足不前，结果就只有一步步沦为平庸，很难有大的发展。只有像苏洵那样焚稿激励自己，才会不断地锻炼自己，提高自己。

俗语说“智者莫念昔日功，好汉不提当年勇”，大丈夫者，无论身在何处、境况如何、年龄几许，都能找到自己继续生活下去的支柱，而不会对过去的辉煌念念不忘。他们视那些辉煌如粪土，活得恬淡自如、坦坦荡荡，不受过去所羁绊；他们懂得人活在今时今日，便要做眼前此刻的事情，这才是有勇的智者、明理的勇士。

对过去的辉煌念念不忘的，多是现实境况不顺心的人。当他们的现状与以前的岁月出现了落差，心理上的失落让他们终日难以平衡，便陷入了自我折磨之中。每个人心中能存放的事情是有限的，若不能将旧日里的丰功伟绩抛置身后，又哪里有多余的空间来容纳新的挑战和新的机遇？痛苦应该遗忘，辉煌也应该任其褪色。

所以，从零开始，意味着过去的结束和未来的开始，忘记曾经的辉煌，踏上新的起点，将来的旅程也许还会有归零的时候，那也没什么，多一次开始而已。

随时随地，随遇而安

人生达命自洒落。

——王阳明

一个人要使自己的生命多一些快乐，少一些烦恼，必须学会随遇而安。

“方园不盈亩，蔬卉颇成列。分溪免瓮灌，补篱防豕蹢。芜草稍焚薙，清雨夜来歇。濯濯新叶敷，荧荧夜花发。放锄息重阴，旧书漫披阅。倦枕竹下石，醒望松间月。起来步闲谣，晚酌檐下设。尽醉即草铺，忘与邻翁别。”西园，位于龙岗书院旁边，是块很不起眼的乡村小菜地。但在王阳明眼里，它确是个好去处，篱笆、野花、菜，于自然情怀中随景游心。他可以在阴凉处歇息、读书，跟着农民哼哼歌谣。傍晚，在屋檐下的小桌上就餐，醉了，就睡在草席上。于这首诗中，我们可以看出王阳明的随遇而安的心境。

著名国学大师南怀瑾说，一个人想做到随时安然是非常困难的。世间万物皆有其自身的规律，水在流淌的时候是不会去选择道路的，树在风中摇摆时是自由自在的，它们都懂得顺其自然的道理。

再美好的事物，其结果都是一样——或好或坏、或高或低、或美或丑、或大或小，感觉上没有什么太大的差别。不同的则是过程，在过程中享受奋斗的惬意，那才是幸福快乐的。

从前有一个国家，地不大，人不多，但是人民过着悠闲快乐的生活，因为他们有一位不喜欢做事的国王和一位不喜欢做官的宰相。

国王没有什么不良嗜好，除了打猎，最喜欢与宰相微服私访。宰相除了处理国务，就是陪着国王下乡巡视，他最常挂在嘴边的一句话就是“一切都是最好的安排”。

有一次，国王兴高采烈地到大草原打猎，射伤了一只花豹。国王很开心，他眼看花豹躺在地上许久都无动静，一时失去戒心，就在随从尚未赶上时，下马检视花豹。谁想到，花豹突然跳起来，使出最后的力气向国王扑过来。

还好随从及时赶上，立刻发箭射入花豹的咽喉，国王觉得小指一凉，花豹就闷声跌在地上，这次它真的死了。但国王的小手指被咬掉小半截。

回宫以后，国王越想越不痛快，就找了宰相来饮酒解愁。宰相知道这事后，一边举酒敬国王，一边微笑着说：“大王啊！少了一小块肉总比少了一条命好吧！想开一点，一切都是最好的安排！”

国王听了很是生气，他对宰相说：“你真是大胆！你真的认为一切都是最好的安排吗？”

宰相发现国王十分愤怒，却毫不在意地说：“大王，真的，如果我们能够超越自我一时的得失成败，确确实实，一切都是最好的安排。”

国王说：“如果我把你关进监狱，这也是最好的安排？”

宰相微笑着说：“如果是这样，我也深信这是最好的安排。”

国王大手一挥，两名侍卫就架着宰相走出去了。

过了一个月，国王养好伤，独自出游了。

路上碰到一群野蛮人，他们抓了国王用来祭神。但大祭司发现国王的左手小指头少了小半截，他忍不住咬牙切齿咒骂了半天，忍痛下令说：“把这个废物赶走，另外再找一个！”因为祭神要用“完美”的祭品。脱困的国王欣喜若狂，飞奔回宫，立刻叫人将宰相释放了，在御花园设宴，为自己保住一命，也为宰相重获自由而庆祝。

国王向宰相敬酒说：“宰相，你说得真是一点也不错，果然，一切都是最好的安排！如果不是被花豹咬一口，今天连命都没了。”

宰相回敬国王，微笑着说：“贺喜大王对人生的体验更上一层楼了。”过了一会儿，国王忽然问宰相：“我侥幸逃回一命，固然是‘一切都是最好的安排’；可是你无缘无故在监狱里蹲了一个月，这又怎么说呢？”

宰相慢条斯理地喝下一口酒，才说：“大王，您将我关在监狱里，确实也是最好的安排啊！您想想看，如果我不是在监狱里，那么陪伴您微服私巡的人不是我还会有谁呢？等到蛮人发现国王不适合拿来祭祀时，谁会被丢进大锅中烹煮呢？不是我还有谁呢！所以，我要为大王将我关进监狱而向您敬酒，您也救了我一命啊！”

宰相说“一切都是最好的安排”，这是顺其自然的心态。但顺其自然并不是消极地去等待，更确切地说，顺其自然是寻求生命的平衡。其实，很多时候，顺其自然是一种境界。这种心态实则是无为而有为，是无欲而有欲，是成熟的一种标志，是成功者的一种素养。

人之于世界本来就渺小脆弱，可还是经常自我膨胀，缺乏清醒的自我定位，这往往是造成太多遗憾的根源，于是挫败成为必然。面对人生的荣辱成败，我们要学会随遇而安，卸下捆绑于心的精神枷锁，轻装上阵。

平常心，心平常

圣人之道，吾性自足。

——王阳明

王阳明思想上的转折点就是“龙场悟道”。但是在艰苦的环境中，他的随从一个个病倒了。王阳明被迫自己打柴担水，做稀饭给随从吃。他又担心他们心情抑郁，便和他们一起朗诵诗歌，唱唱家乡的曲子。唯有这样，随从才能稍稍忘记当时的处境。

然而，王阳明始终在想：“如果是圣人面对这种情况，会怎么做呢？”苦思冥想的王阳明，终于在一个夜梦中豁然开朗，悟得“圣人之道，吾性自足”的道理。荒芜的龙场，给了哲学家心性的自由，成了王阳明运思的天堂，也孕育了王阳明从平凡到圣人的道路。

其实，生活就是在平凡与伟大的交错中延伸开来的，伟大，总是在平凡之后。

庄周家境贫寒，于是向监河侯借粮。监河侯说：“行，我即将收取封邑之地的税金，收到后借给你三百金，好吗？”庄周听了脸色骤变，愤愤地说：“我昨天来的时候，有谁在半道上呼唤我。我回头看见路上车轮碾过的小坑洼处，有条鲫鱼在那里挣扎。我问它：‘鲫鱼，你干什么呢？’鲫鱼回答：‘我是东海水族中的一员。你也许能用斗升之水使我活下来吧。’我对它说：‘行啊，我将到南方去游说吴王越王，引发西江之水来迎候你，可以吗？’鲫鱼变了脸色，生气地说：‘我失去我经常生活的环境，没有安身之处。眼下我能得到斗升那样多的水就活下来了，而你竟说出这样的话，还不如早点到干鱼店里找我！’”

庄子的生活并非不食人间烟火，他也会遭遇贫穷，甚至连饭都吃不上，只有去借钱，还惨遭拒绝。但是当面对生命中的困窘时，他能保持超然物外的心境，坚守自己卓尔不群的人格。

只要我们能够在这平凡的生活中修养自己的心灵，不让自己沉溺于物欲，保持一份超然的心情，我们也能在芸芸众生中活得更精彩。文豪泰戈尔曾经说过：“天空虽不曾留下我的痕迹，但我已飞过。”有一份自信，一种坦然，就已足够。

抱朴守拙，藏行不露

有如智者深韬藏，复如淑女避谗妒。

——王阳明

“盛时当做衰时想，上场当念下场时。”在志得意满时，一定要保持低调，这样才能避免产生不良后果。

在赣州和南昌的平叛战争结束以后，王阳明并没有真正受到朝廷的嘉奖，反而因此受到了各种各样的猜忌、诬陷和诽谤。面对这些恶意中伤、侮辱的言语和行为，王阳明深知爬得越高则可能跌得更重，他主动请求放弃官职，回归故乡。

越王勾践卧薪尝胆，灭吴复国，其中起了关键作用的是他的两大功臣：一个是范蠡，另一个是文种。当勾践被围会稽山上，弹尽粮绝之时，是文种提出以乞和求降之计来保存性命，使勾践得以生还；当勾践被拘往吴国，是文种留在越国，救死抚孤，耕战自备，发愤图强。当勾践从吴国归来之后，是文种提出了破灭吴国的七种办法。

勾践打败了吴国，称霸一时。就在欢庆胜利的时刻，范蠡急流勇退，隐姓埋名，弃政经商去了。他出逃之后，曾给文种送来一封信："狡兔死，走狗烹；飞鸟尽，良弓藏；敌国破，谋臣亡。越王可与共患难，不可与共欢乐，你如果不赶快离开，将有大祸临头。"

文种认为范蠡太多心了，不过，从此以后他也不大过问国事了，终日称病在家。可是，勾践并没有放过他。于是，他借探病为名，来见文种，问他道："先生曾以灭吴的七种手段指教过我，我只采用了其中的三种，便将吴国灭了。剩下四种，你打算怎么使用呀？"

文种说："我看不出它们还有什么用处。"

勾践说："请先生带着这四种手段，到九泉之下去辅佐我的先人吧！"说罢起身登车而去，留下了一把名为"屡镂"的利剑。

文种明白，勾践容不下他了，便自刎而死。

因而，要想成为一个成功的人，一定要练就强大的韧性和足够的弹性，这样，在机会来临时，才能以最大的能量来发挥自己的智慧和才干，赢得别人的敬重。在危急时，能够根据客观情况见机行事，做到进退自如。

浊者自浊，清者自清

人若着实用功，随人毁谤，随人欺慢，处处得益，处处是进德之资。若不用功，只是魔也，终被累倒。

——王阳明

王阳明平定宁王朱宸濠的叛乱之后，天下诽谤和议论他的人越来越多。有一天，王阳明请学生说说天下人诽谤他的原因。有的学生说王阳明的功绩越来越大，权势也越来越大，天下嫉妒之人就越来越多；有的学生说王阳明的学说越来越普及，所以为宋儒理学争辩的人越来越多；等等。王阳明听了他们的回答，说：你们说的这些原因，相信都是有的，我相信自己的良知，是就是是，非就是非，按照良知去做事，没有遮遮掩掩，也没有畏畏缩缩，按照良知该做什么就做什么，该怎么做就怎么做。

谈到如何对待诽谤和别人的侮辱的问题时，王阳明说："人若着实用功，随人毁谤，随人欺慢，处处得益，处处是进德之资。若不用功，只是魔也，终被累倒。"因而，总结来说，面对诽谤和侮辱，王阳明倡导既要有超然坦荡的心境，又要实实在在地用功，相信自己的良知，脚踏实地、扎扎实实地痛下苦功。

浊者自浊、清者自清，这是常人面对诽谤惯用的方法。当诽谤来临的时候，不需要汲汲务求去澄清，只需要自己心境坦荡，谣言毁谤自然不攻自破。

"夫大道不称，大辩不言，大仁不仁，大廉不谦，大勇不忮。道昭而不道，言辩而不及，仁常而不成，廉清而不信，勇忮而不成。"这几句话的意思是说，至高无上的真理是不必称扬的，最了不起的辩说是不必言说的，最具仁爱的人是不必向人表示仁爱的，最廉洁方正的人是不必表示谦让的，最勇敢的人是从不伤害他人的。真理完全表露于外那就不算是真理，逞言肆辩总有表达不到的地方，仁爱之心经常流露反而成就不了仁爱，廉洁到清白的极点反而不太真实，勇敢到随处伤人也就不能成为真正勇敢的人。

能具备这五个方面的人可谓是悟了做人之道。真理不必称扬，会做人不必标榜。真正有修养的人，即使在面对诽谤时也是具有君子风度的，以坦然的心境面对诽谤。

苏轼因“乌台诗案”入狱，一年后，皇帝为了试探他是否有意谋反和悔改，特意派一个太监装成犯人入狱和苏轼同住。白天吃饭时，小太监用言语挑逗他，苏轼牢饭吃得津津有味，说：“任凭天公雷闪，我心岿然不动！”夜里，他倒头就睡，小太监又撩拨道：“苏学士睡这等床，岂不可叹？！”苏轼不理会，倒头就睡，且鼾声大作。

第二天一大早，太监推醒他，说道：“恭喜大人，你被赦免了。”要知道，那一夜可是危险至极啊！只要苏轼晚上有不能安睡的异样举动，太监就有权照谕旨当下处死他！

“君子坦荡荡，小人长戚戚。”苏东坡是君子，当然就能够坦坦荡荡了。我们也要做一个坦荡荡的君子，让自己在任何时候都能够踏踏实实睡觉。

在现实生活中，言来言去，自难免失真之语。诽谤就是失真言语中的一种攻击性恶意伤害行为了。俗语云：明枪易躲，暗箭难防。也许，在很多时候，诽谤与流言并非我们所能够去制止的，甚至是有人群的地方就有流言。而我们对待流言的态度尤为重要，正如美国总统林肯所说：“如果结果证明我是对的，那么人家怎么说我都无关紧要；如果结果证明我是错的，那么即使花十倍的力气来说我是对的，也没有什么用。”这与王阳明对待诽谤的态度——遇谤不辩，如出一辙。

用坦然的心态来面对诽谤，浊者自浊、清者自清，诽谤最终会在事实面前不攻自破的。这是我们从圣人的思想中撷取的智慧之花。在现实生活中，做人拥有“不辩”的胸襟，就不会与他人针尖对麦芒，睚眦必报；拥有“不辩”的情操，友谊永远多于怨恨。

点一盏光而不耀的心灯

心外无物，心外无事，心外无理，心外无义，心外无善。

——王阳明

心学的创立，成就了王阳明攀上中国思想巨人高峰。但他的心学，不是在象牙塔里"悟"出来的，而是在极端艰难困苦的条件下，凭借其不屈不挠的坚强意志，冲出绝境的心灵足迹。

"心学"这盏灯点亮了王阳明的铁窗生涯。当初被贬下狱，他不断询问自己有什么力量可以让他度过这深悲大戚。他在不断找寻和磨砺之中，于内心种下了觉悟的种子。等他到达龙场，他终于顿悟"万物皆备于我"的道理，他明白了如何将不利的因素化解为有利条件，并在艰难的环境中点燃"心学"的明灯。这盏灯光而不耀，却能帮助他绝处逢生，化险为夷。王阳明恰恰一直在寻找的正是这种智慧。

点一盏心灯，从失败中站起来，再造辉煌，这是任何时代的人都需要的人生智慧。然而这盏灯一定要光而不耀，否则太过耀眼又会灼伤自己。能够温柔笼罩却不会有灼伤的疼痛，才是最为温暖而朴素的人格。光而不耀，其实也正是内心从容、淡定，悠扬而飞的状态。万丈红尘，扑鼻迷眼，点亮自己的一盏心灯，让它散发出温柔而美好的光，照亮别人也照亮自己。

西汉武帝时，卫青因姐姐卫子夫受宠于汉武帝，被任命为大将军，封长平侯，率大兵攻打匈奴。

右将军苏建在与匈奴作战中全军覆没，单身逃回，按军律当斩。

卫青问长史、议郎等属官："苏建应当如何处置？"

议郎周霸说："大将军出兵以来，从未斩过一名偏将小校，如今苏建弃军逃回，正可斩苏建的头，来立大将军之威。"

卫青说："我因是皇上的亲戚而带兵出塞，并不怕立不起军法的威严。你劝说我杀人立威，就失掉了做臣子的本分。我的权限虽可以斩杀大将，然而我把专杀大将的权力还给皇上，让皇上来决定是否诛杀，来显示我虽在境外，受皇上宠爱，却不敢专权杀将，这不是更好吗？”

属官们都钦佩地说：“大将军高见，属下等万万不及。”

卫青便派人把苏建押回长安，汉武帝怜惜其才，并未杀他，让他出钱赎罪，而对卫青的处置大为满意。

苏建后来又跟随卫青出塞攻打匈奴，他劝卫青说：“大将军的地位是至尊至重了，可是天下的贤士名人没人夸赞传扬您的威名。古时的名将都向朝廷推荐贤良才能之士，自己的名声也传遍四海，希望大将军能学习古时名将的做法。”卫青摇头说：“你只知其一，不知其二。以前武安侯田蚡、魏其侯窦婴各自招揽宾客，结成朋党，以颂扬自己的名声，皇上常常恨得咬牙切齿。亲近贤士名人，进用贤良贬黜不肖，这都是皇上的权柄，我们做臣子的，只知道遵守国法，履行自己的职责而已。”

汉武帝特别宠爱卫青，谕令群臣见到卫青都要行跪拜礼，以显示大将军的尊贵。群臣都不敢抗旨，见到卫青无不匍匐礼拜，只有主爵都尉汲黯见到卫青，依然行平揖礼。有人劝汲黯：“对大将军行跪拜礼是皇上的意思，您这样做不怕皇上恼怒吗？”

汲黯昂然道：“跪拜大将军的多了，多我一个不多，少我一个不少。难道说大将军有一个平礼相交的朋友，就不尊贵了吗？”

卫青听说后，非常高兴，登门拜访汲黯，谦虚地说：“久仰大人威名，一直没有机会和大人结交。现在有幸承蒙大人看得起，请把我当作您的朋友吧。”

汲黯见卫青态度诚恳，不以富贵骄人，便破例交了这个朋友。卫青以后凡有疑难问题，都虚心向汲黯请教。

汉武帝也很欣赏卫青的谦逊，也就不计较汲黯的抗礼了，对卫青的宠爱也始终不减。

卫青谦和处世，所谓“人外有人，天外有天”，这是再简单不过的道理。但是很多年轻人常因年少气盛，自以为才气逼人，所以心浮气躁。人们常说："地低为海，人低为王。"海成其大的最根本原因，就是它在低处，所以陆地上的江河才流向海洋。人于凡世生存，假如能像大海一样将自己放在低处，视己如尘世间的一粒尘土，方能如细流一样流入江海。

其实，一个人越是修为高，反而会表现得越谦恭，这是知识与修养给他带来的改变。有人曾问一位哲学家："像您这样的大哲学家为什么还要那么谦虚呢？"哲学家说："据我所知，人的知识就像一个圆圈，圆圈里面的是你已经知道的知识，圆圈外面代表的是你的未知。圆圈越大的人越会发现自己的不足。"越是成熟的稻穗越是往下弯腰，一个人的学问越高，也就越发谦虚。

谦卑心：谦受益，满招损

不争才能无忧

艰贞兮晦明，怀若人兮将予退藏。

——王阳明

争与不争是两种处世态度：争者摩拳擦掌；不争者平淡处之。关于不争，“水德”是对其最好的赞誉。在自然界的万事万物中，水滋润了万物，而又并不从万物那里争取任何东西。这种无私的表现为其赢得“唯其不争，故天下莫能与之争”的赞誉。

王阳明在中国思想史上能取得巨大成就，也与其“为而不争，天下莫能与之争”有关。年少时的王阳明满怀雄心壮志，一心追求真理、成为圣人。然而由于他性格耿直，不愿屈从恶势力，结果招致祸殃。之后，王阳明的人生发生了重大转折。他远离政治，潜心研究儒教、佛教、道家思想。因其“不争”，故而能静心悟道，并体悟以前百思不得其解的许多道理，进而攀登上中国哲学思想的高峰。

只有无争，才能无忧。利人就会得人，利物就会得物，利天下就能得天下。善利万民的人，如同水滋润万物而与万物无争，不求所得。所以不争的争，才是争的最高境界。做人做事也是同样道理。

楚汉相争时，张良、萧何和韩信共同辅佐刘邦夺取天下。由于楚军强大，刘邦被项羽打败。公元前205年，刘邦率领残兵败将到了荥阳，才停下脚步做暂时的休整。此时汉军丞相萧何已经知道刘邦兵败退守荥阳的消息，就在关中地区大量征兵，送到荥阳。在东边打下齐国的韩信也得知了消息，可他不但不来增援，反而派人来向刘邦提出要求，希望同意他自立为“假齐王”。面对韩信的无礼要求，刘邦当即大怒，想马上派兵去攻打韩信。关键时刻，谋士张良提醒刘邦，在这危急关头，不如就同意韩信，先稳住他，以防小不忍而生大变。刘邦立刻改口骂道：“他韩信大丈夫南征北战，出生入死，要做就做个真王，哪有做假王之理，封他为齐王！”然后派张良带上印信，前往齐国，封韩信为齐王。韩信立刻带兵赶到，汉军兵力大增，又恢复了战斗的士气。

刘邦领悟了“不争”的智慧，使韩信断绝了非分之想，有效地稳定了军心，控制了复杂的局势。后来，韩信又帮助刘邦大争天下，最后“天下莫能与之争”，终成千古一帝。所以，不争不是无所作为、甘于堕落，不是要让人彻底断绝私心欲望，而是劝告世人要顺应大道，不要贪图眼前的小私，要着眼于大局。

世事变化无常，欲免于忧患，就应保持“不争”的心态。与人无争，与世无争，看似消极避世，但实际上是恰到好处的“与人无争”，是一种知晓进退规则之后的释然。“与人无争”说到底是智慧的“退”，而“无人能与之争”则是聪明的“进”。

因而，我们在为人处世时，也应不辞劳苦，不计较名利，不居功，秉承天地生生不已、长养万物万类的精神，只问耕耘，不问收获，如能这样，则自然达到“为而不争，天下莫能与之争”的高境界。

低头是一种智慧

塞以反身，困以遂志。

——王阳明

少年时的王阳明曾去居庸三关，了解古代征战的细节，思考御边方策，回来之后甚至还屡屡想上疏朝廷献言献策，这种想法受到了父亲的斥责。面对父亲的呵斥，王阳明并没有昂首怒目，反而经常出游，考察居庸三关，拜访乡村老人，询问北方少数民族的生活习俗，以探访各部落的攻守防御之策，为其“平安策”寻找可支撑的依据。最终写下关于边防军队改革的著名的奏疏，初显他卓越的军事才能。

有时候，俯首比昂首怒目更有威严，为了实现自己的梦想，短暂低头并不是一种懦弱，韬光养晦之道实则是一种积极进取的精神。诚如梁漱溟先生所言，儒家虽然提倡温、良、恭、俭、让，但实质宣扬的却是一种积极进取的精神。换句话说，暂时的俯身就是“以退为进，以柔克刚”，是一种方圆处世的态度。

民间有句谚语：“低着头的是稻穗，昂着头的是稗子；低头的稻穗充满了成熟的智慧，而昂头的稗子只是招摇着空白的无知。”大哲学家苏格拉底曾说：“天地只有三尺，高于三尺的人要想长久立于天地之间，就要懂得低头。”懂得低头便是一种智慧。

秦始皇陵兵马俑博物馆的“镇馆之宝”是一尊跪射俑。许许多多出土的兵马俑都可以算作人间精品，但唯独它享有了“镇馆之宝”的无上荣光。

这是因为在出土、清理和修复的一千多尊各式兵马俑中，只有这尊跪射俑保存得最为完整，未经人工修复。如果仔细观察，还会发现这尊跪射俑身上的衣纹、发丝都清晰可见。

专家介绍说，这尊跪射俑之所以能够保存得如此完整，完全得益于它自身的“低姿态”。原来兵马俑坑是地下通道式土木结构建筑，一旦棚顶塌陷，土木俱下，高大的立姿俑自然是首当其冲遭受灭顶之灾，这样一来，低姿的跪射俑受到的损害就大大减小。此外，跪射俑呈蹲跪姿，右膝、右足、左足三个支点呈等腰三角形，完全支撑着上体，整个身体重心在下，提高了它的稳固性，这与两足站立的立姿俑相比，就避免了倾倒、破损。所以，秦始皇陵兵马俑中的跪射俑在经历了两千多年的岁月，今天依然完整地呈现在我们面前，真可谓“宝中至宝”。

纵观中国历史，那些成熟的人、有成就的人，往往都具有低头、忍让、不自高自大的品质。譬如，西汉的韩信，因忍受“胯下之辱”，专心研究兵法，练习武艺，终得到刘邦的重用。三国时期的刘备再三低头：从三顾茅庐到孙刘联合，每一次低头，都会迎来“柳暗花明又一村”，终于成就“三足鼎立”的辉煌。

当今社会，错综复杂，变幻莫测。因此，在人生的漫长跋涉中，我们必须学会低头。好比当你陷入泥潭时，你最先做的是迅速爬起来，并且远远地离开泥潭；而不是对着自己的鞋子说，我们可是出淤泥而不染的。

很多时候，低头都是为了追求长远利益而采取的策略。一个为了追求更大成功的人，面对暂时的困厄，不得不低头。这需要很大的勇气，所以我们应当用平和的心态，像跪射俑那样，时刻保持着生命的低姿态，这样就一定会避免无谓纷争，避免意外伤害；就能更好地发展自己、成就自己。

老子说过，当坚硬的牙齿脱落时，柔软的舌头却完好无损。柔软有时候是完全可以胜过强硬的。以柔克刚，以退为进，恰恰是人生的大智慧、大境界。

在其位，善谋其政

众望莫负。

——王阳明

中国自古就有“不在其位，不谋其政”的说法，其有四个方面的含义：在其位，谋其政；在其位，不谋其政；不在其位，谋其政；不在其位，不谋其政。其中“在其位，谋其政”，实际上是与“不在其位，不谋其政”相对应的，两个说法表面相反但内涵一致。

王阳明的一生，都在竭尽全力实践“在其位，谋其政”的思想，他勤勤恳恳地为百姓办事，又鞠躬尽瘁地为朝廷排忧解难。在他以左佥都御史身份巡察江西南安、赣州，福建汀州、漳州等地时，途中遭到起义农民的拦阻。当商船集结阵势，扬旗鸣鼓，准备迎战时，那些走投无路的起义农民立即跪拜在岸边，陈述他们是灾民，希望得到救济。王阳明宣布停战，并且一到赣州，就派人救济灾民。

另外，在其为官时，他行其“亲民”之道，让“明德”在民间“明”起来。因而，在他管制的地区百业兴旺，安居乐业。当其不为官时，他又能广为布道，广收弟子，运用心学的思想，教化民众。

在其位，善谋其政。对于领导而言，就是运用手中的权力，指挥其下属为同一个目标而努力、而行动。一个领导手中有多大权力，就应该发挥多大的能力，否则就会出现孟子所说的“不能者”与“不为者”之间的矛盾。

一次，齐宣王问孟子：“不为者与不能者之形，何以异？”即两者之间有什么差异，孟子答曰：“挟泰山以超北海，语人曰‘我不能’，是诚不能也；为长者折枝，语人曰‘我不能’，是不为也，非不能也。”意思是说，要人做背着泰山以超越北海的事情，如果他回答不能做到，那是真的不能；但是让他为长者鞠躬，他如果说不能，那就是有这个能力而不去做了。孟子是暗示齐宣王，你有施行仁政的权力和能力，不是做得到做不到的问题，而是你肯不肯做而已。正是在其位，就必须善用其权，该做的、必须做的，不仅要做，还要做好。否则，于人于己，于家于国，有害而无利也。

清代纪晓岚的《阅微草堂笔记》里记载了这样一个故事：一位官员死了之后去见阎王，自称清廉，所到之处只饮一杯水，不收一分钱，自认无愧于心。不料，阎王却大声训斥道："不要钱即为好官，植木偶于堂，并水不饮，不更胜公乎？"官员辩解："某虽无功，亦无罪。"阎罗王又言："公一生处处求自全，某狱某狱，避嫌疑而不言，非负民乎？某事某事，畏烦重而不举，非负国乎？三载考绩之谓何？无功即有罪矣。"

古代庸官的形象在这则故事中被刻画得入木三分。这种形象放在今天，就是一杯茶一支烟，一张报纸看半天，不求有功，但求无过，办事拖拉、工作推诿，纪律涣散、政令不畅，虽然两袖清风，但却无所作为。它的害处在于"在其位而不谋其政"，不能想群众之所想、急群众之所急。

古人说："坐而论道，谓之王公；作而行之，谓之士大夫。"为官者需要各司其职，各尽其能。既然有了一个足以施展抱负的位子，那么就应该在位子上尽心尽力，出谋划策，将自己的本职工作做到最好。

上梁正，则下梁不歪

舜只是自进于乂，以乂薰烝，不去正他奸恶。

——王阳明

正德初年，王阳明因冒言直谏触犯权贵，被贬至贵州龙场。到任不久，他捕获了一个罪大恶极的强盗头目。这个强盗头目平时杀人抢劫，无恶不作。在接受审讯的时候他还摆出一副无赖的架势。强盗知道自己犯的是死罪，便说要杀要剐悉听尊便。王阳明面对他无礼的态度并无怒气，反而和气地告诉他，既然这样，就不用审判了，还劝强盗天太热，可以脱去外衣。这个强盗想到脱掉外衣还可以松松绑，就脱去了外衣。王阳明又说不如把内衣也脱掉吧。强盗想了想，又把内衣脱掉了。王阳明又劝他把内裤也脱掉吧，强盗着急了，他紧张起来，连声说“不方便”。王阳明看他如此紧张，就说这个强盗还是有廉耻心和道德良知的，并非一无是处。强盗看到王阳明这样说，便如实交代了自己的罪行。

王阳明善于从德化良知的角度来解决问题。他认为，德化良知能走入民心，更好地达到“其身正，不令则行”的目的。倡导“致良知”“知行合一”的王阳明一向注重德化，他广泛布道，接纳弟子，传播心学。每到一地，他就普及文化，兴办学校，教百姓读书识字，宣传国家大政方针，防止民众违法犯罪。他希望通过这些措施上行下效，用文化和德政来教化当地百姓。王阳明认为舜自觉地采用安抚的手段感化象，而不是直接去纠正他的奸恶，就是德化的一种表现，是值得称道的做法。

中国有句俗话叫“上梁不正下梁歪”，指的是做父亲的如果管不好自己的子女，给孩子树立起不好的榜样，孩子就会效仿，最后也会成为像父亲一样的人。

《论语·子路》中，孔子说：“其身正，不令而行；其身不正，虽令不从。”意思是说，当管理者自身端正，做出表率时，不用下命令，被管理者也就会跟着行动起来；相反，如果管理者自身不端正，而要求被管理者端正，那么，纵然三令五申，被管理者也不会服从的。这些话都说明了一个道理：上行下效是一种风气。

上梁正，则下梁不歪。对于领导者而言，要想赢得下属的追随，就应当以身作则。东汉末年的曹操曾被人称为“治国之能臣，乱世之奸雄”。虽然其功过不定，任由后人评说，但他在治国治军方面深得将士敬重，因为他深谙管理之道，正人先正己，以身作则。

麦收时节，曹操率领大军去打仗，沿途的百姓因害怕士兵，躲到村外，无人敢回家收割小麦。曹操得知后，立即派人挨家挨户告诉百姓和各处看守边境的官吏，他是奉旨出兵讨伐逆贼为民除害的，现在正是麦收时节，士兵如有践踏麦田的，立即斩首示众，以儆效尤。百姓心存疑虑，都躲在暗处观察曹操军队的行动。曹操的官兵在经过麦田时，都下马用手扶着麦秆，一个接着一个，相互传递着走过麦地，没一个敢践踏麦子。百姓看见了，无不称颂。

但是，当曹操骑马经过麦田时，田野里忽然飞起一只鸟，坐骑受惊，一下子蹿入麦地，踏坏了一片麦田。曹操为服众，立即唤来随行官员，要求治自己践踏麦田之罪。官员说："怎么能给丞相治罪呢？"曹操言道："我亲口说的话都不遵守，还会有谁心甘情愿地遵守呢？一个不守信用的人，怎么能统领成千上万的士兵呢？"随即抽出腰间的佩剑要自刎，众人连忙拦阻。此时，大臣郭嘉走上前说："古书《春秋》上说，法不加于尊。丞相统领大军，重任在身，怎么能自杀呢？"

曹操沉思了好久，说："既然古书《春秋》上有'法不加于尊'的说法，我又肩负着天子交付的重任，那就暂且免去一死吧。但是，我不能说话不算话，我犯了错误也应该受罚。"于是，他就用剑割断自己的头发，说："那么，我就割掉头发代替我的头吧。"曹操又派人传令三军：丞相践踏麦田，本该斩首示众。因为肩负重任，所以割掉头发替罪。

曹操深知军纪的重要性，正所谓上梁正，下梁才不歪，要想让士兵发自内心地重视军纪，他自己就要遵守军纪。曹操割发代首，士兵看在眼里，心里必定会想："丞相尚且如此，我等更应该严格遵守。"

要正人，先正己。领导是下属效仿的对象，只有自己以身作则，才能更好地约束下属。美国前副总统休伯特·汉弗莱说："我们不应该一个人前进，而要吸引别人跟我们一起前进，这个试验人人都必须做。"就是说，一个优秀的领导者应当以身作则，用自己的修养和思想影响身边的人，凡事自己起个好的带头作用，这样才能具有凝聚力，使下属自觉团结在自己周围。

与贪婪断交，与清风做伴

贪心生，责此志，即不贪。

——王阳明

人是身心的统一体，对于每一个人而言，维持内心的平衡与稳定是相当重要的。行走在尘世间，难免会有担忧、失落以及悲伤，这时的心灵就会处于一种失衡状态。如果心灵的平衡被打破，人就很容易到达崩溃的边缘。那么该如何对待心灵的失衡呢？

在佛家看来，人生本来是苦的，苦的根源在于各种欲望。很多时候，心灵的失衡都是欲望过强导致的，当人的欲望太多时，我们的情绪便很容易被这种贪欲所左右。在不知足的状态下，金钱多了还想再多，官位高了还想更高，房子宽了还想更宽……贪欲就像一把干草，一旦点燃，就容易成燎原之势，于是，对自我生存状态的否定以及盲目攀比的虚荣便阻断了我们快乐的根源。

王阳明认为，普通人终生只做一件事情，从少年到老年，从早上到晚上，不管有没有事，只做得一件事，就是“必有事焉”，即不管遇到什么事情，不要急于求成，用内心的良知去应对。面对贪欲也是一样，不要被毁誉得失给牵制住了。如果能实实在在地致良知，那么平日所见的善者未必是善，所说的不善者恐怕正是被毁誉得失所控制，自己把自己的良知给埋没了。所以人要致良知，就必须学会看淡，“与贪婪断交，与清风做伴”，保持一份淡泊心境，豁达地看待生命的潮起潮落。

历史上受后人景仰的杰出政治家大多具备这一品质，明朝宰相于谦就是其中一位。

于谦打退瓦剌，保住了大明江山，位极人臣。但他并不以名利为本。他认为“钱多自古坏名节”，把钱财看得轻如鸿毛，从不聚敛，廉洁自守。他的俸禄用在自己身上的少，常常用以救济贫穷亲朋。平时自奉俭约，衣不锦绣，食不兼味，从不铺张浪费。当时达官贵人把生日看得极重，要大肆庆贺。但于谦过生日，谢绝一切贺客，拒收任何礼物，常常是独坐静思，回省自己的政务，激励自己。于谦执政，日理万机，“日夜分国忧，不问家产”“所居仅蔽风雨”“门前无列戟”，常被“错认野人家”，与他的职位极不相称。

正统年间，宦官王振专权，作威作福，肆无忌惮地招权纳贿。百官大臣争相献金求媚。每逢朝会期间，进见王振者，必须献纳白银百两；若能献白银千两，始得款待酒食，醉饱而归。而于谦每次进京奏事，从不带任何礼品。有人劝他："您不肯送金银财宝，难道不能带点土产去？"于谦潇洒一笑，甩了甩他的两只袖子，说："只有清风。"他还特意写诗《入京》以明志："绢帕麻菇与线香，本资民用反为殃。清风两袖朝天去，免得闾阎话短长！"

这种两袖清风，有多少人能够做到？在于谦之后，明朝另一位杰出的政治家张居正，在推行改革时虽然倡清廉、反腐败，可惜自己却未能洁身自好。改革刚开始时，张居正确实是带头执行。他父亲过生日，派仆人骑驴回家送礼，特吩咐不得住驿站。但后来他回乡葬父，坐的是三十二抬的特制大轿，沿途地方官员郊迎郊送，还要呈上黄金，担负护卫任务的是比国家正规军装备还要精良的特殊卫队，弄得朝野上下议论纷纷。他反对别人受贿，而自己受贿却十分惊人。

铁打的官场流水的官，每一个政治家都是这个舞台上的匆匆过客，他们的是非褒贬，逃不过后人的评论。嘉靖七年十一月二十九日（公元1529年1月9日）王阳明病逝，远近百姓闻讯无不遮道哭送，人已远去，可是王阳明的英名以及事迹都让大家难以忘怀。为国为民的清官永远是百姓所敬仰的。即便没有什么惊天伟业，但是能造福一方百姓而清廉自守，足以让这一方百姓铭记。

而对我们这些普通人来说，活得简单一点，心里的负荷便会减少一些。眼前的繁华美景，不过是过眼云烟。与其辛苦地追名逐利，不如放下心头的贪欲，任世界斗转星移、沧海桑田，做一个安贫乐道、淡泊明志之人，这样心胸自然开阔，生活也快乐得多。

位高不自居，功高不自傲

人生大病，只是一傲字。

——王阳明

自正德十一年（公元1516年）王阳明奉命平乱，至嘉靖七年十一月二十九日病故于征战途中，王阳明辗转十几年，经历大小战役六次，数量虽不多，但是他从来没打过败仗。“位高不自居，功高不自傲”是王阳明每每赢得战争的重要原因。

王阳明把功名利禄看得很淡，他一生七次擢升官职，五次属于征战有功，但都辞官。因皇帝不批准，他才勉强继续任职。

王阳明认为人生的大病，只是一个“傲”字。作为子女，如果骄傲的话，就必定不孝顺父母；作为臣子，如果骄傲的话，就必定不忠于君主。一个人骄傲就是时时心中只有自己。而如果达到无我的境界，人就能够变得谦虚和容易进步。王阳明把骄傲列为一个人所有恶劣品质中最恶劣的一种。

不居功、不自傲的王阳明经常穿梭于百姓之中，体察民生。作为朝廷命官，他只想为老百姓做事，实现他经国济世的抱负。

事实上，官大不招摇，功高不自傲，高调做事，低调做人，需要有较高的修为。真正的智者，总是在声名显赫时藏锋敛迹，持盈若亏，从而在不显山不露水中成就一番大事业。明朝的开国功臣徐达就深谙这个道理。

徐达出生于濠州一个农家，儿时曾与后来做了大明皇帝的朱元璋一起放牛。他有勇有谋，为明朝的创建立下赫赫战功，深得朱元璋宠爱。

徐达虽战功累累，却从不居功自傲。他每年春天挂帅出征，暮冬之际还朝。回来后立即将帅印交还，回到家里过着极为俭朴的生活。

朱元璋曾对他说：“徐达兄建立了盖世奇功，从未好好休息过，我把过去的旧宅邸赐给你，你好好享几年清福吧。”

朱元璋口中的这些旧邸，是其登基前当吴王时居住的府邸，徐达不肯接受。

朱元璋请徐达到旧府邸饮酒，将其灌醉。徐达半夜酒醒问周围的人自己住的是什么地方，内侍说：“这是旧邸。”

徐达大吃一惊，连忙跳下床，伏在地上自呼死罪。朱元璋见其如此谦恭，心里十分高兴，即命人在此旧邸前修建一所宅第，门前立一牌坊，并亲书“大功”二字。

朱元璋曾赐予徐达一块沙洲，由于正处于农民水路必经之地，徐达的家臣以此擅谋其利。徐达知道后，立即将此地上缴官府。

1385 年，徐达病逝于南京。朱元璋为之辍朝，悲恸不已，追封徐达为中山王，并将其肖像陈列于功臣庙第一位，称之为“开国功臣第一”。

朱元璋为强化其统治，用严刑重刑杀了包括功臣在内的 10 多万人，从小与朱元璋在一起的徐达，当然十分清楚“伴君如伴虎”的道理。因此，他虽功高过人，却仍恭谨谦和，最终换来了平安度日。

任何人都不喜欢骄傲自大的人——即使这个人做出了巨大贡献，创立过不俗的功业。任何时候，谦虚都是被人们喜欢的品质，因为谦虚就意味着对别人的尊重，没有人不喜欢被尊重。

王阳明贬斥傲，傲是一种可怜的自以为是，而谦虚才是一种竞争的优势，大凡有真才实学者无一不是虚怀若谷、谦虚谨慎的。

礼让功劳

古先圣人许多好处，也只是无我而已。无我自能谦，谦者众善之基，傲者众恶之魁。

——王阳明

《菜根谭》中有这样一段话：“完名美节，不宜独任，分些与人，可以远害全身；辱行污名，不宜全推，引些归己，可以韬光养德。”意思是说拥有完美名节，分些与人，无可厚非，而且还可以帮助自己远离祸害。当名誉受损的时候，不宜全部推脱责任，自己承担一些，可以帮助自己韬光养德。

行走人生，祸福总是相伴相生。面对功劳，要懂得礼让；面对祸害，要懂得承担。王阳明在为明政府扫清四处作乱的匪寇后，把功劳全部归于赏识他、为他工作扫除障碍的兵部尚书王琼。他讲求道德、气节，不在乎权势金钱，仅礼让功劳这一项就足为人们所称道。

曾国藩也是一位知道礼让功劳的人。他从来都不独享功劳，而总是推功于人。他说，凡是遇到有名、有利的事情，都要注意和别人分享。

曾国荃围攻金陵久攻不下，但是又想独享大功，不愿意接受李鸿章的援军，曾国藩就写信开导：

近日来非常担心老弟的病，初七日弟交差官带来的信以及给纪泽、纪鸿两儿的信于十一日收到，字迹有精神、有光泽，又有安静之气，言语之间也不显得急迫匆促，由此预测荃弟病体一定会痊愈，因此感到很宽慰。只是金陵城相持时间很久却还没有攻下，按我兄弟平日里的性情，恐怕肝病会越来越重。我和昌岐长谈，得知李少荃实际上有和我兄弟互相亲近、互相卫护的意思。我的意思是上奏朝廷请求准许少荃亲自带领开花炮队、洋枪队前来金陵城会同剿灭敌军。等到弟对我这封信的回信，我就一面上奏朝廷，一面给少荃去咨文一道，请他立即来金陵。

曾国藩在此委婉地向曾国荃表达了希望李鸿章能够与他一同作战，同立战功的想法。但是李鸿章一方面看到曾国荃并不想他插手金陵，同时也不愿意借此揽功，就上报朝廷说曾氏兄弟完全有能力攻克金陵，另一方面又派自己的弟弟前去帮助攻城。

攻下金陵后，李鸿章亲自前去祝贺，曾国藩带曾国荃迎于下关，说："曾家兄弟的脸面薄，全赖你了！"李鸿章自然谦逊一番。曾国藩一再声称，大功之成，实赖朝廷的指挥和诸官将的同心协力，至于他们曾家兄弟是仰赖天恩，得享其名，实是侥幸而来，只字不提一个"功"字。

曾国藩还上书朝廷把此次战功归于朝廷的英明和将士们，不提自己和弟弟的辛劳。谈到收复安庆之事，他也是归功于胡林翼的筹谋划策、多隆阿的艰苦战斗。在其他战役中，曾国藩也总是把赏银分给部下，把功劳归于他人并加以保举，如此一来，既得到了将士们的心，鼓舞了他们的士气，也让朝廷对他放心。

没有一个领导者能够不得众而长久地居于高位，因而领导者都应深谙不独享功劳之道。曾国藩这种"有福同享，有难同当"的气魄使每一个将士都愿意跟随他，乐于为他所用。

与曾国藩相对的是中国历史上另一个大将项羽。项羽力能扛鼎，一方称王，但在楚汉争天下的斗争中以失败而告终。韩信在分析他的性格时说：项王待人恭敬慈爱，言语温和。有生病的人，他心疼得流泪，将自己的饮食分给他；等到有的人立下战功，该加官晋爵时，把刻好的大印放在手里玩磨得失去了棱角，舍不得给人。这就是所说的妇人的仁慈啊。将士的浴血奋战却没能得来应得的报酬，长此以往，项羽自然会失去军心；军心一失，失败早已注定。

对于生活中的我们来说，一件事情的完成，不可能只依靠个人之力，往往是凭借亲人、朋友或者同事等多方努力。王阳明能够成为心学大师，是因为身边有志同道合的朋友，可以时常切磋，探讨学问；能够成为战场上的不败将军，是因为有忠心不二的部下。请务必将这件事牢记在心头：当自己活跃的表现受到周遭人的赞赏时，更应该大度地说："这不是我一个人的功劳，是大家一起努力的成果。"这种肚量，能吸引周遭的人更乐于提供帮助。这样的良性循环，也便于工作和生活。

虚怀若谷，吞吐万千

大抵七情所感，多只是过，少不及者。才过，便非心之本体，必须调停适中始得。

——王阳明

王阳明由兵部主事贬至龙场时，生活异常艰难。为了生计，他不得不耕作种田。他深知老百姓的智慧，不耻下问，询问其耕地种田之道，还咨询当地的民风习俗等，深受老百姓爱戴。

他在讲学的时候也如此。他授徒的最大特点就是把门人当朋友，没有训诫、没有体罚，寓教于乐，教学相长。他认同学生的智慧，从不强加自己的观点给学生。在他逝世之后，明廷部分官员、他的门人继承了他的事业，宣传他的思想、观点、主张，纪念他的功绩，缅怀他对地方对百姓的好处。

王阳明虚心向百姓求教，谦卑与学生交谈，广纳四方意见，在学习和探讨中不断完善自己的哲学思想，这样的态度着实令人佩服。

《道德经》中说："故贵以贱为本，高以下为基。是以侯王自称孤、寡、不穀。此非以贱为本邪？非乎？故至誉无誉。是故不欲琭琭如玉，珞珞如石。"意思是说，贵要以贱为根本，高要以下为根基，因此，侯王自称为"孤""寡""不穀"，这不就是以贱为本吗？所以最高的荣誉就是没有荣誉，作为侯王最好不要表现自己，不要像玉那样显示它的光亮文采，宁可像石头那样朴实无华。

众所周知，"水能载舟，亦能覆舟"，意指事物用之得当则有利，反之必有弊害。我们把舟比喻为君王，把水比喻为百姓；舟在上位，水在下位。如果船上的高贵者经常想到船下面的水，认识到这是自己之所以能高贵、高高在上的根本和基础，常常居上思下、处尊思贱，就不会发生危险。如果忘了根本，失去了根基，那就危险了。在《三国演义》中，有一个人就非常懂得"处下"的智慧，这个人就是刘备。

刘备是大汉皇叔，出身高贵，却与出身卑微的关羽、张飞结义，从此奠定了自己事业的基点。在后来的天下大乱、诸侯混战中，他也是采用"处下"的智慧，一步步充实自己的实力。他先是投靠公孙瓒，后来他解了徐州之围，并投靠了徐州刺史陶谦。因为他善于处下，结果陶谦三让徐州，最后刘备做了徐州牧。

再后来他又投靠曹操、袁绍、刘表，在"处下"中前进，在"处下"中积聚力量，在"处下"中百炼成钢。在这个过程中，最著名的当数刘备"三顾茅庐"了。为了请出诸葛亮，刘备不惜降尊纡贵，带领关羽、张飞三次登门拜访。

第一次去，看门的小童听说他们是来找自己主人的，回答说："先生不在家，早上就出门去了，也不知去了哪儿，更不知什么时候回来。"刘备只好失望地离开了卧龙岗。

过了些时日，刘备打听到诸葛亮已经回家，又和关羽、张飞一起顶着漫天的大雪去隆中。可是到了才知道，诸葛亮已在头一天和朋友云游去了，三人又扑了个空。

又过了些时候，刘备准备第三次去请诸葛亮，关羽和张飞都有些恼火。但刘备并不灰心，三人再次来到卧龙岗。听小童说诸葛亮在睡觉，刘备便恭恭敬敬地站在草堂的台阶下等着。过了很长时间，小童才出来把三人请进草屋。刘备终于见到了诸葛亮，诸葛亮见刘备谦虚诚恳，便说："荆州地势险要，是个用兵的好地方，刘表既然守不住它，将军应当取而代之。先占据荆州，站稳脚跟，再取益州，然后联合孙权，交好西南各族，待时机成熟，再向中原发展。那么，统一天下的大业就能够获得成功。"

诸葛亮的这一番话，果然让刘备豁然开朗，眼前一亮。但是当他邀请诸葛亮立即一同前往新野时，诸葛亮没有答应，说自己一向乐意耕锄，不能奉承遵命。于是刘备哭起来，把衣襟袍袖都哭湿了。诸葛亮终于被其感动而出山。

处下是一种"虚怀若谷、吞吐万千"的气势风骨。处下不意味着低下，谦逊、尊贤，才能得到民众的爱戴。试想，王侯尚且如此，那么一般人更应该"处下"，并时刻保持谦虚谨慎的态度。脚踏实地、虚心向学、任劳任怨，你自然容易获得周围的人以及老板、领导、合作者、各路朋友的信任；你平易近人、尊重人、理解人、关心人、降尊纡贵，自然广受爱戴，由高处不胜寒变为高处春意暖。到那时，事业和成功自然是水到渠成。

方圆处世，克服轻傲事事顺

知轻傲处，便是良知；致此良知，除却轻傲，便是格物。

——王阳明

好的东西，每一个人都喜欢；越是好的东西，越是舍不得给别人，这是人之常情。要是你有远大的抱负，不要斤斤计较，而应大大方方地把功劳让给你身边的人。王阳明不是一个喜欢独占功劳的人，但是平定宁王叛乱一事他不但没有得到嘉奖，反而招致飞来横祸。

原来，正德皇帝感觉在宫里待着没什么意思，正想借着宁王叛乱之际体验一把“御驾亲征”的打仗瘾，却不料王阳明迅速平定了叛乱。正德皇帝认为王阳明轻而易举地平定叛乱，是对自己的“大不敬”。有官员还乘机上奏，说王阳明与宁王串通一气，所以才会轻易将宁王俘获。正德皇帝龙颜大怒。无奈之下，王阳明只好假装把宁王放掉，让自称为“威武大将军”的正德皇帝率领大军“亲自”把宁王捉住。正德皇帝“亲征”之后还装模作样地宣布：御驾亲征大获全胜，平叛以胜利结束。平叛宁王的功劳记在了正德皇帝和宦官身上。王阳明保全性命已属万幸，自然不敢再奢望什么功劳。

东汉末年的许攸，本来是袁绍的部下，虽说是一名武将，却足智多谋。官渡之战时，他为袁绍出谋划策，可袁绍不听，他一怒之下投奔了曹操。曹操听说他来，没顾得上穿鞋，光着脚便出门迎接，鼓掌大笑道：“足下远来，我的大事成了！”可见当时曹操对许攸的重视。

后来，许攸在击败袁绍、占据冀州的战斗中，立下大功。他自恃有功，在曹操面前便开始不检点起来。有时，他当着众人的面直呼曹操的小名，说道：“阿瞒，要是没有我，你是得不到冀州的！”曹操在人前不好发作，只好强笑着说：“是，是，你说得没错。”心中却已十分嫉恨。许攸并没有察觉，还是那样信口开河。

有一次，许攸随曹操进了邺城东门，他对身边的人自夸道：“曹家要不是因为我，是不能从这个城门进进出出的！”曹操终于忍不住，将他杀掉。

《三国演义》给许攸的评价是：“为人多傲，酷嗜财帛。”他帮助曹操取得了胜利，却把功劳全部安在自己的头上，给曹操以挫败感，结果引来杀身之祸。

王阳明总是反复告诫自己的学生：“知轻傲处，便是良知；致此良知，除却轻傲，便是格物。”轻傲是浮躁浅薄、妄自尊大的表现，常常会招来旁人的嫉妒毁谤，所以，下属在与领导相处时，一定要把握好分寸。

第十七章

果敢心：成事在谋，谋事在断

勇而无谋是大忌

凡谋其力之所不及，而强其知之所不能者，皆不得为致良知。

——王阳明

《论语·述而》中，孔子的弟子子路对孔子说："老师！假使你打仗，你带哪一个？你总不能带颜回吧！他营养不良，体力都不够，你总得带我吧！"孔子听了子路的话笑了，说："像你这种脾气，要打仗决不带你，像一只发了疯的暴虎一样，站在河边就想跳过去，跳不过也想跳，这样有勇无谋怎么行？看上去一鼓作气，很英勇的样子，大有一副慷慨赴死的凛然气概。但是这种做法实在是去冤枉送死。真正成大事的人必须要有勇有谋才行。"

有勇有谋才能成就大事，勇而无谋是大忌。王阳明作为一名军事家，打仗靠的是勇谋结合，"君子斗智不斗力"。剿匪是很头疼的事，可他能把土匪搞得精神崩溃，主动投降。宁王造反，十万大军，王阳明手上没几个人，能马上召集一批民兵，轻而易举地捕获宁王。

王阳明对军事策略谈论最多的是《孙子兵法》，对孙子"上兵伐谋"的评价是"第校之以计而制胜之道而已"。他认为，兵道的总原则就是：误人而不误于人，致人而不致于人。而实现这一点靠的就是万全的谋略。

英勇加谋略也成为王阳明屡战屡胜的秘密所在。一个人要想成就一番大事业，就要将勇和谋结合起来，既要胆识过人，又要善谋善断。

《三国演义》中最让人难忘的就是刘备的“哭”了，作为一个乱世枭雄，整天哭哭啼啼或许会让人觉得失去了英雄风范。可是“哭”也是一种智慧。

赤壁大战后，刘备按诸葛亮的安排，用计策夺取了军事重镇荆州。周瑜气得金疮迸裂，决心起兵与刘备决一雌雄，经鲁肃劝说才罢兵言和。但周瑜认为刘备占据荆州是东吴称霸的心腹大患，便命鲁肃去向刘备讨回荆州。

最初，刘备以辅助侄儿刘琦为理由赖着不还。刘琦死后，鲁肃又去讨荆州，诸葛亮以“天下者天下人之天下，非一人之天下”来辩护，并立下文书，取了西川后再归还荆州。鲁肃无奈，只好空手而回。后来，刘备娶了孙权的妹妹，做了东吴的乘龙快婿，孙权又要鲁肃讨还荆州，刘备此时心中已无计，只得问计于军师诸葛亮。

诸葛亮说道：“主公只管放声大哭，待哭到悲切处，我自出来劝解，荆州无大碍也。”

鲁肃来到堂上，双方互相谦让。

刘备说：“子敬不必谦虚，有话直说。”

鲁肃说：“小人奉吴侯军命，专为荆州一事而来，就算是一家人了，希望皇叔今日交还荆州为好。”

鲁肃说完后，专候刘备答复。哪知刘备无话可说，却用双手蒙脸大哭不已，哭得天昏地暗。鲁肃见刘备哀声嘶哭，泪如雨下，不禁惊慌失措，急忙问道：“皇叔为何如此？难道小人有得罪之处？”

那刘备哭声不绝于耳，哭得泪湿满襟，成了个泪人儿。鲁肃被刘备哭得胆战心惊。这时，诸葛亮摇着鹅毛扇从屏风后走出来说道：“我听了很久了，子敬可知我的主公为什么哭吗？”

鲁肃说：“只见皇叔悲伤不已，不知其原因，还望诸葛先生见教！”

诸葛亮说：“这不难理解。当初我家主公借荆州时，曾经立下取得西川时便还给东吴的文书。可是仔细想想，主持西川军政大事的刘璋是我家主公的兄弟，大家都是汉朝的骨肉。若是兴兵去攻打西川，又怕被万人唾骂，若是不取西川，还了荆州无处安身；若是不还，那东吴主公孙权又是舅舅。我主处于这两难困境，子敬又三番五次来讨，因此泪出痛肠，不由得放声恸哭。”

孔明说罢，又用眼色暗示刘备，刘备耸肩摇膀，捶胸顿足，大放悲声。

鲁肃原是厚道之人，见刘备泪下，放声痛哭，动了恻隐之心，以为刘备真的是因无立足之地而哭，便起身劝道：“皇叔且休烦恼，待我与孔明从长计议。”

鬼谷子说：“摩者，揣之术也。内符者，揣之主也。用之有道，其道必隐。微摩之，以其所欲，测而探之，内符必应。”寻找、琢磨那些外在表象的内在心理因素。揣摩之间，信息自然会被人察觉。刘备心思缜密，在多次磨合中了解了鲁肃的性情，掌握了心理欲望的内在因素。这也是他保住荆州，赢得胜利的关键。人非草木，孰能无情？眼泪就是一种能够征服人心的绝妙武器。所以不可轻视眼中滚落的泪水，它能够流到人的心灵深处，打中人的恻隐之心，冲垮其心理防线，从而达成自己的日的。可见，刘备“哭”得高明，哭得巧妙。

人们常说，一件事情需要三分的苦干加七分的巧干才能完美。王阳明在《绥柔流贼》中说：“盖用兵之法，伐谋为先；处夷之道，攻心为上；今各瑶征剿之后，有司即宜诚心抚恤，以安其心；若不服其心，而徒欲久留湖兵，多调狼卒，凭借兵力以威劫把持，谓为可久之计，则亦末矣。”王阳明作战首选以谋胜敌，认为这样既可以避免自己过多的伤亡，也可不过分地杀戮敌人。这既体现了王阳明的仁者之心，也体现了他以谋胜敌的思想。勇而无谋是大忌，谋略是勇气的朋友，我们在生活中如果也将英勇和谋略完美结合的话，就没有克服不了的困难。

当我们面对瞬息万变的社会时，要想把自己的事业做好，“勇”和“谋”这两者缺一不可。勇气是剑，谋略是术，懂剑术的人才能天下无敌。

得人心者得天下

人心，则杂于人而危矣，伪之端矣。

——王阳明

古人文子曰：“用众人之所爱，则得众人之力，举众人之所喜，则得众人之心，故见其所始，而知其所终。”这段话的大意是说，只有“用众人之所爱”“举众人之所喜”，才能顺人心、得人心，自己才能有所成就。

对“得众人之心”，王阳明也有自己独到的见解。王阳明认为“大学之道”的核心在于“亲民”二字。他将“亲民”作为区分真伪的实践性的标准，他认为只有在亲民的过程中才能体现知行合一，才能将三纲五常等“明德”落实到日常生活之中。如果做不到“亲民”，那么所有的说教都会沦为滑舌利口的恶谈。而有了亲民的境界，才会真正做到“老吾老，以及人之老，幼吾幼，以及人之幼”，才能有与天地万物融为一体的心态，这样才能“尽性”。

在龙场期间，王阳明和贫苦百姓一起生活，深刻地体悟到百姓生存之艰。正德十五年（公元1520年），王阳明在江西任职，因江西数月不下雨，禾苗枯死。当地又经历了宁王朱宸濠叛乱，地方不太平。王阳明就向正德皇帝上疏，请求免去租税。王阳明能把百姓的疾苦如实上奏正德皇帝，实在是难能可贵。更何况为百姓陈言侃切，如切肤之痛，不由得让人感慨，因而他也受到百姓的赞誉。

得人心者得天下，失人心者失天下。有些事仅靠我们自己的力量去完成，往往力不从心。密切联系人民大众，可充分发挥他们的力量，帮助自己走向成功。明朝开国皇帝朱元璋在打天下的时候就已经认识到，众人的力量是取得最终胜利的保障。因此，他每到一处，便想方设法赢得人心，如此，他才成就了大明王朝。

朱元璋进兵江南的时候，占领了采石城。采石城是一个比较富庶的南岸城池，该城一破，红巾军千军万马顿时如潮水一般涌向城中的各个角落。对于这些忍饥挨饿多日的将士来说，出现在他们面前的那些牲畜、粮食，比任何东西都珍贵。所以尽管军纪严明，将士们还是开始哄抢，采石城陷入了一片混乱之中。

朱元璋很有政治才能，他一边派人组成纠缉队在街头巡逻，一边向将士们解释说："我们这支队伍要成大事，不能只图眼前的这点儿小利。前面就是太平城，那才是个富庶的去处，兄弟们到那里去，一起去大开眼界吧！"然后让大家饱餐了一顿，这样城中秩序才稳定下来。经过这一风波，朱元璋担心在太平城中再起波澜，便在军队出发前命掌书记李善长紧急起草了《戒缉军士榜》，意在约束军队，防止扰民。果然，在太平城，战斗刚一结束，士兵们刚准备动手抢掠的时候，却见城中的大街小巷贴满了榜文，上面赫然写道：敢有抢掠财物、杀害百姓者，杀无赦。士兵们不敢违反军令，城中秩序井然。战事结束后，朱元璋论功行赏，军士们都有份。朱元璋的高明做法，既得了人心，也稳住了军心。

在此后的战争中，朱元璋都明令要求部下不得妄行杀掠，这一消息迅速传到其他地方，各地民众都称颂朱元璋的军队是仁义之师，这给朱元璋带来很大便利。

与此同时，朱元璋还在自己的地盘上采取了一系列赢得民心的措施。比如，废除元朝苛政，减轻刑罚，宽减税役等；进行了免租和赈灾活动；实行"给民户田"的政策，支持农民夺取地主的土地和财产；任用当地德高望重的人做官，稳定民心。这些措施颁布后，大受当地民众的欢迎，有了人民的支持，朱元璋一步步实现了自己的理想。

不只是朱元璋，古今中外，很多事实都可以证明凡是在事业上有所建树的人，大都是有威望、有号召力的人，因受众人拥戴，依靠众人的力量成就了自己伟大的事业。如唐太宗李世民，也正是由于他深谙民心的力量，得到了人民的支持，才赢得了“一代明君”的称号，开创了“贞观之治”的繁荣局面。

孟子曰：“得天下有道，得其民，斯得天下矣。得其民有道，得其心，斯得民矣。得其心有道，所欲与之聚之，所恶勿施尔也。”要想在事业上有所建树，就必须广得民心，而赢得人心的方法有很多，只要你用心去做，就一定能赢得众人的支持和信任，从而为自己事业的成功打下坚实的基础。

应时而变，兵贵在“活”

儒者患不知兵。仲尼有文章，必有武备。区区章句之儒，平时叨窃富贵，以词章粉饰太平，临事遇变，束手无策。此通儒之所羞也。

——王阳明

用兵，要懂得灵活。由于战场上情况瞬息万变，而且呈现在诸多方面，如双方力量对比的变化，战略战术的变化，军队情绪的改变，等等。因此，在通常情况下，没有一成不变的战略战术，作战计划要随着战场情况的变化而变化。如果军队统帅对此认识不充分，不能敏锐地发现新情况新变化，不能及时采取对策，就会陷入被动，甚至全军覆没。

综观王阳明指挥的几个战役，灵活、机动，策略运用得十分娴熟。如宁王朱宸濠的叛乱，王阳明是在没有得到正德皇帝命令的情况下发兵的。当时形势紧急，宁王已率军沿长江南下，若不及时起兵，宁王一旦攻破安庆，会很快抵达南京称帝，形成南北对峙的局面，必会引起更大内乱。而若向正德皇帝禀告，待到其批复，时间拖延太长，为形势所不许。所以王阳明不得不冒着“造反”的风险起兵。

王阳明应时而变，“兵贵在活”的思想契合了孙子“涂有所不由，军有所不击，城有所不攻，地有所不争，君命有所不受”的军事策略。

当形势发生改变，不能按照原计划行事时，就必须采取灵活的战略战术。纸上谈兵的赵括之所以会失败，就在于没有认识到理论也需要随着形势的变化而变化，更何况战争并不会根据兵书一模一样地加以重新演绎，每一次战争都会有自己的特点，无论是人数上、战争将领的特点或是谋兵布局之道，都要根据这些特点详加考察。

三国时候，诸葛亮兵出祁山，连战连捷，所向披靡。魏主曹睿不得不“御驾亲征”，率军前往长安，抗击蜀军。那时，出任新城太守的原蜀军降将孟达，想乘曹魏后方空虚之际，举兵谋反，直取洛阳再归降诸葛亮。

孟达此举若能成功，必将会与诸葛亮对曹魏形成前后夹击的战略攻势，陷曹魏于完全不利的境地。

孟达谋反的消息，被即将去往长安的司马懿得知，在这危急时刻，他当机立断，一方面令大军向新城进发，并传令“一日要行二日之路，如迟立斩”；另一方面，他又派参军梁畿乘轻骑星夜先一步赶往新城，“教孟达等准备征进，使其不疑”，并制造司马懿大军已“离宛城，往长安去了”的假象。

孟达果然中计。结果几天之后，司马懿率大军突然出现在新城城下，以迅雷不及掩耳之势，一举平定了这场有预谋的叛乱。

成大事不仅要有谋略，还要有在关键时刻随机应变、果断行事的能力，再加上出其不意、攻其不备的策略，一定能把难事办成、办好。如果想为突袭行动争取到极为宝贵的时间，就必须做到根据敌情果断灵活地实施指挥。但对一支军队来说，神速的行动，并不单单表现在部队的行动能力上，更重要的还体现在领导者当机立断的决策水平上。要想达到攻其不备的目的，就得有当机立断的魄力，要善于观察对方的动态，采取果断措施；如果犹豫不决，就会一事无成。

王阳明说，遇到事情突变的时候，束手无策者应该感到羞耻。不论是战场还是官场，生活中处处都会有浅礁暗流，成功者就是那些懂得顺应时事而及时调整自己步伐的人。

当然，应时而变是一种外在的处世态度和智谋策略。人们常说做人就要铁骨铮铮，不可轻易向他人低头。但是在人生路上，坎坷时常会出现，我们做事就必须多点柔韧性，学会适当地低头。

因地制宜，因时而化

天下事虽万变，吾所以应之，不出乎喜怒哀乐四者。

——王阳明

这个世界瞬息万变，一个人只有顺应外界的变化而变化，用一种发展变化的眼光和思维来对待生活中的万事万物，才能因地制宜、因时随化，获得真正的成功。

王阳明在平定农民起义的过程中，始终从当地的实际情况出发，坚持因地制宜、因时而化的原则。他没有把起义农民当成打击对象，而是把杀人越货的盗贼和被迫铤而走险的贫苦民众区别开来，把首恶和胁从区别开来，把愿意改恶从善和坚持不改区别开来。具体到个人，王阳明更是谨慎行事。如认为罪犯即使犯了罪，也要看认罪的态度来决定处罚。

为了给胁从者、愿意悔改者机会，王阳明在每次采取行动之前，都先发布告，劝谕误入迷途者改恶从善、弃旧图新。在征战过程中，他也是根据实际需要，灵活制定制敌政策。在平乱之后，是根据当地的实际情况而不是奏请皇帝批准增设县治，管关隘检查的巡查司，就是改变布局不合理的巡检司治所。

王阳明根据社会制度和风俗习惯的不同，因地制宜，并没有墨守成规。其实，任何事物的发展都会与原有的计划有所不同，当面对改变的时候，智慧之人往往能看到直中之曲和曲中之直，并不失时机地把握事物迂回发展的规律，通过迂回应变，达到既定的目标。反之，一个不善于变通的人，做事“一根筋”，只会四处碰壁，被撞得头破血流。

孔子周游列国时，曾被围困在陈国与蔡国之间，整整十天没有饭吃，有时连野菜汤也喝不上，真是饿极了。学生子路偷来了一头煮熟的小猪，孔子不问肉的来路，拿起来就吃。子路又抢了别人的衣服换来了酒，孔子也不问酒的来路，端起来就喝。

可是，等到鲁哀公迎接他时，孔子却显出正人君子的风度，席子摆不正不坐，肉类割不正不吃。子路便问："先生为什么现在与在陈、蔡受困时不一样了呀？"孔子答道："以前我那样做是为了偷生，今天我这样做是为了讲义呀！"

孔子处理事情持从容淡定的态度，原因就在于他有着因时而化、因地制宜的头脑。所以说，当遇到困难时，就要改变自己的思路和行为，因为只有变，才有通，才能克服困难，达到自己的目的。

当今社会，各种事物都是飞速发展变化着，深处其中的人如果不能审时度势，顺势而变，就很难适应社会的发展。要想做到积极应变，除了要顺应时代的潮流外，还应当根据对手情况的变化而变化，也就是说"敌变我变"。诸葛亮"七擒孟获"就达到了"敌变我变"的高超境界。

诸葛亮出兵南征，平定南中叛乱，在此过程中对南中豪强首领孟获采取了攻心战策略。

一擒孟获，诸葛亮本是乘胜之师，但他却让王平打前站，故意装作不是对手，引孟获进入伏击圈，然后大军裹挟。最后又用大将赵云与魏延在峡谷中前后堵截，使孟获插翅难逃，束手就擒。

二擒孟获采用的则是套用反间计的借刀杀人之计。孟获被捉一次，变得谨慎，退到泸水以南，以泸水为屏障，准备持久坚守。诸葛亮派马岱出战，激发对方上次被俘放归将领的感恩之心，使得孟获与他们发生冲突。堡垒从内部攻破，孟获手下的将领毫不客气地将孟获绑赴蜀营。

两次被擒，仍被放回。这一回诸葛亮故意让孟获了解蜀军的粮草、军情。孟获回去之后气急败坏，急于报仇雪恨，又自以为对蜀军情况胸有成竹，便以送礼谢恩名义前来劫营。可诸葛亮早已摸透孟获的心思。孟获又一次自投罗网——三次被擒。

第四次是把好斗的孟获引入陷阱。第五次，诸葛亮采取统战之计，让孟获原来的盟友擒住孟获。

…………

七擒孟获，每次用的方法与计谋都不相同，针对孟获心理与战术的变化，诸葛亮对症下药，使孟获完全在他的掌控之中。诸葛亮号称“东方智圣”，当然深谙变化的智慧，所以才能屡战屡胜，所向披靡。

我们在生活中如果也能做到随机应变、顺势而动，无疑会对我们适应生活、适应现实变化有很大的帮助。遇到困难的时候要学会因地、因时而化，及时调整自己的行动方案，不因循守旧。因为客观的情况在不断地变化，我们必须随着客观情况的变化而不断变化。只有这样，我们才能克服各种困难，获得成功。

制胜战术应变化多端

臣以为兵无常势，在因敌变化而制胜。

——王阳明

有言“不以规矩，不成方圆”，但是社会瞬息万变，如果过于刻板、墨守成规，恐怕迟早会被社会淘汰。事实上，规则是掌握在我们自己手里的，面对具体的情况，通过变通思想采取不同的解决之道，可以帮助我们立万难之间而游刃有余。

王阳明征战胜利的一个重要因素就是善于变通，他善于根据当地的具体情形，做出具体的作战计划。

在准备进剿南宁西北部和东北部思州、田州民乱时，王阳明已经调集湖广、广西的人马，集结在广西南宁附近。但他到当地之后发现，广西连年兵祸，官吏疲于奔命，民众饥寒交迫。如果再用兵打仗的话，不但失去民心，起义的农民也会被逼得无路可走，势必拼死抵抗，这样，双方都会付出沉重的代价。王阳明立即决定放弃用兵，索性“尽撤调集防守之兵，解散而归者数万”。另外还发表榜谕，表示朝廷并不是要剿灭起义军。思州、田州二处首领看到榜谕，把自己捆绑，和大小头目数百人一起来降。

王阳明的这一举措，一方面感动了当地农民，另一方面减少了战乱造成的流血牺牲，当然其中也体现了他能根据当地的形势灵活制定作战战略。

聪明睿智的人常常使自己适应变化的世界，而愚昧迟钝的人坚持要世界来适应自己。变通，就是寻求一种解决问题的方法。晚清大臣曾国藩就是一位善于变通又不失自己原则的人。

同治三年（公元 1864 年），晚清大臣曾国藩为了消除朝廷的猜忌，正分期分批裁撤湘军之际，钦差大臣僧格林沁及其马队被捻军在湖北牵着鼻子走，接连损兵折将。清廷万般无奈，命令曾国藩率军增援湖北。朝廷的这次调遣，对湘军非常不利，所以曾国藩的态度也十分消极。其一，攻破天京以后，清廷咄咄逼人，大有卸磨杀驴之势。曾国藩不得不避其锋芒，自剪羽翼，以消除清廷之忌，为此曾国藩也满腹愁怨。其二，僧格林沁骄横刚愎、不谙韬略，向来轻视湘军。此时，曾国藩正处在十分无奈的两难之中，他只好采取拖延之法。

曾国藩十分清楚，僧格林沁大军在黄淮大地上穷追不舍，失败是注定的，只是早晚的事。因此，曾国藩按兵不动，静坐江宁，观其成败。

果然，高楼寨一战，僧格林沁全军覆没，这位皇亲国戚竟然被一个无名小辈杀死。捻军声势更加浩大，咄咄逼人。朝廷不得不再次请出曾国藩，命他督办直隶（今河北省）、河南、山东三省军务，所用三省八旗、绿营地方文武官员均归其节制。两江总督由江苏巡抚李鸿章署理，为曾国藩指挥的湘军、淮军筹办粮饷。这本是曾国藩预料中的事，当接到再次让他披挂出征，以解清廷于倒悬之急的命令时，他却十分惆怅。在这瞬息万变的官场中，他很难预料此行的吉凶祸福。因此，他还是采用拖延之法。

当曾国藩接到“赴山东剿捻”的旨令时，他明白清廷的着眼点在于解燃眉之急，确保京津安全。这是清廷的一厢情愿，此时曾国藩所面临的出征困难却很大。湘军经过裁减后，曾国藩北上剿捻就不得不仰仗淮军。曾国藩心里也清楚，淮军出自李鸿章门下，要像湘军一样做到指挥上随意调配是很难的。另外，在匆忙之间难以将大队人马集结起来，而且军饷供应也不能迅速筹集。

曾国藩做事向来能未雨绸缪，对于清廷只顾解燃眉之急的做法，实在难以从命。况且，朝廷处处防范，自己若继续带兵出征，不知还会惹出多少麻烦。因此，他向朝廷推辞缓行。尽管他向清廷一一陈述了不能迅速启程的原因，但又无法忽视捻军的步步北进。正在其左右为难之际，李鸿章派潘鼎新率鼎军十营包括开花炮一营从海上开赴天津，然后转道赴景州、德州，堵住捻军北上之路，以护卫京师，给曾国藩的准备和出征创造了条件。这样，经过二十几天的拖延，曾国藩才登舟启行，北上剿捻。

通过拖延的办法，曾国藩赢得了时机，也避免了与朝廷上司的直接冲突，能够在骑虎难下、进退维谷之际，促使或者等待事态朝有利于自己的方向发展，于万难之间做到了游刃有余。

弘治十三年（公元1500年），王阳明在《浰头捷音疏》中说：“臣以为兵无常势，在因敌变化而制胜。今各贼狃于故常，且谓必待狼兵而后敢攻，此所以不必狼兵而可以攻之也。乃为密画方略，使数十人者各归部集，候我兵有期，则据隘遏贼。”王阳明强调军事态势不是一成不变的，应针对具体情况采取灵活变化的战术。

运用于军事上的智慧，同样可以用于为人处世上，当自己的主张与别人产生分歧时，要避免与他发生正面冲突，要善于变通，兼顾灵活性和原则性。这样，既能办好自己的事，又能处理好与他人的关系，可谓两全其美。

抓住时机，一击制胜

虽千魔万怪眩瞀变幻于前，自当触之而碎，迎之而解，如太阳一出，而鬼魅魍魉自无所逃其形矣，尚何疑虑之有，而何异同之足惑乎？

——王阳明

王阳明在朝廷高层的掣肘下，率领没有实战经验的民兵，仅用一个多月的时间就击溃了宁王朱宸濠的数万精兵，一举粉碎其蓄谋了数十年的篡位大计。其中就体现了其善于抓住对方脆弱地方，一击制胜的军事谋略。

1519 年，蓄谋已久的宁王朱宸濠组织了十万大军，举兵叛乱。大军顺江而下，势如破竹，准备一举拿下南京。时任赣南巡抚的王阳明知道南昌是宁王的老巢，攻打南昌宁王必然会回师救援。于是他采取围魏救赵战术，直接攻打南昌。宁王首尾无法兼顾，只好回师救援，双方大战于鄱阳湖上。其间，王阳明还下令将写有“宸濠叛逆，罪不容诛；协从人等，有手持此板，弃暗投明者，既往不咎”字样的免死牌扔入鄱阳湖中。到最后，叛军几乎人手一块，军心哗变。大势已去，宁王仰天长叹：以我家事，何劳费心如此！就这样，一场危及江山社稷的叛乱，被王阳明轻松化解了。

人们常说没有随随便便的成功。一点也不错，真正的成功总是属于那些有准备的人。王阳明知道南昌对宁王的重要性，抓住其脆弱之处，一击制胜。在应对挑战的过程中，要善于找到成功的突破点，这样在竞争中制胜就要简单多了。

有一天，更羸和魏王站在一个高台上，仰头看见天空中有鸟飞。更羸对魏王说：“请大王看看，我可以只拉弓不发箭就能把鸟射下来。”魏王不相信：“难道你的射术可以达到这样的水平吗？”更羸很自信地说：“可以。”

不一会儿，一只雁从东方飞来，更羸拿起弓拉了一下空弦，那只雁应声栽落到地上。魏王惊叹道：“你射箭的本领居然可以达到这样一种地步！”更赢说：“这是一只受伤的孤雁啊！”魏王问：“先生是怎么知道的呢？”更赢回答说：“它飞得很缓慢，叫声很悲惨。根据我的经验，飞得慢，是因为旧伤疼痛；叫得惨，是因为长久失群。由于它的旧伤没有长好，一直处于一种害怕的心情中，所以一听见弓弦响，就急忙往高处飞，这就引起伤口破裂，从高空掉下来了。”

大雁虽然受了伤，脱离了雁群，但是它依然可以飞翔。内心的孤独与恐惧消磨了它前进的动力，它的伤在身体，更在内心。作为一个有经验的射手，听鸿鸣而知其伤，弹弓而落飞鸟，这是一种境界，更是一种艺术。眼中有数，心中不慌，敏锐地观察，直击对方心里的最弱点，就能出其不意地制胜。然而这种观察、分析、判断的能力，只有通过长期刻苦的学习和实践才能培养出来。

你可以羡慕更赢凭借弹弓音而落大雁的神奇举动，但你更应看到他的敏锐观察和为了这一次的射猎而经过的刻苦训练。人的一生要面对无数次挑战，每一次的挑战都艰辛且不同，但成功的法则是不变的，那就是了解自己，了解对手。

“知己知彼，百战不殆”不仅为古今中外许多军事家所推崇，作为一种智慧，一种决策制胜的方略，它同样适用于生活的各个方面。面对对手，面对挑战，我们只有清楚地观察到对方的每一个细节，才能做到心中有数，采取正确的对策赢得胜利。

不打无准备之仗

正恐后之罪今，亦犹今之罪昔耳。

——王阳明

凡事预则立，不预则废。《孙子兵法》中说：“凡用兵之法，驰车千驷，革车千乘，带甲十万，千里馈粮。则内外之费，宾客之用，胶漆之材，车甲之奉，日费千金，然后十万之师举矣。”关于战争的成本，孙武对车马费、伙食费、医疗费、外交补贴等都考虑得很清楚。战斗，需要强大的后勤做后盾。战前的准备工作，是战争所必需的，也是战争能够取得胜利的保证。正所谓“军无辎重则亡，无粮食则亡，无委积则亡”，只有解决了基本的生活问题，才有精力去作战。

王阳明戎马倥偬，他深知打仗是一场残酷的争夺，每一场战争都关乎生死，关乎朝廷安危，都会消耗大量的人力和物力，因而，每每打仗，他首先是了解对手情况，不打无准备之仗。比如官军在汀漳平乱时，多次出现泄露军事机密情况：官军还没行动，对手已经四下逃逸；等到官军收兵，又恢复老样子。毫无疑问，是内奸所为。因此消除内奸就成为打胜仗的起码条件。另外加强当地治安、巩固后方也是战争胜利必备的要素。于是王阳明决定采用“十家牌法”，建立起组织和制度上的保证。他还组织民兵，平时保卫县城，战时可由各省调遣。

打有准备之仗是王阳明从来没有打过败仗的重要因素。拿破仑·希尔说过，一个善于准备的人，是离成功最近的人；一个缺乏准备的人，一定是一个差错不断的人，纵然其有超然的能力、千载难逢的机会，也不能保证获得长久的成功。

在做任何事情之前，都不要急于行动，而是要悉心准备后再一步步水到渠成地实现目标。

准备多做一分，相应的风险就会减少一分。而没有准备的行动会让一切陷入无序，最终面临失败的局面。古罗马学者塞涅卡有这样一句话：“要想利用风驰电掣的机会，不仅要做好物质上的准备，更重要的是要做好精神上的准备。”可见，准备工作事关成败，但人们总是忽视它。即便有人认识到了它的重要性，也很少能长久地关注它。于是，“效率低下，差错不断”就成了失败者的标签。

有人曾这样说过，事业成功的三大要素是天赋、勤奋与机遇。可见，机遇固然重要，但离不开天赋和勤奋，离不开充分的准备。成功者并不天生是幸运女神的宠儿，他们大多是在经历了奋力拼搏、曲折辛酸之后才有所收获。

不怒自威

为政不事威刑，惟以开导人心为本。

——王阳明

征战最主要的目的，并不是要消灭敌人的肉体，而是要使敌人心服口服。“攻心为上”，是历代兵家克敌的有力武器。《孙子兵法》中有言“上兵伐谋，其次伐交，其次伐兵，其下攻城”，虽然没有“攻心”之说，但实际上包含了攻心策略。

王阳明作为人、人性、人心的研究家，当然知道攻心在战争中的重要地位。每次作战之前，王阳明都会通过发布榜谕，直攻对方的心理防线。在榜谕上，王阳明对百姓犯错的原因进行了入情入理的分析，并阐述了宽大政策以及自己不立即进兵的原因，殷切期望误入歧途者幡然悔悟。《王阳明全集》所辑录的一百五十篇公文中，属于榜谕性质的就有二十一篇。很多起义的百姓看到他的榜谕，都会自动缴械投降。这就是战争的最高境界。

真正的强者，震慑的是人的心理，而不是肉体。王阳明不费一兵一卒，就使对手屈服，实在为人称许。一个人如果注重内在的修养，锻造自己，也能不战而胜。

古代，有一个专门训练斗鸡的名手叫纪渻子。一天，君王让他代为训练一只斗鸡。十天过后，君王询问训练情况：“进展如何？近日是否可用？”纪渻子回答道：“时机尚未成熟，它杀气腾腾，一上场即横冲直撞。”

又过了十天，君王再度询问，但纪渻子还是回答说：“不成！它只要一听到斗鸡的叫声，便马上斗志昂扬，无法控制自如。”

又过了十天，君王又来询问此事：“怎样了？现在该可以了吧？”纪渻子仍然摇头，说：“还不行，它只要看见斗鸡的身影，便立刻来势汹汹，火暴蛮斗。”

十天很快又过去了。君王走到纪渻子面前时，终于得到纪渻子满意的答复：“大功告成！如今它置身竞技场，不论其他斗鸡如何挑其怒气，煽其斗志，它都如木鸡一样，无动于衷。这就是内心充满‘德行’的证据。现在，无论什么样的斗鸡遇见它，莫不落荒而逃。”

纪渻子不愧为一个斗鸡高手，他将斗鸡培养成大智若愚的木鸡，锻造了斗鸡的内心气势，让别的斗鸡充满恐惧，不战自败。人也应该同斗鸡一样，不要稍微有点能力就四处卖弄、不可一世，轻率、随便只会流露出无知的本质。自我魅力的修养要靠长时间的锻炼才能形成。

军事上讲究“攻城为下，攻心为上”，说的就是心理博弈在竞争中的重要性。一个真正的强者是不会将威严流于表面的，他震慑的是人的心理，给人一种高不可测的“距离感”，使人无法真正了解他的内心世界。

内心沉稳、不怒自威才是真正的内心气势。面对激烈的竞争，我们不要急于与对手搏斗，而要注重气势的培养。急于求成不但不利于竞争，反而会让我们一败涂地。韬光养晦、引而不发，培养自己内心深沉、淡泊名利的品质，不需要激烈的竞争，我们的对手便会甘拜下风，失去了反抗抵触的心理。

如今，很多企业的领导者都属于“木鸡”型，他们在团队中能产生强大的影响力。这是因为这类人平时虽然话语不多，可一旦出口，则句句都很在理。所以他们说话总是“惜墨如金”——要么不说，要说一定说到点子上，并产生效果。

做一个强者、智者，不需要豪言壮语，只需要不怒自威的气势。

第十八章

淡定心：不以物喜，不以己悲

宁静致远

是有意于求宁静，是以愈不宁静耳。夫妄心则动也，照心非动也。恒照则恒动恒静，天地之所以恒久而不已也。照心固照也，妄心亦照也。

——王阳明

“非宁静无以致远。”诸葛武侯如是说。静是什么？是泰山崩于前而色不变，是大胸襟，也是大觉悟，非丝非竹而自恬愉，非烟非茗而自清芬。

王阳明认为如果我们有意追求内心的宁静，就会越来越不被外界的动荡所影响。因为妄念会使心灵动荡，而正确认识自己的本心却能使心灵保持恒久的平静。只有持续地正确认识自己的本心，才能使心灵持续地保持平静，这就像天地一样恒久而不变。

紧张和焦灼的生活，很难让人品味到静的清芬与恬愉，甚至会渐渐浮躁起来。可是浮躁往往不利于事物的发展。因此，与其让浮躁影响我们正常的思维，不如放开胸怀，静下心来，默享生活的原味。毕竟唯有宁静的心灵，才不营营于权势显赫，不奢望金银成堆，不乞求声名鹊起，不羡慕美宅华第，因为所有的营营、奢望、乞求和羡慕，都是一厢情愿，只能加重生命的负荷，加速心灵的浮躁，而与豁达康乐无关。

谢安乃晋朝名臣。晋简文帝时，权臣桓温想要简文帝禅位给他。简文帝死后，谢安等人趁桓温不在京都，马上立太子做了皇帝。桓温气急败坏，于是在宁康元年（公元373年）二月，亲率大军，杀气腾腾地回兵京师，向谢安问罪，并欲趁机扫平京城，改朝换代。眼见朝廷上下人心惶惶，新帝司马曜也不得不下诏让吏部尚书谢安和侍中王坦之到新亭迎接桓温。

二月的京城，春寒料峭，桓温的到来更给这里增添了一派肃杀气象。桓温到来时，百官都去迎接。文武百官纷纷跪拜在道路两旁，甚至连抬头看一眼威风凛凛从眼前经过的桓温的勇气都没有，这里面也包括那些有地位有名望的朝廷重臣。但谢安除外，面对四周杀气腾腾的卫兵，他先是作了一首咏浩浩洪流的《洛生咏》，然后才从容地说："我听说诸侯有道，就会命守卫之士在四方防御邻国的入侵。明公入朝，会见诸位大臣，哪用得着在墙壁后布置人马呢？"桓温一下子被他镇住了，于是赶忙赔笑说："正因为不得已才这样做呀！"他连忙传令撤走兵士，笼罩在大家中间的紧张气氛一下子消除了。

接下来，桓温又摆酒设馔，与谢安两人"欢笑移日"，在这欢笑声中，东晋朝廷总算度过了一场虚惊。

"泰山崩于面前而不惊"，如此的定力不是每个人都可能做到的。谢安曾经在桓温的手下做事，面对这个杀气腾腾的上级，要想保持镇定，不仅需要在气势上胜过他，更要在心理上胜过他。可以说，谢安能够在桓温面前安然自在，是因为他保持了内心的宁静，在气势上胜过了桓温。

王阳明致良知的哲学思想中包含这样一层含义，即良知是生命本源的一种知觉。宁静作为一种功夫的意义就在此，它能够减去压在良知表面上的重物。宁静是一种气质、一种修养、一种境界、一种充满内涵的悠远。安之若素，沉默从容，往往要比气急败坏、声嘶力竭更显涵养和理智。

其实，真的不需太急功近利，不如将心跳放缓，随青山绿水而舞，见鱼跃鸢飞而动。水流任急境常静，花落虽频意自闲。把心常放在静处，荣辱得失，哪一样能够左右我？

不动心，不烦恼

心之本体，原自不动。

——王阳明

王阳明曾在平定叛乱后看见世风日下，感慨道：破山中贼易，破心中贼难。心中之贼便是私欲，私欲是一切恶的源头。他认为一个人持有什么样的心态，就可能成为什么样的人，也就有一个什么样的人生。

世间的事纷至沓来，只有做到不动心，才能得到真正超然物外的洒脱。王阳明认为，心的本体，原本就是不动的。心不动，即便有三千烦恼丝缠身，亦能恬静自如。这就好比同样多的事情，有人为世事所扰，忙得焦头烂额；有人却能泰然自若地悉数处理完毕。生活的智者总是懂得在忙碌的生活之中，存一颗闲静淡泊之心，寄寓灵魂。后者虽因忙碌而身体劳累，却因为时时有着一颗清静、洒脱而无求的心，便能很容易找到自己的快乐。

苏轼是宋代名士，既有很深的文学造诣，他的思想也兼容了儒、释、道三家关于生命哲理的阐释，虽如此，有时候他也不能真正领悟到心定的感觉。

苏轼被贬谪到江北瓜洲时，和金山寺的和尚佛印相交甚多，两人常常在一起参禅礼佛，谈经论道，成为非常好的朋友。

传说有一天，苏轼作了一首五言诗："稽首天中天，毫光照大千。八风吹不动，端坐紫金莲。"作完之后，他再三吟诵，觉得其中含义深刻，颇得禅家智慧之大成。苏轼觉得佛印看到这首诗一定会大为赞赏，于是很想立刻把这首诗交给佛印；但苦于公务缠身，只好派了一个小书童将诗稿送过江去请佛印品鉴。

书童说明来意之后将诗稿交给佛印禅师，佛印看过之后，微微一笑，提笔在原稿的背面写了几个字，然后让书童带回。

苏轼满心欢喜地打开信封，却先惊后怒。原来佛印只在宣纸背面写了两个字：“狗屁！”苏轼既生气又不解，坐立不安，索性搁下手中的事务，吩咐书童备船再次过江。

哪知苏轼的船刚刚靠岸，佛印禅师已经在岸边等候多时。苏轼怒不可遏地对佛印说：“和尚，你我相交甚好，为何要这般侮辱我呢？”

佛印笑吟吟地说：“此话怎讲？我怎么会侮辱居士呢？”

苏轼将诗稿拿出来，指着背面的“狗屁”二字给佛印看，质问原因。

佛印接过来，指着苏轼的诗问道：“居士不是自称‘八风吹不动’吗？那怎么一个‘屁’就过江来了呢？”

苏轼顿时明白了佛印的意思，满脸羞愧，不知如何作答。

身在人世操劳一生，却能心安身安，这着实是一件不容易的事。这需要我们转换对生活的态度，持一颗清静的心，不生是非分别，不起憎爱怨亲，就能够安稳如山，自在如风。

世上本无事，庸人自扰之。王阳明说人人都具有心力，大凡终日烦恼的人，实际上并不是遭遇了多大的不幸，而是自己的内心对生活的认识存在着片面性，心无力而已。真正聪明的人即使处在烦恼的环境中，也能够自己寻找快乐。

在忙碌、纷扰的生活中保持一颗清静的心，心中有青山，就算再忙，也永远是“气定神闲的忙”。

顺境逆境都从容

险夷原不滞胸中，何异浮云过太空。夜静海涛三万里，月明飞锡下天风。

——王阳明

生活充满了种种偶然与不测，很多人的心情都容易因此受到影响，无时无刻不在忐忑不安之中。而要沉着冷静地去面对，则需如王阳明所说的涤荡内心。不管是顺境，还是逆境，都要静心不动。

静心即净心。平常人想要净心的时候，往往习惯于用理性去控制；但这样做的结果可能适得其反。告诉自己“不能动心，不能动心”，这个时候心已经动了。提示自己“心不能随境转”，这个时候心已经转了。王阳明说，有意去找寻宁静，这个时候已经不宁静了。真正的净心不是特意去控制它，也不是刻意去把握它。什么时候都知道自己的心，心自然而然就不动了。心不动了，人就不会为外界的诱惑所动，从而净化自身。

仰山禅师有一次请示洪恩禅师道：“为什么吾人不能很快地认识自己？”

洪恩禅师回答道：“我给你说个譬喻，如一室有六窗，室内有一猕猴，蹦跳不停，另有五只猕猴从东西南北窗边追逐猩猩。猩猩回应，如是六窗，俱唤俱应。六只猕猴，六只猩猩，实在很不容易很快认出哪一个是自己。”

仰山禅师听后，知道洪恩禅师是说吾人内在的六识（眼、耳、鼻、舌、身、意）和追逐外境的六尘（色、声、香、味、触、法）鼓噪繁动，彼此纠缠不息，如空中金星蜉蝣不停。如此怎能很快认识哪一个是真的自己？因此便起而礼谢道：“适蒙和尚以譬喻开示，无不了知。但如果内在的猕猴睡觉，外境的猩猩欲与它相见，且又如何？”

洪恩禅师便下绳床，拉着仰山禅师，手舞足蹈地说道：

“好比在田地里，防止鸟雀偷吃禾苗的果实，竖一个稻草假人，所谓‘犹如木人看花鸟，何妨万物假围绕’。”

仰山顿悟。

为什么人最难认清自己呢？主要是因为真心被掩盖了。就像一面镜子，布满灰尘，就不能清晰地映照出物体的形貌。真心没有显现出来，妄心就会影响人心，时时刻刻攀缘外境，心猿意马，不肯休息。

心不动才能真正认清自己，遇到顺境不动，遇到逆境也不动，不受任何外在的影响。许多人遇到顺境的时候高兴得不得了，遇到逆境的时候痛苦得不得了。其实，我们遇到的任何外境都一样，如果我们能够了解这一点，就不会被六尘所诱惑，也不会被六识所蒙蔽。

实际上，顺境跟逆境不过是一体两面而已：一个是手背，一个是手心。顺境时得意忘形，逆境时失意忘形，都是不对的。换句话说，是心有所住。有所住，就被一个东西困住了，就得不到解脱。要想真正解脱，并不是去崇拜偶像，也不是迷信权威，而是要心无所住，心不为动。这样，面对任何事情，物来则应，过去不留。

王阳明启示我们，把混浊、动荡的心澄清，不要刻意去欢喜、悲伤。就好像看一池生长于污泥中的荷花，池边的观赏者有人欢喜有人忧。可是一池的荷花却在那里，不动，不痴，也不染，荷花只是荷花。人如果也能像荷花一样，不被外物牵绊，活出真我，心便能回归寂静，生活也就不会被境遇随意差遣。

静坐静思，不被外物所扰

日间功夫，觉纷扰，则静坐。

——王阳明

在纷乱的社会生活中，人们常常感到不安。对此，王阳明建议学习静坐。闭上眼睛去养神。养着养着，外在的喧嚣和热闹都消失了，随即便发现了心灵内在更为美好的境界。

“独坐丹房，潇然无事，烹茶一壶，烧香一炷，看达摩面壁图。垂帘少顷，不觉心静神清，气柔息定，濛濛然如混沌境界，意者揖达摩与之乘槎而见麻姑也。”这是《小窗幽记》给人们描述的一个幽静、美妙的意境：独自坐在禅房中，清爽而无事，煮一壶茶，燃一炷香，欣赏达摩面壁图。将眼睛闭上一会儿，不知不觉中，心变得十分平静，神志也十分清静，气息柔和而稳定。这种感觉，仿佛回到了最初的混沌境界，就像拜见达摩祖师，和他一同乘着木筏渡水，见到了麻姑一般。

人只有心静下来的时候，才能够观照到自己的本来面目。就好像波浪迭起的时候，我们无法看到水底的情况；只有当水平波静的时候，我们才能看到清澈的水底。所以，静坐是人们放下心外一切的有效方法。

静坐是指放松入静，排除杂念，呼吸自然，一切的一切主要是为了让一个人变得安静，能感觉到自己的存在，达到忘我之境。静坐可以让一个人的身体保持内外平衡，也利于提升自己的心灵境界。一个人若能在嘈杂中感悟宁静，也就达到了人生快乐的极高境界。

有四个人聚在一块儿进行一项“不说话”的训练，以此考验定力。四个人当中，有三个人的定力较高，只有一个人定力较弱。由于是在晚上，要时常为灯添油，所以四人商量过后，点灯的工作就由定力最弱的那个人负责。

“不说话”开始后，四个人就围绕着那盏灯静坐。几个小时过去了，四个人都默不作声。

油灯中的油越燃越少，眼看就要枯竭，负责管灯的那个人见状，大为着急。此时，突然吹来一阵风，灯火被风吹得左摇右晃，几乎就要灭了。

管灯的人实在忍不住了，他大叫道：“糟糕！火快熄灭了。”

其他三个人，原来都闭目静坐，始终没说话，听到管灯的那个人的喊叫声，有一个人立刻斥责他说：“你叫什么！我们在做‘不说话’，不能开口说话。”

又有一个人闻声大怒，他骂第二个人说："你不也说话了吗？太不像样了。"

第四个人始终沉默静坐。可是过了一会儿，他就睁眼傲视其他三个人，说："只有我没说话。"

到达心灵的宁静境界实属不易，如果还要在宁静的境界里感悟人生的奔腾则是难上加难。因为外物的嘈杂难敌内心的安宁，但是环境的安宁却不容易让人兴奋。当人们被静谧吞没的时候，是兴奋不起来的，因此在宁静中让自己的内心变得活力四射就显得更难得。

人当心如止水，但是止水并不是死水，所谓静止只是相对的状态，人生往往是宁静里波涛汹涌，那些最平淡的事物里面往往酝酿着最为激烈的革命。一个人如能做到在宁静中感悟奔腾，就证明已达到心灵的至高境界。

"静虑息欲致良知"，这是王阳明说知行合一时提出的，当人们万分疲惫的时候，只需静坐下来，闭上眼睛，打开心眼去看你内心存在的那个世界，疲劳就会渐渐消退，祥和空灵的境界随之而来。

身处喧嚣尘世，我们独自静处房中，清静无为，摆脱了尘世的喧扰，燃一炷好香，烹煮上一壶清茶，慢慢地品味着妙道的清香。然后静坐闭目，心自澄明，哪里还记得这俗世的烦恼呢？

心清净，便悠然自得

初学用功，却须扫除荡涤，勿使留积，则适然来遇，始不为累，自然顺而应之。

——王阳明

人类在任何时代都需要一颗清净心。有了清净心，遇到失意之事能治之以忍，遇到快心之事能视之以淡，遇到荣宠之事能置之以让，遇到怨恨之事能安之以忍，遇到烦乱之事能处之以静，遇到忧悲之事能平之以稳。

王阳明说："扫除荡涤，勿使留积，则适然来遇，始不为累，自然顺而应之。"排除杂念，不为外物所累，追求心灵的自由。王阳明强调的是一种心灵的模式，即拥有一颗清净的心，摆脱外界环境的干扰，完全沉浸、专注于当下所做的事情当中，用整个身心来解决所面临的问题，而不是纠缠于自我。

俗语说"世上无难事，只怕有心人"。人若是专心致志，任何难题都能解决，而深入研究问题的起因、经过、结果以及相关问题，则能做到触类旁通，解决了此问题，便能解决与此相通的其他问题。反之，倘若三心二意，被外物所扰，再聪明的人也不能掌握真正的技术，不能学会更多的知识。

从前，有个名叫弈秋的人，他的棋艺水平闻名全国。每隔两年，弈秋大师都会招收两名徒弟，这一次，他的徒弟是两个小伙子：一个叫东木，另一个叫西木。

弈秋讲棋有个习惯，总是闭着眼睛讲解，用手摸着棋子出着，并不监督徒弟们学习的态度，全凭他们的自觉来掌握棋艺。

开始时，东木和西木都能够全神贯注地听老师讲课，有时，两个人还时不时打断弈秋的讲解，提出各种疑问。晚上回到住宿的地方，两人往往兴致未尽，在院子中切磋棋艺，其水平不相上下，进步很快。

一年后，东木和西木回家看望家人。经过一片林子时，他们恰好看到一个英俊的猎人拉弓搭箭，一下子射落一只正在高飞的天鹅。这情景深深地吸引了西木，给他留下了难忘的印象。回到老师身边，东木和西木学棋的态度有所不同了。东木学棋的兴致越来越浓，西木却感到整天学棋太枯燥了。东木听老师讲解棋谱时，专心致志，用心去领会老师说的每一句话；西木呢，他对猎鸟更感兴趣，总惦记着天鹅是不是正在天上飞呢，有时，他还隐隐约约听到天鹅的叫声，眼前不时浮现猎人射落天鹅的英姿。

又一年过去，东木和西木学艺期满。弈秋让二位徒弟对弈，检验他们的棋艺。结果当然是东木棋高一筹，把西木杀得落花流水。

弈秋大师看完两位徒弟的棋局，感慨道："初学时，我闭目教棋时听你们两人的回答，我认为你们同样聪明；后来，我闭目教棋时只听到东木一个人的回答，西木的心已经飞走了，所以我明白东木才是我真正的徒弟。”

清净心能够提高人的人生境界。清净之心就是一粒小小的种子，虽然外表看来微不足道，但其中蕴含着巨大的力量，凭借这种力量，人能够实现腾飞。

诸葛亮五十四岁时写给他八岁儿子诸葛瞻的《诫子书》中说：“非淡泊无以明志，非宁静无以致远。”意思是一个人在社会中生活，若淡泊名利等身外之物，便可以真正明确自己的志向；若心无旁骛投入某项你所钟爱的事业中，便可以实现远大理想。这是诸葛亮一生的真实写照，亦是我们后人谨遵的警句名言。

为世俗名利所困扰，就算成功了，得到的也只是物质丰裕的快感，缺少“闲居无事可评论，一炷清香自得闻”的一派悠然。按照王阳明所说的，我们若做一件事能沉下心来好好地投入，研究它、发展它，把功名等泛泛之事都抛到脑后，终有一天，会收获兴致，还有成功。

在紧张忙碌的日子里，抽空为自己净心，片刻的净心会带来片刻的安宁，无数个片刻积累起来，人就获得了悠然自得的心情，整个身心也就能达到和谐的状态。

按心兵不动，如止水从容

你未看此花时，此花与汝心同归于寂。你来看此花时，则此花颜色一时明白起来。便知此花不在你的心外。

——王阳明

我们每个人的心中都难免有理性和情绪上的斗争。这种“心、意、识”自讼的状态就叫作“心兵”。普通人心中随时都在打内战，如果妄念不生，止水澄波，心兵永息，自然天下太平。

“你未看此花时，此花与汝心同归于寂。你来看此花时，则此花颜色一时明白起来。便知此花不在你的心外。”这几句话被奉为王阳明的经典话语。王阳明认为外物之所以存在，是因为心的存在。所以在面对人生中的诸多沉浮时，我们大可不必左右摇摆，而是要以一种从容淡定的心情去对待，并借此来修炼自己的心灵，达到不动心的境界，以获得悠然自在的人生。

从容淡定，是一种活法，一番境界。有一则有趣的笑话：下雨了，大家都匆匆忙忙往前跑。唯有一人神态悠然，在雨中踱步。旁边大步流星跑过的人十分不解：“你怎么不快跑？”此人缓缓答道：“急什么，前面不也在下雨吗？”

当人们在面临风雨匆忙奔跑之时，那个淡然安定欣赏雨景的人，正是深谙从容的生活智慧。在现代都市竞争的人性丛林中，从容淡定是一种难以达到的大境界，别人都在杞人忧天、慌不择路，只有他镇定从容。正如一首耳熟能详的歌中唱的那样：“曾经在幽幽暗暗反反复复中追问，才知道平平淡淡从从容容才是真。”

黄帝做了十九年天子，诏令通行天下，听说广成子居住在崆峒山上，特意前往拜见他。

黄帝见到广成子后说：“我听说先生已经通晓至道，冒昧地请教至道的精华。我一心想获取天地的灵气，用来帮助五谷生长，用来养育百姓。我又希望能主宰阴阳，从而使众多生灵遂心地成长，对此我将怎么办？”

广成子回答说：“你所想问的，是万事万物的根本；你所想主宰的，是万事万物的残留。自从你治理天下，天上的云气不等到聚集就下起雨来，地上的草木不等到枯黄就飘落凋零，太阳和月亮的光亮也渐渐地晦暗下来。然而谗谄的小人心地是那么褊狭和恶劣，又怎么能够谈论大道！”

黄帝听了这一席话，便退了回来，弃置朝政，筑起清心寂智的静室，铺着洁白的茅草，谢绝交往，独居三月，再次前往求教。

广成子头朝南躺着，黄帝则顺着下方，双膝着地匍匐向前，叩头着地，行了大礼后问道：“听说先生已经通晓至道，冒昧地请教，修养自身到哪一步才能活得长久？”

广成子急速地挺身而起，说：“问得好啊！来，我告诉给你至道。

至道的精髓，幽深邈远；至道的至极，晦暗沉寂。什么也不看什么也不听，持守精神保持宁静，形体自然顺应正道。一定要保持宁寂和清静，不要使身形疲累劳苦，不要使精神动荡恍惚，这样就可以长生。眼睛什么也没看见，耳朵什么也没听到，内心什么也不知晓，这样你的精神定能持守你的形体，形体也就长生。小心谨慎地摒除一切思虑，封闭起对外的一切感官，智巧太盛定然招致败亡。我帮助你达到最光明的境地，直达那阳气的本原。我帮助你进入幽深邈远的大门，直达那阴气的本原。天和地都各有主宰，阴和阳都各有府藏，谨慎地守护你的身形，万物将会自然地成长。我持守着浑一的大道而又处于阴阳二气调谐的境界，所以我修身至今已经一千二百年，而我的身形还不曾衰老。”

黄帝再次行了大礼，叩头至地说：“先生真可说是跟自然浑然而为一了！”

广成子主要说的是怎样才能求得道，我们却可以从中体悟到“静”的作用——每个人想要得到幸福，都要保持自己心灵的平静，按住心兵不动。

王维诗云：

人闲桂花落，夜静春山空。
月出惊山鸟，时鸣春涧中。

此诗描写的不仅是美丽的自然，也是诗人生命的美。如果一个人在喧闹的都市中仍保持一颗清静无为的心，就能像王维那样体验到生命中蕴含着的花落、月出、鸟鸣的美丽，就能拥有一个诗意的幸福人生。

从容不动心，能够让你在车马喧嚣之中多一分理性，在名利劳形之中多一分清醒，在奔波挣扎中多一分尊严，在困顿坎坷中多一分主动。从容是一种处世泰然，是一种宠辱不惊；从容是以一颗平常心接受现实中的凝重、琐碎、磨难甚至不公平。

王阳明一再讲“心外无物”“心外无理”，他声称心是万物的主宰，一切都源于心，心是可以灵活多变的，你需要学会掌控。所以，任何时候都不要让心慌乱，只需从容淡定，一切便会豁然开朗。

第十九章

彻悟心：入世心做事，出世心做人

随性生活，顺其自然

有根方生，无根便死。

——王阳明

每个人都有天然的生命，每个人的身体形貌都是独立的，各有独自的精神。“人之貌有与也。”这句话告诉我们一个深刻的道理：人的相貌是相对的，外形不能妨碍我们精神生命独立的人格，每个人要有自己生命的价值，人活着要顺其自然，不要受任何外界环境的影响。

少年时代的王阳明，耳濡目染的是经书、科考和功名。读书而金榜题名，是晋升的黄金之路，也是成为封建贵族和进入权力中心的唯一道路。

然而具有戏剧性的是，癸丑年他参加科举落选，他父亲的许多同僚和赏识他的人来安慰他，宰相李西涯跟他开玩笑说：“汝今岁不第，来科必为状元，试作来科状元赋。”还在扬才露己阶段的王阳明遂“悬笔立就”。诸老皆惊呼：“天才！天才！”后来有忌妒他才华的人说：“此子如果取上第，目中不会有我辈矣。”来年即丙辰科会试，果然因有人忌妒而名落孙山。

王阳明科举的落败，原因就在于他违背了自己既入乎其中又超乎其外的章法，用力太猛，适得其反，这对于功名心还极强的他来说是深感挫败的。然而他一想，这才是真正需要格的物，要顺应自然的常态，加强自己心的修炼。

一切都是最好的安排，自然就是生命的方式。有时候，过于倚重外物与环境会让你充满烦恼，得不到快乐的往往不是别人，正是你自己。

一个人被烦恼缠身，于是四处寻找解脱烦恼的秘诀。有一天，这个人来到一处山脚下，看见在一片绿草丛中有一位牧童骑在牛背上，吹着横笛，逍遥自在。他走上前去问道："你看起来很快活，能教给我解脱烦恼的方法吗？"牧童说："骑在牛背上，笛子一吹，什么烦恼也没有了。"他试了试，却无济于事。于是，他又开始继续寻找。

不久，他来到一个山洞里，看见一个老人独坐在洞中，面带满足的微笑。他深深鞠了一个躬，向老人说明来意。老人问道："这么说你是来寻求解脱的？"他说："是的！恳请赐教。"老人笑着问："有谁捆住你了吗？""没有。""既然没有人捆住你，何谈解脱呢？"他蓦然醒悟。

我们又何尝不是像这个人一样四处寻找解脱的途径？殊不知，并没有谁捆住你的手脚，真正难以摆脱的是困于心中的那个瓶颈。打破心中的瓶颈，清除掉心中的垃圾，你就可以在属于自己的天空中自由翱翔。人之所以不快乐，就是因为活得不够单纯。其实，不要去刻意追求什么，不要向生命索取什么，不要给自己设置障碍，简单而自然，本身就是一种幸福。

一个农民从洪水中救起了他的妻子，他的孩子却被淹死了。事后，人们议论纷纷。有人说他做得对，因为孩子可以再生一个，妻子却不能死而复活。有人说他做错了，因为妻子可以另娶一个，孩子却没法死而复活。

有一个秀才听说此事，也感到疑惑不解，他就去问农民。农民告诉他，他救人时什么也没去想。洪水袭来，妻子在他身边，他抓起妻子就往山坡游。待返回时，孩子已被洪水冲走了。

这个农民的处事方式自然是一种睿智的生活方式，如果他进行一番抉择的话，事情的结果会是怎样呢？洪水袭来，妻子和孩子都被卷进漩涡，片刻之间就会失去生命。

随着年龄、阅历的增长，人心会越来越复杂。其实生活通常都很简单，只是人们用自己的心让它变得扑朔迷离。保持自然的生活方式，不因外在的影响而痛苦抉择，便会懂得生命简单的快乐。人生中，许多时候，我们并没有机会和时间进行抉择，你只需遵循生命自然的方式，随性生活便好。王阳明曾提出过一个“俟命”的生死态度。“俟命”就是认命，但在王阳明看来，所谓认命和随性，并不是随便，而是顺其自然，不躁进、不过度、不强求；是把握机缘，不悲观、不慌乱、不忘形。

既然上天赐予我们形体和生命，也赐予了我们自由生活的权利，不要忘记，自然永远比人更包容，不能包容人的，是人自己。

从心所欲不逾矩

志于道德者，功名不足以累其心；志于功名者，富贵不足以累其心。

——王阳明

从正德六年（公元1511年）起，由于王阳明在江西庐陵施政成绩卓著，因此他由司主事升到员外郎、郎中、南京鸿胪寺卿、都察院左佥都御史、都察院右都御史，巡抚两广，任南京兵部尚书，封新建伯。加上他的文治武功，可以说是声名显赫。尤其是平定宁王叛乱之后，更是名动朝野。但是王阳明不但毫无升迁之后的欣喜，反而一次又一次上疏，或者恳求辞官；或者借体弱多病，恳请归里修养；或者恳求回乡探望亲人，离开政界。

真正的智者永远知道自己需要什么和不需要什么，不会为了看似光鲜的声誉而明争暗斗。王阳明就是这样一个人，七次擢升，他六次要求辞官，虽然不被皇帝批准，但是他始终知道自己要的是什么。

曾有人说："石火光中争长竞短，几何光阴？蜗牛角上较雌论雄，许大世界？"人生就像用铁击石所发出的火光一闪即逝，在这短暂的光阴中何苦为争名夺利而浪费时间？人类在宇宙中生存的空间就像蜗牛角一样狭小，在这般有限的空间里又能争得多大的世界呢？

齐庄公的时候，有个勇士名叫宾卑聚。一天夜里，他梦见一个壮士，身材魁梧，头戴白色绢帽，帽上坠着红色的丝穗，外穿耀眼的红色麻布盛装，内穿棉布做的衣服，脚穿一双崭新的白色缎鞋，身上挂着一个黑色的剑囊。这个威武的大汉走到宾卑聚面前，大声地呵斥他，还朝他脸上吐唾沫。宾卑聚一下子惊醒了，发现原来是个梦。尽管这样，他依然耿耿于怀。

第二天天一亮，宾卑聚就把他的朋友们都请来，向他们讲述了头天晚上做的梦。然后他对朋友们说："我自幼崇尚勇敢，六十年来从没受过任何欺凌侮辱。可是昨天夜里，我在梦中受到如此侮辱，心中实在愤懑。我定要找到那个敢于在梦中骂我，并向我吐唾沫的人。假若在三天之内找到他，就报这仇；如果三天之内找不到他，我就没脸面活在世上。"

此后每天早晨，宾卑聚就带着他的朋友们一起站在行人过往频繁的道路上，寻找梦中的壮士。可是，三天过去了，他们始终没有看到类似的壮士。宾卑聚气馁地回到家中，长叹一声，拔剑自刎了。

梦如镜花，转瞬即逝，皆是不现实的东西。古人常说："智勇多困于所溺。"人如果沉浸在虚幻的事物当中，对一切不现实的东西抱有奢望或想法，仿佛动物被困于囹圄，无法脱困，最终只会使自己疑心重重，害苦自己。这个故事清楚地说明，梦终是梦，人不可以追求或追究那种离自己太远的东西，应该看到眼前此刻现实的事物，保持淡然的心态，才能领悟生活的真谛。

王阳明有一个关于敬畏与洒脱的理论，即现实世界总是不圆满的，这个时候需要理想来填充；而理想并非空挂着，必须要落实到现实中去。在理想与现实中，人们开始追求和实践。为了不被这个过程当中的名利所扰，则需要达到敬畏和洒脱的境界，内在的敬畏，外在的洒脱，也就是对“从心所欲不逾矩”的注脚。身在名利场，却不为名利所累。

虚名是人心灵上的大包袱，让人没有一刻轻松，让人失去自我，让人失掉别人的尊重与承认。所以，除去虚名便能除去不必要的负担，任何时候，我们都要保持对自我的清醒认知。

以出世心境，做入世事业

我亦爱山仍恋官。

——王阳明

心学作为心性儒学，最不同于其他儒学者，在于其强调生命活泼的灵明体验。看似与佛学的心法修教十分相似，但佛学只求出世，而心学用出世之心做入世之事。这正是儒学所提的“内圣外王”生命观。综观王阳明的一生，平国安邦、著书立说、驰骋骑射，全无中国文人的懦弱单薄。他动静兼入极致，顿悟深远，知行合一，于平凡中体现伟大，以入世中明见其出世的心境。

王阳明的“有”，是“大无大有”，先无我才能真有我，因此他对万事既不排斥也不沉溺。比如在王阳明的诗歌中，我们可以看到他“我亦爱山仍恋官”。他既有强烈的建功立业的欲望，更想着他的“第一等事”——成为圣贤。成化三年（公元 1467 年），因为外祖父去世，王阳明也随之回到老家。他白天跟随大家一起学习，晚上还自己品读经史子集。他的亲戚朋友看到他如此精进，都纷纷慨叹，后来总结出：

“彼已游心举业外矣，吾辈不及也！”这也是老子说的“外其身而身存，后其身而身先”。

王阳明一生都得力于这种入乎其内、出乎其外的章法。老子说：“我愚人之心也哉，沌沌兮。”“愚”，并非真笨，而是故意表现出来的。“沌沌”，不是糊涂，而是如水汇流，随世而转，自己内心却清楚明了。

俗人有俗人的生活目的，道人悟道人的生命情调。就道家来讲，人生是没有目的的，即佛家所说“随缘而遇”，以及儒家所说“随遇而安”。随缘而遇的同时还要坚持个性，不受任何限制。身做入世事，心在尘缘外。唐朝李泌便为世人演绎了一段出世心境入世行的处世佳话，他睿智的处世态度充分显现了一位政治家、宗教家的高超智慧：该仕则仕，该隐则隐，无为之为，无可无不可。

李泌一生中多次因各种原因离开朝廷。玄宗天宝年间，当时隐居南岳嵩山的李泌上疏玄宗，议论时政，颇受重视。但遭到杨国忠的嫉恨，毁谤李泌以《感遇诗》讽喻朝政，李泌被送往蕲春郡安置，他索性“潜遁名山，以习隐自适”。从肃宗灵武即位时起，李泌就一直在肃宗身边，为平叛出谋划策，虽未身担要职，却“权逾宰相”，招来了权臣崔圆、李辅国的猜忌。收复京师后，为了躲避随时都可能发生的灾祸，也由于叛乱消弭、大局已定，李泌便功成身退，进衡山修道。代宗刚一即位，又将李泌召至京师，任命他为翰林学士，使其破戒入俗，李泌顺其自然。当时的权相元载将其视为朝中潜在的威胁，寻找借口再次将李泌逐出。后来，元载被诛，李泌又被召回，却再一次遭到重臣常衮的排斥，再次离京。建中年间，泾原兵变，身处危难的德宗又把李泌召至身边。

李泌屡蹶屡起、屹立不倒的原因，在于其恰当的处世方法和豁达的心态，其行入世，其心出世，所以社稷有难时，义不容辞，视为理所当然；国难平定后，全身而退，没有丝毫留恋。李泌已达到了顺应外物、无我无己的境界，正如儒家所说“用之则行，舍之则藏”，“行”则建功立业，

“藏”则修身养性，出世入世都充实而平静。李泌所处的时代，战乱频仍，朝廷内外倾轧混乱，若要明哲保身，必须避免卷入争权夺利的斗争之中。心系社稷，远离权力，无视名利，谦退处世，顺其自然，乃李泌的处世要诀。

李泌有一阕《长歌行》：“天覆吾，地载吾，天地生吾有意无。不然绝粒升天衢，不然鸣珂游帝都。焉能不贵复不去，空作昂藏一丈夫。一丈夫兮一丈夫，千生气志是良图。请君看取百年事，业就扁舟泛五湖。”这既是他本人一生的写照，也是他对后人的忠告。

用出世的心做入世的事，不是每个人都能做到的。怎样才算是出世之心呢？

古时候有一位智者，学识渊博，德高望重，他有一个小徒弟，天资聪颖，却总是怨天尤人。这天，徒弟又开始不停地抱怨，智者对他说：“去取一些盐来。”徒弟不知师父何意，疑惑不解地跑到厨房取了一罐盐。师父让徒弟把盐倒进一碗水里，命他喝下去，徒弟不情愿地喝了一口，苦涩难耐。师父问：“味道如何？”徒弟皱了皱眉头，说：“又苦又涩。”师父笑了笑，让徒弟又拿了一罐盐和自己一起前往湖边。师父让徒弟把盐撒进湖水里，然后对徒弟说：“掬一捧湖水喝吧。”徒弟喝了口湖水，师父问：“味道如何？”徒弟说：“清爽无比。”师父又问：“尝到苦涩之味了吗？”徒弟摇摇头。师父语重心长地对他说：“人生中的许多事情如同这罐盐，放入一碗水中，你尝到的是苦涩的滋味；放入一湖水中，你尝到的却是满口甘爽。让自己的心变成湖水，自然尝不到人生的苦涩。”

做人做事都应如此，莫让心境局限在一个狭小的空间，心如大海，便可达到出世的境界。老子说：“万物并作，吾以观复。”于他，无欲无为的出世和“治大国若烹小鲜”的入世巧妙地结合在一起。

一个人成不成功除了个人的条件外，还和个人的心态有关。就像王阳明一样，他可以“每日宴坐草庵中”，也可以“我亦爱山仍恋官”。

出世和入世很大程度上都取决于个人的心态。

人人都想追求幸福并成就一番事业。在人生的路途上肯定要遭遇很多挫折和苦难，这个时候就必须要静其心，淡泊名利，学会选择与放弃，学会以出世心境，做入世事业。

物来则应，物去不留

此心光明，亦复何言。

——王阳明

王阳明临死前说："此心光明，亦复何言。"回顾他的一生，少年时起便立下大志，勤读诗书。初入仕途被人陷害，遭贬谪龙场三年，吃尽了人间的苦，身心都大受打击，却也由此悟道，受用一生。而后频频得志，名震天下，桃李满布天下。王阳明的一生是波折与荣誉共生，他认为自己这一生不愧对百姓，不愧对国家，了无遗憾。

王阳明能够如此从容不迫地面对死亡，是因为他这一生并没有与世同流合污，而是在辛勤地付出，为百姓和国家鞠躬尽瘁。

古语道："处治世宜方，处乱世当圆，处叔季之世当方圆并用；待善人宜宽，待恶人宜严，待庸众之人当宽严互存。"处在太平盛世，待人接物应严正刚直；处在天下纷争的乱世，待人接物应随机应变；处在国家行将衰亡的末世，待人接物要方圆并济、交相使用；对待善良的人，态度应当宽厚；对待邪恶的人，态度应当严厉；对待一般平民百姓，态度应当宽厚和严厉并用。

当我们处于一个污浊的环境中时，如果能保持"万花丛中过，片叶不沾身"的操守，便不需急于撇清自己与这个世界的关系。这也是方圆之道。

所谓方圆，古人早有诸多论述。老子的理想道德是自然，是天地，是天圆地方；孔子的理想道德是中庸，是适度，是不偏不倚。这种观念作用于人际，便能促成一种更加和谐的平衡。当然，前提是在浊世里不管外有多“圆”，都要守住内心的“方”，守住自己道德的底线。

其实，我们之所以不赞成“众人皆醉我独醒”式的清高，是因为没有一个人能够彻底脱离这个世界，即便是浮萍，也需要一汪任其漂泊的流水，更何况没有几个人从心底里愿意做那无所束缚却也无所依靠的浮萍。

孙叔敖原来是位隐士，被人推荐给楚庄王，三个月后做了令尹（宰相）。他善于教化引导人民，因而使楚国上下和睦，国家安宁。有位孤丘老人很关心孙叔敖，特意登门拜访，问他：“高贵的人往往有三怨，你知道吗？”孙叔敖问：“您说的三怨是指什么呢？”孤丘老人说：“爵位高的人，别人嫉妒他；官职高的人，君王讨厌他；俸禄优厚的人，会招来怨恨。”孙叔敖笑着说：“我的爵位越高，我的心胸越谦卑；我的官职越大，我的欲望越小；我的俸禄越优厚，我对别人的施舍就越普遍。我用这样的办法来避免三怨，可以吗？”孤丘老人感到很满意，于是走了。

孙叔敖按照自己说的做了，避免了不少麻烦；但也并非一帆风顺。他曾几次被免职，又几次被复职。有个叫肩吾的隐士对此很不理解，就登门拜访孙叔敖，问他：“你三次担任令尹，也没有感到荣耀；你三次离开令尹之位，也没有露出忧色。我开始对此感到疑惑，现在看你的气色又是如此平和，你心里到底是怎样想的呢？”孙叔敖回答说：“我哪里有什么过人的地方啊，我认为官职爵禄的到来是不可推却的，离开是不可阻止的。得到和失去都不取决于我自己，因此才没有觉得荣耀或忧愁。况且我也不知道官职爵禄应该落在别人身上呢，还是应该落在我的身上。落在别人身上，那么我就不应该有，与我无关；落在我身上，那么别人就不应该有，与别人无关。我的追求是随顺自然，悠闲自得，哪里有工夫顾得上什么人间的贵贱呢。”肩吾对他很是钦佩。

孙叔敖没有被免职和复职的风波扰乱心绪，而是有物来则应、物去不留的淡然心境。为人处世，我们确实需要一颗方正的心。有圆无方，则谓之太柔，太柔之人缺筋骨，乏魄力，少大志，在生活中难以有大作为；但若有方无圆，则性情太刚，太刚则易折。

“举世皆浊我独清，众人皆醉我独醒”自有其清高自傲，但很多时候常常只能换来屈原式的含恨离世或是文人式的抑郁不得志。与之相较，同流世俗不合污，周旋尘境不流俗或许才是更加明智的选择。这也是王阳明的处世之道。

在现实生活中不乏经常愤世嫉俗，牢骚满腹，自命不凡却又处处碰壁，遇挫折缺少变通，很容易歇斯底里、自暴自弃，把自己推向极端的人。所以，方圆结合才是处世之道，只要保持了内心的高贵与正直，外在的束缚有时候反而不是那么重要。

三分能力，七分责任

仁心长存焉。

——王阳明

责任，是一种天赋的使命。每个人来到这个世上，都需要承担责任，没有责任的人生是空虚的，不敢承担责任的人是脆弱的，人生是一连串的责任累积。人的一生，要对自己负责，要对父母负责，要对子女负责，要对工作负责，要对社会和国家负责。

敢于承担责任，才能获得别人的尊重和信任，获得人生的成就感和自豪感。在王阳明一家由余姚搬到绍兴时，王阳明隐居在洞中，他按照道家的方法进行修炼和静养，并想彻底远离红尘。但是后来想到家中的祖母和父亲，以及自己尚且没有孩子，考虑到这些责任，他便没有做那样的决定。在洞中悟道的时候，他还顿悟出子女思念父母是小孩时候就有的，如果子女连父母都不想了，势必会灭绝种族和人性。

责任就是一种使命，每个人都有责任感，每个人都会不辱使命而努力。责任能激发人的潜能，也能唤醒人的良知。给人责任，也就是给了信任和真诚；有责任，也就成就了尊严和使命。

唐朝天宝十四载（公元 755 年），“安史之乱”爆发。当时郭子仪被任命为朔方节度使，攻克河东地区的战略重地静边军城，斩杀胡兵七千多，是“安史之乱”后唐朝的首次大捷。日后，郭子仪大败史思明，又率兵攻入东都洛阳，陈兵于天津桥南，士庶欢呼。后又收复长安，因军功卓著，郭子仪被加封司徒，封代国公。

看到郭子仪一步步晋升显位，大太监鱼朝恩怕于己不利，于是不断进谗言于唐肃宗，说郭子仪意欲谋反。唐肃宗听后，虽然不太相信，但还是夺了郭子仪的兵权，让他担任位高权微的官职。郭子仪欣然接受，没有任何怨言。听到这一消息，郭子仪的很多朋友和部下纷纷为之鸣不平，要上朝面圣，澄清事实，诛杀鱼朝恩。

郭子仪摇摇头：“现今国家危难之际，各路敌军尚未剿灭，如果这个时候朝廷因为我的事相互猜疑倾轧，这不是给了敌人可乘之机吗？外患未平而国家动乱，那我的罪过可就大了。我这么做，无非是不想让国家再出现无谓的争斗。一致平叛，这样我大唐才有希望。”

郭子仪之所以成为被后人景仰的一代名将，很重要的一点就在于他不以个人沉浮而争执抱怨，他知道在国家危难之际，唯有内部团结，才能力挽狂澜，才能消除毫无意义的争斗，才能一致对外。这也正是郭子仪不以自身利益为重，有顾全大局的责任心的体现。

嘉靖六年（公元 1527 年），朝廷命王阳明前往广西处理军事叛乱时，他的身体状况其实已经不允许再奔波于外，他上疏无果之后，毅然担起身上的责任，即刻启程赴任，一年后王阳明便因病去世。在王阳明看来，人生是一连串责任的累积。每个人都被生命询问存活的意义，而只有他自己用生命才能回答这个问题，这个答案就是“责任”。

责任的力量是无与伦比的，是责任使落叶归根，是责任使乌鸦反哺，是责任促使运动场上的健儿为了祖国而拼尽全力……就算拥有再大的能力，如果没有责任，也成不了大事。所以无论是罪恶还是污秽，一旦遭遇责任这样的主题，都会如阴暗角落里的螨类，在阳光下无处可逃。

生命不在拥有，而在有用

终年碌碌，至于老死，竟不知成就了个什么，可哀也已！

——王阳明

王阳明一生都在探求“格物致知”“知行合一”“致良知”“心即理”“人皆可成圣人”等，他热心布道，痴迷讲学研讨。他认为，不讲学，圣学不明，因而他也成为当时天下最“多言”的人。他通过讲学、研讨、撰写诗文、通信等方式，广泛传播文化，培养和造就了一大批文化精英。

每个人活着都有自己的意义，如何体现自己的价值，达到更高的人生境界，王阳明的布道是方法之一。可是对于生活在繁华都市中的人，每天都为了生计而奔忙，很容易被各种各样的物欲迷住眼睛。在他们的眼里只有来往的车流、上司和周围人群、各式各样的楼层，有点时间休息时，也只是对着电视或者电脑。他们的心中根本没有周围的绿色植物、天空中不断游走的流云、夜晚灿烂的星光和月色，他们的心仅仅局限于都市中的那一方小小的空间。在这种狭窄的心灵空间生活久了，怎能获得成功和幸福的感受？怎能不心生疾病呢？

一个人要想使自己达到一种很高的境界，必须把自己的心域拉到无限远，不能局限于眼前所得，要思考人生的意义。生命不在拥有，而在有用。我们活在这个世界上不是为活着而活着，而是应怎样去生活。时间的意义不是让人们去衡量日夜的循环，也不是让人们记录自己的皱纹和衰老。它不是空洞的滴答声，不是浑浑噩噩地吃饭和睡觉，而是在时间的长河中，找到度日的信念，获得心灵上的满足。

对于人类来说，生命本身实质上是没有内涵的，它需要人在时间里进行实践，然后才能确立自己的内涵，从而赋予其意义。

有个修鞋匠每天都要去不同的地方，给不同的人修补鞋子。有时候他会遭遇狂风暴雨阻塞去路；有时候挣不上多少钱，饥肠辘辘。但是他的身影从来没有在人们的视线中消失过，每当太阳升起的时候，他都会准时将双脚踏在宽阔的土地上。

修鞋匠已经修了十几年的鞋，所经手的有高档货，也有廉价货，有有礼貌的顾客，也有故意刁难的市井无赖。但是这么多年来，这个修鞋匠无论遇到什么样的事情，都认认真真地完成他的工作，他以此为乐，生活虽然过得很清贫，但是他依然很快乐。

每当有人向他说“嗨，伙计，你用不着这样，修鞋嘛，能穿就行了，用不着那么认真”这样的话时，这个修鞋匠总是这样说：“那样我无法面对自己，生活也就没意思了。你说，我怎么能快乐呢？”

“你一定能活得很长寿。”大家都这样说。

“谢谢，我的朋友，其实，我也这么认为。”修鞋匠憨憨地笑着。

由这个故事看出，其实这个平凡的修鞋匠就是一个懂得生活的人。他明白为何而生，为何而活，所以不管世事如何变化，仍执着于生活中的点滴，活得有意义，从而更加笃定人生需要憧憬，更需要眼下的所为。

王阳明虽有超越生死的观点，但是他一直都很珍惜生命。在他看来，评判生死要从生死价值的角度出发，死要死得其所，死得有价值。换句话说，就是要活得有意义。

“这是在数着日子过喽！”“现如今只有吃喝等死了！”……说这种话的人为什么不去找一些有意义的事做呢？殊不知，真正对有意义的事投入热情的人，是不会在意时间的流逝的。

人的一生可能燃烧也可能腐朽，但愿每一次回忆时，我们的内心都不会感到愧疚。

坦然面对，活在当下

人于生死念头，本从生身命根上带来，故不易去。若于此处见得破、透得过，此心全体方是流行无碍，方是尽性至命之学。

——王阳明

每个人心中都有渴望和梦想，有些人终其一生努力，也未必能得到成功的回报。然而，他们却无憾无悔于生命。因为他们从未慵懒过，他们一直在执着追求心中的梦想。往前走，不要怕；回头看，不后悔。人生所追求的不过是无憾无惧而已。

王阳明被贬至贵州龙场，龙场在贵州西北的荒凉之地，当地居住的都是少数民族，王阳明非常不适应当地的生活。再加上当时刘瑾一直在派人追杀他，要不是他使了个金蝉脱壳之计，估计早死了，然而刘瑾还是不会轻易放过他。这时的王阳明认为，得失荣辱都不在乎，都可以置之度外，只有这生死问题还没有参透，于是他就做了个石棺，躺在里面，发誓说：我就等待命运的安排吧！于是王阳明看透了生死。既然参透了生死的意义，面对前面的路就能处之泰然，无畏无惧。

王阳明的心学还秉承“仁者与万物一体”的理念。以天下为己任，事事皆关“我”心，“我”是主人翁，天下兴亡，匹夫有责，等等，强调小我统一于大我的历史责任感，基于这种责任感而产生的历史前进是踏实稳重的。

三十年前，一个年轻人离开故乡，准备开创属于自己的一片天地。他动身的第一站，是去拜访本族的族长，请求指点。老族长正在练字，他听说本族有位后辈开始踏上人生的旅途，就写了三个字：不要怕。然后抬起头来，望着年轻人说：“孩子，人生的秘诀只有六个字，今天先告诉你三个，供你半生受用。”三十年后，这个从前的年轻人已是人到中年，有了一些成就，也添了很多伤心事。归程漫漫，到了家乡，他又去拜访那位族长。他到了族长家里，才知道老人家已于几年前去世。家人取出一个密封的信封，对他说："这是族长生前留给你的，他说有一天你会再来。"还乡的游子这才想起来，三十年前他在这里只听到人生的一半秘诀。拆开信封，里面赫然又是三个大字：不要悔。

故事中的六个字点透人生。当年的"不要怕"激励了年轻人勇敢地去追求自己的理想和生活，历尽艰辛，只要能坚持就要不断努力，也唯有这样的勇气才能支持年轻的心，"走遍天下都不怕"。凭借这样"尽人事"的努力，当年轻人走过人生的坎坎坷坷，经历了酸甜苦辣，明白了原来成功的背后五味杂陈时，老族长又告诉他："不要悔。"每一步都是财富，坦然地接受生命的馈赠，"得之我幸，失之我命"，所有的日子都值得用心对待。

年轻的时候不要怕，长大了之后不要悔。在生活中，我们路过也错过，像一条条画在人生轨道上的平行线，交叉，并行，走一段或者走一生。在我们年少的时候，我们不知道什么才是需要努力的，初生牛犊，凭借的只是最初的勇敢。假如这个时候畏首畏尾，就很难有所成就。等到我们阅尽人生，才能体会到人生中的遗憾与失落，许多不完美的心事和往事都会浮现心头。这个时候，更需要拥有的是一颗无怨无悔的心。我们要不断告诉自己：走过的都是路，唱过的都是歌，所有的经历都只是一种结果。

儒家对生命的态度即是"乐天知命"，人顺从"命"的同时还要实现上天赋予自己的使命，这才算尽了人事，面对死亡时也就心安理得。王阳明对待生死的态度也是沿袭了儒家的这种思想，他说死无所怕，如若真有所不甘，也是生时未完成人生的使命，死才会有所遗憾。而生时没有尽人事，那么死时再来悔恨也是无济于事，此时便要学会坦然地面对。

人生在世，每个人都想要了无遗憾地度过今生，每个人都想让自己所做之事永远都是正确的，从而达到自己的预期。但这只能是一种美好的幻想，人不可能不做错事，不可能不走弯路。做了错事，走了弯路之后，能积极地反省，也是一件好事，至少可以让我们今后的人生之路走得更稳健、更从容。因为反思，所以深刻；因为憧憬，所以希望。在过去和未来的交织中，才有把握当下、不怕不惧、不喜不悔的人生。

不要怕，是说不要害怕明天的风雨；不要悔，是说不要后悔错过的霓虹。只要我们好好把握现在，珍惜此刻所拥有的，勇敢地活在当下，就一定可以收获美好的人生。

人生犹如不系舟

只为世上人都把生身命子看得来太重，不问当死不当死，定要宛转委曲保全，以此把天理却丢去了。

——王阳明

《易经》是关于天道、地道、人道、社会之道大一统的学问。在被贬谪于龙场时，王阳明挣扎在死亡线上，他除了钻研儒家学说来找寻出路外，还研究《易经》。

起初在读《易经》的时候，他并没有什么收获，一切都无所指也不知所指。但是渐渐地，他顿悟到一种像大水冲决堤坝奔腾无阻挡的感觉，这个时候的他心境平和，满怀喜悦，又充满希望和生机。这样一种感悟也告诉他不可过于执着，要以平静的心态对待挫折乃至失败。

人有悲欢离合，月有阴晴圆缺。真正幸福的人生，难以圆满。有苦有乐的人生其实是充实的，有成有败的人生是合理的，有得有失的人生是公平的，有生有死的人生是自然的。

“岂无平生志，拘牵不自由。一朝归渭上，泛如不系舟。”白居易曾在《适意》中这样表达自己对自由生命的向往之情。自古以来，失意的文人墨客常常寄情于山水之间，希望能在游玩嬉戏的清逸洒脱中陶冶性情，驱除烦恼。王阳明也曾寄情于山水间，直抒其内心之块垒。

真正幸福的人生，本来就有缺陷，在追求完美人生的同时，要能够认清人生实相。人生实相，就如这只飘摇的生命之舟，无所牵系，却有各种承载。

一只飘摇的生命之舟，从时空的长河中缓缓驶来。

舟上有一个刚刚诞生的生命，他不会说、不会笑、不会跳、不会闹，也不会思考，他只是沉睡着，远处传来一个声音：“你从何处来？要到何处去？”

刚诞生的小生命重复道：“我从何处来？要到何处去？”

生命之舟在时空的长河中默默前行。忽然，又传来一个声音：“等一等！我们想与你一同旅行，请载我们同去！”随着声音传来的方向，只见痛苦与欢乐、爱与恨、善与恶、得与失、成功与失败、聪明与愚钝，手拉着手游向生命之舟。

痛苦从左边上了船，欢乐从右边上了船；爱从左边上了船，恨从右边上了船……待这些人生的伴侣进到船舱，这只飘摇的生命之舟顿时沉重了许多，舱中的气氛顿时活跃了，哭声和笑声接连从舟中传出来。

忽然，又一个喊声传来：“等一等，等一等，还有我们。”众人循声望去，只见清醒与糊涂、路人与朋友双双携手游来。清醒从左边上了船，糊涂却迟迟不肯上去。路人从左边上了船，朋友也迟迟不肯上去。

“喂！怎么回事？朋友！糊涂！你们快上来呀！”一个声音招呼着他们。“不！除非糊涂先上去，我才会上去！否则，生命是容不下我的！”朋友说。“不！我也不想上去，我知道我是不受欢迎的！”糊涂说。“请上船吧，糊涂！你知道你在我的一生中多么重要吗？我要得到朋友，首先要得到你；我要成就一番事业，没有你是万万不行的。”船中的生命呼唤着。

于是，糊涂犹犹豫豫地上了船，朋友紧跟着也上去了。飘摇的生命之舟，在时空长河中满载着前行。

这时，后面又传来了呼唤声：“等一等我，别忘了我！我一直在追随着你哪！”这是死亡的呼喊。

在死亡的追赶下，生命之舟一路向前。显然它不肯为死亡停留，不知是装作没有听见死亡的呼喊，还是不愿听见死亡的声音。但无论如何，死亡依然紧紧地跟在它的后面，寸步不离。这只飘摇的生命之舟，必须满载着痛苦与欢乐、爱与恨、善与恶、得与失、成功与失败、聪明与愚钝，在人生的得意与失意间破浪前行。

凭山临海不系舟，山水系不住生命之舟，个人的心愿意志也系不住，它有着自我的轨迹，我们只能将其圆满，却不能彻底改变。若想在这茫茫旅途中获得真实的幸福，唯有认清并接受生命中必然存在的缺陷。

王阳明年少时母亲郑氏就去世了。当时他还在京城，听到噩耗的时候他几乎痛不欲生。母亲的离世以及父亲的新家，对王阳明来说都是一种嘲弄，他反思这些外在的物质与他的关系，他开始探寻生死的意义。

他感觉到生死就像隔着一张纸，但是生死的真相到底是什么呢，他还不能明了。在经历了种种生命历程之后，他明白了支撑人生体系的就是生命的意识。这种生命意识告诉他要注重养生之道。人活在这个世界上是顺着生命的自然之势来的；年龄大了，到了要死的时候，也是顺着自然之势去的。

向死而生，死如再生。死亡是我们所不能掌控的，也是无法避免的。人终归都要走向死亡，人死如灯灭，该熄灭的时候自然会熄灭。但灯灭了，并非什么都没有了。曾经的光还在我们心中闪烁，灯的意义正在于燃烧的过程。

人生犹如不系舟，既然我们无法决定我们的生死，那不如就随缘，坦然接受，好好把握住当下。

繁华过后总是空

自视听言动，以至富贵贫贱、患难死生，皆事变也。事变亦只在人情里。

——王阳明

印度诗人泰戈尔有诗句：“生如夏花般绚烂，死如秋叶般静美。”

人生是一个从绚烂归于平淡的过程。生，便如夏花，极尽绽放，不停地追求。因为来日方长，便钟爱艳丽与繁华，喜欢一切新鲜刺激的事物，肆意挥洒生命的画笔，将人生填得满满的。死，便如秋叶，褪掉了浓郁的色彩，安安静静，寂然飘落。因为时日不多，所以明白一切都不过是空，生命的脆弱时刻伴随，思想于是远离了喧嚣，尽归于平淡。

王阳明曾因为有功多次被提升，但他又屡次辞官。于他心中，权势、金钱经繁华过后都是空，他痴迷于“致良知”“格物致知”“知行合一”以及超脱生死之境。

繁华过后总是空。生命的奥秘在哪里呢？在于向死而生，获得恬淡平和、视死如归的心态，这种心态能够让人卸下生命和心灵的重负，一直生活在别样的期待和无所畏惧的轻松愉快中。

生死随缘，因为这是我们无法改变的。向死而生，死如再生，面对生死，我们不如坦然接受，好好把握当下才是最重要的。

子夏问曰：“‘巧笑倩兮，美目盼兮，素以为绚兮’。何谓也？”子曰：“绘事后素。”子夏问孔子，《诗经》中这三句话到底说了些什么。当然子夏并不是不懂，他的意思是这三句话形容得过分了，所以问孔子这是什么意思。孔子告诉他“绘事后素”，绘画完成以后才显出素色的可贵。

子谓卫公子荆：“善居室。始有，曰：‘苟合矣。’少有，曰：‘苟完矣。’富有，曰：‘苟美矣。’”

孔子在卫国看到一个世家公子荆，此人对待生活的态度、思想观念和修养，孔子都十分推崇。以修缮房屋这件事为例，刚刚开始可住时，他便说，将就可以住了，不必要求过高吧！后来又扩修一点，他就说，已经相当完备了，比以前好多了，不必再奢求了！后来又继续扩修，他又说，够了！够了！太好了！

国学大师南怀瑾先生读了这两个故事后曾说，这两个场景以现代人生哲学的观念来说，就是一个人由绚烂归于平淡。就艺术的观点来说，好比一幅画，整个画面填得满满的，多半没有艺术的价值；又如布置一间房子，一定要留适当的空间，也就是这个道理。一个人不要过分沉迷于绚烂，平平淡淡才是真。

人生来双手空空，却要让其双拳紧握；等到死去时，却要让其双手摊开，不让带走财富和名声……不明白这个道理，人就很难对许多东西看淡，很容易为外物所累。

王阳明的致良知，正是为了参透人生最大的问题——生死。一个悟了道的人，在心灵完全不为外物所滞的环境中，领略到与万物一体的真实性，这时才能真正地参透生死的奥秘，也才能如王阳明那样在病危时坦然微笑着说："此心光明，亦复何言！"

人生短暂，我们来不及感慨，仿佛马上就走到了生命的尽头。真正属于自己的快乐在于简约的内心，如果自己不能完完全全、真真实实地生活，反而陷入物质欲望中，便很难享受到人生的乐趣。世间繁华就像童话里的红舞鞋，漂亮、妖艳而充满诱惑，一旦穿上，便再也舍不得脱下来，只能疯狂地转动舞步——即使内心充满疲惫和厌倦。当生命的舞会到达终点，脱下红舞鞋时赫然发现，一路的风光和掌声结束后，留下的只有说不出的空虚和疲惫，除此之外，别无他物。

繁华过后总是空。最美的生活从来不是最繁华的生活。很多人都在追求所谓的舒适，最后才发现，真正的舒适在于内心。人生若烟火，绚烂过后便归于平淡，一颗通透的心才是最值得追求的，在恬淡与豁达中才能感悟到生命的美。

西北大学中国文化研究中心学者论丛

DILEMMA AND SOLUTIONS
OF INTERNATIONAL SPECIALIZATION
IN WESTERN CHINA

西部地区国际分工的
困境与解决之道

王晨佳 著

商務印書館国际有限公司
中国·北京

总　　序

作为学术机构的西北大学中国文化研究中心于2016年7月揭牌成立，属于学校无行政级别的实体研究机构。自成立以来，中心的科研、教学、人才培养、服务社会、学术交流，各个方面的工作次第展开，引起了上级主管部门和学界的关注。

当然，作为一所有着一百多年历史的综合大学，西北大学自创建伊始，即以弘传中国文化为使命，并形成了“发扬民族精神，融合世界思想，肩负建设西北之重任”的办学理念。学校英才云集，郁乎文盛，薪火相传，几代从事中国文化研究的名家大师先后在此设帐授徒，弘道述学。除了精深的研究外，学校滋兰树蕙，培养了一大批优秀人才，有的在国内高校和研究机构从事专门研究，有的乘桴海外，在世界各地播扬故国文化，也有不少人仍坚守在母校，三尺讲台，教书育人。

中心设立的缘起，是为更好地商量旧学、涵养新知，为中国文化在新时代返本归元、开拓创新搭建国际性开放学术平台，培养拔尖创新人才，奉献专精学术成果，发出西部声音，提供学理方案。

中心的职责与宗旨是：充分调动发挥西北大学人文社会科学研究的专业优势，承担国家有关部门的研究课题，力争产出填补学科空白和具有学术前瞻性的精品力作；结合重大问题研究，为国家和地方的文化战略、文化决策提供具有建设性和影响力的咨询报告；承担企业、非政府组织、基金会委托的各项科研任务；整合力量、重点突破、指导引领、整体提升学校人文社会科学研究水平，为学校的“双一流”建设提供强有力的学术支撑。

截至目前，中心已经申报并获批设立多个省级科研平台，创办了研究通讯、学术辑刊、中心网站、学术公众号等，也承担了国家重大课题、重点课题、地方政府和企业委托课题等一大批科研和智库课题，各项工作都走在新成立的实体机构的前列。

记得傅斯年先生于1928年撰写了《历史语言研究所工作之旨趣》，谈及设立史语所的宗旨：

> 在中国的语言学和历史学当年之有光荣的历史，正因为能开拓的用材料，后来之衰歇，正因为题目固定了，材料不大扩充了，工具不添新的了。不过在中国境内语言学和历史学的材料是最多的，欧洲人求之尚难得，我们却坐看它毁坏亡失。我们着实不满这个状态，着实不服气，就是物质的原料以外，即便学问的原料，也被欧洲人搬了去乃至偷了去。我们很想借几个不陈的工具，处治些新获见的材料，所以才有这历史语言研究所之设置。
>
> 我们宗旨第一条是保持亭林、百诗的遗训。这不是因为我们震慑于大权威，也不是因为我们发什么“怀古之幽情”，正因为我们觉得亭林、百诗在很早的时代已经使用最近代的手段，他

们的历史学和语言学都是照着材料的分量出货物的。他们搜寻金石刻文以考证史事，亲看地势以察古地名。亭林以语言按照时和地变迁的这一个观念看得颇清楚，百诗于文籍考订上成那末一个伟大的模范著作，都是能利用旧的新的材料，客观地处理实在问题，因解决之问题更生新问题，因问题之解决更要求多项的材料。这种精神在语言学和历史学里是必要的，是充足的。本这精神，因行功扩充材料，因时代扩充工具，便是唯一的正当路径。

几十年以来，中国新设立的有关中国文化的研究机构不知凡几，秉持着各不相同的学术宗旨，培养人才，开展研究，其发展目标也以追赶欧美学术共同体为榜样。本研究中心成立较晚，积淀较少，梳理现代学术史，我们更愿意向傅斯年先生致敬，追随前贤，虽不能至，心向往之。

本文库的设立，与我们已经做的其他项目类似，彼此配合，又各有侧重。收入本辑的著作主要是本中心的专职研究人员和兼职学者的最新成果，以中青年学者的成果为主。我们不求统一时间、一次性推出，但要求学人能奉献自己原创的最新成果。

本文库初创，希望能得到各个方面的鼎立支持，也希望读者朋友提出宝贵意见，以便使其更臻完善，真正承担起刊布优秀中国文化研究成果的使命来。

李浩

草于故都西安怀德坊寓所

推　荐　序

国际分工不是一个新的话题，但是放在中国西部地区，特别是改革开放40多年、西部大开发20年的今天来探讨，有着别样的意义。

作者对西部地区国际分工持续多年的关注，给这本书注入了深厚的实践素材和分析论据。国际分工的东、西地区对比，以及前后阶段的对比，验证了西部地区国际分工始于资源导向、政策导向，囿于产权界定模糊、制度变迁困难、交易成本高。言至去向何方，要基于西部地区从封闭式经济到开放式经济、城乡经济二元化的特定历史阶段，进行产权制度改革，获得利益相关人的支持。坚持对外开放、解放思想，突破经济路径锁定下的文化路径依赖是西部地区发展的重点难点。

文化因素对于国际分工的影响以及二者互动，是推荐此书的另外一个原因。经济问题往往不是单一问题，纯经济方法很难解释许多非理性经济行为、跨国经济活动的碰壁和谈判实践当中的失败。制度和意识要素会影响国际分工的选择和程度，这种影响虽然貌似是间接、偶然的，但是加总在一起形成了西部地区经济发展难以突破的怪圈：“资源诅咒”“路径依赖”“国际分工陷阱”，这背后的科技转化问题、人才流失问题、投资有效性问题蕴含的深层次影响因素更加值得探究。

尤其在数字货币创新交易模式的分工环境下，传统国际分工范式正在变革甚至被重塑，原先制造和服务的屏障开始打通，产业内的产业链变成了全球细分的专业垂直的产业链，西部地区将有机会在数字化时代突破传统资源禀赋的限制，实现无限成长。

王晨佳是我2007级的博士，她在读博期间和之后对于西部国际分工问题的持续关注与深度思考，以及从包括文化、地缘、政治等跨学科角度审视、反观这一研究论题，形成了此书。我很高兴向各位读者推荐这本著作。

最后，西部地区如何利用数字化机遇组织与整合产业分工体系的不同节点，为业态体系中的多个参与方带来更大的利益，又如何结合其特有的历史、文化和地域特征，给我们带来哪些新的故事……期待我的学生——西北大学跨文化研究院院长更为前沿和深刻的研究成果。

王忠民

全国社会保障基金理事会原副理事长

前　言

随着全球经济一体化的推进、国际贸易的兴盛和交易成本的降低，世界经济正在融合为一个大的市场。20世纪60年代后半期国际分工这一新兴经济现象的出现，将国家、地区之间基于比较优势的分工从产品层面深入到产品内部的工序和流程环节，极大地改变了全球经济运行方式。改革开放以来，我国不断参与国际分工，东部地区在国际分工的进程中推进了产业升级，拉动了区域经济发展；西部地区对外贸易额虽然连年增长、加工贸易和边境贸易上涨势头明显，但与东部地区相比，差距在逐渐加大，并且长期处于国际分工的劣势地位，居于价值链低端。针对这一现实问题，本书运用定量与定性研究相结合、规范和实证研究相结合的方法，尝试找到东部地区和西部地区差距的根源，回答从国际分工的视角促进西部地区产业升级的问题。

本书研究的内容主要包括以下几个方面：一是研究影响西部地区国际分工的因素，分别从自然环境、经济环境、政策法律环境、科技创新环境和人文环境等宏观角度，从交易成本、外商直接投资和西部企业自身特征等微观角度进行分析。二是对西部地区国际分工的特征和效应进行总结，指出了西部地区国际分工具有被动性、局限性、梯度性和非平衡性特征，并提炼出资源导向性和制度导向性两大本质属性，对国际分工在西部地区的产业升级、技术进步、产业集群和劳动力就业中产生的效应进行了归纳。三是西部地区国际分工的案例分析和实证研究。选取汽车产业这一具有国际分工代表性的典型产业对西部地区和长三角地区的国际分工进行比较研究，将西部地区国际分工影响因素从比较优势、规模经济和外部环境三方面进行了检验，实证对比分析了西部地区和长三角地区国际分工影响因素的差异，发现西部地区的贸易开放程度和人均 GDP 两个变量与国际分工是负相关的，而东部地区则呈现正相关。贸易开放程度和国际分工关系的差异是因为东部和西部主导产业的差异：西部是以资源型产业为主导的，而东部是以加工贸易产业为主导的。而人均 GDP 与国际分工关系的差异是因为西部地区的经济规模较小，尚未形成规模经济。四是促进西部地区国际分工的政策建议研究。促进西部地区国际分工必须整合比较优势，发挥规模经济，打造产业集群，改进优化外部环境。

本书的基本结论包括四个方面。一是找出了影响西部地区国际分工的宏观和微观因素。依据西部地区国际分工的特点，针对影响西部地区国际分工的因素，分别从宏观角度和微观角度进行了全面、系统的分析，目的是进一步观测产业升级效应。二是先通过对西部国际分工影响因素的实证分析得出了与假设不符的结果，为了找出西部地区相对落后的原因，运用同样的模型和变量，选择代表中国开放程度最高的东部地区进行回归模型检验。通过对比分析影响东部地区和西部地区国际分工的主要因素，得出了西部地区国际分工落后于东部地区的根源在于规模经济的差异和主导产业的不同，以及深层次的制度政策因素，这与西部地区国际分工的本质属性是对应的。三是对该原因进行了深刻的剖析。运用了新政治经济学中的制度因素对西部地区以资源型为主导的行业透明度差、交易费用较高和旧制度遗留造成的深层次影响提供了合理的阐释。四是从制度层面提出了解决西部地区国际分工的对策。面对西部地区资源型产业导向和城乡经济二元化结构的特点，需要进行细致部署与深思熟虑的制度创新和改革。要进行主导产业产权明晰的制度改革，获得利益相关人的支持，进行更深层次的户籍管理制度、教育制度和人才培养制度的改革。同时还要提高广大群众的思想意识，形成配套的意识形态和价值观，这样才能顺利地推行制度改革。

本书为西北大学“双一流”建设资助项目（Sponsored by First-class University and Academic Programs of Northwest University）。本书是基于作者博士学位论文《西部地区产品分工研究》（西北大学，2011）撰写而成，书中部分数据和相关表述如无特殊说明应为2011年以前的数据和分析，特此说明。

目　录

第一章　导论

一、研究背景与研究意义 / 003

二、研究对象、方法及相关概念的界定 / 008

三、研究思路、框架和内容 / 012

四、创新之处 / 015

第二章　国际分工理论变迁

一、分工理论的演进 / 019

二、国外国际分工研究述评 / 026

三、国内国际分工研究述评 / 034

第三章　西部地区国际分工的历史阶段与环境因素

一、西部地区国际分工的历史发展 / 049

二、西部地区国际分工的宏观环境分析 / 058

三、西部地区国际分工的微观环境分析 / 078

四、西部地区国际分工的优势和劣势分析 / 090

第四章　西部地区国际分工的特征、本质属性及效应分析

一、西部地区国际分工的特征 / 111

二、西部地区国际分工的本质属性 / 131

三、西部地区国际分工的效应 / 135

第五章　西部地区与长三角地区国际分工的比较分析

一、西部地区与长三角地区汽车产业分工比较分析 / 149

二、西部地区与长三角地区汽车产业分工比较的启示 / 159

第六章　西部地区国际分工的实证分析

一、计量模型设定与变量选择 / 167

二、西部地区的实证结果分析及与东部地区比较（2000—2009）/ 172

三、西部地区与东部地区国际分工差异的原因分析 / 177

四、西部地区国际分工影响因素的实证结果分析（2010—2018）/ 193

第七章　促进西部地区国际分工的对策建议

一、整合比较优势，提升西部地区分工地位 / 202

二、发挥西部地区规模经济，打造产业集群 / 209

三、紧扣文化禀赋，培养打造西部文化大 IP——以陕西为例 / 214

四、优化西部地区外部环境 / 221

第八章　结论和有待进一步研究的问题

一、结论 / 227

二、有待进一步研究的问题 / 228

主要参考文献

第一章　导论

一、研究背景与研究意义

（一）研究背景

随着全球经济一体化浪潮的推进、国际贸易的兴盛和交易成本的降低，整个世界正在日益融合为一个大的市场。自 20 世纪 50 年代开始，全球贸易快速增长，1950 年全球贸易额为 607 亿美元，到 1980 年增长到了 19 007.97 亿美元，到 1998 年，全球贸易额达到 53 974.3 亿美元，比 1950 年增长了近 90 倍。2000 年以来全球贸易额迅速增长，到 2009 年已达到 248 950 亿美元（UNCTAD，2010）。而在国际市场走向一体化的同时，产品分工却产生了实质性的改变，20 世纪 60 年代后半期国际贸易出现一个新动向，就是发展中国家制成品出口大幅度上升，这类出口产品主要与国际分工的制造业的劳动密集型专门环节相联系，产品生产的不同阶段或工序在不同国家、不同地区进行，形成了以工序、环节为对象的产品内国际分工（Intra-product Specialization）。这一新兴经济现象的出现，将国家、地区之间基于比较优势的分工从产品层面深入贯彻到产品内部的工序和流程环节，极大地改变了全球经济运行方式。

从中国参与国际分工的情况来看，改革开放几十年以来，中国对外贸易持续高速增长，其中加工贸易的快速增长和活跃尤其值得关注。2009 年，中国首次超过日本成为仅次于美国的全球工业制造第二大国，这一年里中国制造业在全球制造业总值中比例为 15.6%，日本为 15.4%，美国以 19% 的份额排在第一位。随着中国经济的进一步开放，东部地区的加工贸易迅猛发展，中间制成品出口大幅上涨，极大地拉动了区域经济的发展，实现了先富起来的目标。不论是以主动还是被动的方式，中国企业已经参与到国际分工的进程当中，且参与程度正在逐步加深。上海美国商会（AmCham Shanghai）联手全球顶尖的战略管理咨询公司——博斯公司（Booz & Company）开展了第三次中国制造业竞争力年度调研（2009—2010），对202家在华开展业务的制造企业进行了调查分析，结果显示：对于建立并扩大制造业务而言，中国仍是一个极具吸引力的国家；为了从中国本土市场中实现利益的最大化，企业必须不断地提高销售及营销能力，并将精益的制造技术、制造基地分布优化、需求及产能规划等一流的制造业实践植入其在中国的运营中。历经了40年的对外开放，在2018年，中国的对外贸易已经超过美国，成为世界第一贸易大国。中国制造业务的开展会进一步推进国际分工，因此国际分工在中国将有更大的应用空间。

跨国公司已经跨越了国家的界限，以国际分工的形式进行全球资源配置，以期实现利润最大化。而这种跨国公司的内部分工主导下的国际分工正在以前所未有的速度渗透社会生产和人们的生活，产生巨大的效应。分工与专业化作为近代经济史的两大显著特征，成为国内外众多学者的研究对象。斯蒂格勒（1990）认为，一个企业的经济活动包含了许多职能。分工和专业化过程，就是企业的职能不断地分离出去，由其他专业化的企业专门承担这些职能的过程。那么更进一步来看，影响企业分工的因素到底有哪些，专业化又包含着怎样的趋势呢？西部大开发给西部地区带来了参与国际、国内分工的契机，西部地区的对外贸易额连年增长，加工贸易和边境贸易上涨势头明显，但是与东部地区相比，与其的差距却逐渐加大。经济全球化下的国际分工既然已如此深入地触及人们的生活，作为经济欠发达的西部地区为何长期处于产品分工的劣势地位，居于价值链低端而难以突破，西部地区应该如何找出造成这些差距的根源，以积极的态度和睿智的做法来应对和解决？联合国贸易发展会议的报告显示，服务业外包将会代表全球生产活动转移的新潮流，开辟服务生产和国际分工的新前景。这给我们传递了一条重要的讯息，西部地区需要顺应国际分工从制造业到服务业转移的趋势，争取化被动为主动，实现分工地位由低级到高级的攀升、参与产业从有限到宽广的拓展，进行产业升级和产业结构的优化，实现地区“蛙跳”。本书从理论上展开深入思考并提出解决上述现实问题的思路与对策。

（二）研究意义

1. 理论意义

第一，进一步完善了国际分工理论。国际分工理论在经历了一个较长时期的演进之后，已经进入了一个比较规范的发展阶段。跨国公司努力进行全球范围内的资源配置和公司内分工，经济全球化下的国际分工对于不同地区的经济增长产生着正面和负面并存、短期与长期共生的影响。从研究视角上看，现有国际分工理论的研究大多是以“外包国”或“外包方”为主体，也就是从发达国家的角度进行的，而很少从分工的被动方，也就是“承包国”或“承包方”的角度进行分析。这些研究的主要目的在于对发达国家生产外包行为的效应进行研究，比如对于国内福利分配、贸易模式的影响、劳动力需求的冲击等展开研究。以上的这些研究命题很难回答诸如中国这样的发展中国家进入全球生产网络后产生的产业转移、劳动力迁移等的一系列问题，也尚未形成结合发展中国家的特殊环境与发展阶段并从理论框架、战略思想和政策导向等方面展开的系统研究的主线。随着近年来中国出现新的贸易形式，贸易路径出现新的变化，有国内学者尝试运用现有的西方国际分工理论来对新的经济现象进行解释和分析。而新生经济现象必然催生新理论的出现，面对中国的发展存在地区差异的客观现实，面对东部地区和西部地区在国际分工方面也存在差异的客观现实，如何促进西部地区利用国际分工加快发展，缩小地区差异，实现经济富裕，成为本书理论思考的重点。此外，我们通过对影响西部地区国际分工的因素进行深入分析，采用东部地区和西部地区的面板数据进行实证分析和比较，找出了两者的差距所在，揭示了西部地区长期在国际分工中落后的深层次原因，进一步拓展了国际分工理论的研究范畴。

第二，为地区国际分工的产业升级提供理论依据。现有国际分工研究基本上集中在分工方，研究分工主体跨国公司的组织形式、机制、行为及对其所在国的福利影响。而中国作为分工的东道国，对于产品内国际分工的政策导向已从最初“三来一补”“招商引资”，演进到外商直接投资（FDI）的理性选择和运用。地方政府业绩衡量方式的不合理性和政策上的阶段性可预期性，有可能会造成单纯追求 FDI 金额上的增加，导致部分产业投资的“潮涌现象”，而针对以上经济现象却欠乏相应的研究，可以说这一阶段的理论研究是滞后于现实发展的。本书重点探讨的是，在经济全球化和国际分工的综合影响之下，如何将国际分工为我所用，在参与分工的过程中实现自身的产业结构升级，并对经济增长产生长期的正效应，如何摆脱单纯的市场或个人眼光，转变单一的国家或企业角度，以一种综合的视角审视和洞察国际分工，最终探求出一条促进地区国际分工实现产业升级之路，为产业发展提供理论依据。

2. 现实意义

第一，有利于实现西部地区资源合理配置。在加工贸易为主导的产业导向下，东部地区对外贸易非常活跃，对于区域经济的拉动、增加当地人民的收入和促进本地产业升级都起到了正面作用。我国已经参与到国际分工的进程当中，无论是被动或主动，这个范围正在扩大，程度也在迅速加深，但是西部地区经济增长速度一直低于全国平均水平。参与国际分工的步伐缓慢，国际分工范围小、程度低、规模小，一般仅限于资源类行业。国家的西部大开发战略为西部吸引了更多的投资，但与东部沿海地区的差距还是在不断拉大，对西部地区问题的探究亟须向纵深发展。研究西部地区国际分工，有利于西部地区承接产业国际、区域的转移，实现资源的合理配置。

第二，有利于实现西部地区的产业结构优化升级。根据产业升级的规律，产业发展要经历农业、轻工业到基础工业、重加工工业，最后再到高附加值工业、服务业的产业结构高度化演进（杨公朴、夏大慰，2002）。根据联合国贸易发展会议的《2004 年世界投资报告：转向服务业》报告，全球跨国直接投资已从制造业外包为主转向服务业外包为主，预计未来几年全球外包市场将以每年 30% ～ 40% 的速度递增（UNCTAD，2004）。研究西部地区国际分工，有利于西部地区顺应全球产业发展、产业转移的趋势和规律，实现自身的产业升级。在建立符合国际分工趋势的服务外包产业体系的同时，可以从具有比较优势的装备制造、航空器制造等产业入手发展生产型服务业，特定地区可以发展具备比较优势的软件外包业务（比如成都、西安），实现西部地区产业的优化升级。

二、研究对象、方法及相关概念的界定

（一）研究对象

国际分工是一种新型的国际分工方式，主要通过跨国公司的垂直一体化和水平一体化两种生产组织途径让发达国家与发展中国家的贸易再度活跃起来。本书研究了中国西部地区开展国际分工活动，具体分析了西部地区国际分工的环境因素，包括宏观环境、微观环境以及自身的优劣势，进而探讨了西部地区国际分工的特征、本质属性和经济效应。目的在于充分利用发达国家大量生产环节进行国际转移的机会，提高中国西部地区自身的生产技术水平，提高品牌创建能力，从而获得更多的贸易利益，加快西部大开发进程。

（二）研究方法

第一，规范分析与实证分析相结合。西部地区国际分工的环境因素、自身优势、特征、本质属性和经济效应的分析等，都是采用规范的经济分析方法。实证经济分析的方法主要回答“是什么”的问题，因此我们在理论依据的基础上构建实证分析模型，验证了影响西部地区参与国际分工的关键因素，充实了西部地区国际分工理论。

第二，定性分析与定量分析相结合。在环境因素分析，特征、属性和效应归纳的部分主要运用了定性研究方法，而在中国西部与长三角地区国际分工的对比研究以及西部地区与东部地区国际分工模型影响因素的具体验证中，都采用了定量研究方法。

第三，理论研究和实践研究相结合。在分析借鉴国内外国际分工理论的基础上，探讨了西部地区国际分工的环境因素、自身优势、特

征和本质属性和其对西部地区所产生的经济效应，揭示了这些理论对西部地区加快产业结构调整、实现后发优势所具有的重要指导意义，据此能够更有针对性地提出相关实践对策。

第四，比较分析与案例分析相结合。在理论研究的基础上，为进一步验证理论观点的正确性，我们选取了最具国际分工代表性的汽车产业展开比较研究。通过对西部地区和长三角地区汽车产业的分析，总结出西部地区相对滞后的经验和教训，同时在比较过程中，采用单案例分析、多案例分析等方法，归纳出一般性结论。

（三）相关概念界定

1. 产品内国际分工

随着国际贸易的发展和世界科技的进步、分工深化发展，经济领域出现了一个新现象，即随着分工的深化，产品生产过程中的不同环节和工序被分散到了不同地区、国家来进行，这就产生了一种新型的国际分工形态，即以工序和环节为对象的产品内国际分工。

对国际分工的研究已经成为西方国际经济领域最热门的课题之一。许多学者从自身研究角度对此解释，并提出了类似的概念。Finger（1975）认为在美国20世纪60年代出现的offshore assembly operation，也就是“离岸的组装生产”，是国际分工的早期表现。接下来Jones和Kierzkowski（1990）进一步把这种新型的分工形态称为“零散化生产”（fragmented production），并将其阐释为由于生产过程被分离并散布到不同的区位和空间的分工形态。Arndt在1997年对以全球外包和转包为代表的国际分工现象进行了研究，提出了一系列包括转包（sub-contracting）、海外外包（offshore sourcing）、全球外包

（global sourcing）等的国际分工的表述，虽然叫法不一，但都是国际分工的不同表现形式。国际分工还被称为“全球经济生产的非一体化”（disintegration of production in the global economy）（Feenstra，1998）。许多国内学者对这种新分工形态也进行了表述、定义和总结。刘晓昶、刘志彪（2001）将这种产业链上游的企业在各自产品生产价值链的某个环节或者阶段进行的专业化生产称为“垂直专业化”。卢锋（2004）将“产品内国际分工”定义为“一种特殊的经济国际化演进过程或展开结构，其核心内涵是特定产品生产过程不同工序或区段，通过空间分散化展开成跨区或跨国性的生产链条或体系，从而使越来越多国家或地区企业参与特定产品生产过程不同环节或区段的生产或供应活动。”孙文远（2006）认为所谓的“国际分工”，是存在于产业内分工范围以内的，并且是一种垂直专业化分工。金芳（2006）的定义“产品内国际分工”，是指“全球化背景下企业将生产过程分解后安置在不同国家或不同地区的一种跨国界分环节生产分工方式”。

从现有文献来看，诸多学者从自身的理解和研究的角度对这一国际现象进行了概括总结，但尚未形成被大家一致接受的统一概念。Hummels 等（2001）提出产品内国际分工的三个必要条件，认为同时符合以下三个条件者即可被称作产品内国际分工：第一是产品生产必须经过一个或多个工序；二是产品生产过程被分散到不同国家和地区为产品价值形成提供生产服务；三是在工序生产中至少运用了国外进口投入品，并且生产出的中间产品或最终产品必须部分或全部出口到国外。

本书将从传统分工概念（产业间分工、产业内分工）的逻辑发展出发，参照 Arndt 的命名，参考卢锋教授、金芳研究员的定义，行文中将以“国际分工”的概念来概括以上种种跨越地区和国家的产品工序、环节、阶段分散的分工现象。若无特殊说明，以上各种概念在本书中将不做专门区别并可交替使用。同时考虑到本研究中中国西部地区参与产品分工的实际，既有跨国界分工，也有跨地区分工，因此本书中“国际分工”的定义将采用卢锋教授给出的概念内涵，即“产品生产过程包含的不同工序或区段，在空间上分散化地展开到不同国家和经济体进行”。

2. 产业升级

产业升级一般被认为是产业结构由较低级的形成向较高级的形式的演变，也称为产业结构高度化。以企业为中心由低级到高级的四个层次的升级创新包括：流程升级、产品升级、功能升级和链条升级。产业升级作为一个动态过程，其表现主要包括以下几方面：一是产业结构方面，由第一产业占较大比重向第二产业占优势比重转移，最后再向服务业占整个产业优势比重结构性演进；二是资源结构方面，产业由劳动密集型逐渐向资本、技术密集型转移发展；三是产品加工程度方面，由低加工度产品的产业向中间产品、最终产品等高加工度产品的产业发展；四是价值链方面，由低附加值产品、产业向高附加值产品、产业演进。在我们的分析中，研究国际分工对西部地区产业升级的影响，是指任何与上述四个方面相关的内容的实现，以体现产业结构由低级向高级方向的演变。从国际分工的角度来研究产业升级，指的是全球国际分工之中的企业或尚未参与的企业通过加入国际分工体系获取技术进步、资金支持和市场联系，从而提高竞争力，进入到附加值更高的活动中。

三、研究思路、框架和内容

（一）研究思路

本书在评述国内外关于国际分工理论的基础上，研究了西部地区国际分工的演进、影响因素；在总结西部地区国际分工特征的基础上，提炼出了西部地区国际分工的两大本质属性（资源导向性和制度导向性）；同时比较了西部地区与长三角地区国际分工的现状，以实证研究剖析了造成西部地区与东部地区国际分工差距的原因，提出了促进西部地区国际分工产业升级的对策建议。

在国内关于西部地区国际分工的研究文献中，我们尚未能搜集到有关西部地区国际分工问题的研究框架文献。因此我们将在搜集到的国外有关理论研究的文献基础上，结合国内学者的一些学术思想与成果，勾勒出了西部地区国际分工问题的分析框架。如图 1-1 所示：

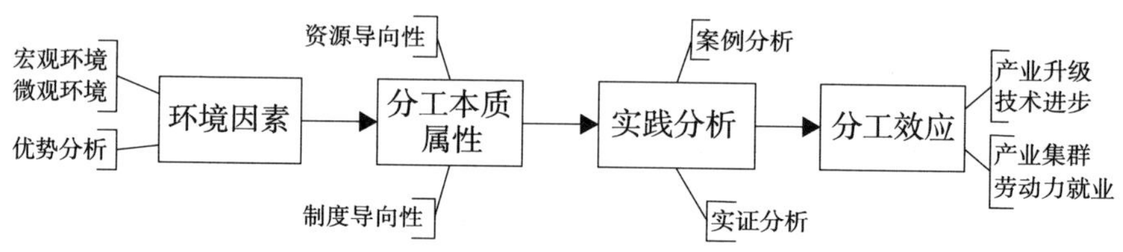

图 1-1　西部地区国际分工问题分析框架

从上图可知，本书对西部地区国际分工问题的研究将按照“环境因素—分工本质属性—实践分析—分工效应”这样一个范式逐步展开。具体描述如下：

第一，环境因素。这一部分首先从宏观环境和微观环境角度对西部地区国际分工的客观基础进行汇总。宏观环境有自然环境、经济环境、政治法律环境和人文环境等，微观环境有交易成本、外商直接投资、西部地区企业情况等。在此环境因素分析的基础上，分别从比较优势和规模经济的角度对西部地区国际分工的优劣势进行可行性分析，以此奠定该分析框架的基础，为后续的实证分析做好准备。

第二，分工本质属性。这一部分结合西部地区开展国际分工的现实情况，在对其被动性、局限性、梯度性和非平衡性等特征认识的基础上，提炼出西部地区国际分工的本质属性，即资源导向性和制度导向性。这也是西部地区与其他地区相区别的鲜明属性。以上对于分工本质属性的分析抓住了西部国际分工问题的关键。

第三，实践分析。这一部分是对国际分工理论在西部的应用状况做具体的研究，主要从案例分析和实证分析两个角度展开。在案例分析中，我们将选取具有代表性的国际分工行业——汽车业为例，从比较优势、规模经济、外在环境等方面来概括对比；在实证分析中，我们将建立西部地区国际分工影响因素的计量模型，并对西部地区、东部地区国际分工影响因素的实证检验进行比较分析，进一步揭示西部地区和东部地区参与国际分工差距的本质。

第四，分工效应。这一部分进一步深化了西部地区国际分工能够带来的积极效应，有产业升级效应、技术进步效应、产业集群效应和劳动力就业效应等，构成了促进西部地区国际分工产业升级的落脚点。

西部地区国际分工问题分析框架将环境影响因素、本质属性、应用状况和指导意义四个部分有机地结合起来，在逻辑体系上相对完善，能更好地说明西部地区国际分工处于何种背景之下、分工本质优势何在、落后的根源如何、开展分工的未来效果怎样等问题。按照上述分析框架图，通过对西部地区国际分工活动进行详细分析，可以在充分掌握相关影响因素的基础上，以案例和实证分析揭示西部地区长期在国际分工中落后的深层次原因，进一步拓展国际分工的研究范畴，以期达到促进西部地区更好地参与国际分工，实现“跨越式”发展的目标。

（二）研究内容

第一章“导论”部分将重点阐述本研究的背景和意义，研究对象、方法、相关概念界定和研究思路、框架和内容。

第二章“国际分工理论变迁”分别综述了国际分工理论的演进、国外国际分工研究和国内国际分工研究现状，并进行了评价，指出本书研究视野。

第三章“西部地区国际分工的历史阶段与环境因素”分别对西部地区国际分工的历史发展，西部地区国际分工的宏观因素、微观因素及优势进行了深入讨论与分析。

第四章“西部地区国际分工的特征、本质属性及效应分析”详细阐释了西部地区国际分工的几个特征和本质属性，进而剖析出分工可能产生的效应。

第五章“西部与长三角地区国际分工的比较分析”则选取汽车产业这一具有国际分工代表性的典型产业进行了比较研究，得出对于西部地区发展汽车产业的启示。

第六章“西部地区国际分工的实证分析”基于相关理论依据构建分析模型，随后利用东部地区和西部地区 2000—2009 年的样本数据，运用 EVIEWS 工具展开实证分析，并揭示出地区差距产生的根源。2008 年金融危机冲击全球经济，无论是东部地区还是西部地区的贸易在中长期都受到了巨大的影响。为了进一步分析该时间点后至今的另外一个十年，西部地区国际分工状况和不同因素的影响程度，我们基于同样的计量原则和变量选择标准，对于2010—2018年的面板数据进行了实证检验。

第七章“促进西部地区国际分工的对策建议”从整合比较优势、发挥规模经济和优化西部地区外部环境角度提出了对策建议。

第八章“结论和有待进一步研究的问题”对本书研究的理论结果和实证结果进行了说明，并指出进一步研究的三个方向。

四、创新之处

本书的主要创新之处有以下三个方面：

第一，指出了西部地区国际分工的特征和本质属性。以往关于国际分工的研究大多是理论分析，国内选取西部地区作为产品内国际分工研究对象的文献较少。因此，本书以西部地区的国际分工作为主要研究对象，指出西部地区国际分工具有被动性、局限性、梯度性和非平衡性四大特征，进而提炼出了西部地区国际分工的两大本质属性，即资源导向性和制度导向性，同时剖析出国际分工对西部地区的产业升级、技术进步、产业集群和劳动力就业所产生的四大效应。此外，本书也在一定程度上完善并充实了国际分工理论。

第二，找出了影响西部地区国际分工的因素。本书分别从宏观角度和微观角度对影响西部地区国际分工的因素进行了全面、系统的分析。宏观环境因素包括自然环境、经济环境、政策环境、人文环境等因素，微观环境因素包括交易成本、外商直接投资、企业自身情况等因素。同时我们对这些影响因素从比较优势、规模经济和外部环境三方面进行了实证检验，通过对比，对东部地区和西部地区国际分工的程度、地位、行业和规模进行了全面分析，找到了西部地区国际分工与东部地区存在差异的根源。

第三，用新政治经济学的视角解释西部地区国际分工落后的根源。本书通过引入新政治经济学的视角，尝试更全面地揭示造成西部地区国际分工长期落后的因素。新政治经济学理论中的制度和意识因素，能对西部地区资源型主导行业透明度差、交易费用较高、旧制度遗留等问题提供更全面的阐释，对于解决路径依赖的问题有一定启发。这一分析带来的政策启示有：要进行主导产业产权明晰的制度改革，获得利益相关人的支持，进行更深层次的户籍管理制度、教育制度、人才培养制度的变革，同时还要提高广大群众的思想意识，形成配套的意识形态和价值理念，这样才能顺利地推行制度改革。

第二章　国际分工理论变迁

国际间中间产品进出口的上升，发展中国家加工贸易额猛增，形成了以工序、环节为对象的产品内国际分工。当下这些新的经济现象为经济学研究提供了鲜活的素材。相应地国际贸易理论也历经了传统贸易理论、新贸易理论、国际分工理论三个阶段。之所以回顾上述分工理论的演进过程，是为了指出亚当·斯密的分工理论、比较优势理论以及融合产业组织理论分析范式的新贸易理论，都从不同视角，包括互联网、共享经济的时代维度，审视了分工与专业化的进展，并借此为路径，引发出新的思考与探究。

一、分工理论的演进

（一）分工基础理论

分工与专业化的发展是近代经济史的主要特征，是推动现代经济发展的核心动力。把分工置于经济学的首要地位来研究，是古典经济学的代表人物亚当·斯密，他认为在国际分工这个经济现象和理论历史阶段背后有一条主线在推动国际分工的逻辑演进，这条主线就是分工与专业化。1776 年，亚当·斯密在其代表作《国富论》中阐述了他对分工的认识，他认为社会生产力的极大提高是社会分工的结果。在《国富论》的开头，斯密举了一个别针制造的例子：别针的制造分为 18 道不同的工序，一个只雇了 10 个人的小厂就要求一些人先后完成两到三种不同的工序。虽然他们只有很简陋的必不可少的机器设备，可是如果他们努力工作，每天却能制造出 48 000 多枚别针，也就是说每人每天制作出 4800 枚别针。但如果他们是分开来独立地工作，而且他们中间没有任何人曾受过这方面的专门训练，那么一个人一天也做不出 20 枚，甚至一枚也做不出来。这个例子形象地揭示了斯密的主要观点之一："劳动生产力上最大的增进，以及运用劳动时所表现的更大的熟练、技巧和判断力，似乎都是分工的结果"（亚当·斯密，1880/1983）。原因在于：其一，分工能使分工者的熟练程度增强，从而提高劳动生产率；其二，分工使每人专门从事某项作业，可以节省与生产没有直接关系的时间；其三，分工可以使专门从事某项作业的分工者比较容易改良生产工具和工艺。既然分工可以极大地提高劳动生产率，那么每个人专门从事一种物品的生产，然后彼此进行交换，则对每个人都是有利的。据此他提出了国与国之间进行分工的依据——若各国在劳动生产率上存在绝对差异，各国生产自己具有绝对优势的产品并进行交换，都能从中获得利益。斯密进一步提出了著名的"分工受市场容量限制"的论断。国际分工理论正是以此论断为基础，形成如下基本逻辑：既然分工受市场容量限制，那么在经济全球化过程中，随着市场容量的扩张，分工不断深化以至深入到产品生产过程中的工序层面是可能的。

亚当·斯密强调了生产规模的逐渐扩张使得越来越细致的劳动分工成为可能的优势所在——规模收益递增。因为当生产的产出规模很小时，厂商往往在单一的区位生产单一的产品；当该厂商的产出规模扩张时，则另一种生产模式变为可能，即生产过程被分割成一系列的生产区块，每个生产区块包含整个生产过程中的某些部分或某一区段。因此，这种生产模式的优势在于边际成本会随着专业化程度的加强而下降，劣势在于必须承受连接不同生产区块的服务联系（比如通信、运输、协调）等成本，但这些成本往往是固定的，当生产规模足够大时，“外购”（包括国际外购）一些生产阶段是有利可图的。因此，根据亚当·斯密的思想来推断，国际分工的明显益处在于厂商可以获得递增的规模收益。

开发一个新的生产区块的成本是昂贵的，尤其是要使一个生产区块生产的产品能被应用于一系列产品或部门之中，也就是使该生产区块生产的中间产品标准化时，所须支付的成本将更为高昂。显然，市场规模是决定是否投资开发新产品的重要决定因素。若能将一个生产区块应用于一系列产品，则潜在市场规模也就扩大了。例如，在电子产业中，开发一个可服务于手机、个人电脑生产的共用生产区块——生产电池的生产区块，它所带来的市场规模的扩张效应要比仅仅开发服务于手机或个人电脑生产的区块所带来的市场扩张效应大，因为无论是手机还是个人电脑的全球市场份额都是巨大的。而此类所谓“共用生产区块”的开发又依赖于技术进步，反过来，生产区块的跨产品应用又将进一步强化分工的程度。由此形成了“技术进步—分工细化—市场规模扩张—分工细化—技术进步”的循环。由于技术进步与国际分工的双向互动关系，国际分工带来的不仅是以更低成本、更低价格表现的静态利益，还将带来“干学”效应（国际分工贸易的技术扩散效应）、集聚外部性等动态利益（Price，2001）。亚当·斯密关于分工的思想精髓构成了学者分析分工贸易利益的理论基础之一。

（二）比较优势理论

传统国际贸易理论的基石就是比较优势，斯密和李嘉图这两大古典经济学派的代表人物所提出的绝对比较优势理论和相对比较优势理论是该理论的核心。从斯密的绝对比较优势理论的提出到李嘉图相对比较优势理论的建立，相隔近半个世纪。李嘉图理论的精髓就是如果一个国家所有的劳动产品成本都比另外一个国家高，但是只要这些产品的劳动成本对于贸易伙伴来说是不同的，那么就能通过专业化生产成本相对低的产品在贸易中获得利益。

这一阶段出现了几个较为经典理论模型。一是李嘉图模型（Ricardian model），二是 H–O 模型（赫林歇尔 – 俄林模型）（张小蒂、孙景蔚，2006），李嘉图的理论之所以被这个模型所修正是因为该模型通过分析不同国家间的要素禀赋来揭示产品内国际分工的动因，而改变了李嘉图的劳动力价值的单一要素决定论，用要素成本来揭示产品内国际分工的动因影响。三是 Deardorff（2001）利用生产扩张线分析框架把国际分工从产品推进到工序层面后进而说明产品内国际分工的原理，得到的结论是两个国家由于存在要素禀赋的差异，发展中国家应当将资本密集型的工序转移到资本相对丰裕的发达国家，而自己生产劳动密集型工序，从而揭示了发达国家和发展中国家进行国际贸易的原因。

由于比较优势理论着眼于分析国际贸易产生的原因、国际贸易的决定因素、国际贸易的利益及其对一国经济发展和收入分配的影响，这一分析框架甚至适用于更为具体的对产品内国际分工贸易的分析。原因在于：其一，国际分工（国际生产分割）导致了国家间生产模式的重组，故不同国家在不同生产区段的技术（劳动生产率）的相对差异以及要素禀赋的差异将导致不同国家在不同生产区段呈现李嘉图式的比较优势或“H–O”式的比较优势。其二，由国际分工引致的国家间生产模式的重组并伴随着国际资本的频繁流动，会导致不同国家的不同类型的要素收益的差异，适宜用通过比较优势的理论框架特别是H–O模型的短期动态变化形式，即特定要素模型的框架进行分析。其三，考察贸易与增长关系的动态比较理论为分析国际分工对一国经济发展的影响提供了分析框架。鉴于此，Jones和Kierzkowski（2001）指出："李嘉图模型框架与H–O模型框架能够很好地阐明当代产品内专业化分工现象及其影响。" Jones和Kierzkowski（1990）分别运用李嘉图模型框架与H–O模型框架分析了国际分工贸易的利益。

从上面分析可以看出，许多关于国际分工的效应的理论模型大多建立在斯密的分工理论、李嘉图模型以及H–O模型的基础之上，考察国际分工对一国福利、要素价格、贸易条件、收入分配及经济增长的影响，这是近年来国际经济学界关于国际分工理论研究的路径之一。

（三）新贸易理论

传统贸易理论的基础是建立在完全竞争市场和规模报酬不变这两个经典的假设之上的。然而，现实并不完全如此，在不完全竞争市场和规模报酬递增这两个更加贴近现实的假设后，新国际贸易理论应运而生。1985年，赫尔普曼和克鲁格曼在其《市场结构和对外贸易：报酬递增、不完全竞争和国际经济》一书中综合了各种新的贸易理论，提出了一个新的系统化的分析框架，在分析中广泛运用了产业组织理论和寡占理论来解释公司行为对国际贸易的影响，实现了新的理论突破，该书的出版标志着新贸易理论的正式形成。

新贸易理论的主要代表人包括迪克西特（Dixit）、埃西尔

（Ethier）、克鲁格曼（Krugman）、赫尔普曼（Helpman）、格罗斯曼（Grossman）、斯宾塞（Spencer）和布兰德（Brander）等人，这些学者大都深受“哈佛传统”的影响，在理论研究中关注市场结构的构成要素。新贸易理论的主要创新是充分考虑到了市场的不确定性特征，将产业组织理论的分析范式引入贸易理论。

沿着分工与专业化的主线，新古典经济学代表人物马歇尔对于分工思想的贡献在于论述报酬递增与工业组织关系上，认为分工对于报酬递增是有积极作用的，他描述了分工推动的地方性工业的原始形态，阐述了产业集群形成的原因。马歇尔在其《经济学原理》一书中描述了集中于某些地方的工业，即他所称的“地方性工业”的原始形态。他所说的地方性工业集中就是具有分工性质的企业在特定地区的集聚，马歇尔把这些特定地区称作“工业区域”。据此，他指出了两个重要的概念，即“内部规模经济”和“外部规模经济”。从内部规模经济来看，如果企业能够在给定市场需求数量以内，通过分工组合按照最佳的有效规模进行生产，就会节省成本，同时提升资源配置的效率。从外部规模经济来看，大规模和批量的产品内工序及区段生产分工的深化及其专业性加强造成的行业进一步细分能够创造实现创新的条件，并且形成大规模的长期投资，这些都会对产品内国际分工产生深刻的影响，这种外部规模经济往往因许多性质相似的小企业集中在特定的地区而获得（马歇尔，1890/1965）。杨格（1928/1996）从斯密定理出发，在其经典论文《报酬递增与经济进步》指出了一个不同于马歇尔的发展古典经济学思想的方向，深刻阐述了报酬递增与经济进步的关系，强调专业化经济和劳动分工才是经济进步最重要的源泉，经济学应该以分工和专业化问题为核心来分析需求和供给。科斯（1937/1990）对交易费用为零的假定条件的放松，夯实了新兴古典经济学产生的基础。盛洪（2006）通过对马歇尔外部规模经济研究，指出外部规模经济通过分工和专业化的加强对于区域经济也产生间接的影响：可以共享社会生产条件，如基础设施，可以形成较为高效率的劳动市场，可以共同享受辅助行业的专门服务；为在一个地区没有多少同类的企业义务服务，这样的服务是不值得的，反之则是较为值得的；并且有利于技术扩散，原因是拥有同样技能的从业者相互之间得到的利益最大，行业的秘密将不成为秘密，比如同行间的创新传播速度非常快，间接影响国际分工。Stiglitz（译作施蒂格利茨，1986）建立了一个动态模型，得出正是因为学习的时间和规模都是有限的，所以需要劳动分工、生产的专业化和学习能力促进经济的增长。对于推动杨格的理论发展贡献最大的是舒尔茨（1991/2001），他强调分工的好处不仅与设备、物资有关，还主要在加速知识积累方面有所体现。直到20世纪80年代新兴古典经济学代表人物杨小凯和黄有光（1999）等学者引入分工、交易费用的概念和交易效率、空间因素的分析工具，重拾了被新古典经济学遗弃的分工与专业化经典思想。

尽管新贸易理论关注的分工模式仍主要是水平专业化劳动分工（不考虑生产区段的国际分工），但其着眼于市场的不确定性建立的分析框架，为经济学家们从企业行为这一微观视角分析企业参与国际分工的动机与决定因素提供了基础。基于此从交易成本和不完全合同的视角考察企业参与国际分工的动机与决定因素是近年来经济学家们对国际分工现象进行理论研究的另一重要思想路径（Chen，Ishikawa，

Yu，2004）。并且，新贸易理论提出的核心概念和思想，例如不完全竞争、规模报酬递增、差异化产品被经济学家们用来构筑分工的理论模型。

二、国外国际分工研究述评

（一）国外研究综述

1. 国际分工效应的研究现状

第一，促进产业升级的研究。工业的发展提供了产品在内部进行分工生产的条件，Arndt（1997）指出发展中国家可以通过参与劳动密集类型的生产环节和阶段而实现工业化的目标，对于产业升级有重大的意义。Hummels、Ishii 和 Yi（2001）更直接地提出产品内国际分工为中国等发展中国家工业化进程中的产业结构升级提供了新的路径。Grossman 和 Rossi-Hansberg（2006）对兴起的“工序贸易”（tasks trade）进行了基本描述，对其产生的经济效应进行了分析和评述。他们认为在信息时代运输成本和通信成本大幅度下降，工序贸易和最终产品贸易共同成为了当代贸易的主要形式。通过工序贸易这种新的贸易形态，产品生产可以在成本更低的区域进行。该研究的结论是一个产品工序如果是在不同地区完成，那么作为这道工序的特定要素的生产率将提高，也会对技术进步产生同等的效应。产品内国际分工通过带动东道国技术进步和产业升级，进而实现就业率和工资的提高，Feenstra（1996）的连续模型是被国内外学者经常参考或以此为基础进行改进的经典模型，它分析了国际分工对参加方的产业升级效应和技术进步的带动作用。该模型通过两阶段的一系列经典假设实现了论证并得出结论：在工资水平不变的前提下进行国际分工，对于该国来说技术含量比继续留在国内的产业工序都低；而对外国来说，技术含量比以前从事的产业工序都高。对于国际外包活动对劳动力市场产生的效应，由于数据范围和计算方法的不同，实证结论往往不一致，这是与变量的选取、产业集聚的差异和计算的方法有关，把这些因素考虑在内之后实证结论的不一致就得到了统一。

第二，外商直接投资（FDI）技术扩散的效应研究。FDI 是一种国际资本的流动行为，是跨国公司对于分支机构拥有控制权的国际分工形式，技术差异是推动外商直接投资的动因，Hymer（译作海默，1976）提出跨国公司具有的垄断优势是他们向海外投资的主要因素，而核心科技和知识专利是垄断的中心内容，技术差异是根本的决定因素。小岛清（1987）的边际产业理论直接解释了 FDI 对于国际贸易的影响：对于东道国来说投资国 FDI 一般从比较优势小的边际产业开始依次进行，由于这些技术与东道国的技术水平较为接近，东道国容易学习接受，进而可以深入挖掘出东道国的潜在能力；对于投资国来说通过把一定的生产环节放到了成本更低的国家或地区，可以将精力放在高端技术的研发和高增值的环节，为更大规模的国际贸易创造条件。这种投资会扩大投资国和东道国的比较成本差距，进而优化国际贸易结构，有利于产品内国际分工。更新的研究表明外包活动，尤其是偏重于用户和生产商互动关系的外包活动对于技术革新，特别是产品创新的正相关作用较大，外包活动如果是跨越国境的并且依然在组织内部，那么该活动则有着明显的创新趋势（Cusmano、Mancusi 和

Morrison，2008）。

第三，对于产业集群的促进研究。国际分工深化下形成的规模经济还推动了产业的集聚和产业集群的诞生，为了获取外部规模经济，也就是协同创新的环境，共享辅助性工作的服务和专业化劳动力市场，平衡劳动需求结构和方便顾客等，作为国际分工动因的规模经济会引起地理上的产业集聚。美国哈佛商学院教授 Porter（译作波特，1998）的传统新古典理论观点认为，集群的形成是竞争的结果，企业间的合作竞争促进了创新和发展，形成了产业集群，而产业集群具有合作竞争的灵魂，许多公司在同一产业领域竞争，强化了技术提升，降低了成本，促进了创新。并且，产业集群一旦形成，就会触发自我强化的过程。Krugman（译作克鲁格曼，1991a）对产业集群给予了高度的关注，应用不完全竞争经济学、递增收益、路径依赖和累积因果关系等解释产业的空间集聚现象，认为经济活动的聚集与规模经济有密切联系，能够导致收益递增。当企业和劳动力聚集在一起以获得更高的要素回报时，本地化的规模报酬递增为产业集群的形成提供了理论基础。藤田昌久等（2004）深入研究集聚现象，指出集群的主要好处是它促进了紧密的经济人之间的信息传播，而且，较低的交通费用等非市场交流费用也促进了企业选择集聚在同一地方。当运输成本足够低的时候，现代部门和创新部门都会集中到同一个区域去，而其他区域则负责传统部门产品的专业化生产。不管技术能否在区域内进行流动，现代部门中企业的数量都会随着时间的推移而逐渐上升，企业集聚和经济增长彼此互相促进，而支持分散布局的政策往往会损害全局的经济增长。

2. 国际分工影响因素研究

第一，比较优势与规模经济因素是直接动因。比较优势推动了分工的发展，传统国际贸易理论的基石就是比较优势，斯密和李嘉图这两大古典经济学派的代表人物就是以绝对比较优势和相对比较优势为理论核心进行了一系列经典的分析，并得出结论：如果一个国家所有的劳动产品成本都比另外一个国家高，但是只要这些产品的劳动成本于贸易伙伴来说是不同的，那么就能通过专业化生产出成本相对低的产品在贸易中获得利益。从国际贸易的角度来说，引起最终产品贸易的根本性原因同样也是引起产品内贸易的根本性原因，二者并没有什么本质区别，用现有成熟的国际贸易理论是可以解释产品内贸易产生原因的（Krugman，199la）。同样持这种观点的还有 Jones 和 Kierzkowski (1990)、Grossman 和 Helpman（2005），Bhagwati 和 Dehejia（1993）用“万花筒式比较优势”（Kaleidoscope Comparative Advantage）来说明比较优势对产品内国际分工的影响。Deardorff（2001）在扩展的李嘉图框架下和扩展的 H–O 框架下分别分析了国际分工与产品内贸易，认为对于一个开放的贸易小国来说，中间投入品的市场价格才是决定生产和贸易的主要条件，若该价格较低，该国就会将这个中间投入品转移到外国进行生产；若价格比较高，该国就会独立进行专业化生产。他还提出一个重要的观点，即参与国际分工可能使该国在原来没有比较优势的产品生产上也能获得比较优势，这为发展中国家参与国际分工与贸易提供了一定的理论支持。Ishii 和 Yi（1997）等在新贸易理论的框架下，指出比较优势和规模经济都是产生国际分工与贸易的主要原因，但比较优势应是最基本的原因，它通常决定了国家之间的生产分工与贸易的模式，而规模经济则强化了该模式。

第二，东道市场的开放度和跨国公司股权治理结构影响分工规模。从股权治理结构划分，有两种主导的趋向：买、卖双方都可以推动分工，跨国公司作为世界范围内垂直一体化的主导者，从价值链条的一端进行产品内国际分工；或者采购者（一般由劳动密集的大型零售商充当）从价值链条的另外一端进行产品内国际分工。Feenstra 和 Hanson（2004）运用产权模型分析了在发展中国家，当加工企业签订不完全契约的加工贸易合同时，并且在发达国家跨国公司拥有加工企业的产权，进而能够控制中间投入品购买价格的情况下，所得收益要比两权都由一方控制的时候大；对中国的实证研究表明进料加工贸易已成为跨国公司偏好的国际分工形式。在下面的国内文献回顾中会从东道国中国的角度谈一谈东部地区和西部地区的差异。

第三，交易成本、技术可分离性影响国际分工的程度。Arndt（1997）在扩展的 H–O 理论框架下分析了国际分工和全球化，认为在产品生产技术可以分离的前提下，正是由于多边贸易协定的制定以及运输技术和通信技术的发展，使得跨国协作生产的成本下降，导致贸易成本也下降，从而为国际分工和贸易的出现提供了有利条件。Jones 和 Kierzkowski（2000）、Hummels 等（2001）都认为，产品的生产技术水平是否允许最终产品的各生产阶段跨国分散进行，才是能否产生国际分工和贸易的前提条件，一般来说，机械、运输、电子等行业所产生的产品大都具有较高的技术分离性，而像化工、冶金等行业的产品的技术分离性较差。Grossman 和 Helpman（2002）在封闭经济条件下构建了一个一般化均衡模型，研究表明企业间匹配信息搜寻、技术的进步、最终产品的可替代性以及中间产品提供商和最终产品生产者之间的谈判能力这几大因素都是企业选择一体化生产组织模式还是外包生产组织模式的影响因素。

第四，地理、气候通过影响要素禀赋而影响国际分工。居民的收入提高了，那么他可能会在选择同等产品的时候，选择进口的产品进行尝试，即便是进口商品可能比本地的价格要高一些。地方市场意味着在地理区位上，离原材料供应地更近的地方有利于生产要素的集聚，从而有利于参与国际分工。Dell 等（2009）认为，温度会影响到人均收入，温度变量解释了 23% 的国家收入水平差异，2000 年的国家截面数据表明，温度每下降 1 摄氏度，人均收入水平下降 8.5%。Timmer 和 Stehrer 等（2013）对地理区位与国际大宗商品贸易的关系进行了研究，并使用“显性比较优势指数”（RCA）来分析地理区位对国际分工的影响，实证研究结果显示，地理区位对一国 RCA 衡量的比较优势会产生影响，其中南半球国家由于在地理区位上远离国际主要市场，这些国家的要素禀赋优势受到抑制，而北半球国家则由于临近国际主要市场而强化了要素禀赋优势。

第五，劳动生产率直接影响分工梯度。Helpman 等分析了跨国企业的组织选择决策，得出比较系统的结论：企业在劳动生产率上存在较大差别，劳动生产率最高的企业才会选择 FDI，劳动生产率次之的企业会选择海外外包，劳动生产率再次的企业会依次选择在国内投资、国内外包（赫尔普曼、克鲁格曼，2009）。各厂商生产力水平的高低直接决定了跨国企业分支的控制权问题。Grossman 和 Helpman（2004）研究垂直一体化和外包两种生产组织方式之间的选择平衡问题，指出最终均衡的情况为：生产率水平最高的最终产品生产者选择在南半球国家进行外包，生产率水平第二高的最终产品生产者选择在北半球进行一体化生产，生产率水平再次的最终产品生产者选择在南半球国家进行一体化生产，生产率水平最低的在南半球以转包的方式选择独立的生产供应商。Qiu 和 Spencer（2002）将信息经济学引入研究中，认为特定关系投资（RSI）需要充分的信息，而接近最终产品的生产者能在信息的获取上取得优势，因此，RSI 水平高的投入品大都在北半球国家生产，普通或者标准的投入品则主要在南半球国家生产。Feenstra 和 Spencer（2005）对这个结论又进行了深入的研究，发现当生产率水平最高并且需要的 RSI 水平也高时，投入品的特定关系投资和生产都在北半球国家；生产率水平次之，生产将转移到南半球国家，而特定关系投资仍在北半球国家；生产率水平再次之，则两者都转移到南半球国家；生产率水平最低时则作为一般部件在南半球国家购买。

第六，制度、关税政策等是国际分工重要的外部环境。制度因素通常被纳入到影响外包活动的因素当中去，Kshetri（2007）认为除了经济因素，如行政规定、社会规则、文化特征和风俗习惯等制度因素都会对国际外包活动产生影响。产品内国际分工早期是以国家为主体的，是一国出于避税考虑进行的分工行为：Dixit 和 Grossman（1982）将两阶段生产模型从阶段生产模型（Staged Production Model）扩展为多阶段生产模型（Multi-stage Production）来分析关税等政策变动对产品内国际分工的影响。Ornelas 和 Turner（2012）通过模型建立和一系列的推导，证明了更为自由的贸易条件，比如和正常关税相比更低的关税会带来更大的对外贸易量，更好地解释了国际外包活动的影响因素和跨国公司内部的贸易活动。

（二）对国外国际分工研究文献的评价

第一，理论不断趋于现实。对于国际分工的研究就是不断放松经济学假设条件，令理论一步步逼近现实，并且在研究思想上不断革新，对研究方法不断突破。基于不断扬弃与革新的精神，采用新思想和新方法，让分工理论不断得到补充和完善，从而也不断地丰富着国际分工理论、国际贸易理论的知识体系，使国际分工这一活泼的经济实践现象借助新的理论得到了更切合实际的阐释。Grossman 和 Helpman（2005）将新制度经济学中的制度分析和不完全契约理论引入产品内国际分工理论，形成了全球生产组织理论范式。在经济学与管理学交叉领域，研究人员对价值链进行了分析研究（Porter，1985）。此外，还有对产业聚集区形成机制和形态的研究（Schmitz，1995），对模块化生产网络（Modular production networks）问题的研究（Sturgeon，2002），等等，都从不同侧面对国际分工进一步细化的现象进行了深入探讨。

第二，实证研究开始活跃。纵观国际贸易理论的发展走向，从传统国际贸易理论到新国际贸易理论，再到引入了交易成本、交易效率的制度经济学分析工具，逻辑起点从比较优势、要素禀赋、完全竞争市场演进到规模报酬递增、不完全竞争市场和交易费用的提出，考察对象从宏观国家层面（投资国、东道国）、产业集群和区域（产业集聚）深入到分工的主体跨国公司。以上研究的方法起初都是以理论推导为主，因而缺乏实证的基础，Hummels、Ishii 和 Yi（2001）针对这一问题开始着手于分工测度的研究，最终完成了对 20 个 OECD 国家和 4 个新兴市场的投入产出数据的实证分析，是实证分析的先驱和引路人。此后的研究突破了只重理论研究的局限，每一理论阶段都有与之对应的实证分析模型。

第三，现有分工理论还不成熟。根据文献回顾，在信息化和全球生产网络迅速发展的时代，在日新月异的交易方式改变和交易效率提高的情况之下，现有的框架并非成熟的系统。一是国际分工并未形成经典的、成熟的分析框架，所有的研究都是处于摸索和铺垫阶段，也并未得到学术界的广泛认可，如国际分工的提法就有学者认为很不科学（魏后凯，2007），模型构建和分析结论也都在探讨之中，基本范式层面相对滞后和缺乏内在的逻辑性。二是国外相关研究更多是从发达国家的立场和角度来研究外包，研究对国外的直接投资和跨国企业的战略问题，很少关心发展中东道国通过分工实现后发，最终达到经济腾飞这一经济目的的达成度，很少考虑跨国公司在与地方政府的博弈当中常常使东道国地区陷入“路径依赖”和“低端锁定”等境况的问题。三是对于分工直接相关的产业集聚和产业转移研究不够深刻，现有研究仅限于国际分工的表面效应，例如对就业和工资提高以及对于产业升级的影响，缺乏从深层次揭示国际分工的传导机制之类的探索。四是对于生产组织形式的研究还比较表面，现有研究只是对于影响产品内国际分工不同形式的原因进行了初步研究，还没有深入研究不同的形式对于分工双方有何影响和作用。

三、国内国际分工研究述评

（一）国内研究综述

1. 国际分工和产业升级的研究

中国在国际分工中仍处于较低端的位置，因此要提高产品内国际分工的工序地位，从价值链低端向上攀升，通过技术扩散和研发学习、“干中学”切入核心技术领域，提高核心竞争力，打造自主品牌，促进我国产业升级。从宏观层面来分析，产业升级就是当资本相对于劳动力和其他的资源禀赋更加充裕时，国家在资本和技术密集型产业中发展比较优势（迈克尔·波特，2007）。从中观或微观层面来分析，产业升级和创新就是制造商成功地从生产劳动密集型低价值产品向生产更高价值的资本或技术密集型产品这样一种经济角色转移的过程（Poon，2004）。总之产业创新和升级是产业由低技术水平、低附加价值状态向高技术水平、高附加价值状态演变的过程。

第一，国际分工与国家产业升级的研究。卜国琴、刘德学（2006）在全球经济一体化的背景下，提出中国政府应通过政策措施降低种种交易费用，提高交易效率，使更多企业融入全球生产网络，从全球分工体系中不断实现角色地位提升与产业升级。华德亚、董有德（2007）从跨国公司行为的角度对国际分工与产业升级关系进行了研究，针对我国在国际分工中大多数环节处于劳动密集型的现状，提出按照动态比较优势原理，通过提高产品内国际分工的工序地位来促进我国产业升级。张明志（2008）重点分析了国际外包对发展中国家产业升级影响的机理，他注意到国际产业转移模式正逐渐从垂直FDI为主导向国际外包为主导的方向演变。发展中国家通过承接国际外包可以充分发挥比较优势，促进劳动生产率的提高和产业技术水平的提升，并快速切入全球高技术产业链条之中。通过调整产业升级思路、提高交易效率、加强自主研发能力和注重人力资本投资等方面的努力，发展中国家可以更好地实现国际外包对产业升级的促进作用。

第二，国际分工与地区产业升级的研究。杨继军、张如庆和张二震（2008）考察了承接国际服务外包对于长三角产业结构升级的现实意义。金芳（2006）则针对上海外向型经济中低端制造业密集的特征，提出了提升上海产业发展水平的若干路径和对策。闫小培、林耿等（2007）提出调整和完善地区的生产体系，提高产业的自主创新能力和内生发展能力，推动产业的优化升级，提升产业合作的层次，向着大珠江三角洲的产业升级与国际竞争力提高的方向迈进。王冉（2007）针对中部地区相对封闭落后的现状提出要弱化招商引资的“资金补充功能”，着力构建自身的要素集聚能力，通过实现经济要素的国际组合，提升要素结构水平，促进经济增长方式转变和产业结构优化升级。

第三，国际分工与制造业产业升级的研究。刘似臣（2005）认为我国加工贸易在参与国际分工中正在进行产业升级，已有许多企业进入了中间产品的生产阶段，脱离了“世界工厂”的角色定位。胡昭玲（2007）认为发展中国家按照比较优势发展劳动密集型行业与重视产业升级发展资本（技术）密集型行业这两种貌似冲突的升级路径并不矛盾，通过从事资本（技术）密集型行业中的劳动密集型生产环节便可实现。胡昭玲和张蕊（2008）认为我国通过承担全球垂直分工链条上的加工装配环节，更好地发挥了资源禀赋上的比较优势，带动了产业结构的升级，促进了就业增加和经济增长。范爱军和高敬峰（2008）运用 Hummels、Ishii 和 Yi（2001）关于垂直专业化的定义和计算方法对我国制造业的国际分工现象进行分析，得出与胡昭玲类似的结论，但不同之处在于升级路径的行业偏重方面：前者认为劳动密集型生产环节虽然附加值低，但制造业依然需要积极参与到劳动密集型生产环节的分工中去，以此达到积累产业结构升级所必需的资本和通过“干中学”增进产业升级机会的双重目的，实现制造业从低加工度向高加工度的产业结构升级。蒲华林、张捷（2010）通过对中国零部件贸易的深入分析，认为中国的制造业升级必须从提升零部件尤其是核心零部件技术开始。

第四，国际分工与服务业产业升级的研究。产业经济学认为市场需求结构的升级决定了产业结构的升级，从“农业、轻工业→基础工业、重加工工业→高附加值工业、服务业”的产业结构高度化的演进轨迹成为产业升级的规律（杨公朴、夏大慰，1999），我国接受国际分工的任务也由原来的纯制造业转向生产型服务，同时也出现了向生产企业的服务性内容等服务方向的转变，并且有着二者融合、协同升级的趋势（刘勇，2007；刘志彪，2007）。在经济全球化的影响和21世纪初金融风暴的严峻形势下，成本降低的压力进一步催生了服务外包的大规模兴起，在这样的大背景下研究制造业产品内国际分工的后继产业服务业外包理论很有意义。我国以承接制造业国际转移为一个重要切入点，过去几十年中国经济在改革开放中取得了巨大成就，但在服务部门发展上出现相对滞后的问题。我国学者对此已有清醒的认识，相关研究也从制造业延伸到服务业：卢锋（2007）、江静和刘志彪（2007）等都对由制造业外包为主向现代制造业外包和承接服务业外包并举的转变达成共识。卢锋（2007）偏重于探讨服务业外包产生的根源，而江静和刘志彪（2007）则运用超面板数据和回归分析的实证方法来证明其对行业效率的作用。

第五，国际分工间接促进产业升级的研究。国际分工对于价值链的提升和劳动力结构的优化，间接促进了产业升级。唐海燕、张会清（2009a）通过对40多个国家的实证研究得出国际分工对于价值链升级具有重大推动作用，该作用主要来源于高层次的分工领域。张少军、刘志彪（2010）从全球价值链（Global Value Chain，GVC）的角度对国际分工下的产业转移进行了深入研究，从要素、竞争优势、市场和国家战略四方面剖析了产业转移的动因，指出将GVC模式产业转移与中国的国情和特定地区的特点相结合，才能够更有效率地实现产业升级，并且就此缩小地区差距。唐宜红、马风涛（2009）通过研究国际垂直分工对于劳动力就业结构的作用，认为中国参与新型的国际分工会提高非熟练劳动力的相对就业率，降低熟练劳动力的相对就业率，并由此缓冲中国的就业压力，但是要通过劳动力素质的提高和人才培养等途径促进中国在更高层次上参与国际分工，实现产业升级。孙文远、臧新和任志成（2010）以江苏省为例分析了国际分工对就业的影响，得出了国际分工对就业具有正效应的结论。承接服务业外包对于解决就业问题、促进产业集聚和产业集群的形成具有重大意义，并且能够发挥知识的溢出效应推动产业升级（任志成、武晓霞，2009）。

2. 国际分工影响因素的研究现状

第一，比较优势与规模经济是国际分工的直接推动因素。胡昭玲和张蕊（2008）通过理论与实证分析，得出低成本劳动力的比较优势是我国制造业参与国际分工的基础。韩耀、曹杰和庄尚文（2005）探讨了网络经济条件下分工的根源，认为其内因源于比较优势和产品制造工序的可分性。林毅夫（2007）对比较优势战略进行了相当深入翔实的探讨，通过对生产区段国际分工现象的观察，认为中国必须优先发挥比较优势的战略进行产业布局，实现产业的全面发展，在另一篇文章中，林毅夫、任若恩（2007）针对东亚经济发展奇迹产生的原因与克鲁格曼展开了争论，后者对东亚经济发展奇迹进行了批判，而林毅夫等则认为其论文中的全要素增长率（TFP）计算方式存在谬误，进而导致了这一错误结论。随着经济的发展，市场结构从完全竞争变为不完全竞争，甚至出现垄断、寡头垄断的局面，规模报酬递增的时候，规模经济又成为了推动国际分工的另一大因素了。规模经济又一般分为内部规模经济和外部规模经济，二者都会对国际分工产生影响。

第二，交通运输、交易成本是国际分工的因素条件。一是交通工具越来越发达，产品内国际分工中间环节的产品以及制成品的跨国运输成本急剧下降。二是信息交换的成本下降，通信技术（如电子邮件、可视会议、传真、电传等）的进步和网络的高度覆盖使传递成本锐减，使得协调和监督处于不同地域的生产成为可能。三是网络银行的发展和银行转账的便利降低了交易风险和交易成本（孙文远、魏昊，2007）。四是技术扩散及学习效应会进一步降低交易成本：张纪（2008）基于中国1980—2005年时间序列数据的实证分析，验证了国际分工网络内部存在的技术扩散效应。承接来自国际分工网络的技术扩散，正日渐成为发展中国家企业提高自身技术水平的一条重要途径。孙文远、魏昊（2007）认为是技术进步所导致的交易成本降低而使国际分工得以开展。

有趣的是，在21世纪，随着互联网的快速发展，电子商务等新型贸易方式开始出现。从理论上讲，新型的贸易方式不再像传统贸易一样过多地依赖地理距离，互联网时代的交易成本应该整体降低。但相关的研究表明，地理距离在数字化时代的影响力更大了。张会清、唐海燕（2012）利用贸易引力模型考察了中国与120个贸易伙伴国家或地区的贸易数据，测量结果发现中国对亚洲近邻来说市场潜力较大。谭秀杰、周茂荣（2015）用随机前沿引为模型研究了中国与21世纪“海上丝绸之路”国家的贸易潜力，研究表明，中国与“海上丝绸之路”的贸易效率在不断提升，贸易潜力仍然很大。施炳展等（2012）从广度、数量、价格三个维度分析贸易增长的源泉，并研究了地理距离通过何种途径减少贸易流量，通过对224个国家之间双边贸易数据的研究发现，整体来看，地理距离对贸易流量的作用中，50%～70%可归结为广度，20%～50%可归结为数量，而价格的贡献并不明显。

第三，市场特征间接影响跨国公司国际分工组织行为。跨国公司可以在全球范围内重新划分产业界限，安排生产环节和区段，创造出全新的产业链。它们通过外商直接投资、产品就地销售和原材料全球采购系统，甚至是研发机构的异地设立和开发活动以及资本市场异地运作，成为垂直专业化生产和国际分工的主体。基于中国不同地区的市场特点，在中国沿海和东部地区，跨国企业拥有工厂的所有权，中方拥有投入品的采购权，而在内陆地区，较为普遍的情况是跨国企业集二者于一身，这和中国不同地区市场开放度的不同有直接关系。南部沿海地区出口市场大、经济开放度高、竞争秩序公平、交通便利、执行契约的成本低，因而被“敲竹杠”的可能性小；而内陆和北方地区，经济较为封闭、行业垄断性较强、交通成本高、契约执行成本较高，出现诚信问题的概率以及法律执行的成本都比东部沿海地区高。从行业角度来看，对低附加值行业（如纺织、玩具、鞋帽）跨国公司偏好两权合一，然而对高附加值行业，跨国企业更为普遍地倾向于将工厂的所有权和投入品的采购权进行分离。这是因为双方的投资对于项目价值都至关重要时二者的分离是最优的，这样有利于增强双方的投资动机，实现利润最大化，而这正是高附加值的加工活动所需要的。

第四，东道国外部环境对国际分工的影响。国内以东道国的角度探讨其在外包中角色以及对外包影响的研究较少，王爱虎、钟雨晨（2006）对于国际分工的被动方即接包方所在国的环境评价体系进行研究，在宏观经济环境、工业经济环境和对外经济政策环境层面分析了中国吸引跨国外包的环境及政策影响。

3. 地区国际分工与产业集群的研究

第一，关于二者相互影响的观点。一般研究都会从规模经济与国际分工的相互促进作用探讨到产业集群的形成和壮大，追求规模经济导致企业集聚和产业集群的出现，而集群又反过来促进整个区域的扩展和壮大。在集群内部，市场的规模经济和技术扩散的便利能使企业节省交易成本（豆建民，2009）。惠宁（2006a）对二者的关系进行了细致研究并指出，产业集群的形成是专业化分工产业的报酬递增的一种空间表现形式。由于分工的深化，企业得以发展，而企业为了增加报酬递增、减少交易成本，就越来越倾向于向一个地区或中心集聚，因此形成了产业集群。相应的，由于产业集群具有规模效应、成本降低和创新协作的优点，企业可以通过垂直专业化分工和横向经济合作进一步提高交易效率，降低交易费用，反过来促进了分工发展。惠宁还引入了社会资本理论，丰富了产业集群理论的研究思路。社会资本决定与影响了产业集群的区位和发展速度。企业网络就是典型的社会资本，而产业集群作为一种生产组织形式，是通过企业网络来实现有效衔接的。同时，产业集群又会反过来优化企业内部、企业间、企业与相关产业、机构间的社会资本。这种社会资本与产业集群之间相辅相成的双向互动和促进，可以大大降低产业集群内的交易成本，提高交易效率，强化区域的持续竞争优势。从上述研究可以看出，这些由产业集聚带来的好处也间接促进着国际分工，但是对国际分工与产业集群直接关系进行研究的成果较少。赵延东和张文霞（2008）对地方工业园区建设变成工业堆积，偏离了最初打造产业集群的目的等问题进行了反思。

第二，关于产业集聚促进总部经济的观点。魏后凯（2007）认为应该用产业链分工描述分工从生产环节延伸到技术开发、销售环节、后期服务的一系列过程，那么分工范围将突破产业的边界延伸到其他制造业部门甚至第三产业领域，分工推进了产业链体系中的大都市中心区因公司总部、研发和设计中心、营运中心等的集聚而逐步发展成为管理控制中心。高层管理、财政、法律等职能主要集中在公司总部，比如纽约、东京和伦敦是三个最大的世界知名企业的总部，其他主要的综合性国际大都市如巴黎、芝加哥、大阪、中国香港、新加坡等，都是跨国公司总部或地区总部的集聚地。这些城市是世界性或区域性的国际管理控制中心（魏后凯，2007）。在中国随着区域一体化和经济全球化的加快，中国公司总部集聚趋势也将不断加强，除现有的香港外，深圳、上海、北京将成为全国性的总部密集地，中长期内中国的一些西部地区城市如西安、重庆、成都等则有可能发展成为区域性的管理控制中心。

4. 深化国际分工、促进产业升级对策的研究

第一，关于企业微观层面的对策建议研究。在企业的微观层面，

大部分学者的建议集中在创立自主品牌、培养自主研发能力、提高企业在产业价值链中的地位等方面，如胡昭玲和张蕊（2008）针对形成“加工制造环节的增值能力问题”，提出我国企业要积极参与国际分工与竞争，提高核心零部件的本土化生产水平，由下游生产商向上游生产商推进，强化生产环节与技术研发的相关性，并适时向产业链条的研发设计、品牌营销环节渗透，从而逐步提升在国际分工中的地位与增值能力。曾铮和王鹏（2007）基于经济学与管理学交叉领域的研究有助于回答一国企业如何寻求价值链的优化治理、某一产业如何实现价值链的攀升问题。

第二，关于产业中观层面的对策建议研究。在中观层面上提出对策的学者也较多，其中以产业集群打造为主要趋向。吴福象、刘志彪（2009）从垂直非一体化即垂直分离概念入手，对于东道国产业升级的正、反两方面效应进行了论述，提出经济全球化中制造业垂直分离已成为跨国公司发展的主流方向，我国企业必须顺应跨国公司制造业的垂直分离趋势，重视产业的本土化，优先发展产业集群，重视企业自主品牌的创建等。王缉慈、林涛（2007）则认为在“全球—地方”张力的作用下，我国嵌入全球生产网络过程中的集群只是被跨国采购商和合同制造商等企业用于实现降低成本的目的。他认为我国集群发展的任务是孵育创新性的集群，而不是继续打造单纯追逐低成本的集群。这与林毅夫（2007）分析“羊群现象”和“潮涌现象”的结论基本一致，类似的研究还有赵延东、张文霞（2008）关于地方工业园堆积问题的反思。此外，也有从地区产业升级角度对服务业外包展开的研究。随着国际分工的深化和信息技术的飞速发展，服务业外包正在成为新一轮国际产业转移的热点，承接国际服务外包对于长三角产业结构升级极具现实意义（杨继军、张如庆、张二震，2008）。

第三，关于国家宏观层面的对策建议研究。卜国琴和刘德学（2006）提出了较为具体的政策建议：不断鼓励技术进步，降低交通、通信等方面的有形成本；不断进行制度创新，放松行政管制等，降低无形成本。高春亮、李善同和周晓艳（2008）则对产业升级的路径进行了研究，提出了专业化代工网络结构的概念，认为我国通过内部化代工如合作、合资和FDI等方式进入跨国公司主导的企业网络都是内部化代工，应该用专业化代工的新概念取代传统的内部化代工。由于限制技术转移，我国企业技术进步受到国外技术转移管制影响较大，导致显著的路径依赖，因此我国的代工模式应转向专业化代工模式，更多地进入产业网络而不是企业网络，为一群客户而非一个公司服务，以此达到积累知识并实现制造业升级的目的。从国家产业升级的角度进行服务业外包的研究还包括：张明志（2008）专门提出了服务离岸外包为发展中国家加快产业调整和升级提供了强大的动力，而接受服务外包的过程本身就构成了发展中国家产业升级的重要内容；刘志彪（2007）进一步提出中国政府的决策者应该运用逆向思维方式，从政策层面改善外包服务业的制度环境和硬件基础，同时应该吸取制造业的经验教训，进行制度环境的改善和人力资本的优势发挥，积极开展增值服务。

（二）对国内国际分工研究文献的评价

我国学者在西方学者分工理论的最新研究成果的基础上，结合我国国际分工的具体实践，从分工的效应、影响因素以及深化分工、拉动产业升级的对策等方面进行了较为系统的分析研究，取得了较为丰富的研究成果。第一，借鉴新的理论视角进行研究。从理论视角的变迁来说，国内学者从制度经济学、新兴古典经济学视角对国际分工这一经济现象进行了研究。盛洪（1991）引入的分工决定机制、考察运用分工与交易成本关系问题的制度经济学视角对研究国际分工非常有意义。卜国琴和刘德学（2006）从日益成熟的新兴古典经济学有关分工与专业化的理论视角对全球生产网络的出现与日益盛行进行了理论解释。第二，不断采用新的工具方法进行理论和实证研究。从研究方法上来说，国内学者更加注重运用较新的工具分析解决在中国遇到的具体问题。比如运用博弈论来分析分工双方的博弈，从区域经济增长、产业结构升级的东道方角度深入剖析国际分工的效益，认为从短期和中期来讲，国际分工的深化可能带来技术扩散，通过“干中学”实现双赢的结果，但是当跨国公司的利益长期受到威胁尤其是东道方技术提升到一定水平后，要想再获取核心技术红利将变得更加困难（孔翔、钱俊杰，2009；卢福财、胡平波，2008）。卢福财和胡平波（2008）从分工主体企业的微观角度设计了一个博弈模型，专门对中国企业是否采取“突破低端锁定”的行为进行分析，得出结论如下：一是跨国公司将会无条件地对中国企业的价值升级路径实行封锁；二是发展中国家的企业想要实现低端锁定的突破是非常困难的。这意味着招商引资策略必须改变，需要更加着眼于长期效益的积极政策性引导。

尽管国内对国际分工研究成果颇丰，但是仍存在一些问题。第一，理论框架还不成熟。总的来讲，有关国际分工的理论框架比较松散，没有形成成熟的、完美的分析框架。第二，研究对象还存在片面性。

从研究对象的角度来说，国内学者更多关注的是分工这一趋势化的现象对于东道方产生的效应，不仅有正面的，也有负面的，后者如技术引进的“路径依赖”和“低端锁定”。但是对于产业升级中的企业，特别是中小企业出口中的深层次问题，如制度障碍、资金障碍、资源配置不合理和行政区划下的市场分割、产权的划分和保护等这些与分工专业化息息相关的具体问题，相关研究还显得较少。第三，研究初步开展，深入性还不够。一是对于中国和东部地区国际分工进行实证分析还较少，没有对分工影响因素的传导机制进行专门研究，对于资源型产业为主导的西部地区参与国际分工的测度和实证研究缺失；同时数据的不全面、不客观和部分重要数据的不可得性也影响了分析的结果。二是没有对促进产业升级的机制的专门性研究。对于桎梏西部地区长期经济发展、产业结构优化的因素没有进行深入研究。总的来说，结合中国经济发展不均衡等特殊环境与发展阶段展开的理论框架、战略思想和政策导向等方面的研究尚未形成系统的逻辑的研究主线。与发展中国家参与国际分工紧密相关的产业转型战略和问题、产业国际及地区转移和资源型产业在国际分工中的发展战略等缺少专门研究。三是不成熟的理论框架下的理论分析形成的模型也并非完美，因此不同的假设和模型检验后的大量经验数据的实证工作，迄今为止还处于起步阶段，这预示着国际分工的理论创新、研究方法改进和技术路线合理化的工作任重而道远。

第三章　西部地区国际分工的历史阶段与环境因素

本章通过对西部地区产业发展、三次产业分工的轨迹进行阶段性回顾，更加全面深刻地了解西部地区国际分工的历史渊源和根基，在此基础上从宏观和微观的角度分别考察了影响西部地区国际分工的环境土壤，进而从比较优势和规模经济两个方面分析了西部地区国际分工的优势及劣势，为后续的实证分析做好必要的理论准备。

一、西部地区国际分工的历史发展

从产业布局、产业阶段和产业结构的历史梳理入手，可以体现产业逐步产生和发展的脉络，揭示西部地区国际分工的动态结构演进。西部地区国际分工的发展是在特定，甚至是特殊的历史背景下进行的，逐渐形成了今天较为复杂的产业体系，详细考察西部地区国际分工发展的历史，有助于我们深刻地理解今天的分工现状、内在规律和未来发展的趋势。这里将从以下三个时期进行阐述。

（一）分工的初创时期

从20世纪50年代到20世纪60年代中期，西部地区开始工业化建设，通过“156项”工程和“一五”“二五”两个五年计划的实施，西部地区的工业发展基本起步。

第一，针对西部地区工业落后的情况，党中央制定了一系列原则方针部署西部的工业发展和生产力布局。1949年之前中国沿海一带集中分布了70%的工业设施，而内陆的工业大部分集中分布在为数不多的几个大城市里。在辽阔的大西北，面积占全国土地的1/3，其工业产值却不足全国的2%。当时中国的发展没有坚实的工业基点，已有的为数不多的工业也多半是集中在东南沿海一带，这种状况影响了资源的合理配置，从国家经济安全角度讲，也是非常不利的。20 世纪 50 年代中期，以毛泽东同志为核心的党的第一代中央领导集体，在积极探索符合中国国情的社会主义建设道路的过程中，在广泛调查研究和吸取苏联经验教训的基础上，高屋建瓴地提出了事关社会主义建设大局的十大关系，其中就包括沿海工业和内地工业生产力布局、汉族和少数民族的关系等事关东部地区和西部地区发展的关键问题。

第二，“156 项”工程和五年计划的实施基本形成了西部地区的工业分工格局。为了改变西部地区工业薄弱、经济落后的面貌。在制定国民经济与社会发展的第一个五年计划期间，政府将“156 项”工程（苏联援建的）和其他重要项目中比重较大的一部分，都安排在了当时工业基础比较薄弱的内陆地区。当时在矿产资源丰富、能源供应充足的中西部地区，安排建立了钢铁企业、金属冶炼企业和化工企业等，这是考虑到了自然资源等因素的缘由。与此同时，在原材料生产基地附近布局了机械加工企业等。从中国制定第一个五年计划（1953 年）开始，在工业化战略、区域均衡战略、国防军事战略和区位与地缘优势战略的指导下，国家加大了对西部的倾斜力度，将近 20% 的资金投资于西部。西安、成都、兰州被列入全国重点建设的 8 个城市之一，156 个国家级重点工业项目中，近 1/3 个项目安排在西部（陕西 24 项，甘肃 15 项），使这些传统的区域政治中心焕发出生机与活力。当时共有 150 个项目投入施工，东北地区布置了 50 多个，剩下的大部分布局在中西部地区，21 个在西部地区，29 个在中部地区；国防企业设定了 44 个，除了布置在靠近沿海的造船厂之外，有 35 个安排在了中西部地区。其中西部地区安排建设了106项民用企业中的21个项目，主要有机械、有色金属、石油化工和能源等项目。例如，西安的机械制造企业有西安电力电容器厂、高压电瓷厂、绝缘材料厂、开关整流器厂等，兰州的机械制造企业有兰州炼油化工机械厂、石油机械厂等；有色金属企业有东川矿务局、白银有色金属公司、云南锡业公司、会泽铅锌矿公司等；石油化工企业主要在兰州，有兰州炼油厂、氮肥厂、合成橡胶厂等；能源企业有热电站（分布在西安、乌鲁木齐、户县、兰州、成都等）、个旧和重庆电站及铜川王石凹立井等。从投资额来看，在150个项目中实际完成投资196.1亿元，其中中西部地区投入的资金额最大，即投资额的20%在西部地区，投资额的32.9%在中部地区，另外投资额的44.3%（约86.87亿元）都放在了东北地区（董志凯，2008）。

第三，经过一段时间的集中发展，西部地区工业化具备了一定的基础。在这一时期国家集中力量发展重工业，调整产业布局，搞好苏联援建的156项大的工程建设，使国民经济得到了恢复和稳定发展，西部地区建设出现了初步繁荣。西北地区以陕西省为重点工程最集中的省份，在关中地区尤其是西安—咸阳地区布局了航空、兵器、电子、电力设备制造、棉纺织与印染等五大产业，而西南地区则以成都—重庆为重点布局了国防安全的航天、军工、制造等企业，在其他地区依据其自然资源优势进行重点发挥，如建成了新疆克拉玛依油田和阿尔泰有色金属企业（边古，2000）。特别值得一提的是"一五"期间的"156项"工程等这些投资项目扭转了当时中华人民共和国成立前工业布局很不合理的情况，一定程度上促进了国民经济区域之间的协调。总体上讲，这个时期的投资是第一次对西部地区的大规模建设的行为，使得西部地区贫穷落后的面貌得以改善，城市化进程和经济发展加快，奠定了西部工业化发展的有力基石。

（二）分工的完善时期

从 1964 年到 1978 年，西部地区通过大规模的三线建设和“三五”“四五”时期的发展，新建了一大批以重工业为主的工业基地，初步形成了西部地区产品分工的格局。

第一，三线建设和国防安全角度的被动工业布局为西部地区带来了大量的项目和投资，建立了门类齐全的重工业。这一时期起始于中苏关系恶化，当时世界进入冷战时期，中国时刻面临着战争的威胁，党中央于 1964 年重点提出建设三线、在西部建立战略后方基地的战略决策。这代表全国的工业发展是以国防保卫和军事备战为出发点进行统一部署的：将全国划分为一线、二线和三线地区，而三线所包含的区域正是今天所讨论的西部地区，其中川、陕、甘、黔、青都划入三线地区之列，特别是川、陕、黔三省成为投资强度最高的地区。当时的中国有着高度集中的计划经济体制，当时的产业其实已经经历了一个从东部到西部的被动转移，这个转移的动因就是国防安全考虑下的计划经济和行政安排，当时从东部地区及华北地区内迁大量项目，并对内迁项目投资 1300 亿元，建立起了从常规到尖端军事工业，从采矿、冶金到机械制造、电子、能源等基础工业的大中型骨干企业和科研单位近 2000 个，为西部现代工业奠定了基础。三线建设除了使得重庆、成都、昆明、贵阳、西安、咸阳、兰州、银川、西宁等城市的工业门类增多，实力显著增强外，还在攀枝花、绵阳、遵义、六盘水、宝鸡、汉中、天水、酒泉、金昌、庆阳等地形成了数十个新兴城市和生产科研基地（郭俊华，2005）。

第二，西部地区建立了比较完整的重工业体系，三次产业结构趋向合理，但在西部地区工业化形成的同时也存在一定隐患。中华人民共和国成立后的前 30 年里，随着我国工业化进程的加速，国家加快了西部地区经济发展的步伐，并建成了一大批工业基地，由此奠定了西部工业化的雏形。在这一期间，我国采取了优先发展内陆，追求空间公平的产业布局模式。从“一五”和“二五”计划开始，我国就尝试在中西部地区建立新的工业基地，以改变工业过度集中于东部地区的不合理局面。“三五”和“四五”期间，国家进行大规模的三线建设，又新建了一系列工业基地。直至改革开放，中西部相对来说是受益最多的地区，仅从产业结构来看，1952 年西部农业产值占工农业总产值的 70.8%，到 1979 年这一比例下降至 38.8%，接近全国平均水平。由此西部地区和东部地区的经济关系也发生了很大变化，传统的沿海纺织和食品工业比重迅速下降，内陆地区的重工业迅速成长，二者已由不平等的依附关系转换为经济往来中的相互依存关系。总之，这个时期西部地区的工业是以重工业的发展为始的，一方面为西部地区打下了扎实的工业基础，初步形成了西部地区的重工业体系，实现了拉动 GDP 的目标，而基础设施的投入建设也为地方人民带来了极大的方便，另一方面重工业的发展是造成西部地区水土恶化、自然环境遭受破坏的开始。计划经济体制下的被动产业转移，造成西部地区产业分工明显的国防军事产业导向，其他产业则以围绕自然资源的能源工业为主。军工产业导向和能源工业主导造成西部地区产业结构的不合理，被动产业布局又造成产权主体不清晰，这些都会限制开放的市场经济条件下西部地区的发展。

（三）分工的升级时期

这个时期从1978年到2018年：可以分为1978—2000年的快速发展阶段，2000—2018年的西部大开发和“一带一路”背景下的西部走出去、全面开放的阶段。改革开放以来西部地区的产业结构实现了一定的优化，对外开放梯次推进，而西部大开发加大了对外开放的力度，使得其国际化、工业化、现代化程度迅速扩大。

第一，改革开放以来西部地区分工深化、产业升级，出现了国际分工。我国西部地区经历了产业结构由低级到高级的一种动态演变过程，并且该过程基本符合产业结构演进的历史趋势，表现为产业的不断升级，也就称为分工的升级时期。这可以从西部地区就业结构和产值结构两方面的变化来看。一是就业结构。从1978年至2005年，第一产业农业的就业比重由79.2%下降到54.8%，降低了24.4%，同期第三产业服务业就业比重提高了20.8%。然而第二产业就业比重上升了3.6%，变化幅度比第一产业和第三产业都要小得多。二是产值结构。第一产业农业产值占总产值的比重下降了19.4%，第三产业增加值比重则上升了19.6%。在这个阶段尤为值得注意的是，制造业产值比重的变化经历了一个降低又回升的过程：1978年西部地区第二产业产值比重为43.0%，1990年降低到34.6%，2005年又增至42.8%。这一现象是符合发达国家产值结构演进规律的：随着一个国家或地区的工业化进程由初级阶段进入加速阶段，第二产业所占比重的上升会比较快；但是工业化进程进入成熟阶段，第二产业所占比重上升的速度则会逐渐减慢、维持不变并逐渐下降。在我国西部地区，改革开放初期，由于计划经济的影响长期存在，第二产业（尤其是重工业）人为比重过高。随后在国家宏观调控的作用下，第二产业的人为比重有所下降（郭爱君、武国荣，2007）。在这期间对外开放依次推进，在1992年中央进一步开放了一些沿边口岸城市，同时开放所有的西部地区省会城市，这一措施吸引了一批国际国内企业进入西部地区，国际分工初现。

第二，西部大开发以来西部地区经济全面发展，产业进一步升级。西部大开发是在邓小平同志的伟大战略思想即现代化建设“两个大局”的指导下，做出的重大战略决策，同时也是关于中国特色社会主义现代化建设的重大战略部署。从20世纪末开始到21世纪的第一个十年，就是西部大开发中历时十年的工业体系全面建设，继续做好分工深化、升级的时期。在2000年10月，《中共中央关于制定国民经济和社会发展第十个五年计划的建议》在党的十五届五中全会上获得了通过，其中提出了一项战略任务就是实施西部大开发和促进东部地区和西部地区之间的协调发展。2005年召开了西部大开发五周年座谈会，充分肯定了五年来的成绩，并明确指出要坚定不移地继续做好全面推进西部大开发战略的各项工作。在2006年的12月8日审议通过的《西部大开发“十一五”规划》中提到，西部大开发的目标是要实现西部地区经济又好又快发展，在人民生活水平、基础设施和生态环境建设、重点区域和重点产业的发展中取得成就（中国经贸导刊编辑部，2010）。

第三，总体来看西部地区分工处于不断升级的状态，国际分工的进一步深化将促进地区产业升级，提升地区经济发展，拉动就业并提高收入。西部地区沿市场经济方向的工业化进程升级始于20世纪90年代初期，分工与专业化，尤其是“一带一路”倡议带来的商机，西部地区的进出口贸易额迅猛增长，促进了陆上丝绸之路的产业升级。从我国西部地区与全国其他地区和发达国家的三次产业结构演变的比较中，可得出以下结论：一是西部地区分工、国际分工的深化发展，无论对于就业结构还是产值结构，都产生了良性的作用，从产业结构演进的角度来看是符合经济发展普遍规律的；二是从20世纪开始，西部地区产业结构调整进入了一个加速轨道，其调整幅度已经超过了全国平均水平，产业结构高度大致与发达国家工业化加速时期的水平相当（郭爱君、武国荣，2007）。目前西部大开发正从奠定基础阶段开始向全面加速发展的阶段进行，过去取得了完善基础设施、调整结构性战略和规范制度建设方面的成绩，自2010年到2015年西部开发进入关键冲刺阶段，这一阶段中基础设施和产业结构方面的工作逐渐加强，对外开放的力度也逐渐加大。尤其是2013年提出的“一带一路”倡议，对于西部地区经济增长、文化繁荣已经形成了巨大的驱动力量，发挥着长足的作用。2017年发布的《中国西部发展报告》数据显示：西部地区地方财政收入从2010年的7873.41亿元增加到2015年的17 213.18亿元，年均增速达到16.93%，高出全国平均增速1.56个百分点。“十三五”开局之年的2016年，全国经济增速最快的前三位均在西部，分别为西藏、重庆和贵州，经济增速分别达到11.5%、10.7%和10.5%。

综上所述，西部地区的12个省市区（省、直辖市、自治区）在国防建设方面功不可没，在工业发展的进程中出现了国际分工，并且分工还在深化，但是西部地区工业化发展和分工形成是人为的、被动的，是把现代工业经济强行植入传统农业经济的过程（聂华林、马增明，2008）。正是由于体制、机制、政策、自然条件和经济基础等方面的原因，西部各省市区在全国范围内参与经济全球化的程度依然较低，并且与东部地区发展的差距越拉越远（陆大道，2011）。而在西部地区也产生了西北、西南的分化，比如以成都为中心的川渝经济圈，发展速度领先西部地区。1985 年至 2015 年这 30 年以来，四川每 7 年经济总量就翻一番，与此同时，国防军工、航空航天、电子信息、装备制造等产业发展全面推进，不但有良好的产业链，而且有竞争优势。以成都为中心的城市群正在形成，包括德阳、绵阳等核心城市，以及周边的县市。以成都为中心的城市群在大区范围的影响，甚至对国际的影响，都是西部地区的第一名（陆大道，2011）。

2017 年初始，西部地区再迎重大利好。《西部大开发“十三五”规划》获批，这是国务院批复的第四个西部大开发五年规划，从宏观层面继续加强对西部大开发工作的统筹引导。国家全面推进“一带一路”建设、京津冀协同发展、长江经济带发展，有利于西部地区加快向西开放的步伐，提升对外开放水平，深度融入世界经济体系；深入实施创新驱动发展战略，有利于西部地区积极培育和承接先进产能，提升产业层次；加快推进以人为核心的新型城镇化进程，有利于西部地区破解城乡二元结构，实现城乡协调发展；大力实施脱贫攻坚工程，有利于西部地区精准扶贫、精准脱贫，切实打赢脱贫攻坚战；国家加快生态文明建设、推进形成主体功能区，有利于西部地区形成绿色发展方式和生活方式，巩固国家生态安全屏障。西部地区在国家政策的支持下，有望继续保持较快的发展势头。

产业的发展和分工的深化相辅相成，而分工活动的开展，就是要将相关产业产品分工协作行为置身于一个自然和社会的大系统中来进行考虑，这些影响因素与国际分工的开展有着密不可分的关系，其中包括宏观和微观的环境影响因素。以下就从宏观角度和微观角度进行环境影响因素的分析。

二、西部地区国际分工的宏观环境分析

本小节讨论的宏观环境主要包括自然环境、经济环境、政策环境、科技创新环境和人文环境等。

（一）自然环境分析

西部地区包括12个省、自治区和直辖市：陕、甘、宁、青、新、川、渝、滇、黔、藏、桂、蒙（即陕西、甘肃、宁夏、青海、新疆、四川、重庆、云南、贵州、西藏、广西、内蒙古）。① 西部地区幅员辽阔，人口较为稀少，地形比较复杂，有许多不适宜人类生活，更不适合经济活动开展的高原、山区以及荒漠、沼泽，生态环境脆弱，在一定程度上限制了分工活动的开展。具体分析如下：

第一，西部地区地处内陆，地广人稀，相对封闭的地理环境限制了要素的流入。西部地区的面积广阔，约占全国总面积的71.5%，即有约685万平方公里的土地，但人口较少，2011年底约有3.62亿人，只占全国总人口的27%，且多为少数民族聚居。西部地区与14个国家

① 本书目前只针对这12个省市区进行研究，湖南湘西和湖北恩施等地并未统计入内，一是考虑其地理因素，从这一角度划分的中国西部地区包括陕西省、四川省、云南省、贵州省、广西壮族自治区、甘肃省、青海省、宁夏回族自治区、西藏自治区、新疆维吾尔自治区、内蒙古自治区、重庆市等12个省、自治区和直辖市；二是因为本书的实证部分是基于国家统计局网站各省份的公布数据，湖南湘西和湖北恩施这两个地区的相关数据基本不可得。特此说明。

接壤，陆地边境线长达1.8万千米，占全国陆地边境线的91%，交通不便，物流运输受限。

第二，西部地区的地形较为复杂，有些区域不宜人居更不宜发展工业。西部地区主要位于第一、二级阶梯的地形区，以高原、山地和内陆盆地地形为主；有些地区气候特别恶劣，比如青藏高寒区，这些地区显然不适宜人类居住，更难开展经济活动。

第三，西部地区的土地资源较少，工业发展空间有限。西部地区草原、荒漠面积广大，森林植被的覆盖率低、水资源开发利用不合理，致使难以利用的沙漠、戈壁、裸岩以及水土流失面积占全区总面积的80%以上，适宜发展工业的土地十分有限。

第四，西部地区水资源匮乏，成为工业发展的一大障碍。西部水资源总量年平均2344亿立方米，约占全国水资源总量的7%，单位面积水量不到全国平均水平的1/6，为全国最小，是水少地多的最不利组合地区。在西北偏远地区还有许多极为缺水的地方，人民饮用水和生活用水得不到长足保证。

为了改善西部地区的自然生态环境，国家出台了“退耕还林（草）、封山绿化、以粮代赈、个体承包”的政策鼓励措施，退耕农民可以无偿获得由国家提供的粮食和种苗等，把植树种草和保护任务长期承包到户到人，同时提出了加强长江中上游、黄河流域的造林绿化，推进天然林资源保护工程及其他生态建设工程（李金华，2007）。

我国西部对外开放的门户，首先北面以新疆、内蒙古自治区为代表，是我国向西北开放的重要窗口，与蒙古国和俄罗斯两国接壤。与蒙古国接壤的边境线长3193千米，占内蒙古边境线全长的3/4，与俄罗斯接壤的边境线长 1010 千米，占内蒙古边境线全长的 1/4。其次南面以广西壮族自治区为代表，是边疆民族地区唯一拥有海岸线的地区，其海岸线西起东兴的北仑河口，东至合浦县山口镇，长度约为 1600 千米。同时，广西还与越南接壤，双方拥有共同国境线长约 637 千米。从 1952 年正式开通水口口岸开始，广西已建成国家一类口岸 17 个，二类口岸 8 个，其中铁路陆路口岸 1 个，公路陆路口岸 11 个，内河港口岸 4 个，海港口岸 6 个，广西防城港是我国为数不多的重要内陆出海港口之一，作为通商口岸开展对外贸易已有 90 余年的历史。截至 2011 年，与防城港展开了贸易往来的国家已达 68 个国家，有货物往来的港口已达 184 个。同时，防城港已经开通了经由香港等地中转直至世界各地的航线，与钦州港、北海港两港同处北部湾，是我国西南地区重要的出海通道。最后，面向东南亚则以云南省为代表，它位于我国西南边陲，自古就是中国连接东南亚各国的交通要道。云南与泰国、柬埔寨、孟加拉国、印度等东南亚国家均相距不远，是我国向西南开放的重要窗口。云南与缅甸、老挝及越南三个国家接壤边界线总长为 4060 千米。其中，云南省与缅甸接壤边境线长 1997 千米，约占云南省边境线总长的 1/2；与越南接壤的边境线长 1353 千米，约占云南省边境线总长的 1/3；与老挝接壤的边境线长 710 千米，约占云南省边境线总长的 1/6。

（二）经济环境分析

随着 2013 年“一带一路”倡议的提出和国际分工的深化，西部地区对外开放形成了新的格局，“一带一路”涉及世界 60 多个国家和地区，人口达 44 亿，占世界人口的 63%，沿线 GDP 规模超过 21 万亿美元，占世界 GDP 总额的 29%。沿线大多数国家和地区处于经济发展上升阶段，是世界跨度最大、覆盖面最广的新兴经济带。目前，“一带一路”国内核心地区包括我国中西部地区 16 个省市区，其中，“新丝绸之路经济带”主要战略支点分布在西北和西南地区，覆盖新疆、青海、甘肃、陕西、宁夏、重庆、四川、云南、广西和内蒙古等地，其战略重点是向中亚、西亚开放，延伸至欧洲地区。“一带一路”倡议就是将陆、海两个各具特点的“丝绸之路”有机地融合在一起，对内融通东中西部，对外融通经济合作为核心，是开放、包容、合作、共赢的区域经济一体化的新模式，蕴含着以经济合作为基础和主轴的发展内涵。随着“一带一路”倡议稳步推进，西部地区利用国际国内两个市场、两种资源，构筑起了海陆统筹、东西互济、面向全球的对外开放新格局。

第一，西部地区自然经济资源较为丰富，有利于开展国际分工。林地占全国的 1/3，草地占全国的 1/2，待开发的土地资源占全国的 3/5，已探明的重要矿产资源 120 多种，一些稀有金属储量名列世界前茅；能源资源优势明显，尤其是西部地区蕴藏有 22.4 万亿立方米的天然气资源，约占全国陆上天然气资源总量的 59%；可开发水能资源占全国的 72.3%，但由于资金缺少和重视不够，开发利用率极低。西部地区丰富的草原和高山草场、能源、矿产、旅游等资源都是未来西部大开发的重要基础（王燕玲、林峰，2005）。

第二，西部地区已按照资源分布形成了各自的优势产业，有利于参与国际分工。近几年来，西部各省市区在制定经济发展战略和规划时，都把优势产业当作支柱产业来支持和培育。例如：新疆的石油、天然气、棉花、畜牧业、特色矿产资源的开发，以大漠和民族风情为特色的旅游业；内蒙古的草原畜牧业、以煤炭为主的能源产业和高耗能原材料产业、以稀土为主的矿产资源开发、以草原和民族风情为主的特色旅游业；云南的水电业、矿产业、旅游业和特色农业；甘肃的石油天然气与精细化工业、有色冶金新材料业、生物医药业、农畜产品深加工业；陕西的高新技术、果业、畜牧业、旅游业、国防科技和能源化工业等。一些地区的优势产业发展已经走在全国的前面，如内蒙古的农畜产品加工业、陕北能源资源的开发等。这一切都为西部优势资源的进一步开发奠定了良好的基础。以西部典型省份陕西省为例，陕西是资源大省，有着丰富的资源优势和产业优势，矿产资源潜在经济价值 42.6 万亿元，约占全国的 1/3，随着西部大开发和国家能源重化工基地的建设，陕北充分发挥了资源优势，实现了经济的跨越式发展。关中还有很雄厚的装备工业基础，在承接产业国际转移和区域转移方面有着十分优厚的基础条件。

第三，西部地区丰富的自然资源和劳动力要素禀赋，形成资源密集型和劳动密集型产业为主导的产业机构，但却因为产业拉动性弱，从而阻碍了其参与国际分工。西部地区的工业多以资源优势为依托，集中表现为能源工业、冶金工业、有色金属工业、化学工业、石油工业和电子工业等，这些行业具有显著的资源密集和劳动密集的特征。同时这些产业前向联系效应强、后向联系效应弱，因而表现出较为明显的自我循环运作轨迹，不能很好地拉动其他产业的发展，对其他产业的依赖度也较为有限，同时与城乡居民的消费需求也无太多的关联。这致使西部地区商品经济发育迟缓，社会分工和专业化受到抑制。在这种经济背景下，西部生产力提高较为缓慢，经济发展较为滞后，参与国内、国际分工的步伐与其他地区相比较为缓慢。

第四，西部地区市场开放程度低，阻碍了包括国际分工在内的各种分工发展。以往的研究中，几乎所有研究国际分工的学者都提到了市场的开放程度和自由度的影响（王爱虎、钟雨晨，2006；Ng 和 Yeats，1999；卜国琴、刘德学，2006；卢锋，2004）。发展中国家从事加工贸易，无疑为发展中国家在短期内获得先进的技术装备和资金提供了渠道，也使得发展中国家得以进入全球生产网络，分享分工收益。Baldwin（2000）认为贸易自由化（对此我们将其理解为贸易壁垒的削减）对于企业的国际外购活动的影响在于：贸易自由化降低了交易成本，并使得一个中间产品供应商能够很容易地从国外找到一个有吸引力的购买者，这就加强了其事后的议价能力，从而使得国际外购活动扩展开来。该项研究还通过模型论证指出：正是贸易自由化影响了企业在产业均衡条件下对于垂直一体化的生产安排以及“更收缩型”（leaner）的组织结构的选择，因而构成了对企业选择外购活动（生产非一体化）的生产模式或产业组织结构的动机的理论解释，正如作者自己所述：“该模型可作为经济全球化结果的国际外购的理论分析。”

接下来我们将结合西部地区的实际情况，分析西部地区的市场开放程度。

一是从市场主体的视角来分析市场开放程度。虽然西部地区国有企业改革有所推进，但仍存在企业产品产销率低、亏损面大、市场主体地位不明确的问题，有些企业也还存在产权关系不清的问题，个体经济、私营经济、外资经济发展缓慢；家庭和居民户参与市场竞争的积极性不高，消费意识和投资意识有待加强，部分民众只有储蓄行为，较少投资行为；政府作为市场主体对企业的管理和服务仍有很大的提升和优化空间。所有这些问题的存在，使企业、家庭居民户、政府难以成为合格的市场主体，这制约着西部现代化市场体系的形成（万生新，2004），进而产生了对市场内企业分工合作的阻碍，使合理分工难以形成和开展。

二是以陕西非公有制经济发展为例说明市场开放程度不足。过低的非公有制经济比重意味着市场机制难以发挥作用，经济缺乏活力。导致陕西非公有制经济发展速度缓慢的原因较多，包括民间资本缺乏，产业发展的配套环境差，资本的流动性不强，资金平均盈利水平较低，市场化进程较慢，等等（王芳，2009）。只有放宽对非公有制经济发展的限制，在国际分工领域让更多的微观主体参与进来，调动一切社会资本，才能实现快速飞跃，改善经济结构。

三是西部地区长期计划经济体制形成了经济不活跃和对外开放度差的市场特点，导致西部地区的出口加工区、保税区、高新技术开发区数量都比较少，难以吸引大量的外商来此经营和投资，对于跨国公司的吸引力也较低，由此西部地区较难实现较高水平的国际分工活动。

四是“一带一路”倡议的提出，扭转了西部地区市场开放度方面的弱势局面，从地缘、资源方面来看，也带来了大量的商机。西部地区本身就具有向西面欧亚大陆开放的天然优势，如西北地区的西藏、甘肃、青海、宁夏和新疆与俄罗斯、蒙古、中亚五国、印度、巴基斯坦和尼泊尔等国家接壤，历史上就存在着边境贸易，在自然资源和经济发展方面也具有差异性和互补性。再比如西南的广西、重庆、四川、贵州和云南也具有与东盟国家合作的区位优势。

与此同时，“丝绸之路经济带”建设使很多西部内陆地区成为国际物流通道的节点，从末梢到节点的区位转变，为内陆地区创造了新的竞争优势。2017 年 3 月国家批准了四川、重庆和陕西 3 个西部省市新设自由贸易试验区（以下简称“自贸区”），填补了此前西部没有自贸区的空白。陕西省通过改革试验，积极打造西部地区内陆型改革开放新高地，将探索内陆地区改革开放新路径；四川省将打造内陆开放型经济高地，实现内陆与沿海沿边沿江协同开放；重庆市自贸区则肩负起带动西部大开发战略深入实施的重任；而甘肃、宁夏和内蒙古等西部省区，凭借其日益增强的综合实力和丰富的自然资源，成为西部地区对外开放的重要支撑。西部地区在“一带一路”倡议和国家对外开放中正扮演着越来越重要的角色，成为国家向西开放的桥头堡和排头兵，同时也由“内陆腹地”变为向西开放的新前沿。而历史上许多西部省区与“一带一路”沿线国家地区早已开始了贸易往来，如在汉代，新疆即已开始与西亚、欧洲等地展开了经济和贸易往来。同时，新疆也是边疆民族地区中与其他国家相邻边境线最长的地区，拥有最多的沿边开放口岸，更是毗邻国家最多的省区。随着开放型经济快速发展，新疆全区沿边口岸货运量也在不断攀升，由 2009 年的 2093.7 万吨增加至 2014 年的 4665.1 万吨，五年间口岸货运量增长逾一倍。与此同时，口岸进出口贸易总值也增长逾一倍，由 2009 年的 222.9 亿美元增加到 2014 年的 461.4 亿美元。在出入境人员方面，也由 2009 年的 143.1 万人次增长至 2014 年的 206.7 万人次，五年间增长接近一倍。在新疆 15 个边境口岸中，霍尔果斯口岸和阿拉山口口岸优势明显。2014 年，霍尔果斯口岸实现全年进出口货运量 1749.4 万吨，进出口贸易额达 174 亿美元，分别占新疆沿边口岸进出口贸易总额的 37.5% 和 37.7%，从货运量和贸易额来看，该口岸居新疆口岸之首。同时，阿拉山口口岸也是新疆唯一具有与境外联通的铁路线路的口岸，有“渝新欧”“郑新欧”“蓉新欧”等五次贯通中欧的国际运输班列从阿拉山口口岸出境驶往欧洲。广西地处我国西南，是边疆民族地区中开放型经济发展较好的地区之一。它具有沿边沿海的优势，边境贸易总额在边疆民族地区排名第一，近年来的发展尤为迅速。2013 年，广西边境贸易完成进出口总额达 147.3 亿美元，比 2014 年增长 18%，占广西对外贸易总值的 36.3%，已经超过一般贸易，成为第一大贸易方式。2013 年，广西全区沿边口岸进出口货运量达 9868.2 万吨，高于内蒙古、新疆和广西的同期水平，进出境人员 743.07 万人次，仅次于云南省。广西友谊关口岸是广西规模较大的口岸之一。2015 年第一季度，广西友谊关口岸国际进出口货运量达 44.47 万吨，较上年同期增长 25.52%。

1980 年之后，云南与缅甸、老挝、越南三国的边境贸易发展稳定，至 90 年代中期，边境贸易已成为云南对外经贸的重要组成部分，是云南对东南亚地区开放中的重要途径。在云南与邻国接壤的边境线上，共分布着 18 个边境口岸，其中，与缅甸相接的口岸有 12 个，与越南相接的口岸有 3 个，与老挝相接的口岸有 1 个；同时，云南的景洪港和思茅港是位于澜沧江—湄公河流域上两个国际性水运港口，是云南通往东南亚的重要通道。

“一带一路”倡议提出以来，中蒙、中俄货运及客运愈加便利，内蒙古各口岸的进出口货运量不断上升。2014 年，内蒙古全区沿边口岸进出境货运总量为 7085.7 万吨，较 2013 年增长 4.2%，内蒙古的二连浩特、甘其毛都、策克和满洲里四大口岸年进出境货运量已突破千万吨。其中，满洲里口岸的货运总量已于 2013 年突破 3000 万吨，二连浩特口岸的货运量也已突破 1500 万吨，两口岸优势日益明显。2014 年，二连浩特口岸及满洲里口岸两口岸累计运行进出境中欧班列 467 列。2015 年前 5 个月满洲里口岸与二连浩特口岸分别累计运行由中国驶往欧洲的班列 152 列和 20 列。

2015 年出台的《国务院关于支持沿边重点地区开发开放若干政策措施的意见》中，沿边重点地区名录里，包含大量西部地区沿海、沿边的城市。重点开发开放试验区 5 个都在西部地区：广西东兴重点开发开放试验区，云南勐腊（磨憨）重点开发开放试验区、瑞丽重点开发开放试验区，内蒙古二连浩特重点开发开放试验区、满洲里重点开发开放试验区。沿边国家级口岸 72 个，铁路口岸、公路口岸西部地区的占比较大。边境经济合作区 17 个，西部地区占 12 个：广西东兴边境经济合作区、凭祥边境经济合作区，云南河口边境经济合作区、临沧边境经济合作区、畹町边境经济合作区、瑞丽边境经济合作区，新疆伊宁边境经济合作区、博乐边境经济合作区、塔城边境经济合作区、吉木乃边境经济合作区，内蒙古二连浩特边境合作中心、满洲里边境合作中心。跨境经济合作区 1 个，为中哈霍尔果斯国际边境合作中心。

（三）政策环境分析

“一带一路”沿线国家区域涉及亚、欧、非三大洲的国家，从社会制度上看，既有社会主义，也有资本主义，从法律体系上看也各不相同。而一个国家或地区的政治制度、体制、方针政策、法律法规等方面，恰恰在影响企业的经营行为，尤其是影响企业较长期的投资行为，甚至对于企业跨国业务的成功开展起到至关重要的作用。这里的政策环境可以细分为政治环境与法律法制环境。

第一，政治环境影响外商投资的决策和要素进入西部。政治环境对西部地区国际分工活动的影响主要表现为西部地区各级政府的制度因素和国家政府从宏观层面所制定的针对西部地区的方针政策，这些都会对企业生产分工活动带来影响。美国经济学家诺斯认为，“制度是一个社会的游戏规则……它们是为决定人们的相互关系而人为设定的一些制约。制度构造了人们在政治、社会或经济方面发生交换的激励结构”（诺斯，1994）。美国学者舒尔茨也将制度定义为一种涉及社会、政治和经济行为的规则。而作为非经济要素的政治因素——制度和意识要素都会影响参与国际分工的选择和程度，这种影响虽然是间接的，但有可能是长期和巨大的。制度因素也被纳入影响外包活动的因素当中去。Kshetri（2007）认为除了经济因素，如行政规定、社会规则、文化特征和风俗习惯等制度因素都会对国际外包活动产生影响。国际分工早期是以国家为主体的，是一国出于避税考虑进行的分工行为。Dixit 和 Grossman（1982）将两阶段生产模型从阶段生产模型（Staged Production Model）扩展为多阶段生产模型（Multi-stage Production）来分析关税等政策变动对国际分工的影响。Ornelas 和 Turner（2012）通过模型建立和一系列的推导，证明更为自由的贸易条件，比如相对正常关税更低的关税会带来更大的对外贸易量，更好地解释了国际外包活动的影响因素和跨国公司内部的贸易活动。约束国际分工的跨国交易成本中，包括各国对国际贸易设置的限制壁垒作用。过去几十年间，通过不同途径推进的贸易自由化改革，尤其是多边贸易组织 GATT/WTO 多个回合的多边贸易谈判，使发达国家的制成品的平均关税水平从 40% 左右下降到

3%～4%，大大降低了国际分工的跨境交易成本，再加上自由贸易区（Free Trade Areas）等区域经济组织活跃发展，这些都从制度和政策方面降低了国际分工交易成本，为跨国公司国际分工的全球战略安排提供了良好的条件，对国际分工具有重要意义（华德亚、董有德，2007）。孙文远等（2007）指出贸易自由化和多边贸易体制的建立是国际分工的制度保证，而各国的政策鼓励是国际分工的催化剂。

制度创造了人们生活的基本环境气氛，满足了人们交往的需要，促进了经济的增长和社会的进步，但一个社会的制度是可能出现短缺的，尤其是当代中国西部这样一个处于社会转型时期的地区更是如此。在做好国际分工方面，许多人思考和认识最多的首推资金和技术，认为资金和技术能够促进国际分工的发展。毫无疑问，这种认识是有道理的，但同时也应当认识到制度的短缺是束缚西部经济发展的最大障碍，一个有制度缺陷的地区是难以吸引先进技术和投资的进入，当然也难以在国际分工方面做得到位（潘彬，2005）。西部大开发以来西部地区执政者的能力，政府部门的工作效率，政府对外形象，政策的连续性、优惠性，政府及公众对外资的态度等方面都有了较大改观，西部地区的政治稳定、民生安泰，吸引了众多投资者。但某些地方政府部门还存在官僚主义，办事效率低，程序烦琐。部分政府注重形象工程，在引资过程中注重数量而忽略质量，重复引资的例子屡见不鲜。利用外资政策透明度不高，有法不依、执法不严、违法不纠的现象依然存在，市场机制作用弱，直接干预过多及地方保护主义严重等，这些都需要着力加以改善。

第二，法律政策方面，法律的出台，倾斜的政策会促进产业承接转移，实现国际分工产业升级。法制环境，是指西部地区法律体系的完备性、法律仲裁的公正性和法制的稳定性等方面所具有的基本条件。在西部地区宏观环境系统中，法制环境起着调整投资关系、保障投资者利益和安全、调节投资行为的作用。它是企业经营活动的准则，企业只有依法进行各种经营活动，才能受到国家法律的有效保护。近年来，为适应经济体制改革和对外开放的需要，我国对西部地区陆续制定和颁布了一系列法律法规。

2000 年，国家有关部门发布了《中西部地区外商投资优势产业指导目录》，国家对外商投资中西部地区优势产业给予相应的优惠。2002 年，原国家发展计划委员会、原国家经济贸易委员会和原对外贸易经济合作部联合发布了《外商投资产业指导目录》。《目录》体现了对西部地区利用外资的倾斜政策。西部地区除能享受全国的外资产业指导政策优惠以外，对于许多采矿业，外商可以以独资方式进行投资。在《国民经济和社会发展“九五”计划和 2010 年远景目标纲要》中有以下一系列的优惠和倾斜：为了让西部地区顺利承接东部和国际产业转移，抓住新一轮产业结构升级的契机，出台了包括税收、信贷、土地和能源价格降低、审批手续简化以及个人鼓励等各方面的政策措施。相关的具体细则还包括《宁夏回族自治区关于横向经济联合的鼓励政策》《西藏自治区人民政府关于鼓励国内外来藏投资的若干规定》《新疆维吾尔自治区关于进一步扩大开放、鼓励投资的优惠政策》等（王燕玲、林峰，2005）。国家将对地区的倾斜政策与国家的产业政策和地区的优势有机结合起来，对西部地区的发展起到了一定的促进作用。在西部大开发过程中，国家将大量资金投入西部地区的基础设施建设和生态环境建设，特别是对其中的能源产业、交通运输产业和绿色环保产业，进行了较大的投入。因此，国家的宏观产业政策促进了西部地区产业升级的实现。

2016 年以来，我国对外开放力度持续加大，“一带一路”倡议顺应了我国改革开放转型和产业转移升级趋势，使我国对外开放态势从以东南沿海为重点，转变为东中西部平衡发展，尤其是经西部向西亚和欧洲开放，使占国土面积 2/3 的中西部地区成为对外开放前沿。2016 年 8 月底，党中央、国务院决定在重庆市、四川省、陕西省等西部省市新设立自由贸易试验区。2017 年 1 月国务院公布的《西部大开发“十三五”规划》提出：西部地区应坚持开放引领，促进互利共赢的共享理念，“促进西部大开发与‘一带一路’建设、长江经济带发展紧密衔接、相互支撑”，加快内陆沿边开放步伐，着力打造重庆西部开发开放的重要战略支撑和成都、西安、昆明、南宁等内陆开放型经济高地，支持建设宁夏、贵州等内陆开放型经济试验区；推动内蒙古面向俄罗斯、蒙古，新疆面向中亚，西藏面向南亚，云南面向南亚、东南亚，广西面向东南亚开放，深化与周边国家毗邻地区合作，共同“打造陆海内外联动、东西双向开放的全面开放新格局”。

（四）科技创新环境

分工与专业化发展的驱动因素是科技进步，在信息化和全球化的背景下更是如此。国际分工，从产业间分工到产品间分工，甚至到产品内国际分工，均是现代科技条件下分工深化的产物，科技水平的提高有助于信息交换的成本下降。电子邮件、可视会议、传真、电传等的进步和网络的高度覆盖大规模地降低了成本，令远距离的生产管理和全球生产网络同步进行成为可能。同时，网络银行的发展和银行转账的便利降低了交易风险和交易成本。技术扩散及学习效应会进一步为分工深化创造良性环境，承接来自国际分工网络的技术扩散，正日渐成为发展中国家企业提高自身技术水平的一条重要途径。

综合西部各个地区优势分析，可见西部整体科技发展速度较快，拥有相当的人力资源和研究机构，已经具有一定的科技创新环境。西部地区高校和科研机构的数量和实力也都具备一定的优势，而且相当一部分学科在国内甚至国际上都处于先进水平，相关研发投入和论文成果不论从数量还是质量上都取得了较大进步，基础研究实力较强。比如，甘肃的动土沙化和高原气象研究处于领先地位；内蒙古具有国内最大稀土研究、稀土分析及检测机构；云南的贵金属提取、疫苗研制、植物分类与开发具有世界先进水平；陕西和四川作为西部地区的科技强省聚集了军工、电子信息、航空、航天、航海等尖端的科技，这些军工方面的技术优势也为西部大力发展民用产品提供了良好的条件（李慧，2010）。尤其以陕西和四川的省会西安、成都为例的一批拥有健全产业门类的中心城市都集中了数量众多的高校、科研机构和国家重点实验室，综合科研实力不断提升促进了技术密集型产业的发展，如电子信息、航空航天和生物制药等产业。这些都为西部地区开展国际分工提供了有利的环境。除此之外，西部地区积极寻求教育科研机构优势与特色资源优势的结合，并引进国内外资金和技术以转化为竞争力产品。积极寻找政、产、学、研结合的项目课题，努力实现科研成果的高效转化。

（五）人文环境分析

“一带一路”是西部地区国际分工重要的外部条件，想要顺利推进国际分工进程，一个重要因素就是对“一带一路”沿线国家和地区人文环境的了解和评估。如果不了解这些国家及地区的国情及其宗教信仰传统、风俗习惯，想要深入展开“一带一路”共建几乎是不可能的。“一带一路”沿线国家、地区所涉区域跨越亚、欧、非三大洲国家，文化、宗教、信仰彼此高度异质。从社会发展状态上说，大多数国家都属于发展中国家；从社会制度上看，既有社会主义，也有资本主义；从宗教信仰上看，世界主要三大宗教——基督教、佛教和伊斯兰教在“一带一路”沿线国家和地区均有分布；从民族分布上看，区域内存在大量的多民族和种族现象。这些都会影响国家社会经济生活的方方面面，也会对中国企业“走出去”后业务的运营、发展以及员工的工作、生活产生一定影响。总之“一带一路”的历史和现状，决定了“一带一路”共建内容将不仅仅局限于社会、经济合作，而会包含蕴意更深、涵盖更广的思想文化交流，同时思想文化互动、互鉴的过程又会推动整个“一带一路”区域的经济发展与社会进步。

纵观历史，延续约两千年之久的古代丝绸之路充满了宗教传播和交流的史实。随着古代陆地及海上丝绸之路的开拓，外域宗教相继入华，而中国本土信仰亦得以外传。宗教在丝绸之路上的双向流动，带来了不同民族之间在信仰层面的相互交往，丰富了相关地域人们的精神生活，也为中外民众在社会经济生活等多层面的相遇营造出更融洽的气氛，提供了彼此深入了解的可能。

第一，简要回顾几千年来丝绸之路上的宗教互动和发展，可以为未来与“一带一路”沿线区域国家开展贸易交往做好准备。据《大国前途“一带一路”与国家安全》（于今，2017）记载，丝绸之路上的宗教互动可以从四个方面来观察。

一是从张骞凿通丝绸之路为起点，丝绸之路的开拓就与宗教的流动、交往紧密联系，西域丝绸之路的开通使佛教传入中国，此后中国才始知印度之名，并“始闻浮屠之教”。为此中国把与西域相关联的古代天竺称为“西方”，故而有“西天取经”之说。这种中印文化交流实乃开始了中国人对“西方”的探询及认识，从认识古代印度而最终认识到具有真正“西方”意义的欧洲。在这一古丝绸之路上，既有印度僧侣东来传教的足迹，也有中国人“西游”“西天”取经的身影。而海上丝绸之路的开通，使中印双方的政治、经济、文化交流更为频仍。陆海两条丝绸之路见证了中印宗教之间的交流，也使中国人的文明史、中外交通史等都充满宗教元素，中国人不仅因佛教文化而认识了印度，也间接了解了犍陀罗文明等与古希腊文明的关联。

二是基督教和伊斯兰教，也是经丝绸之路传入中国的。基督教最初是以“景教”的身份传入中国。景教在古代丝绸之路上的流传范围极广，影响到西域、中亚等地。唐朝景教在经历“法流十道”“寺满百城”的鼎盛后在唐会昌五年（845）受武宗毁佛灭教牵连而遭禁止，但仍然沿着丝绸之路不断传播，并且一度成为西北一些边疆少数民族所信奉的主要宗教，为元时景教重返中原打下了基础。其中有几位特别著名的人士，对于当时的中国人了解世界，对西方科学、哲学、宗教、语言等展开系统研究有着重要的贡献，如意大利耶稣会传教士利玛窦（Matteo Ricci）等人成为西方探究中国文化、掌握汉学知识的先驱，有着筚路蓝缕之功。

三是当中国人因为丝绸之路的连接而获知西方文化及基督宗教时，欧洲人也因此而获得了与中国的儒家、道家等相关的知识，被中国哲学、文学、艺术、风俗、传统等东方风韵所吸引，一度在欧洲形成了“中国热”。

四是伊斯兰教在唐朝经丝绸之路传入中国。中国称古代阿拉伯帝国为“大食”，当时因商业往来而使不少阿拉伯及波斯商人留居中国，一定程度上推动了伊斯兰教在华的传播。这些来华的商人被称为“蕃客”“商胡”“胡贾”，后来演变为长期侨寓的“住唐”，他们在华娶妻生子，发展出新的混血民族，并使这些民族以伊斯兰教作为其基本信仰。与唐朝穆斯林主要沿海上丝绸之路来华不同，蒙古人的西进则以陆上丝绸之路为主，这使得沿途穆斯林东迁，带来了中国境内民族、宗教的发展变化。特别是元朝后期活跃在西域的察合台汗国以武力东扩，强力推动了伊斯兰教在中国西北边陲的发展，这使当地民众以往信奉佛教、摩尼教的景观发生巨变。16世纪时，新疆大多数居民已开始信奉伊斯兰教。在此专门回顾伊斯兰教的传入和发展史，其意义在于西部地区，尤其是西北地区如新疆、宁夏、青海，包括云南、贵州等省区的一些区域，主要信仰为伊斯兰教，而中国伊斯兰教曾在其宗教“中国化”上取得可贵的进展，增强了中国穆斯林的文化向心力和凝聚力。这从另一个侧面揭示，在加入国际分工过程中，一个国家在同与其有同样信仰的国家地区进行贸易往来的时候，沟通和交易成本应该会相应降低。

第二，国际贸易不仅仅受经济因素和制度因素的影响，各具特色的民族文化差异也使得贸易主体间在信仰、价值、法律、道德等问题上具有不同的理解和认同，进而影响了国际贸易的开展。西部地区的民族文化是边疆民族地区的重要人文环境特点，长期以来民族、文化及生活的交融为边疆民族地区与周边国家贸易往来的开展提供了便利条件，这在一定程度上契合了“一带一路”国际分工建设需要。边疆民族地区民族、文化具有多元性的特点：该区域几乎涵盖了56个民族，有蒙古语、维吾尔语、朝鲜语等多种语言交融，有佛教、伊斯兰教等多种宗教信仰，有游牧文化、翡翠文化等多种文化共生，更有多个民族与境外相同民族在国境线两侧居住，双方共同的语言和文化认同使得贸易的开展更为便捷。同时，边疆民族地区别具一格、丰富多彩的民族文化更为边境旅游贸易的发展提供了良好的环境。西部地区是我国少数民族主要聚居区，传统的民族文化艺术丰富多彩，独特的自然风光、地质地貌，使旅游的发展前景广阔。同时西部地区民风淳朴、信誉度高，正符合现代规范的市场经济发展的要求。但是由于长期的相对封闭和经济文化的不发达状态，造成西部地区居民观念相对保守，特别是经商意识、创新精神、竞争观念相对薄弱，这些已成为西部地区经济发展的阻力。由于地处内陆，经济开放度低，当地人没有经历过市场经济的充分竞争，特殊的地域特点和企业家本土情怀、灿烂的农耕文明和传统文化有时会成为前行的包袱，“枪打出头鸟”“小富即安”等传统意识根深蒂固，缺乏东部地区商品文化的冲击。表现在创业者身上就是开拓精神和业务扩张能力受限，显得信心不够。在全球资本涌向中国，大量东部以及海外投资公司、风险投资机构看好西部地区，准备对西部地区的企业进行增资扩股、筹划上市的机遇面前，许多企业的表现都不甚热情，一般抱有“目前的钱够花，还没有这样的打算”，或者“上市万一亏钱，岂不是对不起自己更对不起股民？”的态度，缺乏把企业做大做强、振兴民族产业的责任感和远大抱负。表现在劳动者身上就是缺乏锐意进取的创新精神，习惯了等待和接受，不愿意改变现状。

第三，如前所述，国际贸易有序进行的另一重要条件，就是基于文化基础之上形成的准则、制度，以及贸易往来必须遵守的法律。“一带一路”倡议下推动中国企业“走出去”，一方面是要遵守国际协议和规定，另一方面则是遵守其他国家的法律、规章、制度。比如中美贸易战争端的高潮之一就是美国对于中兴的制裁。抛开开发核心技术和提升中国制造（MADE IN CHINA）的品质问题，其有效规避的方法之一就是学习开展业务国家、地区的法律。

以中美贸易战中中兴被制裁为例，在 2017 年，中兴通讯投入了超过 5000 万美元用于出口管制合规工作，组织覆盖超过 6.5 万名员工的合规培训，并全面配合支持美方指派的独立监察官对其执行与美国政府达成的相关协议及对出口管制合规建设进行实时、透明的监管，进行包括访谈、文档提交、系统测试在内的各项监管工作，累计输出文件超过 13.2 万页。在遵循出口管制合规方面可谓做出了巨大的努力。

然而在不到一个月后，参议院通过国防授权法案，继续对中兴进行制裁。特朗普解除对中国第二大电信设备制造商制裁的协议遭到了民主党人和许多共和党人的联合反对，反对的主要原因是参议院认为中兴通讯对美国构成了国家安全威胁。2018 年 5 月 19 日在华盛顿就双边经贸磋商发表联合声明。声明中指出，双方同意，将采取有效措施实质性减少美对华货物贸易逆差。为满足中国人民不断增长的消费需求和促进高质量经济发展，中方将大量增加自美购买商品和服务。这也有助于美国经济增长和就业。美国前副贸易部长 Robert Holleyman 表示：“中兴通讯是一个执法问题，与双边贸易谈判截然不同。”

从这个案例可以看出，文化—制度—法律领域价值理念方面长久形成的人文心理闭环，于两国间，于东西方，存在着巨大的差异。“一带一路”的顺利展开，仅仅通过学习东道国法律法规，显然是不够的。要深入到制度、理念层面去理解，才能在决策上具备前瞻能力，规避可能存在的长期风险。

三、西部地区国际分工的微观环境分析

微观环境就是直接制约、影响西部地区国际分工活动的力量和因素。分工的展开与这些微观因素有着重要的联系，本节主要从交易成本、外商直接投资和分工的主体企业三个方面来进行分析。

（一）交易成本分析

这个条件可追溯到 Coase（译作科斯，1937）在他的论文《企业的性质》中第一次提出的交易费用这一概念，用于进行市场和企业之间的研究。随着越来越多的经济学家把交易费用作为一个重要的概念引入经济学的研究框架当中，交易活动成为了经济制度的“基本单位”，是进行交易活动所投入的资源的价值尺度（盛洪，2006），奥利弗·威廉森（2001）也有“交易费用像经济世界中的摩擦力”的观点。根据产品内国际分工活动的深度、广度和复杂性来看，交易费用包括一切运输和协调费用以及与跨国越境经济活动相联系的费用，如检验检疫、报关清关费用等。另外，交易成本降低的重要推动力还包括产权的清晰。产权指的是拥有的物品或劳务根据一定的目的被加以利用而从中获益的一种权利，包括物品和劳务的使用权、利益权和让渡权。产权清晰的制度创新发展会激发人们的技术创新，也会令资本要素更加自

由地在不同国家和地区之间流动，这无疑会进一步降低交易成本。

对西部地区交易成本可以从市场化视角、交易效率视角和投资环境视角等方面进行观察。

第一，较低的市场化程度导致交易成本高。西部地区的经济从所有制形式上看，主导体制是公有制，主导企业是国有企业，西部经济就是建立在公有制的基础上的。在市场交易的时候，特别是所有制企业之间签订契约的时候，因为产权的模糊，使得交易双方讨价还价的程度增大，最严重的时候将阻碍交易实现。

表 3–1　2015 年全国知识产权发展综合指数前十名

位次	地区	综合指数
1	广东	89.13
2	北京	86.24
3	上海	84.83
4	浙江	82.71
5	江苏	82.34
6	山东	79.15
7	福建	73.13
8	安徽	72.09
9	湖北	70.91
10	四川	70.39

资料来源：国家知识产权局知识产权发展研究中心《2015 年中国知识产权发展状况报》,http://www.cnipa-ipdrc.org.cn/article.aspx?id=377，发表于 2016 年 6 月 13 日，引用于 2020 年 9 月 20 日。

以知识产权为例，如表 3-1 所示，2015 年知识产权综合发展水平较高的地区主要集中在东部，其中广东、北京、上海、浙江、江苏、山东、福建多年的排名都位居前列。这些地区经过较长时间的发展，知识产权工作成熟度越来越高，各方面的规划性、协调性更好，已形成较好的知识产权发展良性循环。

表 3-2　2010—2015 年全国知识产权综合发展指数年均增长率前十名

位次	地区	知识产权综合发展指数年均增长率（%）
1	安徽	5.32
2	湖北	5.28
3	陕西	4.60
4	重庆	4.54
5	天津	4.00
6	河北	3.95
7	广西	3.78
8	甘肃	3.77
9	江西	3.60
10	四川	3.55

资料来源：国家知识产权局知识产权发展研究中心《2015 年中国知识产权发展状况报告》，http://www.cnipa-ipdrc.org.cn/article.aspx?id=377，发表于 2016 年 6 月 13 日，引用于 2020 年 9 月 20 日。

从表 3-2 可以看出，2010—2015 的五年间，东部知识产权发展增速呈放缓趋势，中西部地区知识产权发展增速较快，中部的安徽、湖北两省年均增幅分别达 5.32% 和 5.28%，西部的陕西，年均增幅达 4.60%。

从西部地区政府对经济的干预程度看，政府干涉市场活动较多，审批范围大，环节烦琐，而执行政策的不透明，使得寻租活动普遍，这些最终造成信息成本高，合同签订和执行监督等交易费用增大。从西部地区经济的市场发育程度看，产品市场和要素市场这两个市场发育得都相对较晚，而对于节约交易费用最重要的就是市场价格这个无形之手的形成。与此同时，各种类型的市场中介组织发展跟不上经济的需要，因而也相应增加了交易费用中的信息费用和讨价费用等等（樊纲、王小鲁，2004）。参考樊纲在2005年的研究成果，东部地区的广东、浙江、福建、上海和江苏在全国省市区的市场化进程中的排名位居前五名，处于最后五名的全是西部地区，如甘肃、贵州、青海、宁夏和西藏。因此，通过对比我们可知西部地区的交易成本要远大于东部沿海地区。

第二，较低的交易效率导致交易成本变高。一般而言，对交易效率的组成会从三个层面进行分析：第一个层面，就是与政府及政府治理有关的各项规章制度和法律法规措施等，第二个层面，就是和基础设施和信息技术有关的道路交通、通信技术等，第三个层面，就是人们的教育水平、文化水平等。对交易效率的认定可以有两个角度：一是从特定交易角度看，交易效率可被认为是一种剩余，是关于消费者或厂商在支付了所购买的交易的商品或服务的实际价格与为完成本次交易付出的时间、精力等机会成本的差额；二是从整个经济体角度看，可被认为是一定时间内的某国的经济组织或个人为了完成各种交易活动所产生的评价交易效率情况（杨小凯，2003）。

公路、铁路和港口的建设将使得交通便利，为生产运输提供方便的设施条件，这无疑会促进生产的发展；便捷的宽带、无线、电话、视频工具也会降低交易成本，提高生产效率。然而西部地区在这些方面存在着明显的劣势。一是西部地区地处内陆，公路和高速公路的兴建明显慢于东部沿海地区，新疆、青海和西藏在全国的铁路和公路网中密度最低，西藏一直到2006年才开通第一条铁路。二是缺乏沿海、沿江以及拥有大型吞吐量的对外港口，国际航线的开通方面也远远落后于东部，沿边的省区需要首先保证国防安全，边境贸易的发展则是其次，因此多年来边贸一直不发达。随着国家军事实力的增强和边境的和平稳定，近十几年才大规模发展与邻国的边境贸易，如俄罗斯、东盟十二国等等。三是直至2009年为止西部地区运输和邮电通讯方面的各项指标在全国仍处于相对落后的状态，包括运输线路的长度、质量、货物周转量、旅客人数、固定电话和移动电话机站、宽带接口、无线网络等。宽带、网络覆盖范围有待提升，在西部特别偏远落后的地区和西藏、新疆、云南、贵州的一些特别偏僻的县乡、村寨中，这个情况尤为突出。

第三，较差的投资环境导致交易成本高。世界银行曾经对中国的23个城市投资环境进行了专门调查（见下表3-3），得到了相关的交易成本数值。国内有学者对该调查成果进行了定量化研究，通过分区赋值的方法得到了一些数据，这些数据表明，在所有影响交易成本的因素中，西部地区的得分都为最低值，仅除了私有经济这个成分。

在该调查报告中，世界银行指出许多投资商选择西部进行投资的时候，经常会面临很大的隐形成本问题。以四川为例，调查中发现企业管理者的时间安排中，用于和政府打交道处理各种行政要求和政府

表 3–3　中国东部、中部、西部地区投资环境定量分析表

投资环境指数	东部	中部	西部	全国
基础设施	6.5	6.71	5.67	6.35
地方保护主义	7.1	6.29	5.5	6.43
劳动力市场弹性	7.3	6.29	6	6.65
劳工技能和科技水平	7	6	6	6.43
国际融合度	7.6	5.86	5.67	6.57
私营经济成分	5.1	6.86	6	5.87
政府非正式收费负担	7.4	6.43	5.67	6.65
司法效率	8	6.14	6.5	7.04
税务负担	7.6	6.29	5.16	6.57
融资环境	6.8	4	5.33	5.57
总分	70.4	60.87	57.5	64.13

资料来源：计算整理自世界银行网站报告《改善投资环境　提高城市竞争力：中国 23 个城市投资环境排名》(Improving city competitiveness through the investment climate:ranking 23 Chinese cities)。

规章制度的时间占比超过 14%，而规模较大、人数过 100 人的企业高管要花费自己管理时间的 18% 之多；这一状况与东部沿海地区、新兴亚洲国家或拉美国家相比，来自后者这些地区或国家的高管人员只要花去 5% 的时间足矣。此外，从投资的税赋来看，西部的投资税赋排名居首位；从有效税率来看，南宁、西安为 9.7%，兰州高达 10.2%，偏远的贵阳更是高达 10.6%(邱爽、周明友，2008)。

由此可见，西部地区交易成本较高，不论是交通不便、基础设施薄弱造成的，还是产权单一、资本不充裕造成的，都会严重阻碍西部参与国际分工的步伐。

（二）外商直接投资分析

跨国公司具有的核心科技和知识专利垄断优势是决定因素（Buckley，2006）。投资国 FDI 一般会将与东道国的水平较为接近的技术进行转移，进而深入挖掘出东道国的潜在能力。20 世纪 60 年代以来，不少东亚和美洲地区的发展中国家采取了不同种类以鼓励出口加工为目标的经济政策，这类政策措施主要包括：免征或退回用于出口原材料、中间产品和资本货物的进口关税；对出口产品生产以及用于这类生产的国内投入品免征销售税；给予“税收假日”优惠，即依据企业出口水平或出口占产出比重来降低公司收入和利润税；对土地、办公空间、水电供应和其他设施提供补贴；简化海关程序和文案手续，采用“一站式”办公程序审批外商投资项目；等等。这些出口加工活动依托于国际工序分工格局，刺激了外商直接投资的增加。从价值链角度出发，以跨国公司作为分工主体所构建的分析框架中，Gereffi（1994）认为在全球商品链的两端买卖双方都可以作为推动方：跨国公司作为世界范围内垂直一体化的主导者，从价值链条的一端进行产品内国际分工；采购者（一般由劳动密集的大型零售商充当）从价值链条的另一端进行产品内国际分工。在产品内国际分工发展过程中，跨国公司起到了重要的作用，而产品内国际分工的深化对于发达国家和发展中国家都具有积极意义。跨国公司作为全球资源配置的掌控者，在全球范围内重新划分产业界限，安排生产环节和区段，创造全新的产业链。他们通过外商直接投资、产品就地销售和原材料全球采购系统，甚至通过研发机构的异地设立和开发以及资本市场的异地运作，成为垂直专业化生产和产品内国际分工的主体。

第一，外商直接投资可以为西部地区参加国际分工、实现经济繁荣带来至少三方面的益处。一是外商直接投资可以赋予地区参与国际分工的机会，活跃东道方对外贸易的发展。东部地区参与国际分工发展加工贸易的同时获得了先进技术、管理、资金，实现了产业升级，西部地区也可以通过同样的途径实现产业升级。二是引进外商直接投资会为西部地区带来与先进技术接轨的机会和近在身边的生产管理经验，为西部地区提供学习和模仿的对象。作为跨国公司直接拥有东道国机构控制权的一种国际分工形式，引进先进技术和生产管理经验，可以极大地促进国际分工的深化，并有益于解决西部地区资金不足的问题。这些要素的引入，无疑能够促使当地提升发展要素，改善发展环境，实现快速发展。三是外商直接投资的海外资金，多为金额较大的资金，除了会带来先进的技术和管理经验外，对处于发展中的东道国家尤其是资金需求较大的中国西部地区来说无疑是有益的。

第二，西部地区的外商直接投资引进水平长期落后于东部地区和中部地区。从常年低于全国平均水平到后来略微高于全国平均水平，整体上流入西部地区的外资总体规模较小。1996—2003 年中，东部地区和西部地区实际利用外资分别是 2689.63 亿美元和 98.75 亿美元，流入东部地区的外资是流入西部地区的 27 倍多。2002 年，东部、中部和西部地区利用外资总额分别为 471.67 亿美元、52.44 亿美元和 15.89

亿美元，分别占全国利用外资总量的 87.35%、9.71% 和 2.94%。而在外商对华直接投资总额 520.54 亿美元中，在西部地区的直接投资仅为 15.88 亿美元，占同期国际资本对华直接投资的 3.05%。我国 12 个沿海省、市的外资存量占全国总存量的 90% 左右，而西部 12 个省区（四川、重庆、陕西、广西、甘肃、贵州、云南、新疆、内蒙古、青海、宁夏和西藏）的外资存量不到 4%（喻春娇、杨佳，2004）。2007 年西部地区外商直接投资额仅占全国的 3.4%，东部沿海地区占 90.1%，中部地区占 6.5%。有研究表明，造成地区经济发展差异的原因中，外商直接投资是仅次于国内投资居于第二位的重要因素。

截至 2014 年底，我国新批准设立外商投资项目 23 778 家，同比增长 4.4%，实际使用外资金额为 1195.6 亿美元，同比增长 1.7%。其中，东部地区实际使用外资金额为 979.2 亿美元，同比增长 1.1%，中部地区实际使用外资金额为 108.6 亿美元，同比增长 7.5%，西部地区实际使用外资金额为 107.8 亿美元，同比增长 1.6%。虽然 2014 年西部地区外商直接投资额有所减少，但实际使用外资金额仍然有所增加。但即便高于全国平均值，中部地区和西部地区都只占据了外资总额的 9%，与东部地区所占外资总额的 82% 相比，后者是前者外资总额之和的 5 倍多。显然，东部地区仍然是我国吸收外资的主要地区，也就意味着中西部地区应加大吸收外资的力度。

第三，西部地区外商投资不足的原因大致有三方面。一是西部地区研发投入少，科技水平低。因为要想吸收外商直接投资带来的先进技术，是需要东道地区的技术缺口与引进的技术相匹配的。如果相差太远的话则会影响外商直接投资的质量，影响技术转移的领域和范围，间接造成技术引进的路径依赖。二是劳动力素质较低，人才知识结构不匹配。如果一个地区缺乏合格的高素质人才，跨国公司采取外商直接投资来降低成本的目的很可能难以达成，从而影响未来的长期投资。三是外部环境不理想、交通不便、经济开放程度较低等因素直接影响了外商对西部地区的直接投资。外商在东道国进行投资，为了规避风险，会选择投资环境好、基础设施完善、经济发展迅速的地方作为投资区域。我国西部地区自然环境差和基础设施落后的情况严重影响了外商直接投资企业的投资欲望。此外，外商在进行投资决策时更加重视软环境。因此引进的外资较少，既与西部相对封闭的地理位置有关，也与地方政府投入不足、服务不到位、投资环境缺乏足够的吸引力有很大的关系。

由此可见，外商直接投资（FDI）在东部地区和西部地区分布的不平衡性对我国西部地区经济发展有一定影响。因此，对西部地区利用外商直接投资的现状、制约因素及相关对策进行研究，对于加快西部地区经济发展、缩小与东部地区在吸引外商直接投资方面的差距，促进经济平衡增长具有重要的理论和现实意义。

（三）西部地区企业现状分析

第一，西部地区企业普遍规模较小，难以发挥规模经济效应来促进国际分工，必须实行集群化发展。从西部地区企业的实情来看，中小企业数量占据绝对比重，并且各省市区的中小企业数也都达到全省市区企业数的 90% 以上，造成了在参与国际分工活动中，西部地区的单个中小企业处于劣势地位。为了改变这一状况，应该使西部地区中小企业集群化发展，通过集群形式，可以使众多企业共享公众设施等外部规模经济以及获得技术、信息和服务支持，并且集群内企业的生产率会大大提高。企业之间可以专业化分工协作，一定程度上增强了灵活性和迅捷性，便于企业更好地参与国际化竞争，获得竞争优势。在技术创新方面，利用集群效应，可以促进创新并形成差异化优势。此外，由于产业集聚造成的集中化程度更高，处于一个集群区域的各个中小企业对于内在价格、质量和交货期等交易条款的谈判能力大大增强。

第二，西部地区企业普遍资金少、技术落后、专业人才缺乏，严重阻碍了西部地区参与国际分工。一是资金方面。西部地区的多数企业自身的资金积累不多，企业信誉度偏低，经营面临的风险和不确定性大，银行给予的金融贷款支持较难，这些状况使得这些企业在向国际化发展的时候受到了资金方面的限制。二是企业技术水平方面。西部企业从事大量的加工贸易活动，属于典型的劳动密集型产业。这类产业附加值不高，加工环节单一，整个价值链较短，技术水平难以持续提高，新产品开发和利用程度不高，总体的收益较少。三是人才方面。西部企业对人才的吸引力不高，专业人才特别是营销和国际贸易人才较少，企业组织的培训也很少，加上员工教育水平不高，导致员工业务能力较低。这种情况下，西部企业要对于自身的特色和优势进行分析，大力发展特色经济和比较优势产业，比如将资源转化为经济优势，开发新的特色产品等，以实现本地资源利用最大化，同时全面吸引各种高级要素参与到企业生产活动中来，壮大本土特色产业，促进产品结构的升级。通过不断形成各自的主导产业来促进产业间的合作和国际分工的深化。

第三，西部地区对市场信息了解不充分导致国际营销水平较低，难以进入国际市场。在收集、加工、处理国际市场上的各种信息方面，西部地区的企业大多囿于实力薄弱的原因，无法全面做到位。但从事国际分工活动的时候，需要进行各种调研，具体有目标市场环境调研、项目科学论证和预测投资前景等，还应该对经济活动的有关因素进行具体的分析，比如对潜在风险和预期获得的收益等的预测，据此可制定出完善的防范风险的对策。所有这些工作单靠企业自身去完成是比较难的，还需要有相关机构的大力协助，如具备专业资质和较多经验的中介机构等。西部企业难以“走出去”的困境还在加大，主要是因为各种辅助机构发展不完善、不充分和不到位造成的，在对外直接投资方面更是如此。当前互联网发展迅速，利用网络来进行电子商务活动的中小企业越来越多，有的已经开始自建或合建网站，都是出于在信息技术条件下来推销自己公司和产品来获得较大国际市场空间的目的，西部地区的企业更应该利用好这一网络工具，将市场和行业的有效信息搜集起来，了解拟开发的东道国市场的政治、法律、经济和文化等信息，展开全面的营销活动，增强自身国际营销水准，为自身产品进入国外市场和做好外部营销工作提供坚强有力的信息支持。

综上所述，西部企业在缺少资金、技术、人才和信息的条件下，要做好国际分工工作，还有许多深层次的理论问题需要探讨，在实践上也还需要继续探索。西部企业为了适应国内外市场环境带来的压力，需要从自身比较优势出发，制定跨越式发展终极目标，更重要的是通过合理确定产品分工战略和进行有效的国际竞争行为树立优势，以此实现发展目标。

四、西部地区国际分工的优势和劣势分析

国际分工，产业间、产业内和产品内的分工是更为细致和发达的形态，其基础和源泉主要有二：比较优势和规模经济（卢锋，2004）。通过对西部地区国际分工环境考察，我们发现西部地区开展分工也是有一定优势的。本节将从比较优势和规模经济两个角度对此具体分析。

（一）比较优势角度的分析

比较优势是推动分工的第一大动因，分工与专业化的发展是近代经济史的重要特征，也是国际分工的内在动因。“劳动生产力上最大的增进，以及运用劳动所表现的更大的熟练、技巧和判断力，似乎都是分工的结果。”（亚当·斯密，1983）作为传统国际贸易理论的基石，斯密和李嘉图这两大古典经济学派的代表人物以绝对比较优势和相对比较优势为理论核心进行了一系列分析并得出了以下经典论断：如果一个国家所有的劳动产品成本都比另外一个国家高，只要这些产品的劳动成本于贸易伙伴来说是不同的，那么就能通过专业化生产成本相对低的产品在贸易中获得利益。持这种观点的还有 Jones 和 Kierzkowski (1990)，Grossman 和 Helpman（2005）。Bhagwati 和 Dehejia（1993）用“万花筒式比较优势”（Kaleidoscope Comparative Advantage）来说明比较优势对产品内国际分工的影响。利用生产扩张线分析框架把模型从国际分工产品生产推进到工序层面来进行分析。如下图 3-1 所示，两个进口国的相对比较丰裕的要素结构迥异，A 国的资本对劳动相对价格较低，B 国的劳动对资本相对价格较低，图中临界线是国际分工的临界线用 OS 表示，生产扩张线有 OY_1、OY_2 两个，代表两个不同阶段的要素投入的

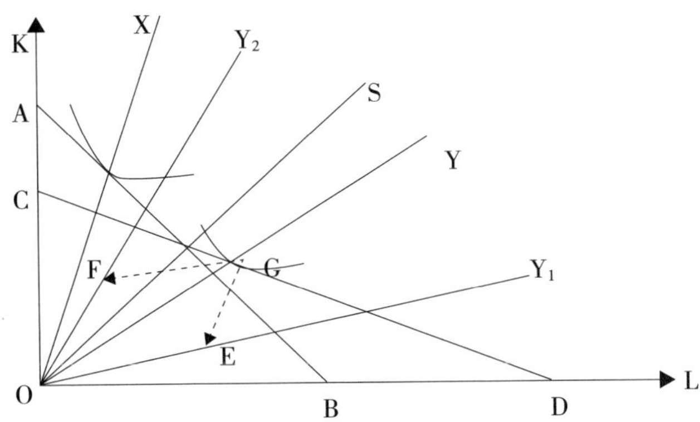

图 3-1 比较优势与产品内国际分工关系

资料来源：王中华、赵曙东《中国工业参与国际垂直专业化分工影响因素的实证分析》,《上海经济研究》2009 年第 8 期，第 5 页。

比例，对 Y_1、Y_2 两个阶段要素密度（也译为密集度）取加权平均得到的值是关于 Y 的总要素密度。通过矢量加总的原理，得到两个阶段即 Y_1、Y_2 所对应两道要素即 OE 和 OF 的组合的矢量工序，进一步通过矢量加总计算得到的等成本线 CD，表明了发展中国家 B 要完成两个不同工序时的成本总量。对两个不同工序的斜率值进行比较，可以明显看出属于资本相对密集的是 OF 工序，属于劳动相对密集的是 OE 工序，将这两个工序的斜率分别与 OS 的斜率进行比对后可以看出：$OF>OS$，$OE<OS$。这进一步说明了位于国际分工线两边的生产工序的要素密度是不一样的，应该按照比较优势的要求分配相关工序环节到不同要素丰饶度的国家进行，以达到资源优化和成本节约的目的。按图示的结论，建议资本富裕的发达国家 A 国着力接受发展中国家 B 国的 OF 资本密集型工序，让发展中国家在劳动密集型工序上面进行专门化的生产，如此两个国家都能享受这种分工带来的节省成本的好处（王中华、赵曙东，2009）。

结合理论分析，我国西部地区自身的比较优势包括劳动力优势

（数量优势及待遇劣势）、资源优势、产业优势（产业优势的分析也包括比较劣势）及科技优势。

1. 丰富的劳动力优势能够促进和加快西部地区参与国际分工，并且能够进一步拉动经济发展和劳动就业

据艾民、陈萍（2008）统计，西部地区 12 个省市区共有 4.3 亿人口，数量占到全国比重的 35%，并且大多数是居住在农村的，又有 1.83 亿人是农村人口中参加工作的。根据相关资料的测算估计，巨大的农村劳动力富余人员总量达到 8000 万人，随着新城镇建设步伐加快，进入城市和各种企业的劳动力有 3500 万人，但仍有近 4000 万人居住在农村。我国劳动力资源在西部地区的农村比较富余而且工资低廉、成本较低，如下表 3–4 所示。

表 3–4　2009 年东部、西部代表性地区之间的部分行业工资水平比较（单位：元）

地区	合计	农、林、牧、渔业	采矿业	制造业	电力、燃气及水的生产和供应业	建筑业	交通运输、仓储和邮政业	信息传输、计算机服务和软件业
北京	57 779	27 020	57 031	41 595	77 875	41 981	46 087	100 794
天津	43 937	31 834	57 508	36 495	71 632	44 374	48 453	59 022
重庆	30 499	18 713	28 012	27 770	44 577	23 741	28 250	49 529
四川	28 149	17 748	31 954	24 448	33 176	20 639	31 675	38 839
贵州	27 437	17 249	27 280	25 284	40 570	22 744	28 652	36 015
云南	26 163	15 011	23 725	23 614	40 101	17 629	31 714	36 687
陕西	29 566	20 670	36 289	23 428	35 388	22 822	31 265	38 628
甘肃	26 743	16 872	42 760	25 936	32 685	16 423	30 916	22 186

资料来源：取自中国统计年鉴（2010）部分数据。

表 3–4 是反映中国的代表性地区部分行业职工的平均工资的，通过提取 2009 年中国西部和东部的代表地区来体现。从计算的结果能够看出，从职工平均工资来看，京、沪、津三地的职工平均工资是西部地区渝、川、陕和甘的 1.998 倍，从行业特别是农林渔来看则为 1.88 倍之多，而在信息和软件业更是高达 2.26 倍。所以西部地区的劳动资源成本要远远低于东部地区，无论是从传统行业还是从高新技术行业来看都是一样的。从企业从事的加工贸易角度看，这方面对技术要求较低，那么生产要素中的劳动力成本就成为考虑的最重要的因素了，所以许多加工贸易企业看到了西部地区在劳动力资源方面的富余廉价的特性后，纷纷愿意西迁。

表 3–5　2013—2016 年全国居民按东部、中部、西部、东北地区分组的人均可支配收入（单位：元）

组　别	2013	2014	2015	2016
东部地区	23 658.4	25 954.0	28 223.3	30 654.7
中部地区	15 263.9	16 867.7	18 442.1	20 006.2
西部地区	13 919.0	15 376.1	16 868.1	18 406.8
东北地区	17 893.1	19 604.4	21 008.4	22 351.5

资料来源：根据中国统计年鉴（2013—2017）整理所得。

从表 3–5 看出，随着西部地区进一步开发，居民收入绝对金额增长，然而依然与其他地区相去甚远，西部地区居民可支配收入最低，这将进一步影响到人才的吸引力，“西北无高楼，孔雀东南飞”。

基于此，我国学者卢锋提出西部地区的劳动力资源的丰富廉价特性是西部地区的比较优势所在，它能够促进和加快西部地区参与国际分工。对发达国家而言，西部地区劳动力成本越低，他们越愿意将自身分工环节中的劳动密集型部分转移到中国进行生产。从全球范围的资源配置来看，不同地域间不同生产工序和环节的比较优势差异越明显则越有利于资源配置，也就更加适合经济合理化前提下促进和深入专业化分工的纵向水平（卢锋，2004）。

2. 鲜明的自然资源优势有利于西部地区开展国际分工

从经济理论上讲，一个地区国际分工形成的客观物质基础就是资源禀赋。中国西部地区拥有丰富的资源，比如有大约 80% 的水电资源和 70% 的煤炭资源都在西部地区。从矿产资源的探明情况来看，现有矿产种类 156 种之中，有 138 种就处于西部地区，而且 45 种主要的矿产资源中，有 24 种在西部，并且达到全国保有储量的 50%。从各种黑金属的探明储量来看，西部地区也很高，如铁占全国的 52%，锰占 68%，铬占 72.1%，钒占 72%，钛占 95%，钾盐几乎 100% 在西部。西部天然气资源的保有储量是全国的 85% 以上，煤炭资源则是 40% 多，这些都是已探明的情况，未来还会有扩大。此外，西部地区地广山川多，拥有品类繁多的农作物和中草药等特色产品，开发前景广阔。同时西部土地资源丰富，类型多样且具备相当大的资源开发潜力。从耕地占有率来看，西部 12 个省区耕地面积占全国耕地总面积的 38%，人均占有耕地面积为 102.8 亩，是全国人均的 2.5 倍。西部地区还具有明显的农牧业优势，是全国重要的商品粮产区和棉花调出区，农业适宜用地还具有较大的开发潜力。青海、新疆、西藏、内蒙古是我国四大牧区。西北地区还具有丰富的日照资源，是日照时数最长的地区之一，有利于农业的发展。西南地区森林资源丰富，有全国木材蓄积量最大的西南林区，蓄积量占全国的 45% 以上。西南地区水资源也非常丰富，占全国水资源总量的50%（袁欣，2005）。此外，少数民族聚集地在西部最多，各自的民俗文化也可以成为吸引外来游客的主要特色，这也有利于更好地进行旅游人文的开发。

通过以上对西部地区各种资源的分析可以看出，我国西部地区的国际分工主要是在资源开发的促进下展开的。在土地、矿产和能源等资源方面西部有着明显的优势，更利于西部地区开展国际分工活动。

3. 产业优势及劣势分析

当前外商投资企业是中国加工贸易行为的主体，他们在考虑投资某一地区的时候最为看重的一个因素就是该地区的整体经济发展水平和地区综合实力。自1949年中华人民共和国成立以来，特别是1978年中国实现改革开放以来，西部地区获得了国家巨大的投资建设，逐步建立了资源开发与初级产品的加工企业，建立了基础的民用工业、国防工业和重型装备工业等全面的工业体系，从而具备了在重大装备和基础设施等方面的优势。可以说，西部地区发展加工贸易与庞大的工业资产量有着直接关系，后者为前者打下了坚实的产业基础。根据西部工业行业分析显示（袁欣，2005），中国西部工业的行业优势分布非常显著。按区位值来排序，排在前十位的依次是：非金属矿采选业（4.07），有色金属矿采选业（3.05），烟草加工业（2.98），印刷业和记录媒介的复制（2.55），有色金属冶炼及压延加工业（2.44），石油和天然气开采业（2.04），塑料制品业（2.03），饮料制造业（1.93），非金属矿物制品业（1.92）和燃气生产和供应业（1.85）。从中可以看出采掘业、烟草加工业、印刷业和有色金属冶炼及压延加工业具有显著优势，这些产业的区位商值都大于2。这说明我国西部地区这些产业生产主要目的是为了出口，而本地需求只占该地区生产的很小一部分，产品的绝大部分都出口到外国，采掘业具有强度优势地位。这个结果与我国目前西部地区经济呈现出典型的资源依赖和粗放发展的特点是相吻合的。

西部地区产业优劣势进一步可以从国际分工的比较优势、产业结构两个微观角度进行详细的分析说明：

第一，通过西部地区国际分工比较优势产业的分析，根据自身的资源优势可以发展国际分工。利用巴拉萨的比较优势模型可以清楚地体现西部地区参与产品分工的产品情况。在研究比较优势的时候比较常见和处于主流地位的是描述和定性的分析，国际贸易学专家巴拉萨（Balassa，1965）创建了一个计算比较优势的模型，为比较优势的测度提供了经济量化指标。根据巴拉萨的比较优势分析法，比较优势可用RCA（regional comparative advantage）的计算方法，就是在“一个国家某种商品占其出口总值的份额与世界该类商品占世界出口份额的比率”，本书对西部地区产品内国际分工的比较优势测度也运用该方法计算，也就是计算西部地区的某种产品出口占该种产品出口总额与世界上该产品占世界出口份额的比率。RCA 为测量西部地区出口商品的比较优势提供了科学的依据。陈刚等（2003）根据西部地区各省市区的统计年鉴计算得出的西部地区各省市区具有比较优势的出口产品的排序如下（见表 3–6）。

表 3–6　西部地区出口产品的比较优势排序

序号	内蒙古	陕西	甘肃	青海	宁夏	新疆	广西	四川	重庆	贵州	云南	西藏
1	玉米	玻璃制品	镍	氯化镁	金属镁	棉花	氧化锌	猪鬃	钢坯及粗锻件	锰铁	烟草	粮油食品类

（续表）

2	纺织纱线	工业用缝纫机	硅铁	铅锭	电石	番茄酱罐头	重晶石	纺织纱线	锯材	磷灰石	锡及锡合金	中药材
3	饲料金霉素	锌及锌制品	锌砂矿	蚕豆	硅铁	棉纱	滑石	锰	半导体器件	烤烟	铅及铅合金	畜产品
4	山羊绒	糖醛	锌及锌合金	硅铁	钽粉及钽丝	绸缎	锡及锡合金	猪肉罐头	生丝	轮胎	铝及铝合金	地毯
5	铝合金	烤烟	绵羊肠衣	碳化铁	碳化硅	皮鞋	松香	生丝	填充用羽毛	硅铁	化肥	轻工业品
6	钢坯	干豆	山羊绒	铝锭	活性炭	肠衣	藤编制品	铝及铝材	肠衣	黄磷	精油香膏	-
7	地毯	轴承	电极	蜂蜜	无毛绒	棉坯布	烟花爆竹	锌及锌合金	医药品	棕刚玉	雪茄及卷烟	-
8	首饰	纺织纱线及制品	焦炭	镁	铝	药材	竹编织品	肠衣	医疗仪器	-	石蜡	-

资料来源：陈刚、刘燕鹏、杨兴宪等《西部资源经济比较优势的分析》，《资源科学》2003 年第 4 期，第 79–84 页。

表 3–7　西部地区制造业比较优势排名

地区	全国排名第一的比较优势产业	全国排名第二的比较优势产业
重庆	动物药品制造业、摩托车制造业	中药材及中成药加工业
四川	酒精及饮料酒制造业、其他烟草加工业	其他专业设备制造业
贵州	其他交通运输设备制造业	铁合金冶炼业、轮胎制造业
云南	卷烟制造业、烟草复烤业、纤维素纤维制造业	制糖业、重有色金属冶炼业
西藏	中药材及中成药加工业	盐加工业、人造板制造业
陕西	化学药品制剂制造业	其他烟草加工业、航空航天器制造业
甘肃	石油制造业	普通机械修理业

（续表）

青海	电子设备及通信设备修理业、轻有色金属冶炼业	（空缺）
宁夏	针织品业、稀有稀土金属冶炼业、雷达制造业	化学肥料制造业、羽毛（绒）加工及制品业
新疆	罐头食品制造业，塑料板、管、棒材制造业	原油加工业
内蒙古	乳制品制造业、毛纺织业	纸浆制造业
广西	制糖业	锅炉及原动机制造业

资料来源：国家统计局《我国制造业布局与西部制造业的比较优势研究》，http://www.stats.gov.cn/ztjc/ztfx/decjbdwpc/200308/t20030818_38578.html，发表于2009年10月1日，引用于2020年12月5日。

表 3-8　2002—2007 年西部地区分类别出口总值、百分比及比较优势趋势（亿美元）

海关代码	平均出口总值	百分比	RCA
第十五类　贱金属及其制品	385 241.02	18.51	较强
第十六类　机电、音像设备及其零件、附件	331 267.90	15.92	变弱
第十一类　纺织原料及纺织制品	327 686.89	15.74	中等竞争优势
第六类　化学工业及其相关工业的产品	260 602.38	12.52	极强
第五类　矿产品	142 608.82	6.85	极强
第十七类　车辆、航空器、船舶及运输设备	132 189.25	6.35	较强
第四类　食品，饮料、酒及醋，烟草及制品	95 164.23	4.57	极强
第十二类　鞋帽伞等，羽毛品，人造花	80 358.65	3.86	变强
第二类　植物产品	61 392.51	2.95	极强
第二十类　杂项制品	48 286.93	2.32	较弱
第七类　塑料及其制品，橡胶及其制品	47 804.48	2.30	较弱

（续表）

第十三类　矿物材料制品，陶瓷品，玻璃及制品	42 292.74	2.03	中等
第一类　活动物，动物产品	27 764.91	1.33	较强
第十四类　珠宝、贵金属及制品，仿首饰，硬币	23 371.91	1.12	较强
第十八类　光学、医疗等仪器，钟表，乐器	21 435.60	1.03	较弱
第八类　革、毛皮及制品，箱包，肠线制品	18 927.96	0.91	较弱
第二十二类　特殊交易品及未分类商品	16 014.39	0.77	
第九类　木及制品，木炭，软木，编结品	12 762.26	0.61	较弱
第十类　木浆等，废纸，纸、纸板及其制品	5385.44	0.26	较弱
第三类　动、植物油、脂、蜡，精制食用油脂	714.43	0.03	变弱
第二十一类　艺术品、收藏品及古物	10.18	0.00	较弱

资料来源：付强、涂裕春《改革开放30年来西部地区外贸出口情况分析与思考》，《西南民族大学学报》（人文社科版）2009年第3期，第49页。

从表3–6可以看出，在21世纪初叶，西北地区的出口产品主要集中在矿产资源和农产品两大类，其中内蒙古和新疆的农产品出口占据了主导地位，而甘肃、青海和宁夏的矿产资源和煤炭资源则占据主导地位。西南地区的出口主要集中在矿产资源类，贵州和广西的矿产品都居第一位，而四川、重庆、西藏主要是农牧产品并且是粗加工的农牧产品，四川作为养猪大省其养殖生产的副产品猪鬃、肠衣出口量都很大。根据表3–7显示的国家统计局公布排名，西部地区各省市区均出现了全国排名第一或者第二的工业，但是可以看到基本都依据各地区的要素禀赋以资源类产品为主，如贵州的金属、宁夏的稀土、云南的卷烟、新疆的罐头食品等等。其中具备比较优势的贵州交运设备制造、陕西的化学药品制剂和航空航天制造业是具有一定技术含量，脱离了初级、中级加工阶段的行业，但是这与国家三线布防的历史基础有关，相对垄断性较强。表 3–8 是 2002—2007 年西部地区出口情况排名以及比较优势走势，可以看出这五年来的西部地区的出口行业发展和走势。

综合表 3–6、3–7、3–8 的内容分析得出：一是西部地区有出口比较优势的产业还是集中在矿产品、化工制品、金属制品、农牧业产品等资源型的产业之上，并且 2003 年和 2007 年的差别不大；二是在出口比重较大的海关代码的前九类产业当中，基本上除机电、音像设备及其零件、附件这一类别和化学工业的比较优势正在减弱，而纺织原料及纺织制品类别的只具备中等程度的比较优势以外，其他产业的产品出口平均值都比较靠前；三是车辆、航空器、船舶及运输设备这一需要较高技术水平的产品类别比较优势较强，说明西部地区的航空器及运输工具制造业有一定的竞争力；四是动物产品和植物产品的比较优势正在由强变弱，说明西部地区正在逐渐失去农牧业、林业初级产品出口优势。

第二，出口产品结构不合理影响西部地区参与国际分工产业升级。西部地区参与分工活动，应该着眼于长远不要太过注重当期的经济效益状况，要以追求国际分工带来的长远利益作为发展外贸的立足点。应该改变过去随便的将初级产品简单出口的做法，将重心放在工业制成品上来，并将其作为发展西部外贸的重点任务。

一是西部地区产品出口结构不合理，以资源和劳动密集型的初级加工产品为主，处于国际分工中的低端被动地位。西南地区特别是云南、贵州和广西地区，主要是矿产品的出口构成了具有比较优势的出口商品。从产品出口内部结构来分析，农业作为第一产业的出口比较少，其中粮食作物主要在国内市场销售，缺乏国际竞争力，也不具备比较优势，而经济作物构成了对外出口的重要类别，这些如西藏药材、云南烟草、重庆四川生丝和广西松香等作物。第二产业工业中，矿产资源产品技术含量低且生态破坏严重，多以原材料直接出口，轻工业产品除了广西的编制工业有特色外，其他发展都很缓慢，重工业上面主要是冶金和重化工的工业制品出口，高技术产业除了重庆较多外，其他地区出口都很少。可以看出西南各地的对外贸易合作情况是从当地有优势的资源和重工业开展的，支柱的工业就是采掘业和原材料工业等。再来看西北地区的产品出口结构。西北各地有着千差万别的矿产品如宁夏镁、钽，甘肃镍，陕西钼等，显示出西部地区仍是以矿产资源产品为主。从出口类别上来看，一部分是依赖采掘业和原材料工作，21 世纪初叶发展更迅速的是轻工业，该行业主要以农产品为主要原料，但还是集中在比较粗浅的加工。比如新疆的棉花和内蒙古的玉米等 21 世纪初叶出口比例增多，这些构成了出口的主要类别产品，且在国内市场上也有重要地位。但是，西北农产品出口并没有形成一定的规模，因为一些特色产品尤其是经济作物在出口中所占比重很少。由此可以看出，西北地区出口产品具有种类单一、工序简单、附加值低等特点，属于典型的劳动密集型和资源密集型产业（陈刚等，2003）。综上所述，劳动力和资源构成了西部地区出口贸易的主要优势，但是存在着出口结构不合理和在国际市场上竞争力弱的特点，因为劳动密集型产品技术含量低导致附加值低，资源密集型产品加工不深入，基本是以初级品出口，有的西部地区初级品出口接近或超出三成，这些不利于西部在国际分工中实现产业升级。因此要通过外贸的拉动实现西部地区经济快速发展，应该大力围绕特色进行思考和战略布局，在外贸活动中发展具有西部特色和民族特色的各种业务。结合西部地区实情，出口的主导产业应该是特色矿产（矿产资源为主）、特色农业（水果、茶、棉为主）、特色国际旅游业（文化旅游为主）、高新技术业（科技信息为主）等（刘用明，2004）。

二是与东部地区对比，分析西部地区轻工业和日用品产品结构，发现西部地区面临“双重流失”的困境，国际分工结构不合理。从东部和西部的对比上看，西部地区家用电器类、服装鞋帽类、饮料食品类等市场占有率较低，这些类别的市场基本都被东部和南部的厂家所垄断，并且从这些商品的更新换代速度和知名商标的拥有率来看，东部地区都明显高于西部地区。居民日常生活中比较畅销的薯片、饼干、罐头、蜜饯等小食品中，大部分来自我国东、南部地区，而速冻食品、香肠等则基本被东部和中部地区所垄断。其他地区的商品品种也比较丰富，畅销品牌较多。然而西部地区生产的却十分有限，占全部畅销品牌的比重也很小，只有乳制品、酸奶的某些品牌是内蒙古地区的，总的来说并没有发挥出西部地区农牧产品的比较优势，未把土特产、农牧产品的加工、包装和品牌经营搞好，也没有发挥出西部地区独一无二的旅游资源优势，把旅游产品开发销售成功地推向世界。此外，较为畅销的名牌微波炉、电风扇、电饭锅、灶具、热水器、加湿器、豆浆机等小家电类产品，几乎都被国外和东、南地区的品牌所垄断，并且国外品牌的代工地点往往设在南部和东部地区，研发中心也有向东部和南部地区迁移之势，很少有集中在西部地区的。1949年以来我国形成的工业结构中，将能源和原材料工业基地放在了西部地区，将制造业放在了东部地区，造成了西重东轻这样一个工业内部结构，经过60多年的发展[①]，西部与东部仍呈现资源—加工型这样分工的产业结构特征。考虑到我国过去对价格机制的改革状况和战略发展上优先以东部地区为主的情况，东部和西部经济发展出现了失衡，造成了西部地区“双重利润”流失而东部地区经济迅速发展的局面。所谓“双重流失”是指，一方面东部地区获得西部地区较低价格的能源和原材料供应，另一方面东部地区又把自身生产的各种高价的消费品（由西部地区提供的原材料制成）供给西部地区，这样在价格方面西部地区损失较大，西部地区的资源优势和资金积累受到影响且处于劣势地位，自身发展举步维艰（林建华、任保平，2009）。因此，需要着力改善西部地区产品分工的结构，实现三次产业的合理分工和布局，这样才能从根本上实现产业升级、经济均衡发展的目的。

4. 强大的科技优势保证国际分工的顺利开展

西部地区高校数量较多，科研机构实力也较强，而且相当一部分学科在国内甚至在国际上都处于先进水平，相关R&D投入和论文发表量都比较多，反映了其基础研究实力较强。具体来看，国内动土沙化和高原气象研究处于领先的地方在甘肃；最大稀土研究国内领先和稀土分析、检测机构等都在内蒙古；贵金属提取、疫苗研制、植物分类与开发等方面具有世界先进水平的机构在云南；军工、电子信息、航空航天在

① 截至2011年。

国内乃至国际领先且具有影响力的机构在四川和陕西，这些军工方面的技术优势也为西部大力发展民用产品提供了良好的条件。通过各个地区优势分析，可见西部的科技发展非常迅速，拥有相当的人力资源和研究机构，已经具有较强的优势（李慧，2010）。

进入21世纪以来，在大力贯彻科教兴国战略下，西部地区狠抓产品创新和科技成果的转换及引进国外领先技术等做法，推出了一系列技术含量较高、市场占有率较高和附加值较高的新产品，带动了西部产业的大发展和实力的增强。寻求教育科研机构优势与特色资源优势的结合并积极引进国内外资金和技术，以转化为竞争力产品，努力提升农产品和矿产品的加工度，从而生产出面向国际国内市场、具有高附加值的深度加工的产品来。举个例子，我国云南有个锡业股份，采取了与美国公司合资利用先进的技术水平生产出来非常细的锡丝而不是简单讲锡锭出口国外，该做法有效地提高了产品价值含量且树立了西部企业产业竞争优势，大大地提高了对当地生态资源的利用效果。所以考虑到我国西部有十个国家级高新技术开发区，我们可以充分发挥其科研能力和技术优势，不断地改善西部产品出口结构与质量，增加高技术含量产品的出口比重（林丽萍，2002）。像成都、西安和重庆等西部产业门类比较健全的中心城市都拥有数量众多的高校科研机构和国家重点实验室，综合科研实力的不断提升促进了技术密集型产业的发展，如电子信息、航空航天和生物制药等产业，因而这些西部中心城市在科研基础、人才资源储备和创新能力方面可以与东部沿海城市一逐高下，使得西部在发展技术密集型加工贸易产业方面具备了坚实的基础。

（二）规模经济角度的分析

1. 规模经济推动国际分工的理论分析

第一，内部规模经济和外部规模经济推动国际分工分析。随着经济的发展，市场结构从完全竞争变为不完全竞争，甚至出现了垄断、寡头垄断的局面，规模报酬递增的时候，规模经济又成为了推动国际分工的另一大因素。规模经济一般分为内部规模经济和外部规模经济，二者都可能对国际分工产生影响。一是内部规模经济推动国际分工。每个工序或者区段都存在一个有效规模，如果通过国际分工把对应不同有效规模的区段或者工序分离出来，安排到该区段或工序所在的地点进行生产或组装，那么平均成本就会降低，资源配置效率也会提高。因此内部规模经济方面，国际分工可以节省成本和创造利益。大规模和批量的产品内工序及区段生产分工的深化以及专业性加强造成的行业进一步细分能够创造产生创新的条件，并且形成大规模的长期的投资，这些都会对产品内国际分工产生深刻的影响。二是外部规模经济推动国际分工。外部规模经济通过分工和专业化的加强对于区域经济也存在间接的影响，可以共享社会生产条件，如基础设施，可以形成较高效率的劳动市场，可以共同享受辅助行业的专门服务，并且有利于技术扩散，从事需要同样技能工作的人从相互邻近[①]中得到的利益最大，行业的秘密将不再是秘密，同行间的创新传播速度非常快，以上外部规模经济因素都间接影响国际分工（盛洪，2006）。

第二，规模经济推动国际分工的图示。规模经济对国际分工具有推动作用，如图 3–2 所示：

① Proximity，可译为邻近或者邻接。

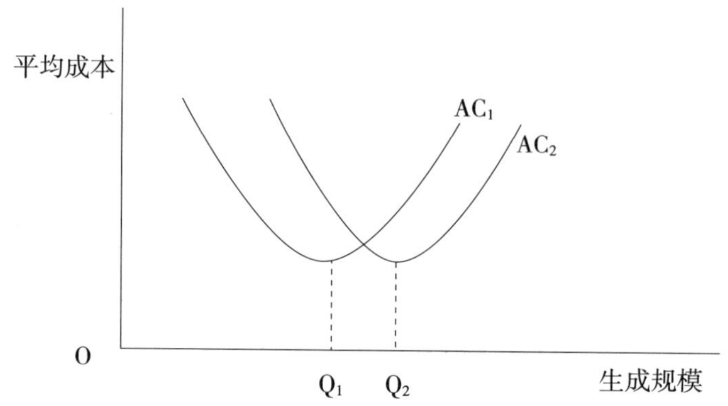

图 3–2　规模经济对国际分工的推动作用

资料来源：胡昭玲、张蕊《中国制造业参与产品内国际分工的影响因素分析》，《世界经济研究》2008 年第 3 期，第 5 页。

如图 3–2 所示，将生产阶段假定为两个，平均成本线分别是 AC_1 与 AC_2，产量 Q_1、Q_2 分别代表最佳规模。整个生产没有进行国际分工的时候，如果生产安排是以阶段 1 的最佳规模来安排生产就会造成规模经济无法在阶段 2 获得；同时，如果生产安排是以阶段 2 的最佳规模来安排生产就会使得规模经济无法在阶段 1 获得。整个生产如果进行国际分工就可以将上述问题予以解决，即不同的国家分别进行不同的生产阶段，从而实现每个阶段成本最小化和规模最佳化。因此，可以说推动国际分工的动机因素就是获得低成本生产和实现规模经济两个方面（胡昭玲、张蕊，2008）。林毅夫（2007）认为比较优势是推动分工的重要因素，中国必须优先发挥比较优势的战略进行产业布局，实现产业的全面发展。随着经济的发展，市场结构从完全竞争变为不完全竞争，甚至出现垄断、寡头垄断的局面，规模报酬递增的时候，规模经济又成为了推动国际分工的另一大因素了。

2. 西部地区产业规模和企业规模分析

第一，西部地区大多数企业和产业规模较小，没有形成规模经济。这种较小规模企业的普遍存在使得能源开采利用率不足、加工深度不够、污染环境严重等，资源和人才效用没有极大地发挥，影响了西部地区经济的发展。借助东部产业的转移可以对西部这类产业和企业进行科技改良和提升，并且大量资金的投入也使得西部企业能够扩大再生产，最终达到产业和企业规模增大，形成规模经济。在这样的条件下，西部地区必须重新审视自己的经济优势和产业结构，在加快资源开发的同时，有步骤地实现由N-T（资源—技术）型分工到N-T-C-H（资源—技术—资本—人力资本）型分工的转换，在现有垂直型分工基础上，发展与东部地区的水平分工，形成合理的垂直—水平型分工格局。同时，应切实提高工艺和装备水平，加快西部地区的对外开放水平，承接工业发达国家向西部地区的产业转移，学习国外先进的制造技术和管理经验，振兴西部地区的装备制造业等（任保平，2005）。

第二，和东部地区相比，西部地区的全国性大型企业分布处于较低水平，难以取得规模经济。杨其静、李小斌、方明月（2010）通过实证检验得出，大型企业的运营效率（人均销售额和单位资本销售额），东部最大、中部次之而西部最小。换句话说，东中部，尤其是东部的区域优势更利于大型企业的发展，而这种优势也会诱使原本在西部的大型企业向东中部转移。先天的区位优越，外加更高的经济发展水平、更高的开放程度，都使得东部地区拥有培育和集聚大型企业的沃土。结果，西部省市区可能陷入一种缺少全国性大型企业的境况之中。因而西部地区与东部地区的企业规模相比，普遍不大，难以取得较大的规模经济。

综上所述，第四节西部地区国际分工的优劣势分析的内容结论如下：一是从比较优势的角度分析出西部地区具备一定的产业优势，但是长期处于原料供应基地的不利分工定位，出口产品附加值低，产业结构不尽合理的特点。要改变这一现状需要长远的战略和前瞻，克服目前暂时为了利益而牺牲环境的做法，充分利用存在的劳动力优势、资源优势、产业优势和技术优势等地区优势，引进国内外的先进技术和大量闲散资金，大力发展深加工、精加工的产业，积极将西部资源优势培育成西部产业优势，进一步做好各种优势的培育和壮大，更好地开展国际分工活动，以此促进西部对外贸易的健康发展和良性循环。二是从规模经济角度分析，认识到目前西部地区企业规模较小，规模经济表现不很突出，亟需加大产业集群化，加快国际分工强度，以此促进西部经济规模化发展，促进企业获取规模经济利益，提升西部资源的配置效率，降低成本提高效益，解决西部经济发展中的问题，使西部经济健康有序发展。需要注意的是，不能仅仅把“遵循比较优势”“发挥比较优势”理解为“根据比较优势调整产业结构”，还可以人为地创造比较优势，并利用这种人为创造的比较优势赢得发展（张唯实，2006）。

第四章 西部地区国际分工的特征、本质属性及效应分析

上一章介绍了西部地区国际分工的环境影响因素并对其进行了优势及劣势分析，本章将进一步研究西部地区国际分工的问题，指出西部地区国际分工具有的特征，包括分工的被动性、分工的局限性、分工的梯度性和分工的非平衡性，据此提炼出西部地区国际分工的两大本质属性，即资源导向性和制度导向性。在此基础上进一步分析了西部地区开展国际分工效应，从产业升级、技术进步、产业集群和劳动力就业等方面梳理了西部地区国际分工的影响。最后，我们从理论上提炼出西部地区国际分工的一般性原理，为后续章节的案例研究以及实证分析奠定基础。

一、西部地区国际分工的特征

（一）分工的被动性

第一，西部地区在国际分工中长期处于被动地位。西部地区整体分工状态长期受历史的影响，存在被动性和行政性的特点。其工业基础薄弱、产业发展不均衡、结构不合理等特点跟其计划经济历史背景紧密相关，而其基于国防安全和军事储备考虑下的西部地区工业发展路径显然与产业发展的演进规律（首先是满足居民的生活需要，然后随着资本和技术的积累向重工业的转化）相悖。由于西部地区的工业发展以肩负着国家资源战略布局、国防安全的任务为重，国家对于资源类行业的垄断性和充分竞争市场、开放型经济这些参与国际分工的重要条件本质上也是不符合的。回顾西部地区过去几十年的工业发展，计划经济下的单一产权结构造成了前几个五年计划中重工业得到高强度投入和发展，原来保留下来的产权结构很难再有所改变。单一的所有制对当年工业基础和资金基础较差的西部地区经济确实有着拉动的作用，但是从长期来说，单一产权结构决定了单一的投资来源，也注定了西部地区对于资源类重工业的偏重，中央政府出于资源安全和国防战略的角度，并没有对西部地区工业体系的全面部署做更多具体的安排，造成了西部地区长期以来的产业结构不合理、利益外溢、企业资金的低效使用等一系列问题，这些都间接地阻碍了国际分工。

第二，西部地区社会结构和分工不足造成西部地区被动分工。西部地区是典型的城乡分离制度下的二元经济结构。这种二元经济结构的形成是由多方面原因造成的，其中虽然有历史的原因，即与传统的经济发展战略布局联系密切，但究其根本是因为西部地区社会分工不足（任保平、钞小静，2006）。在中华人民共和国成立之初的几十年里，西部地区的农村发展和城市发展是彼此割裂的，农业仅在农村发展，而城市则只发展工业，这种发展模式并不符合产业的发展规律，因为它人为地割断了农村内部产业之间、城市内部产业之间的联系，同时也割断了城市和农村之间的产业发展产生的自然联系。遵循重工业优先发展的战略方针，西部地区对于农业、农村的投资非常有限，资金的不足也抑制了分工的深化。以上原因造成的分工不足导致西部地区农业技术水平普遍较低，进步缓慢，商品化程度很低，农村需求减少，农民的收入下降，生活水平长期较低。政策导向下的分工不足使得城乡间生产要素无法自由流动，资源不能按照市场需求优化配置，极大影响了西部地区主动参与国际分工的积极性，无法分享分工深化带来的好处。

总而言之，西部地区偏重重工业发展，形成了长期以来的中西部地区以重工业为主而东部沿海地区以轻工业为主的格局体系，对于重工业的优先发展会使产业结构构建不够合理，同时造成产权结构不健全、制度扭曲、工资压低，这种政策干预了资源要素所应有的正常和合理的分配，严重制约了西部地区工业的进一步发展和其国际分工参与度，对目前和未来的国际分工有着重大的影响。

（二）分工的局限性

西部地区大部分分工局限于低水平、低附加值的低端环节；参与的行业基本上都是资源类的行业，污染普遍比较严重；局限于科技含量水平较低的初级加工工序，企业科技实力弱。具体分析如下：

1. 西部地区产业分工局限于低端环节

面临自身发展水平不高和普遍缺乏资金的情况，许多西部企业仅仅是追求局部的个体盈利，着重于短期的收益而非长期的发展。地方政府很多由于政绩考核的原因更加强调阶段性的业绩，缺乏从地区产业结构调整和社会分工的长期发展等角度去制定发展策略的意识。所以，企业和政府的这种发展思路造成了西部地区产业的重复建设和资源浪费。通过考察和分析中国经济增长的产业结构演进过程，可以看到西部地区产业分工处于低端环节：第一产业农业基础薄弱，农业劳动生产率低，农民收入增长慢，分工很难深入；第二产业工业发育迟缓，传统产业比重过高而新兴产业发育较慢。对于资源依赖性的产业占整个产业比重较高，产业配套跟不上，上下游企业组织的产业链条较短，附加值也低。由于西部整体生产水平不高，低层次、同水平的产业又存在过度竞争，同时服务业相对落后，不具备完善的服务体系，本地的生产水平无法满足生产和消费需要，致使许多高科技、高附加值、高档次的产品需要依靠进口来弥补（任保平、钞小静，2006）。因此，促进西部地区的产业分工实现产业结构优化、产业升级是解决西部经济长期发展的关键问题。

2. 西部地区产业分工局限于高能耗、重污染行业

根据比较优势优先发展的产业往往是资源密集型产业，西部地区是我国自然资源密集地区，西部地区的资源综合优势度、人均自然资源拥有量、自然资源等指标明显高于东部地区。西部地区的传统主导产业也以资源开发、资源密集加工业为主，如采矿业、原材料加工业、普通机械加工业等，生产技术结构也以传统技术为主体，高科技含量技术所占比重低，也就是高投入、高消耗、高污染、低效益的“三高一低”产业为主体，如表 4–1 所示。

表 4–1　2009 年西部各省市区 GDP 能耗指标分析

	单位 GDP 能耗		单位工业增加值能耗		单位 GDP 电耗	
	指标值（吨标准煤 / 万元）	上升或下降（±%）	指标值（吨标准煤 / 万元）	上升或下降（±%）	指标值（千瓦时 / 万元）	上升或下降（±%）
全　国	1.077	−3.61	2.291	−8.55	1401.22	−4.56
内蒙古	2.009	−6.91	3.557	−15.10	1686.72	−9.73
广　西	1.057	−4.43	2.235	−6.68	1279.87	−2.00
重　庆	1.181	−5.50	1.854	−11.95	894.27	−4.69
四　川	1.338	−5.83	2.249	−9.18	1085.91	−4.66
贵　州	2.348	−4.12	4.320	−0.03	2328.02	−0.83

（续表）

云　南	1.495	−4.60	2.739	−3.78	1591.10	−4.16
陕　西	1.172	−4.56	1.367	−5.82	1078.51	−7.98
甘　肃	1.864	−6.97	3.530	−12.84	2398.81	−5.55
青　海	2.689	−6.46	2.936	−9.46	3862.12	−2.24
宁　夏	3.454	−6.26	6.509	−8.71	4720.74	−5.90
新　疆	1.934	−1.53	3.095	−1.72	1408.20	5.73

资料来源：根据国家统计网、国家统计局、国家发展和改革委员会、国家能源局等所提供的数据整理所得。

可以看出，西部地区单位GDP能耗，单位工业增加值能耗都高于全国平均水平，内蒙古、贵州、甘肃、青海、宁夏这几个能源大省（区）同时也是能耗大省（区），是全国平均水平的2～3倍。由于西部地区有着更加丰富的自然资源，如煤矿、石油、天然气等储量都占到整个国家储量的一半以上，伴随资源，特别是不可再生资源的开采而兴起，产生了以资源开采为主导产业的资源型城市。根据资源产业与资源型城市发展规律，资源型城市必然要经历调整—繁荣—衰退—转型—振兴或消亡的过程。目前，典型的资源型城市面临的问题非常严峻，主要表现为资源递减与产业经济需求不断增长之间的矛盾、产业结构单一与综合经济发展之间的矛盾、市场化因素先天不足与发展市场经济的矛盾、以煤矿企业为主体的区域封闭与对外开放的矛盾、环境质量下降和生态恶化与城市人民居住环境改善的矛盾等等。在短期决策下对于环境的长期破坏、对于生态的影响，以及盲目同构性的重复建设，对中国经济中、长期的负面后果，都是需要给予大量关注的（王晨佳，2010）。

近十几年来，随着西部各省市区贯彻落实绿色发展理念，推进建设资源节约型、环境友好型社会，西部地区节能减排成效显著，其中渝陕川居西部前三。在“十二五”期间，西部地区贯彻执行节能减排的各项政策和措施，坚持优化产业结构，不断推进产业结构转型，提高能源利用效率，以较低的能源消费增速支撑各地区经济较快增长，突出重点领域引领节能，完善机制促进节能，在降低单位生产总值能耗、降低二氧化碳排放等方面取得了明显的成效。“十二五”期间，西部地区单位生产总值能耗显著下降，二氧化碳排放的增长趋势放缓，节能减排成效显著。对于西部地区节能减排综合指数进行的测算表明，重庆、陕西和四川位于西部前三位；内蒙古、广西、贵州和云南处于中等水平；甘肃、青海、宁夏和新疆的节能减排综合指数较低。据此，西部地区应着力提高能源利用效率，充分利用风电、水电等清洁能源，促进经济增长与环境保护有效结合。

表 4–2　全国 2015—2017 年 31 省区市万元 GDP 能耗降速对比（单位：%）

	2017 排名	万元地区生产总值能耗上升或下降（±%）	2016 排名	万元地区生产总值能耗上升或下降（±%）	2015 排名	万元地区生产总值能耗上升或下降（±%）
1	河南	−7.9	甘肃	−9.42	吉林	−10.69
2	贵州	−7.01	天津	−8.41	云南	−8.83
3	山东	−6.94	青海	−7.94	福建	−7.7
4	天津	−6.24	吉林	−7.91	湖北	−7.66
5	江苏	−5.54	河南	−7.64	贵州	−7.46

（续表）

6	江西	−5.54	贵州	−6.96	甘肃	−7.46
7	湖北	−5.54	重庆	−6.9	四川	−7.25
8	上海	−5.28	福建	−6.42	天津	−7.21
9	安徽	−5.28	云南	−5.35	湖南	−6.98
10	湖南	−5.24	湖南	−5.34	江苏	−6.73
11	四川	−5.18	安徽	−5.3	河南	−6.57
12	重庆	−5.12	山东	−5.15	重庆	−6.31
13	吉林	−5	河北	−5.05	北京	−6.17
14	云南	−4.92	四川	−4.98	河北	−6.14
15	青海	−4.71	湖北	−4.97	广东	−5.71
16	河北	−4.42	江西	−4.93	安徽	−5.58
17	陕西	−4.19	北京	−4.79	山西	−5.31
18	黑龙江	−4.02	江苏	−4.68	广西	−5.11
19	北京	−3.99	黑龙江	−4.5	青海	−4.26
20	浙江	−3.74	宁夏	−4.3	黑龙江	−4.01
21	广东	−3.74	山西	−4.22	内蒙古	−4
22	福建	−3.5	内蒙古	−4.06	上海	−3.92
23	广西	−3.39	陕西	−3.83	江西	−3.92
24	山西	−3.37	浙江	−3.82	山东	−3.72
25	海南	−2.03	海南	−3.71	新疆	−3.63
26	辽宁	−1.61	上海	−3.7	浙江	3.53
27	内蒙古	−1.57	广西	−3.64	辽宁	−3.52

（续表）

28	新疆	−0.89	广东	−3.62	陕西	−3.21
29	甘肃	−0.75	新疆	−3.2	海南	−1.27
30	宁夏	7.65	辽宁	−0.41	宁夏	1.2
31	西藏		西藏		西藏	

资料来源：《2018年10月中国经济发展指数指标解读之GDP能耗 全年能耗下降或为3.15%》，https://t.qianzhan.com/caijing/detail/181227-09199b26.html，发表于2018年12月28日，引用于2020年9月20日。

从表4–2可以看出，包括贵州、甘肃在内的西部地区在节能减排方面的成果较为显著。

3. 西部地区产业分工技术局限于较低水平，研发投入不足

第一，西部地区分工技术局限于较低水平，存在路径依赖。西部地区交通运输、能源、原材料等基础工业普遍薄弱，高新技术产业发展更是处于起步阶段，虽然也有许多跨国公司把研发中心迁至西部地区，但总体西部地区企业的技术水平还是不高；虽然在进行长期的技术引进和自由创新，但是效果并不理想，并且存在着严重的技术引进路径依赖。“引进—模仿—学习—创新”路径是日本、韩国等东亚国家经济得以蛙跳、后发并且实现赶超的重要因素。然而，西部地区在国际分工中的学习过程却没有那么顺利，往往是自主创新环节遭遇瓶颈。由于跨国公司的技术保护和东道方的技术水平不匹配造成外商投资企业及其研发机构长期在分工体系高端创新，东道国和东道地区的企业只能在低端进行模仿的局面，形成技术引进的二元结构，从而形成路径依赖，“引进—模仿—学习—创新”的技术升级路径不通畅。根据

学习和创新的规律，中国西部本土产业的微观基础也就是企业公司的集体学习在客观上有一个较长的起步周期，并且学习能力的提升也需要较长的时间积累。若本土企业在接受国际产业、资本和技术转移的机遇中学习能力未得到迅速提高，学习能力和创新能力就形成了依赖，这还会造成本土微观主体的创新“排他”现象。长此以往，就会发展出本土企业和研发机构的被动“锁定现象”。这种基于二元结构和路径依赖形成的锁定会阻碍企业的学习进步、自主创新和整体竞争力提高（朱英明，2004；朱英明、张雷，2008）。黄苹（2008）通过研究发现西部地区的自主型技术创新和经济增长呈正相关，而引进国外技术却与经济增长呈负相关。

表 4–3 2009 年西部地区各省市区科技经费投入统计

地区	R&D 经费（万元）	R&D 经费与 GDP 之比（%）
全国	58 021 068	1.7
内蒙古	520 726	0.53
广西	472 028	0.61
重庆	794 599	1.22
四川	2 144 590	1.52
贵州	264 134	0.68
云南	372 304	0.6
西藏	14 385	0.33
陕西	1 895 063	2.32
甘肃	372 612	1.1

（续表）

青海	75 938	0.7
宁夏	104 422	0.77
新疆	218 043	0.51

资料来源：根据国家统计局、科技部、国家发展改革委、教育部、财政部、国防科工委、国家统计网等所提供的数据整理所得。

第二，西部地区各省市区研发投入虽然在国际分工中发挥了重要的作用，但与东部表现进行对比，依然显得投入较小。由表 4–3 可以看出西部地区对于研发的投入和支持的强度也比较弱。

根据 2009 年各省市区的研发投资状况来看，四川、陕西、重庆分列前三位，研发投资金额分别约为 214 亿元、189 亿元和 79 亿元，而广西和新疆则分别约为 47 亿元和 21 亿元，下图 4–1 为 2009 年西部各省市区的研发经费支出的饼状图。

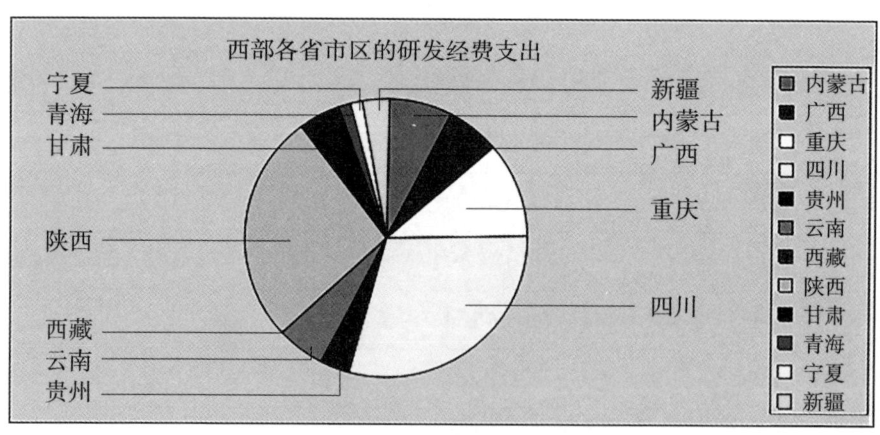

图 4–1　2009 年西部各省市区的研发经费支出的饼状图

资料来源：根据国家统计局所提供的数据整理所得。

根据 2000—2008 年国家统计年鉴和各地的统计公报，陕西和四川在加工贸易方面居于前二，对外贸易的前两名分别是广西和新疆。研发的经费投入直接与加工贸易的出口量相关。西部地区的加工贸易以陕西、四川等省份比较突出，其中先进装备制造业、高新技术产业和机电产业产品的增长成为加工贸易的重要构成部分，这几个行业的研发与技术创新和产业发展结合紧密。广西和新疆主要依靠沿边、沿海的有利条件，在发展对外贸易方面有着得天独厚的地理优势，加之本地区物产较多、资源丰富，对外贸易发展长期领先。在此把四川、陕西、广西和新疆四个省区 2000—2009 年来的研发费用进行对比。

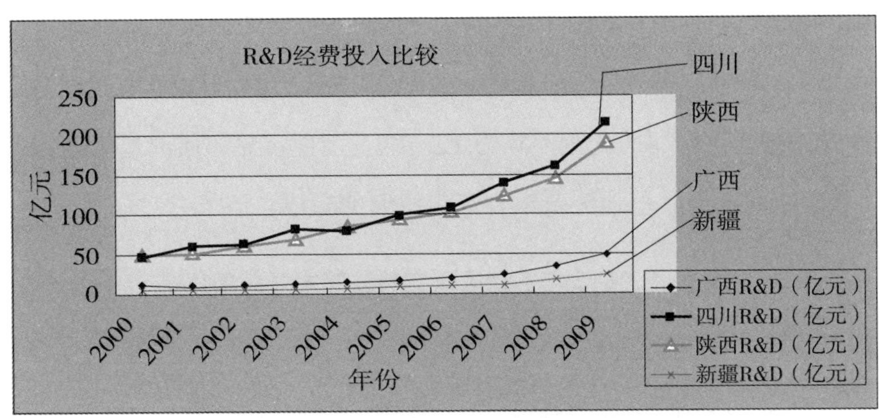

图 4-2　四川、陕西、广西和新疆四个省区 2000—2009 年来的研发费用折线图

资料来源：根据国家统计网、国家统计局、科学技术部、财政部等所提供的数据整理所得。

从图 4-2 可以看出这十年来四川、陕西长期以来对于研发的投入和力度大于广西和新疆两地，研发经费投入长期拉动着加工贸易出口。

根据国家统计局 2015 年公布的全国科技经费投入统计公报，研究与试验发展（R&D）经费支出最多的省（市）为江苏（占 12.7%）、广东（占12.7%）、山东（占10.1%）、北京（占9.8%）和浙江（占7.1%）。研究与试验发展（R&D）经费投入强度（与地区生产总值之比）达到或超过全国平均水平的有北京、上海、天津、江苏、广东、浙江、山东和陕西等8个省（市）。

西部经济发展蓝皮书报告显示，西部地区科技创新人才储备增加，研发人员数量持续增长。从2006年到2015年，西部地区研发人员的全时当量（按工作量折合计算的研发人员）从24.74万人/年增长到46.78万人/年，年均增长率达到7.33%。但是，占全国的比重却呈现出下降趋势。其中，2006年西部地区研发人员全时当量比东部地区低40.53%，占全国的比重为16.47%；到2015年，这一指标比东部地区低53.21%，占全国的比重下降为12.44%。由此可见，西部地区创新人才数量有所提升，但地区差距有逐步拉大的趋势。

表4–4 2018年各地区研究与试验发展经费情况

地区	R&D经费（亿元）	R&D经费投入强度（%）
全国	19 677.9	2.19
北京	1870.8	6.17
天津	492.4	2.62
河北	499.7	1.39
山西	175.8	1.05
内蒙古	129.2	0.75
辽宁	460.1	1.82
吉林	115.0	0.76
黑龙江	135.0	0.83
上海	1359.2	4.16

（续表）

江苏	2504.4	2.70
浙江	1445.7	2.57
安徽	649.0	2.16
福建	642.8	1.80
江西	310.7	1.41
山东	1643.3	2.15
河南	671.5	1.40
湖北	822.1	2.09
湖南	658.3	1.81
广东	2704.7	2.78
广西	144.9	0.71
海南	26.9	0.56
重庆	410.2	2.01
四川	737.1	1.81
贵州	121.6	0.82
云南	187.3	1.05
西藏	3.7	0.25
陕西	532.4	2.18
甘肃	97.1	1.18
青海	17.3	0.60
宁夏	45.6	1.23
新疆	64.3	0.53

资料来源：国家统计局、科学技术部、财政部《2018 年全国科研经费投入统计公报》，http://stats.gov.cn/tjsj/zxfb/201908/t20190830_1694746.html，发表于 2019 年 8 月 30 日，引用于 2020 年 9 月 20 日。

根据表 4-4 数据显示，广东、江苏、北京、山东、浙江和上海位于科技经费投入的前六位，陕西、四川、重庆在西部地区 R&D 投入中位于地区前列，处于全国中等水平，高于东北省份但远远低于东部地区各省份。

第三，突破西部地区分工技术局限的途径。随着社会经济发展，互联网的便利、技术的扩散以及信息的传输方面已经改变了梯度转移、农村包围城市等发展阶段，而变成了网络式的多维立体结构，网络节点产生了巨大变化，同时传输时间、方式、途径也有了变化，因此西部地区要加大研发投入，同时加大技术引进，要结合全球生产网络和技术壁垒降低的条件，在必要的时候大胆整合异质资源，在可能的条件下突破地域和国家的范围，进行全球范围内的资源战略整合和技术更新，以促进国际分工的层次提升（王晨佳，2010）。

（三）分工的梯度性

西部地区产业分工还具有梯度性，表现为地域差异、分工环节程度差异。西部地区产品制造企业需要与其他区域企业甚至全球合作企业进行协作，共同参与产品价值创造过程，实现生产的合理分工与协助。

第一，东部地区和西部地区基于比较优势的产业分布体现出国际分工的梯度格局。从世界范围来分析，国家由于经济发展水平的不同会处于不同的产业梯度之上，一旦形成产业互补，便可通过分工的深化和合作更合理地配置要素资源。从经济发展的现状来分析，中国的不同地区立足于比较优势，形成了各具特色的区域产业梯度分工，并且这种格局日趋明显。总体而言，中国已经初步形成地区间的产业比较优势：东部地区在知识—技术密集型产业、中部地区在资源—资金密集型产业、西部地区在资源—劳动密集型产业各具优势。但是地区间的区域分工格局与比较优势的分布状况也并非完全一致。改革开放以来，中国的东部沿海地区也吸收了大量从发达国家和亚洲“四小龙”新兴国家转移出来的产业。这些产业基本上以劳动密集型产业为主。随着沿海地区经济发展和人民物质文化生活水平的提高，沿海地区的劳动力成本上升，土地资源紧缺的矛盾日益突出，使得沿海地区逐渐失去劳动密集型产业的比较优势。这些产业需要寻找新的发展空间，而内陆地区由于劳动力成本比沿海地区低，土地资源比较充裕，公共设施和服务价格也比较低，推动这些产业的“西进”，既有利于沿海地区产业结构升级，同时也能带动内陆地区产业结构调整和升级，从而促进有利于发挥比较优势的区域产业梯度分工格局的形成。

第二，东部地区和西部地区产业联动性差异体现出产业分工的梯度性。西部地区偏重于静态比较优势产业，而沿海和京津地区则是动态比较优势产业居多的地区，相应的区域间产业梯度已经形成。改革开放以来长期形成的资源互补和产品互补传统依然表现为产业间的联动，比如说区域能源原材料产业与相关下游产业之间的垂直关联。但纺织业、化学工业、服装生产、皮革毛皮等相关产品加工业，金属冶炼加工制造业之间的跨区域水平关联逐渐突显，其中尤以纺织业、金属冶炼加工业、通信设备、计算机及电子设备制造业的水平关联最为明显。西北地区前向关联度较大的产业为石油和天然气开采业、金属冶炼加工业，后向关联度较大的产业为石油加工业、金属制品业、设备制造业（王德利、方创琳，2010）。

第三，西部地区的国际分工环节在产业链中的地位和水平体现出梯度落差。基于资源分布和政策引导下我国现有产业分工的基本格局已经形成，并相对固定下来，这将会对西部地区未来产业分工和经济发展产生重要影响。一是能源、原材料等上游产业已成为西部地区的主导产业，而东部地区则集中了西部主导产业的下游产业加工业链条。西部地区须将本来就已十分紧张的生产要素投入到其主导产业上以满足东部地区对上游产业的长期需求。这种带有依附性的垂直分工关系将削弱西部地区自身的资本积累能力，受到东部地区资本积累能力的控制。西部的资本被动流入东部使得本来就不强的资本积累能力进一步被削弱，阻碍制约了西部地区的产业升级和区域发展。二是西部地区主导产业链条相对较短，加工层次低，产品附加值不高，主导产业与区域内其他产业的关联程度不高，配套性差，整个西部区域内部分工严重不足，无法发挥乘数作用和波及效应，这也制约了整个区域经济的发展，影响了西部地区整体竞争力的提高，并导致生产要素的外流。三是西部地区市场化转型中的垂直分工关系的形成和固定使得传统比较优势产业日趋衰落，而新兴优势产业在竞争中难以形成，结果西部地区的工业地位在全国逐渐下降。

第四，国际分工主要存在于制造业，而西部地区制造业产业结构分工不合理造成梯度落差加大。20 世纪 90 年代以来资源开采业在西部地区工业结构中的地位仍在继续强化，而高端的资源深加工型工业的发展则明显滞后。第二产业制造业在 20 世纪 90 年代大面积萎缩，制造业占西部工业的比重下降，同期采掘业的比重则在上升。这些都说明西部地区与东部地区的产业梯度落差在不断扩大，产业结构的升级任务急迫。西部地区制造业的人均产值整体较低，改革开放以来制造业发展的变异产生新的变化，而这种差异集中突出的表现就是中西部与东部的差异（魏后凯，2001）。而随着市场经济的推进和自由竞争的形成，许多计划经济时期的高成本、低效益项目和资源开发项目在转型期逐步丧失优势，西部地区工业结构性缺陷突现，致使西部在产业分工中处于越来越不利的地位（卢中原，2002）。总而言之，与东部地区相比，西部地区的产业结构综合素质和潜力仍然较低，而且与东部地区的差距依然存在。

（四）分工的非平衡性

跟东部地区不同的是，西部地区分工产业的配套性差，供需分布比较零散，很难甚至无法完整全面地支持一个产业的发展，满足不了整个产业链条上的产业需求，表现为非平衡性，因此无法从整体上利用产业价值链来实现价值增值和价值创造，无法促进产业集群和规模经济的实现。

第一，西部地区产业规模经济效应较差，产业集群发展体现出非平衡性。规模经济可以推动国际分工，但是西部地区的本土企业多以小规模方式进行生产，一般生产的轻工业产品技术含量低，设施简单，对于人员的技术水平要求也不高，因此准入门槛较低，从分工与专业化的角度来看，就是专业化程度低的企业取代了专业化程度高的企业。产业集群发挥的规模经济是促进产品内国际分工的重要因素，而西部地区产业集群形成数量较少，即使有了一定的产业集聚，集群内部又存在协调不够、配套率低的隐患，并且重工业资源型工业的垄断性都较强。

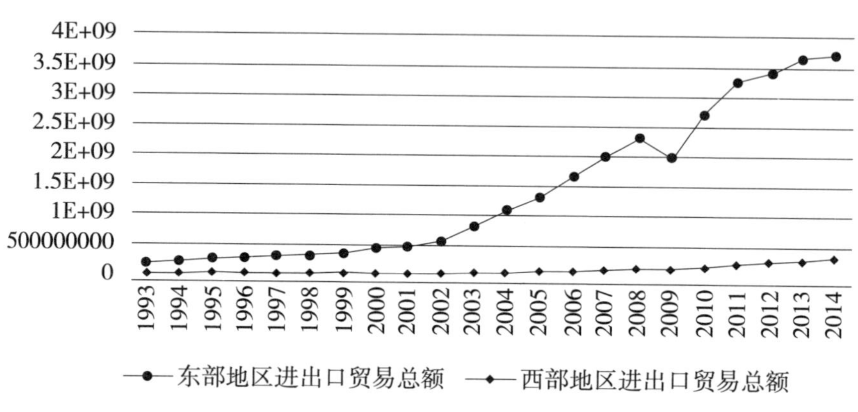

图 4–3　东部地区和西部地区进出口贸易总额折线图

资料来源：根据国家统计网、国家统计局所提供的数据整理所得。

如图 4–3 所示，2000 年以来东部地区和西部地区进出口贸易总额的差距越拉越大，受 21 世纪初金融危机影响，东部和西部地区都有下滑，东部地区还更为明显。但是东部地区很快恢复上升势头，迅猛增加；而西部地区则上升缓慢。

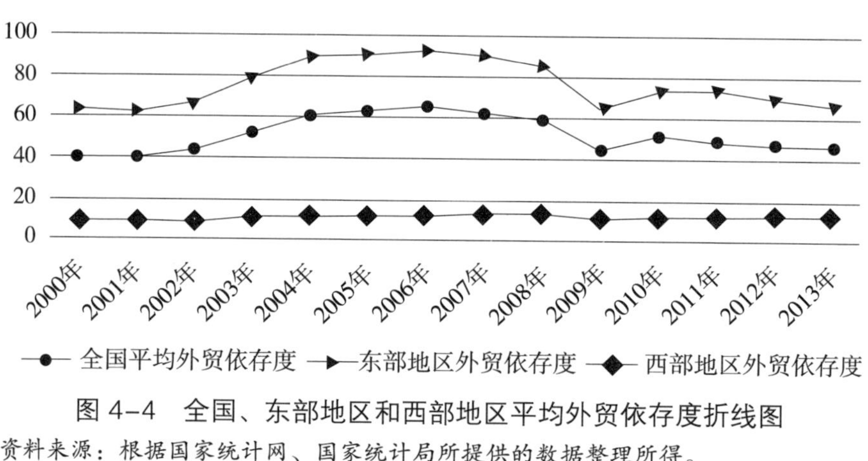

图 4–4　全国、东部地区和西部地区平均外贸依存度折线图

资料来源：根据国家统计网、国家统计局所提供的数据整理所得。

图 4–4 说明西部地区总体对外开放程度不高。分阶段看，2000—2001 年，东部地区和西部地区外贸依存度波动与全国平均外贸依存度

走势是相一致的，呈下滑趋势，东部地区和西部地区均下滑了近一个百分点。但 2002 年西部地区的外贸依存度仅为 8.32%，远低于全国平均水平的 42.70%，距离东部地区的 62.82% 相去甚远。2001—2012 年，得益于中国加入世界贸易组织获得的红利，东部地区进出口贸易额迅猛增长，迅速与西部拉开了差距。2007—2009 年受金融危机影响部分地区外贸依存度逐年下滑，短暂下跌。反观西部地区，在此阶段总体呈增长趋势，2008 年到峰值，较 2001 年增长了 5.06%，但与东部地区仍没有可比性。这进一步佐证西部地区分工程度不够，未能实现规模经济这一假设。西部地区金融危机后 2012 年外贸依存度再次增至 11.65%。2012 年以后，东部地区和西部地区外贸依存度波动与国内水平一致，均呈下滑趋势。

以西部地区比较发达的陕西省为例，虽然省内形成了石油天然气及化工、煤及煤化工、电力、航空、食品、有色金属、电子通信设备及元器件、汽车和输变电设备等 9 个产业集群；石油装备、机床工具、重型装备、软件与信息服务和冶金等 5 个产业集群都初具规模，但是产业集群省内配套率不到 30%，无法发挥规模经济优势，所生产的产品在中国市场的占有率很低，出口更加受限制。随着对外开放的推进，许多资源型产品价格与国际市场接轨，使西部优势产业供过于求，比如说出现钢铁总量过剩、煤炭业严重亏损并关井压产、炼油能力过剩等现象，西部优势产业对本地区经济增长的影响趋于减弱。

第二，规模经济和产业集群促进产业的空间集聚，西部地区国际分工在空间位置上分布很不平衡。工业生产和市场要素在一定空间的集聚和密集下实现规模经济，也是产业集聚的动力，而西部地区许多农村还处在贫困的边缘，又面临大量剩余劳动力转移到东部地区务工的劳动力流失问题，很难依据资源优势迅速发展特色产业，也无法形成专业化的市场，产业的空间集聚步伐缓慢对于西部地区参加产品内国际分工十分不利。西南地区已经形成跨行政区域的成渝城市群，西北地区虽然有基础较好的关中地区，但还未形成能带动大西北发展的跨行政区域的城市群。西安地处我国大地原点附近，独特的地理位置使其成为国家铁路和高速公路网的内陆交汇点，形成了一个四通八达的“米”字形交通骨架。在西部地区产业集群形成的过程中，截至 2011 年，关中城市群内城市人口大于 100 万，属于特大城市只有西安 1 个；城市人口在 20 ～ 50 万，属于中等城市有 4 个（宝鸡、咸阳、铜川、渭南）；城市人口在 5 ～ 20 万，属于小城市有 4 个（韩城、华阴、兴平、杨陵）；其余均为小城镇。从以上分析可以看出，50 ～ 100 万人口的大城市严重缺位。西部地区产业集群空间分布的不合理性极大地影响了其参与国际分工。在未来国际分工的推进上，必须用系统理论加以指导，考虑全面均衡的产业布局。

第三，东部地区和西部地区跨区域关联性差异体现出国际分工的非平衡性。王德利、方创琳（2010）的研究表明，中国跨区域产业联动在东部地区和西部地区存在较大差异，同行业在不同区域的区际关联强度和产业关联幅度的差别是很大的。产业联动的层次分布并不平衡，而是与区域经济发展水平有密切关系，资源产业为主导的相对落后的西部地区一般处于上游环节，下游环节则普遍布局于经济发达的东部沿海地区。西部地区侧重上游环节，这与东部地区配套全面的产业布局存在巨大的差异，且西部自身的第一、二、三产业之间关联性较弱，第三产业很难充分服务于农业和制造业，西部地区产业发展也未能完全满足本身的生产需求和消费需求，需要与东部地区进行区域产业联动。为此，突破分工的不平衡性，优化资源配置，合理布局产业空间结构，与东部地区高层次、全方位的对接、协调才能实现产业升级，避免城市间的恶性竞争，促进区域间经济的平衡发展。

二、西部地区国际分工的本质属性

本质属性即内在特有的规定性，通过对西部地区国际分工活动所具有的被动性、局限性、梯度性和非平衡性这四个特征分析的进一步提炼，可以得到西部地区国际分工所具有的本质属性。这可以从两个方面来认识，即资源导向性和制度导向性，它们是西部国际分工所具有的内在的客观本质。

（一）资源导向性

这个作为西部地区国际分工的第一个内在属性，是指西部地区分工从自身的比较优势出发，利用资源优势参与产业结构分工这样一种属性。为准确反映这一基本属性，我们从西部地区资源分布及其参与分工行业简况等两个角度进行分析说明。

第一，西部地区资源要素禀赋体现资源导向性。该地区幅员辽阔，自然资源丰富，其自然资源的绝对数量一般都超过东部地区与中部地区之和。其中，最大的优势应属耕地资源，其次西部矿源特别是有色金属、非金属矿产资源相当丰富，早在 1985 年全国已探明的工业化的主要矿产资源中，西部地区占全国的 39.6%，其中占优势的矿产资源主要有天然气、铬、钒、镍、汞、天然碱、石棉、云母、氟石、钾盐、岩盐、碘等（魏后凯，2000）。可以看出，西部地区各省市区基本以具备相对优势的农产品、自然资源，尤其是矿产资源的原料出口为主；而且具备比较优势的以资源为依托的产品，基本上都是初级加工的产品，附加值很低。重要的是这些西部地区赖以发展的资源是不可再生的，比如矿物资源、金属资源，对这些资源的过度开采对环境极为不利，也会阻碍西部地区可持续发展。新疆、宁夏、西藏等偏远地区还有大量的畜牧业初级产品的出口，工业产品很少，加工程度不高。根据最新的 2017 年统计年鉴，2016 年地区主要能源、黑色金属矿产基础储量当中西部地区石油平均储量为 13 780 万吨，而全国平均储量为 9330 万吨，东部地区均值仅仅为 4625 万吨。

第二，西部地区参与国际分工的行业体现资源导向性。综观西部地区参与分工的行业简况，我们发现高新技术参与的行业比较欠缺，如电子信息或者太阳能、风能利用的环保新能源行业。相反，许多行业都是重工业和重化工产业，具有高污染、高能耗、低回报的特征，从国际分工的角度来看这些产业处于分工的最底层，也就是资源产业原料供应商的角色，在分工体系中的地位和利润率还不及加工制造业微笑曲线的最低端环节“产品加工环节”；作为未来国际分工趋势的第三产业服务业的外包出口所占比重非常少。由出口产品可见，产品基本属于初、中级加工阶段，加工工序较为简单，工业制成品和深加工产品少、技术含量不高，总量也较少，且多以小规模进行生产，相对落后于东部地区。综上所述，西部地区参与国际分工有两个突出特性：

一是一般都集中在资源主导产业的上游，从国际分工的角度来看处于分工的底层，也就是原料供应商的角色，利润空间较小，总量也较少；二是出口产品基本属于初级加工阶段，加工贸易在对外贸易形式中并非主流，加工工序基本较少，技术含量不高。各地行政割裂的痕迹明显，基本上是靠山吃山、靠海吃海，单纯依靠资源走发展资源产品的产业发展道路，并未打造出合理的产业链条，具有较强的随机性，且各省市区之间的产业联盟和区域合作较少，没有形成健全的加工贸易集群，相关产业的配套没有跟上。

因此，为了使西部地区国际分工行为更加符合当前经济全球化、一体化的趋势，从资源导向上来说，应该大力推动产业升级和技术进步，进一步发挥比较优势，壮大行业规模经济，真正促进分工的高级化带动西部地区的富裕。

（二）制度导向性

这个作为西部地区国际分工的第二个属性，是指西部地区国际分工从自身的历史发展演变角度来看，全面贯彻国家的政策意图并按各种制度要求进行产业结构的布局和分工这样一种属性，当然分工活动开展中存在的问题也与制度因素有关。为准确反映这一基本属性，我们从促进西部地区参与分工的政策制定和促进区域产业合作政策这两个角度进行分析说明。

第一，政策制定体现制度导向性。构建合理高效的经济制度和政策的重要性在于良好的制度能充分高效地配置社会资源，能够合理地分配利润、收入和剩余价值。合理的制度不仅可以降低交易成本，更可以优化微观经济主体的行为，改善市场的自发缺陷，尤其是当一个国家或地区在发展过程中存在市场缺陷和区域发展失衡时，完善合理的制度可以避免资源的无效配置，促进地区发展平衡的回归。西部地区三线建设和西部大开发的实施，都反映了拥有良好经济制度环境的地区，才有利于促进要素的积累、创新和社会资源的有效配置，有利于经济的繁荣发展。当然计划经济下基于国防安全和军事产业特殊性考虑的制度安排造成了产权主体单一的问题，阻碍了后来的产业市场化发展，缺乏主动参与市场竞争的动力；并且这种首先发展重工业的政策与产业结构变迁的规律不相符，造成了西部地区产业布局的不平衡性，还带来环境污染和能耗过高等一系列问题。这与西部地区国际分工的被动性和不平衡性特征也是一致的。未来西部发展方面，政府首先是要进行产权明晰化的改革，划分产权界限，明确利益主体。同时加大对西部地区的财政转移支付力度，保障其建立健全适合外部资源落地的产业园区，有目的地引导对西部发展有重要作用的资源向西部流动。针对资本资源可以采取货币政策和金融政策双管齐下的方式辅助其向西流动，如采取西部资本的差别准备金及差别利率待遇，同时给予财政配套的税收优惠和程序简化等政策。针对劳动力要素，政府应加快西部地区基础社会保障体系建设，适时推动西部地区工资增长机制改革，提高劳动力报酬，以吸引更多劳动力资源回流和高科技人才入流等，通过采取多种措施来促进西部地区国际分工的大发展。

第二，区域合作体现制度导向性。按照国际经验，政府在区域经济合作中的应有功能是目标导向功能、总量平衡及结构平衡功能、利益协调功能、秩序维护功能、社会保障功能等，然而西部区域经济合作仍然缺乏相应的管理、监督、协调的组织和制度保障。具体表现在三个方面。一是缺乏专门的合作组织。当前，从中央层面来说，虽有国务院扶贫办、国务院西部开发办和国务院部委中与地区开发有关的机构，但不具有合作的专门性；从地方层面来说，各个地方政府均无权也无意建立区域合作的专门组织。二是缺乏促进合作的有效功能。中央虽有区域合作政策指向，但这些政策贯彻到地方政府时存在“打折扣”的现象，从而使得区域经济合作政策很难真正地落实。三是缺乏专门的法律和制度保障。截至 2011 年，西部区域合作仍然没有专门的法律制度体系，一旦合作出现赢利，各地往往容易争权夺利；一旦合作出现问题和矛盾，各地往往又容易互相推诿和扯皮。这些情况使西部区域经济合作处于没有专门组织管理的阶段。

未来需要实现产业集聚和经济分工合理进行，必须要充分利用制度的优势，进行制度的创新和跟进，构建完善的外部环境并不断进行优化，来保障西部地区开放开发、国际分工的顺利开展，推动产业升级，产生产业集群效应，带动劳动力就业。

三、西部地区国际分工的效应

西部地区经济开放，国际分工深化，将带来多重的正面效应，如产业升级、技术进步、形成产业集群和劳动力就业等，从而促进西部地区经济社会的快速发展，具体分析如下。

（一）产业升级效应

西部地区作为中国的欠发达地区，由于经济、社会、文化等方面的特殊性，产业结构不合理，产业发展水平低，产业升级慢，难以适应市场经济和地区发展的要求。借助国际分工的开展，可以有效地促进产业结构的升级。西部地区产业升级影响因素的特点分析如下：

第一，西部地区承接东部产业转移优化了西部地区产业结构。西部地区最大的比较优势是充足的相对成本较低的劳动力和丰富的自然资源，劳动力和自然资源促进了西部地区发展劳动密集型与资源密集型产品内贸易。而通过承接产业转移实现产业升级则表现在以下四个方面。一是由于我国东部改革开放发展较快，各种资源成本特别是劳动力成本的上升，东部转向西部的产业是以劳动密集型产业和初级加工以及资源型产业为主，能够大量吸收西部农村富余劳动力，把农村富余劳动力从第一产业转移到了第二产业，提升了产业结构。二是东部的产业转移为不断解决西部工业结构内部轻重失调的问题提供了路径，通过针对性转移和吸引轻工业来扩大生产规模等实现产业升级。三是对于西部支柱产业和主导产业的形成也有着积极作用，通过把东部符合西部产业区位优势的具有强关联效应的产业转移过来，并与西部机械、化工、冶金产业进行有机结合。四是 2008 年金融危机虽重创了亚洲经济，但其中蕴含了机遇和发展的潜力，东部企业无力支付更高的生产成本而更多地将产业转移到西部，为西部地区带来更多的与境内外投资者合作的机会。虽然东部产业转移到西部利于调整西部产业结构，但对西部而言要审慎并有选择地接受东部的产业转移，特别是高污染、高耗能、粗加工、低技术和低效益的产业引进，会造成西部生态环境进一步恶化，影响经济全面发展（李毅，2006）。应该在承接产业转移的时候注重优化产业结构，转变经济增长方式，这样才能通过国际分工实现产业升级。

第二，西部地区的人才和科技优势会促进实现从劳动—资源密集型产业到技术密集型产业的升级。丰富的中低端劳动力是西部地区的比较优势，而西部地区的某些省市还具备相当雄厚的教育和科研实力，比如西安就是全国高校最为密集的城市之一，同时还集中了许多重点的科研院所。因此西部地区不仅具备中低端劳动力密集的优势，还拥有一大批高层次、高素质的科研人才，这无疑对于西部发展技术密集型产业大有裨益。同时，西部地区还具有发展高新技术产业的基础。西安、成都这些经济相对比较发达、研发能力和科技优势明显的地区可以发展技术密集型产业，比如软件研发、通信信息设备等产业。

第三，高层次人才的流失造成了结构性问题。西部地区的经济实力相对薄弱，东部和西部差距的存在确是不争的事实，尤其是在教育和人才资源开发投入、工作条件、工作待遇等方面与沿海地区存在显著的差距。刚毕业的大学生在西部地区很难找到合适的工作，用人单位也缺乏专业技术人才，这种结构性人才缺乏的现象在西部地区较为普遍。东部沿海地区已经从人力资源开发上得到了巨大的益处，所以他们不惜重金，千方百计寻找和挖掘人才。东部地区具有的资金优势，一定程度上也加剧了西部地区人才流失。

（二）技术进步效应

西部地区国际分工的开展，对技术进步也产生了极大的效应，提高了技术的等级，具体可以从三个方面来分析：

第一，对技术进步和技术溢出的效应。一是西部地区企业通过直接参与纵向专业化过程提升技术水平。通过产品内国际分工，中间产品的增多，必然会带来更多的新技术的使用，促进技术进步和技术外溢。尤其是西部地区部分企业被纳入到跨国公司的产品内国际分工产业链中去，对于这些企业来说，是一个吸收经验、提高技术、获取技术升级的良好机遇。随着跨国公司产品生产链不断向具有更低劳动力成本的国家地区延伸，跨国公司为西部地区带来了相对先进的生产设备、产品制造技术和管理经验，同时西部地区企业原有的产品可能会由劳动密集型向资本或技术密集型转变，该产业的知识、技术含量将增加，通过“干中学”和技术外溢，产业将得到优化升级。二是西部地区通过参与横向合作技术渗透实现技术进步。一旦参与到产品内贸易后，外商投资企业作为贸易主体，不论是生产技术水平还是管理运营水平，一般都高于西部的企业，因此会产生技术溢出；不论是外企还是东部地区参与西部的国际分工，一般都会提供产品内贸易部门技术上的支持，而这种配套技术支持一直处于稳步上升的态势。然而核心技术的获取并非易事，这就需要本地企业在参加国际分工时发挥学习效应，在合作中学习先进技术，培养自身的创新能力，并大胆开发知识产权，否则有可能陷入技术引进的路径依赖困境。

第二，人力资本的开发效应。国际分工对西部技术进步的促进作用还提高了产品内贸易部门就业人员的技术水平，不论是外商投资企业还是东部沿海的合资企业都比较重视员工的在职培训和职场充电，尤其是外企还经常向员工提供出国学习的机会，这种国内、国际的培训都会产生人力资本的开发效应。而中国产品内贸易企业一开始大部分都集中在东部沿海地区，在给西部带来先进技术的同时也带来了高水平技术人才（蔡小勇，2006）。

（三）产业集群效应

西部地区国际分工通过细化工序，建立起分工明确、联系紧密的生产网络体系，体系中既包括上游的原材料、机械设备和零部件的供应商，也包括下游的客商和相应的支撑机构，诸如行业协会等，集中在一起的厂商比单个孤立的厂商更有效率，进而形成产业集群，对促进地方经济发展表现出越来越强大的竞争优势。具体效应有：

第一，有利于形成产业集聚发展的环境和氛围。产业集群是同一特定产业或具有直接上下游产业关联的企业以及相关支撑机构为共享资源、降低成本在地理上集中在一起，所形成网络性的专业化分工现象。高度的专业化分工是产业集群形成和存在的前提与基础，集群反过来使专业化分工以一种独特的方式获得了空前发展。通常以“大而全”“小而全”的方式存在于企业内部生产环节的分工，转变为分布在不同企业之间，每个企业只做一个部件，甚至只承担一个部件的某个环节的分工。在国际分工体系中，特定产品的生产环节在功能上仍然是一个连续的产品生产过程，但是这一系列完整连续的生产链条被一段段分开，在空间上离散性地分布于全球各地，从而形成产品内国际分工。虽然产品内国际分工的各个价值环节在全球空间上呈现离散分布的特征，但是分离出去的各个价值片段绝不是天女散花似的漫无边际，而是隶属于不同产品内国际分工体系的性质相同的生产环节，通常会积聚在特定的地理空间，并逐渐带动本地供应链、服务链配套网络的发展，从而形成产业集群。西部产业发展将具有较多的技术上可分的价值增值环节的产业作为促进产业集群形成和发展的目标产业。因为某一产业越具有分工细化的可能，就越可能产生集群化发展的趋势，而且分工细化还能降低最低资本的要求，有利于小企业的发展，从而形成良好的产业集群氛围。在西部，一些地区的比较优势行业集中在资源开发和资源加工领域，以资源产地或市场集散地发展这些优势产业，通过倾斜的政策，引导这些产业以资料产地的城市为中心，形成具有西部特色的劳动密集型产业集群（何龙斌，2010）。

第二，有利于降低企业生产成本，促进规模经济的实现。据《中国产业集群发展报告（2007—2008）》，以在我国产业集群中占重要比重的制造业为衡量依据，我国东、中、西部地区的产业集群数量比例约为79∶12∶9，可见东部地区远远高于西部地区。从规模上看，东部沿海地区产业集群规模远大于西部地区，这些集群企业的产品在全国的市场占有率一般在20%～30%，高者占50%以上。可以说，西部地区已经形成的产业集群大部分还处在初级阶段，规模偏小（王瑛，2008）。西部国际分工有利于西部中小企业的快速成长，尽管中小企业在就业岗位提供、财富创造和技术创新等方面发挥着不可替代的作用，但在市场竞争中却不占优势。规模小、实力弱、融资渠道少、人才储备不足和信息资源缺乏等因素直接或间接地削弱了中小企业的市场竞争力。其中，规模小是中小企业的共性特征，也是中小企业的根本劣势。中小企业由于规模小，往往无法达到特定产业的最小有效规模，这是中小企业劣势的根源。合理分工后的企业利用地理接近的优势减少交易成本，这降低物流运输费用，企业间信任与合作社会网络的存在使双方容易达成协议并履行合约，这降低了企业由于交易的不确定性而造成的风险，而专业化劳动力市场的存在减少了企业搜寻各种人才所需的费用和时间。同时，企业的空间聚集、交易的空间范围和交易对象相对稳定使企业之间基于长期协作建立了信任基础，这就节约了各种找寻费用。群内企业的根植性有利于企业在合作的社会网络基础上达成协议并自觉履行合约，从而降低了谈判签约的费用以及监督执行的费用。由于大量专业化企业聚集在一起，容易实现规模化生产，可以有效地降低成本、提高生产效率。企业的进入和退出都比较容易，使集群能够维持在一个最佳的生产规模（邵秀丽、任启平，2009）。

（四）劳动力就业效应

西部地区国际分工对劳动力就业产生的效果十分显著，具体可以从以下两个方面进行分析：

第一，为西部富余劳动力创造了大量的就业机会。21 世纪初期是我国西部地区劳动力供给的高峰期，预计西部地区需要解决就业问题的人数主要有以下三个方面：一是西部地区每年将新增劳动力 300 ～ 400 万人；二是下岗和失业人员增多，21 世纪初年均下岗职工约 160 万人，登记失业人员 110 万人；三是按照农村的生产水平，农村约有 4000 多万剩余劳动力需要转移（李以学、李小兵，2002）。我国是一个劳动力严重过剩的国家，西部尤其如此，劳动力资源的一个最大的特点是，如果不能为劳动力提供就业机会，劳动力就不成其为“资源”，而只是需要不断消耗资源的人口负担。如果不创造就业机会，就会使我国劳动力资源大量浪费，成为威胁我国社会稳定和经济持续发展的严重社会问题。西部地区劳动力资源富余，参与国际分工的企业主要是以劳动密集型工序参与区域生产网络，因此，吸纳劳动力的能力比较强。

第二，促进西部劳动力人才素质提高和技能增进。以劳动密集型产品为主是西部地区企业参与国际分工的一个重要特点，这类企业的工人许多是从农村进城的“打工者”，企业通过生产培训将这些农村劳动力转化为适应工业化大生产的熟练劳动力。由于“嵌入”产品内国际分工体系的企业面向国际市场，技术、管理水平基本上都与国际同步，员工在企业生产经营过程中亲身体验了工业化大生产对工人的技能与纪律的要求，了解到技术、管理的国际规范。随着我国劳动力市场的不断完善，人员流动越来越普遍，当劳动力从这类企业流出时，他们在工作期间所学习到的技能、技术、知识、意识等现代工业化文明随之迅速扩散，成为推进新型工业化的“能动”要素。许多进城务工人员都带着打工时学到的相关知识和技能返回本乡，创建新的企业或者变成当地企业的技术业务骨干，很大程度上带动了地方经济的发展。随着人才职业规划的进步，很多西部地区外商投资企业的技术和管理人员也离开原有公司，开始自我创业或跳槽，转向其他企业工作，这些都使分工产生的技术和管理向外扩散，从整体上拉升西部地区劳动力素质。

综上，国际分工不是个别地区、产业、部门的局部现象，而是近年来全球经济结构层面的整体趋向，伴随着这种国际分工新模式的深化发展，其影响力已经深入到国际经济活动的方方面面，因此其效应是包罗万象的，限于西部地区的特性体量，我们从产业升级、技术进步、产业集群和劳动力就业效应等方面进行分析。从逻辑上看，西部地区国际分工对产业升级产生了直接效应，达到了提升比较优势和扩大规模经济的目的，并且通过促进技术进步、提高产业集群和刺激劳动力就业三个方面的间接作用促进了推动产业升级的效果，最终实现了加快西部地区产业发展和提升竞争力的目的。

第五章　西部地区与长三角地区国际分工的比较分析

在已提出西部地区国际分工本质属性的基础上，本章选择汽车产业为代表，对西部地区与长三角地区国际分工活动予以比较研究。之所以选择汽车产业为研究对象，一是因为汽车产业是一个劳动和资本密集型产业，而且技术密集度在不断提高；二是由于汽车产业具有很大的前向、后向和横向关联度，与之相关的产业链或生产网络较多也比较复杂。其中生产环节就与国民经济制造业中的大多数产业相关，而且依据比较优势和要素禀赋可以分散于不同的地区或国家，属于产品内国际分工最为典型的产业。为了更好地分析西部地区汽车产业的国际分工情况，特将其上下游生产网络构成图示（图 5-1）。

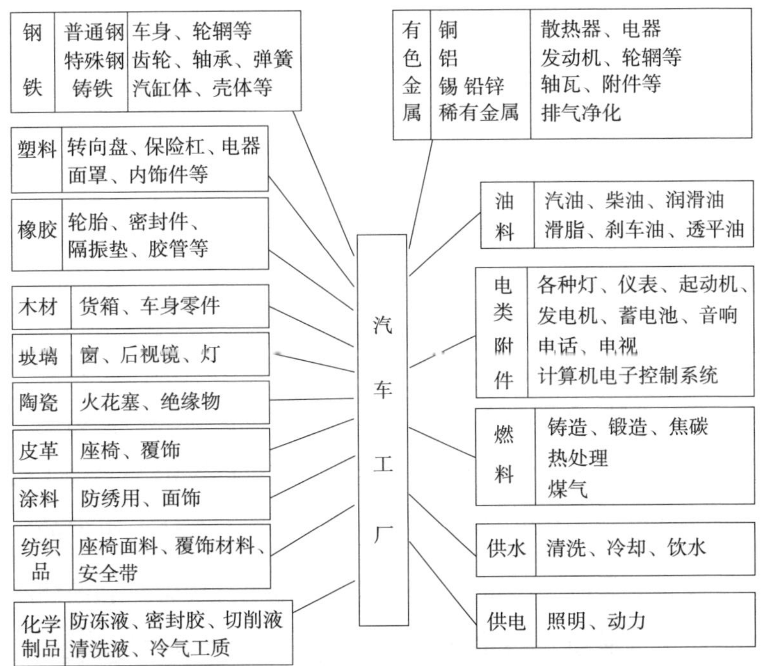

图 5-1　汽车产业上下游生产网络构成示意图

资料来源：西安市汽车产业发展战略研究课题组报告《西安市汽车产业发展战略研究》，2006 年。

从图 5-1 可以看出，汽车工厂制造汽车含有钢铁、塑料、橡胶、木材、玻璃、陶瓷、皮革、涂料、纺织品、化学制品、有色金属、油料、燃料、供水、供电和电类附件等 16 个大分类，小分类则更多，到零部件更是多得不计其数，因而这个被管理大师德鲁克誉为“工业中的工业”（Industry of industries）的汽车产业，作为世界上最大的制造业之一，有着较长的产业链和极强的产业关联度，长期拉动区域经济增长和推动消费结构升级，可以作为国际分工的典型代表。

纵观中国汽车制造业的发展历程，自从 1953 年第一汽车制造厂在长春动工兴建以来，中国汽车制造业经历了 60 多年的从无到有、从点到块、从块到面的成长与发展过程，2010 年已经形成了以六个主要汽车生产基地为核心，相关产业全覆盖的局面。随着世界经济全球化和国内经济体制的转型，中国汽车制造业区域分布格局不断发生新变化。中国汽车发展经历了三个重要阶段。第一阶段为起步阶段，从 1950 年到 1964 年。该阶段开始于中国一汽对于当时并不算落后的苏联汽车产业的引进和技术模仿，随后二汽的成立为汽车产业注入了新的活力。然而由于计划经济的限制和体制的影响，技术进步依然较为缓慢。第二阶段为发展阶段，从 1964 年到 20 世纪 90 年代初。这一阶段以大规模引进国外先进技术为主，从关键零部件到整车组装技术，还有重型卡车、货车的生产和轿车的生产。该阶段中国的汽车产业获得了极大的发展，与世界平均水平的差距有较为明显的缩小，也初步形成了汽车产业的空间格局，为快速发展奠定了基础。20 世纪 90 年代初已形成了“三大三小”格局，即上海大众、一汽大众、神龙，天津夏利、北京吉普、广州标致同时并存，广州本田和上海通用也相继成立。第三阶段就是汽车产业加速发展进入兼并重组阶段，从20世纪90年代初至今。国际品牌和自主品牌竞争共存，汽车产业布局基本定型，形成了长三角、珠三角、环渤海区域、东北地区和西部以陕西和四川为主的五大空间汽车产业集群，这五个产业集群有着各自的特点和彼此不同的业务发展方向，发展水平不一。为了实现中国汽车产业加速发展，2009年初国家公布了汽车产业的兼并重组规划，规划明确规定今后占市场份额90%以上的汽车企业要由当时的14家减少到10家以内。

通过对中国汽车产业发展的简要回顾，可以发现汽车产业地域发展不同，存在着不同类型的产业集群和比较优势差异。西部地区汽车产业布局虽然较早，但是起步于战略部署和国防安全考虑的“三线汽车厂”以重型卡车、卸货车为主的汽车生产，与经济发达地区特别是长三角地区相比较，在比较优势、外部环境、规模经济和产业升级等方面有什么差异，如何通过加快西部地区国际分工带动产业的发展，通过扩大规模来提升产业竞争力，带动汽车产业的升级，这是本章研究的重心。

一、西部地区与长三角地区汽车产业分工比较分析

根据国际分工理论，影响汽车产业参与国际分工的一系列因素包括比较优势、规模经济和外部环境，因此我们将从比较优势（包括发展基础、生产力要素、技术要素、劳动力要素、资本要素禀赋）、规模经济（即生产规模和产业集群）和外在环境（即合资背景、开放程度、物流运输、政策导向）等三大方面来分析。

（一）参与分工的比较优势对比

我们通过对西部地区和长三角地区汽车制造产业参与国际分工的比较优势进行分析，发现两者在五个方面具有显著差异。整理如下：

表 5–1　西部地区和长三角地区汽车制造产业参与国际分工比较优势对比

		西部地区	长三角地区
比较优势	发展基础	国家出于战略部署和国防安全考虑进行的“三线汽车厂”建设：第二汽车制造厂、四川汽车制造厂、陕西汽车制造厂，进行越野汽车和重型卸货汽车的生产。	早在新中国汽车产业创建初期：一汽以及第一批地方汽车制造厂经过多年发展已积累了丰富的经验，具备一定研发能力
	研发基础	西安交通大学、西北工业大学、长安大学三所以上的国家一类重点大学设有汽车研究学院	仅上海，拥有 34 个研发机构和高校以及公司；其他研发基地则集中在南京（4）、苏州（1）、无锡（1）、杭州（3）和宁波（2）
	生产要素	聚集于省会城市、二线城市	在经济中心、金融中心、交通中心更为密集
	劳动力要素	劳动力成本相对较低；高校与科研机构相对较弱	人力资源素质较高；高校和科研机构云集
	资本要素	资金方面比较欠缺	民间资本、海外资本较为充足

资料来源：作者自己整理所得。

根据表 5–1 我们可以得出如下的结论：

第一，西部地区发展汽车制造业基础较差，缺乏比较优势。西部发展汽车产业的基础相对于长三角地区较为薄弱：长三角地区汽车产业发展历史长，车型较为全面，需求也比较旺盛；而西部地区长期以重型汽车、卸货车和卡车为主，产品结构单一，需求增长相对缓慢。

第二，西部地区汽车产业研发水平较为落后，不具备技术优势。西部地区的研发环节投入不够，远远落后于长三角地区。结合全球价值链分工理论，汽车制造产业环节中附加值最高的是研究开发，因此需要对中国汽车产业，尤其是对西部地区的西安、重庆等地的汽车产业加大研发投入，实现自主知识产权，而实际中这方面的引导、投入和支持都相对比较欠缺。

第三，西部地区劳动力成本较低，发展汽车产业的专业人才数量和水平都有限，劳动力要素优势不明显。与东部地区相比，西部地区劳动力的价格显然更具优势，但是专门从事汽车技术研发的人员则较少，高等院校和科研机构的主攻方向以国防、军工、航天等领域为主，汽车方向较少。

第四，西部地区的资金较为匮乏，不具备资本优势。资本要素在西部地区相对稀缺并且有流入限制，不像东部地区的资本比较充裕，并且由于东部地区的经济开放程度较高，资本能够相对自由流动，限制很少，因此民间游资、外资和国有资本对东部地区进行投资都相对容易。

（二）参与分工的规模经济比较

本节主要从生产规模和产业集群两方面对西部地区与长三角地区的规模经济水平进行对比分析。

1. 从生产规模的角度来比较分析

规模经济是经济增长的重要推动因素，汽车产业更是具有明显规模效应的产业，是典型的社会化大生产产业，规模效益特点十分突出（徐小钦、杨红艳，2008）。规模经济是汽车工业的核心问题，如果离开了规模经济，汽车工业发展的许多问题都无法解决（干春晖，2002）。

第一，西部地区整车生产规模较小，远未达到规模经济。整车规模与汽车产业规模经济有着直接联系，当整车规模达到年产百万辆以上时，钢铁、石油、化学材料等与汽车行业相关的关联产业才能发展起来，并逐步壮大。十年前仅有上海大众刚达到规模经济的数量，绝大部分汽车制造企业都远未达到规模经济。西安整车企业总量规模小，从汽车制造企业的拥有量上来看，西安市仅有三家主要的汽车企业，与其他城市相比，也是相对较少的。西南地区主要以四川、重庆为主，这个地区有着我国最大的微型车生产企业——长安集团。长安福特、长安铃木等汽车都是长安集团的畅销产品。另外，重庆还有力帆、吉利、大众、丰田等品牌。特别是在 1997 年重庆被设立为直辖市后，众多汽车生产厂商蜂拥而至。长安集团 2013 年生产汽车 183.97 万辆，位列全国汽车产量排行第五，迅速成为国内大型汽车工业集团之一。长安汽车与一汽、上汽和东风一起，是国家 2009 年《汽车产业调整和振兴规划》纳入首批重点扶持的四大汽车集团。西南地区的汽车整车产能为 284.46 万辆，2005—2013 年西南地区汽车产量逐年提高，重庆一直是汽车的主产区，随着西部大开发的进行，四川的汽车产量在 2011 年有所提高。

总之，西部地区汽车行业规模较小，无论在汽车企业数量还是实力上，都处于下风，远未达到规模经济。

第二，西部地区汽车零部件产业发展规模较小。就零部件生产规模而言，西部地区与长三角地区也存在明显差异。就齿轮行业来看，西安法士特汽车传动有限公司变速器齿轮年生产能力为 15 万台，重型汽车变速器总成装配能力为 5 万台。但是，除齿轮以外的西部地区整车零部件生产水平却很低，规模较小，汽车零部件生产企业较少。西部地区的零部件生产跟东部地区相比，相去甚远。总而言之，西部地区的汽车零部件产业的发展规模较小，亟须发展壮大。

2. 从产业集群角度来比较分析

第一，与长三角地区相比，西部的汽车产业集群数量较少，配套率低。产业集聚能带来规模经济效应。新古典经济学代表人物马歇尔（1965）认为分工对于报酬递增是有积极作用的，为了获取外部规模经济，产业会在空间上形成集聚。只有当经济达到一定的规模，即产生正的内部性和外部性的时候，规模报酬才开始递增，工业才会慢慢地向一个或几个中心集聚，形成产业集群。产业集群可以提供协同创新的环境、辅助性服务和专业化劳动力市场，对于国际分工有着直接的促进作用。比较来看，长三角地区的汽车生产已形成了相当规模的产业集群，整车方面有上海大众、上海通用两大轿车合资生产企业和上汽股份有限公司，民营汽车企业有华普、上海万丰和比亚迪，宁波有吉利汽车，其他配套产业和零部件生产则合理地分布在上海、南京等几个中心周边地区，已经形成了较为成熟的产业集群。该地区已经成为我国最大的轿车生产基地，集聚了 50 多家世界一流零部件企业且具有相对完善的汽车产业链。然而西部地区汽车产业集群相对较少，也不是很成熟，区内配套率差，供货商大量分布在省（区）外。西部地区的产业集群以西安和重庆为中心，但企业数量不多，而且这两个中心距离甚远。

第二，西部地区汽车行业之所以缺乏产业集群与中国汽车产业的发展进程密切相关。具体而言，中国汽车产业集群的发展主要经历了三个阶段。第一阶段，产业集群初步形成，从1950年到1964年。中国汽车发展的起步阶段是从全面模仿开始的，在政府的支持下出现了大量的汽车制造厂和汽车改装厂，汽车制造厂数量得以迅速提高，其中基础较好的集中在江浙地区的南京、上海和华北地区的北京以及中部地区的济南等地，这几个城市成为了继一汽之后第一批地方汽车制造厂，是中国汽车产业集群发展的前身，建立了相对较早的总成和零部件配套生产厂，为后来的大量、多种生产协作配套体系打下了初步的基础。这一阶段的发展存在两个问题：一方面是中国各地方发展的汽车工业在汽车产业发展初期没有经过充分的市场竞争，在技术引进方面更多遵循的是行政命令和计划，缺少自主技术创新的内在动力和创新能力；另外一方面，当时的汽车产品发展缺乏统一的部署和规划，基本上每个汽车厂都是“小而全”的畸形格局，汽车工业投资非常分散，造成重复生产的局面，演化到今天就成为了严重阻碍汽车工业发展的“产业同构”问题，导致产业集群难以形成，产业集聚效应无法发挥。第二阶段，产业集群的西部布局，从1964年到2000年。由于早期中国计划经济的局限和封闭的市场条件，中国汽车工业基本上处于闭门造车的状态，没有持续的引进技术并进行长期的自主研发，处于技术相对落后的时期。这一阶段的显著特点是国家出于战略部署和国防安全考虑进行的“三线汽车厂”建设，在汽车工业发展的历史阶段出现了一批在三线布局的汽车厂，即第二汽车制造厂，四川、陕西汽车制造厂，由它们进行越野汽车和重型卸货汽车的生产。进入70年代后汽车供不应求，在政府推动下，汽车制造厂数量、改装厂和零部件供应厂商的数量激增，西部地区的“三线汽车厂”在计划经济体制下生产达到高潮，但是也埋下了小规模、低水平重复生产的隐患，使得西部地区的汽车产业结构相对单一，缺乏竞争的历练。第三阶段，集群化时代全面融入国际汽车制造体系，从 2000 年至今。进入 21 世纪，特别是随着中国入世后，以轿车为主加速发展的时期到来，中国敞开国门面向世界，汽车工业的政府规制逐步放开，垄断降低，生产要素、资金要素、技术要素和人才要素在世界范围内以相对更加自由的方式流通和合理配置，跨国公司也进入了中国汽车行业的各个领域，与国内许多汽车生产厂商共同形成了不同形式的产业集群。东部地区汽车产业在国际分工条件下更容易获得更多的资金和更高水平的技术，加快产业集聚速度。然而西部地区由于经济开放度差，要素流动限制较多，交易成本较高，汽车产业规模较小，难以形成高效率的产业集群。

（三）参与分工的外部环境比较

游达明、赖流滨（2006）对我国汽车制造业的竞争力进行了综合分析，我们在其基础上对西部地区和长三角地区汽车制造业国际分工外在环境进行了归纳整理，如下表 5–2 所示。

第一，西部地区汽车市场结构单一，开放程度低。西部地区市场的开放程度较低，出于对资源禀赋和国家产业安全的考虑，西部地区的主导产业多以自然资源密集型为主，而且这些产业大都属于垄断性较强的产业，在这种背景下西部地区市场整体较为封闭，未经竞争和市场经济的洗礼，也造成了整体汽车产业结构处于相对单一、缺乏活力的局面。

表 5–2 西部地区和长三角地区汽车制造产业国际分工外在环境对比

		西部地区	长三角地区
外部环境	开放程度	相对封闭	经济开放度高，贸易频繁
	外资背景	铃木、福特	大众、通用、菲亚特、起亚、福特、沃尔沃
	交通运输	尚未实现横贯东西、连接南北	基础设施以及交通运输的条件十分发达
	政策导向	加快交通基础设施建设	“通过收购兼并带有研发中心和品牌的国际项目，吸取、利用国外先进技术和优良资源，建立自主品牌，以提高国际经营能力，从而提高企业的整体竞争力。”（游达明、赖流滨，2006）

资料来源：作者在游达明、赖流滨（2006）基础上整理所得。

第二，西部地区汽车产业缺乏外商投资，资金环境不利。长三角地区一般作为国外品牌的加工组装基地，意味着大量的外资投入，外商直接投资就会带来大量的资金。而一个汽车分厂或者一个下游的零部件配套厂成立就意味着资金的注入。这一方面西部地区就相对较弱。西部地区本身汽车生产体系就不完善，产业链本身的配套率很低，很难吸引外商的直接投资。

第三，西部地区交通运输不发达，流通成本高。汽车产业有着沿海、沿江布局的特点（张方晶，2007）。长三角地区交通十分发达，上海的一小时经济圈几乎涵盖了所有周边的经济强市和经济强县，形成了机场、港口、高铁、高速公路与轻轨相结合的统一、便捷、高效的交通网络。相比而言，西部地区除西安以外的其他汽车产业集聚地都是沿长江中游—下游分布，水运可以大大节省交通运输成本，然而西部地区的西北中心西安和西南中心重庆，这两个中心相距较远，不如长三角的沪、苏、浙的几大中心结合的紧密度高，较难形成产业集群和地区间的合作。因此要加强西安和重庆之间的区域合作，发展更多的周边供货商，争取实现西南和西北汽车产业一体化的大西部局面。

第四，西部地区产业政策针对性不强。从政策导向角度来分析，长三角地区的汽车产业政策有着比较明确具体的目标，即收购兼并带有研发中心和品牌的国际项目，吸取、利用国外先进技术和优良资源，建立自主品牌。而西部地区的就相对笼统，更倾向于在便利交通、改善基础设施方面的政策制定。

（四）参与分工产业升级的比较

第一，在全球汽车产业融合的背景下中国开始参与全球汽车产业国际分工。全球汽车产业的一系列大型汽车制造跨国公司的兼并重组、资源整合的活动，给世界汽车产业格局带来深刻影响。因为汽车产业具有较长的产业链和极强的产业关联度，所以在其拉动区域经济增长和推动消费结构升级的同时，其本身的大规模重组并购、行业整合则实质性地颠覆了传统的资源配置模式和产业组织结构。中国汽车产业已经走出了被动参与产品内国际分工，仅在分工中充当东道方的局面，开始主动融入全球汽车生产体系，积极主动地对能够为自身带来品牌效益、核心技术的海外品牌汽车公司进行收购。21 世纪初的经济危机背景下，美国汽车业三大巨头不得不出售旗下的某些高端亏损品牌以求止损、继续生存，比如沃尔沃、悍马这些昔日的贵族品牌纷纷向其他国家抛出橄榄枝。沃尔沃被浙江吉利集团的收购就被誉为是“贵族公主沃尔沃与农村小伙吉利的结合”，而四川腾中重工收购悍马汽车品牌失败则导致通用宣布悍马品牌进入关停程序。这些危机中的海外兼并、收购现象的背后孕育着中国汽车产业切入高端价值链的希望和进军国际分工主动方的契机。中国汽车工业已经融入国际汽车工业体系中，其在国际分工领域的分工进程也将进一步深入。

第二，对通过收购海外汽车品牌参与国际分工的案例比较分析。通过收购海外品牌提升自身企业知名度和市场认可度，参与国际分工，实现产业升级，中国的两例收购提供了一成一败两个经典案例：浙江吉利汽车收购沃尔沃成功，而四川腾中重工收购通用旗下的悍马品牌失败。导致这一成一败的原因较多。一是因为技术水平的差异。吉利具有明显的技术比较优势，拥有自主知识产权 1600 多项，其中发明专利 110 多项、国际专利 20 多项。李显君、谢南香和徐可（2009）在对本国自主品牌汽车企业技术竞争力进行了定量研究后，得出吉利汽车的技术竞争优势名列全国首位，高于奇瑞、陕西重汽等其他民营汽车企业的结论。而腾中重工虽然具有建筑工程机械基础，多项产品也曾荣获名牌称号，但是缺乏自有专利。二是因为参与国际分工的成功经验差异较大。吉利曾经通过收购澳大利亚 DSI 自动变速器公司，快速丰富了吉利自动变速器的产品线，实现了从经济型轿车切入到豪华车车型的升级理想。而腾中重工的出口经验就相对欠乏，虽然其主要产品包括石油化工、建筑机械以及特种车辆、路桥设备、建筑设备、风电能源等设备，但产品出口较少。三是因为外部环境因素的影响。吉利汽车周边具备较完善成熟的产业集群，并且吉利汽车还拥有自己的电子招标采购平台，设定了一整套完整采购目录，网上投标、网上竞标的流程方案，在较大范围内进行供货商的发掘和培养，节省了大量的交易费用，加之当地产业政策的鼓励，即通过收购兼并带有研发中心和品牌的国际项目，吸取、利用国外先进技术和优良资源，建立自主品牌，以提高国际经营能力，从而提高企业的整体竞争力（游达明、赖流滨，2006）。总的来说，吉利具备成功收购的优势。而腾中重工地处内陆，交通运输成本较高，而且并不具备吉利的强大供应商管理系统，同时由于悍马属于高油耗、大排量的越野车，收购这样的品牌与当时低碳经济、节能减排的政策导向存在一定的分歧。基于以上三种因素，吉利通过兼并世界顶级品牌沃尔沃而达到技术水平和品牌的双重提升，收获了包括沃尔沃城市安全系统在内的一系列安全技术，可以减轻碰撞的危害，甚至避免碰撞的发生，并且借助积淀深厚的国际著名品牌沃尔沃的顶级品牌效应，提升了企业形象，扩大了知名度，打开了高端市场。

二、西部地区与长三角地区汽车产业分工比较的启示

通过以上对于西部地区与长三角地区汽车产业分工比较优势、生产规模、外部环境的比较，可得出三方面的启示。

（一）提高技术水平，实现产业升级

第一，要通过“干中学”获得先进核心技术。相对于其他产业，汽车产业的技术进步有其特定规律。在汽车产业发展初期阶段，其技术进步的主要领域仅限于生产制造技术的范围，而非新车型的开发；

伴随着国内、国际市场逐步成熟，中国汽车制造企业在积累了一定的生产经验后，新车型开发为主的技术才会成为技术进步的关键。因此先进技术对于汽车产业来说是至关重要的。大多国际知名汽车公司在中国采购的产品，首先是铸件和机械加工件，然后是电子件，最后是一些技术要求较低的模具。这说明，我国企业在技术含量较低的产品生产领域比较有优势，因为这些产品人工成本所占比例较高。中国具有劳动力优势，出口的零件还集中在劳动密集型产品上，而技术含量较高的产品，也就是利润空间大的零部件还是未被作为外国汽车厂商优先选择的对象。就独立知识产权来看，中国作为一个独立的大国，虽然汽车产业蓬勃发展，汽车产量在2009年居世界第一名，但是大多数汽车品牌都是舶来品（李京文、姚蔚，2004），汽车制造业也以合资企业为主，而外方对于变速箱、发动机等核心零部件的技术保护十分严密，所以中方企业必须要积极利用合资企业的技术溢出效应从事技术研发，获得独立知识产权，建立自主品牌。

第二，要把引进外资和自主创新有机地结合起来。中国汽车产业引入外资以后的整体技术水平和发达国家的差距已经从40年以上缩短为10年左右（王保林，2008），但是在外方核心技术严密保护的情况下，难以持续引进技术满足生产需要，如同许多其他制造业一样，中国汽车产业也面临着落入“引进—落后—再引进—再落后”的怪圈（许治、师萍，2005）。实现中国汽车产业升级，引进外资的目的是吸收技术，自主创新的目的则是提升技术。技术在任何产业中都是产生后发优势的关键，在汽车产业这个技术要求较全面、技术水平要求高的产业更是如此。因此要把目光放长远，在短期内引进外资的过程中，最大限度地学习吸收先进生产技术和管理经验，提高生产水平。从长期打算出发加大自主品牌、自主知识产权的研发力度，提升技术水平。与此同时，制定明确的优惠和奖励政策，解决汽车产业资源垄断和产权单一的体制问题，这样才能在竞争激烈的世界汽车行业当中立于不败之地，长期发挥汽车产业的对前、后关联产业的正面效应，拉动区域经济的发展。此外，还应推进技术的提升和创新，具体而言需要从以下三方面做起：必须要构建本土的研发平台和中心，重视推进产学研合作，不遗余力地推动本土汽车人才的培养（焦媛媛、范静燕、李科，2009）。要将吸收技术和提升技术有机结合，合理借助政府、高校、民间机构的科研力量和资金支持，实现中国汽车产业腾飞的梦想。

（二）扩大生产规模，培养产业集群

第一，从做好供货商开始，不断进行分工合作扩大规模，促进产业的空间集聚。根据上节对西部地区和长三角地区规模经济效应的对比，中国汽车产业规模经济实现的主要途径是参与生产制造和劳动密集型零部件的加工环节。通常的做法是，首先以供货商的身份作为中小企业参与国际分工，然后扩大规模，逐步成熟壮大。对于中小企业要获得规模经济效应，必须通过构建产业集群的方式利用外部规模经济克服自身规模不足的弱点。产业集群首先是企业的集群，企业集群不仅有利于吸引外商投资，而且也培育了中小企业，提高了中小企业的竞争能力，这将更有利于中小企业成功参与产业价值链的分工。迈克·波特在国家竞争优势当中多次提到集群的概念，并列举了欧洲国家企业通过集聚和集群提高竞争力，成为世界领先企业和行业龙头的

成功案例。现代中小企业持续竞争力的形成取决于生产力水平、规模的竞争和产业集群的力量。

第二，提高西部区内汽车产业配套率，形成专业化的产业集群。长三角地区汽车产业整车和配套体系较完善，已经为汽车产业发展提供了最佳条件。西部地区汽车产业的发展尤其需要进行区域间的分工与合作，形成若干个专业化的产业集群，改变目前的依靠企业自身进行配套，但配套产品主要来自区外的产业发展的模式。这种模式与汽车产品专业化生产和分工的大趋势是不一致的，对西部地区做大做强汽车产业也是不利的。因此，提高本地配套效率，进行产业集群内的合作，发挥集群内的学习效应，提高技术扩散的效率，才是西部地区汽车产业发展壮大之道。在追求规模经济的过程中要注意吸取单纯的园区经济的教训，因为这会导致重复建设和产业同构现象，造成产能过剩（赵延东、张文霞，2008）。要把一些有联系的、能够形成上下游产业链的企业放在一起，否则就是单纯的工业园区的堆积，无法发挥集群的扩散效应、知识溢出效应和外部效应。

第三，突破条块分割，加大研发投入，提升产业自身活力。我国所有的省市区中，除青海、西藏之外，基本都布局了汽车生产和制造，然而却存在区域协调不畅，各地区汽车产业布局重复的问题。多数地方政府对汽车产业实施保护的手段主要为行政干预，不符合市场规律。比如各省市区的出租车使用，都会利用本地供货厂。地方保护主义，始终是阻碍要素自由流动、分工深入的因素。除此之外，西部地区汽车产业研发费用投入不够。21 世纪初自主品牌汽车制造商比亚迪，其研发投入为 2.98 亿元，排在榜单的 302 位，高过国内其他汽车厂商，却远低于大众、丰田、通用汽车、福特、本田等品牌，这些企业的研发资金投入皆在40亿欧元以上，其中大众更是以117.43亿欧元的研发投入连续两年占据该份榜单首位。总之，西部地区需要进一步融入全球汽车产业发展浪潮中，以实现更大范围内的集群化生产，提高资源配置效率，提升产业竞争力。

（三）改善外部环境，促进国际分工

西部地区外在环境与长三角地区存在差异，主要包括开放程度、政策导向和交通条件三个方面，这些是导致其参与国际化分工程度不高的重要外部原因。

第一，西部地区相对封闭，早期计划经济导致开放程度较差，因此要提高市场开放度促进汽车产业国际分工。西部地区经济的外向度差，对外贸易不发达，因此产业政策方面要鼓励外向型经济，放宽限制，建立良好宽松的氛围，为生产要素、人力要素和资本要素遵循市场经济规律下的自由流动提供条件。

第二，西部地区需要进行政策倾斜和产权制度改革，推进汽车产业国际分工。西部地区发展汽车产业的政策导向是为了实现国防和军事的目的，计划性强但缺乏自由竞争的选择和历练。政策导向方面，西部地区汽车产业最初是国家出于战略部署和国防安全考虑而进行的，是为三线建设而服务的，因此带有较浓厚的行政色彩和国防军事特点，并且产权不清晰，因此需要进行产权制度的政策改革，为自由竞争的产业发展提供政策保证。

第三，西部地区地处内陆，要改善交通运输条件，降低物流成本以促进汽车产业的发展。交通条件方面，交通的便利可以推动分工的

发展、降低交易成本、缩短区域间的距离、带动欠发达地区的经济发展。具体来看，与东部地区长三角区域相比，西部地区的交通劣势要明显得多，因此西部地区需把有限的资金用于交通基础设施建设和铁路、公路的修建，打通西北和西南的障碍，打造大西部概念的汽车物流商业圈。

第六章　西部地区国际分工的实证分析

本章在西部地区国际分工环境、优劣势分析的基础上，从比较优势、规模经济和外部因素三大方面入手，建立西部地区国际分工影响因素的计量模型。通过对西部地区、东部地区国际分工影响因素的实证检验比较分析，进一步揭示出西部地区和东部地区参与国际分工差距的本质，并对影响西部地区参与国际分工的深层次原因给予相对全面的解释。

一、计量模型设定与变量选择

（一）计量模型设定

第一，比较优势因素可以通过劳动力成本、劳动力素质、劳动能力、研究和开发投入来体现。一是劳动力成本，西部相对丰富而廉价的劳动力资源是西部地区比较优势所在，直接推动西部地区参与国际专业化分工。发达国家为了使利润最大化，必将把眼光投向人员工资更低的地区，降低人力成本。所以才出现了专业分工中的劳动密集型环节转移到发展中国家的国际分工。这种国别和地区间不同生产工序的比较优势落差越大，则越有可能在全球范围内通过这种分工节省成本，增进盈利，不断加深纵向专业化分工的程度（卢锋，2004）。二是劳动力素质和劳动能力，可以肯定的是劳动力的质量和效率越高就会越吸引发达国家的跨国外包，进而使得参与国际分工的程度越高。劳动力的受教育程度直接决定了劳动力的质量，而劳动者的劳动生产率则可以直接代表劳动者的生产能力。三是技术水平和研发投入。技术进步成为产品内国际分工的重要影响因素，技术优势作为比较优势另一大方面成为推动产品内国际分工的动因。产品内国际分工活动定义为特定产品生产过程的不同工序或区段，分别在跨区或跨境的生产链条或体系中完成，从而某特定产品生产过程的不同环节或区段的生产或供应活动是由越来越多国家或地区企业参与的特定活动。这个定义暗含的前提就是生产活动和阶段可以分割，而科学技术的发展为生产活动的可分割性提供了条件。比如波音 747 的大飞机包含 450 万个部件，这些部件由 8 个国家的上千个大型企业和上万个中小企业协作生产，最后在美国组装。在这一过程中，一是零部件要按照全球统一的标准来进行生产，这就是对于技术发展的基本要求，二是对全球供应链科学管理要求很高，要保证初级、二级、三级等多级零部件批量生产、按时运到，并以最佳效率进行组装、第一时间送到客户的手中。这些都只有科技进步和交通快捷才可能完成。三是科技的进步也会进一步降低交易费用，无纸化信息传输、计算机、网络、移动通信、光纤等现代信息技术的巨大发展无疑都降低了交易成本，促进了国际分工。通常用开发研究（R&D）投入、高新技术产品出口金额代表技术水平。研究与开发活动是产业链条上增值率最高的环节之一，是整个技术活动的核心。R&D 经费占国民生产总值的比例是衡量一国或者地区科技发展水平和科技能力的重要指标（杨先明，2008）。衡量比较优势因素的指标明确如下：比较优势因素从劳动力素质、劳动力成本、劳动能力、研究和开发投入体现。

第二，规模经济因素用人均 GDP 衡量。西部地区的本地企业多以小规模方式进行生产，从产业规模和企业规模角度看，西部的产业大都没有形成规模经济，只有冶金、化工、能源等少数产业和企业形成了相当规模。企业生产规模普遍较小，多以手工小作坊式的生产为主要手段，能耗高、污染重，产值小，相关配套产业亦未能形成规模经济。由于配套缺乏，区域合作较少，西部地区各省市区的经济规模都不大，生产总值普遍较低。本书将用地区人均生产总值来代表规模经济因素。

第三，外部因素从市场开放程度、外商投资和交易成本方面体现。宏观环境和微观环境无疑会对国际分工造成间接及直接的影响，西部地区国际分工的产生和深化是在一定环境因素影响下产生的。一是市场开放程度，市场的开放程度和自由程度越高，越会吸引外商的关注和投资，相对封闭和不透明的市场环境很难吸引国际分工，因此在计量模型中将市场开放程度作为宏观环境的主要衡量指标之一。二是外商直接投资于西部地区，引进技术和人才，促进国际分工。因此我们将外商直接投资作为微观环境的主要衡量指标之一。三是交易成本，设施完善的公路、铁路和港口，快捷的电话、视频，宽带、无线会降低交易成本，提高沟通效率，节省交易时间。以上公共设施的便利可以降低交易成本，因此交易成本也成为微观环境因素的另一大衡量指标。

综上所述，在分析西部地区国际分工模型设定依据的基础上，对各种因素的衡量指标进一步明确为：以教育程度来衡量劳动力素质，以工资来衡量劳动力成本，以劳动生产率来衡量劳动能力，以 R&D 支出来衡量研发和创新程度——这些指标共同用于代表比较优势因素；以人均 GDP 来衡量地区的人均生产总值——这个指标用于代表规模经济因素；以贸易总额与 GDP 的比值衡量贸易开放程度，以 FDI 衡量外商投资状况，以基础设施状况和高速公路里程数来衡量交易成本状况——这些指标共同用于代表环境因素。具体如下图 6-1 所示：

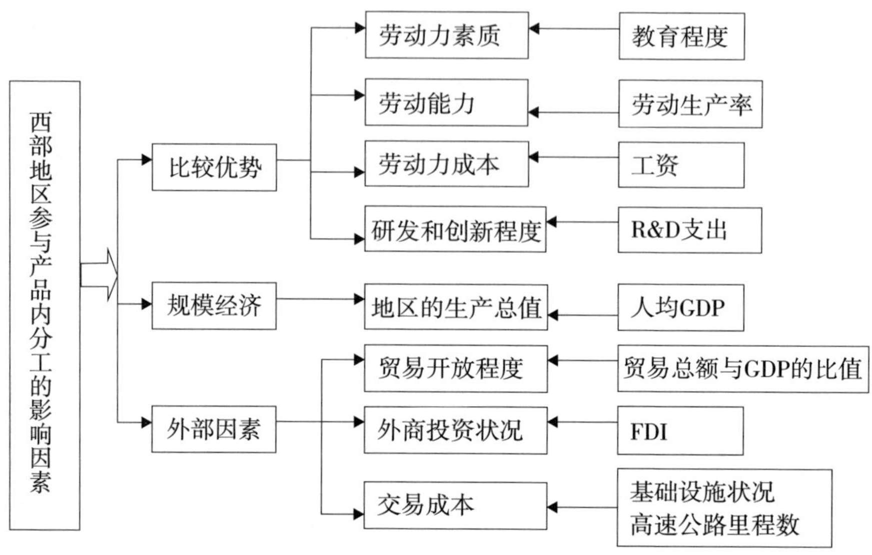

图 6-1　西部地区参与国际分工的影响因素

根据细化内容，可以设定西部地区国际分工影响因素的回归模型如下：

$$\ln\ int\ r_{it}=\alpha_0+\alpha_1\ln\ edu_{it}+\alpha_2\ln\ wage_{it}+\alpha_3\ln\ prod_{it}+\alpha_4\ln\ rd_{it}+\alpha_5\ln\ pergdp_{it}+\alpha_6\ln\ open_{it}+\alpha_7\ln\ fdi_{it}+\alpha_8\ln\ road_{it}+\varepsilon_{it}$$

其中，公式中的 i 代表省市区，t 代表年份。

（二）变量选择

int r 表示国际分工程度。本节使用加工贸易出口额占出口额的比重来衡量国际分工的程度。根据本书定义的国际分工的概念，国际分工是包含研发、生产、组装的整体概念，只有这样的国际分工概念才是最符合实际的，也是最完整的。然而由于国际贸易统计方面的原因，这样准确地计算出的国际分工的数据无法全面地收集，目前学术界主流的计算方法主要包括三种：一是基于零部件进出口贸易的测量方法，由于国际分工的被分离阶段，也就是生产阶段，主要体现在零部件等中间投入品的越国境交易上，零部件的进出口数据是可以获得的；二是基于投入产出表的测量方法，Hummels、Ishii 和 Yi（2001）等人提出利用投入产出表测量产品内国际分工不同增值的方法计算垂直专业化指数（VS）值；三是基于加工贸易数据的测量方法，在参与国际分工和国际贸易的时候，很多发展中东道国如中国，通常以加工贸易方式（出口加工区、保税区）参与分工。加工贸易是我国参与国际分工的主要形式，同时也是国际分工的实现途径，因此我们用加工贸易出口金额与出口总金额的比值来计算国际分工。

edu 是指劳动力素质。本节用大专及以上文化程度的人数占总的就业人数的比例来表示劳动力的素质。

wage 是各省市区职工的平均工资，用来衡量的是劳动力的成本。

prod 是劳动生产率，用各地区的总产值除以各地区的就业人数来表示。

rd 是研究与开发经费占国民生产总值的比例，是用来衡量一国或者地区科技发展水平和科技能力的重要指标，也是比较优势的技术优势和衡量交易成本降低与否的间接指标。

pergdp 代表地区人均生产总值，反映各省市区的经济发展和规模经济概况。

open 为贸易开放度，用各省市区进出口贸易总额与地区生产总值的比值来表示，反映外部环境的经济开放程度。

fdi 为实际利用外商直接投资额。从理论上说，跨国公司在国际分工类型的选择中，既可以选择通过 FDI 实现的所有权内的国际分工，又可以选择通过加工贸易方式实现的所有权外的国际分工，而

具体的组织方式取决于投资国特定行业的劳动生产率、交易成本等因素。

road 是高速公路里程数，主要反映地区的基础设施状况，是交易费用的指标。

（三）样本和数据说明

这里主要选取 2000 年至 2009 年间西部地区四川、甘肃、云南、青海、西藏、新疆、陕西、广西、重庆、宁夏、贵州、内蒙古 12 个省、自治区、直辖市来对西部地区参与国际分工的影响因素进行回归分析。

本节所采用的回归分析数据，即各地区进出口金额、外商直接投资额、地区生产总值、全国生产总值、各地劳动力工资、大专以上文化程度人口的比重、高速公路里程数等，分别来自国家统计局网站公布的《中国统计年鉴》，而加工贸易进出口额主要来自各地相关年份的统计年鉴以及当年统计局向社会公布的“国民经济和社会发展统计公报”，还有国泰安数据中心“分区域宏观经济统计数据库”，R&D 数据来源于国家统计局国家统计网相关公报。

二、西部地区的实证结果分析及与东部地区比较（2000—2009）

（一）西部地区的实证结果分析

首先对各个变量进行面板单位根检验，以确定其平稳性。为了保证结果稳健，我们使用了四种检验方法，包括 LLC 检验、IPS 检验、ADF–Fisher 检验、PP–Fisher 检验。检验结果如下：

表 6-1　面板单位根检验结果

变量		LLC 值	IPS	ADF-Fisher	PP-Fisher
ln *prod*	常数项和趋势项	−7.074*** [0.000]	−0.508 [0.305]	29.053 [0.143]	56.77*** [0.000]
ln *fdi*	常数项	−5.006*** [0.000]	−1.198 [0.115]	36.21** [0.028]	34.85** [0.040]
ln *open*	常数项	−10.74*** [0.000]	−5.306*** [0.000]	74.51*** [0.000]	85.95*** [0.000]
ln *rd*	常数项和趋势项	−5.647*** [0.000]	−0.863 [0.194]	37.60** [0.020]	60.13*** [0.000]
ln *road*	常数项和趋势项	−10.0*** [0.000]	−4.08*** [0.000]	50.40*** [0.000]	49.13*** [0.000]
ln *pergdp*	常数项	−79.52*** [0.000]	−11.01*** [0.000]	83.93*** [0.000]	90.48*** [0.000]
ln *wage*	常数项和趋势项	−9.567*** [0.000]	−0.902 [0.184]	38.15** [0.017]	83.11*** [0.000]
ln *edu*	常数项和趋势项	−24.87*** [0.000]	−4.472*** [0.000]	70.23*** [0.000]	136.69*** [0.000]

注：1. [ ] 内的数值为 p 值。

2. ***、**、* 表示在 1%、5% 和 10% 的水平下显著。

表 6-1 结果表明，四种方法的检验结果都表明各个变量均可以拒绝“存在单位根”的原假设，即各变量均是平稳过程，可以直接进行面板数据回归分析。

表 6-2　西部地区参与国际分工影响因素的回归分析结果（2000—2009）

变量	系数 t	标准差	t 统计值	概率
常数项	8.856 259	5.443 902	1.626 822	0.1085
ln *prod*	0.147 225	0.182 705	5.805 805	0.0000
ln *fdi*	0.067 598	0.165 413	5.408 665	0.0000
ln *open*	−0.093 372	0.367 093	−8.254 355	0.0000

（续表）

ln *rd*	0.333 637	0.460 158	2.725 048	0.0109
ln *road*	0.294 920	0.127 681	2.309 818	0.0240
ln *pergdp*	−0.380 189	0.254 023	−2.996 674	0.0092
ln *wage*	−1.259 242	0.676 256	−1.862 079	0.0670
ln *edu*	0.071 081	0.138 149	−6.514 525	0.0000
R-squared	0.830 967	Adjusted R-squared		0.804 958
F-statistic	4.213 728	Prob（F-statistic）		0.000 008

从西部地区参与国际分工的影响因素回归结果（表 6–2）中可以看出，总体回归模型与各解释变量均具有统计显著性，各变量系数估计值的符号基本上均与假设理论吻合。具体而言，参与国际分工的程度与劳动生产率 ln *prod*、外商直接投资 ln *fdi*、研发投入 ln *rd*、道路里程数 ln *road* 和劳动力受教育水平 ln *edu* 均为正相关，而与劳动力工资水平 ln *wage*、人均国内生产总值 ln *pergdp* 和开放程度 ln *open* 负相关。

西部地区由于劳动力数量多，相对丰富的劳动力资源成为了相对比较优势，发达国家和经济发达地区出于降低成本的考虑把劳动密集型的生产环节转移到中国，这正是西部地区参与国际分工的最直接影响因素，符合上一节的比较优势理论。劳动者工资作为衡量劳动力成本的重要指标，与西部地区参与国际分工呈负相关关系，这也是符合预期的。除了劳动力成本以外，劳动力素质和劳动生产率也是重要影响因素，大专以上文化程度人口数量和劳动力生产率确实对于西部地区参与国际分工有着正面的影响。公路里程数作为交易成本的衡量指标，与国际分工程度呈正相关，这是符合预期的。R&D研发投入作为科技进步的量化指标，成为国际分工的重要影响因素，技术优势是比较优势另一重要方面，该变量也与国际分工程度呈正相关，这也符合假设。

FDI外商直接投资于制造业的一些分厂、研发中心和生产中心，是一种国际资本的流动行为，不论是否掌握了东道国家分支机构的控制权，一般都直接参与了国际分工。而且，这种行为可以直接加强东道国与境外的贸易联系，促进东道国对外贸易的发展，引发更多的国际间产业或产品分工。以跨国公司作为载体的FDI行为，会引进先进技术和生产管理经验，间接地促进推动国际分工的深化，因此FDI与自变量也是正相关的。

然而西部地区参与国际分工的影响因素回归结果也显示，表示经济发展水平和人民富裕程度的人均GDP（ln *pergdp*）与参与国际分工的程度负相关，同时对外开放程度OPEN也与参与国际分工的程度负相关，这是与预期不符的。在反复检验数据正确性、完整性和检查运算过程无误后，我们决定运用同样的模型和变量，选择代表中国开放程度最高的东部省市进行回归模型检验，试图找出西部地区相对落后的原因。

（二）与东部地区的实证结果比较

东部地区选择北京、天津、河北、辽宁、山东、上海、浙江、江苏、福建、广东和海南11个省市的面板数据，来对东部地区参加国际分工的影响因素进行回归分析。东部地区的省市选择涵盖了中国出口加工历史最长、最为活跃的几大经济圈：长江三角（上海、浙江、江苏）、珠江三角（福建、广东）、京津地区（北京、天津、河北）和环渤海经济圈（辽宁、山东），以及中国最大的特区海南。它们在国内属于经济增长得快、对外贸易开展得好、经济开放度高的地区。此次检验中，运用的模型和数据来源维持不变。

表 6–3　东部地区参与国际分工影响因素的回归分析结果（2000—2009）

变量	系数 t	标准差	t 统计值	概率
常数项	1.770 293	0.738 300	2.397 798	0.0192
ln *fdi*	0.024 406	0.036 435	6.669 851	0.0000
ln *open*	0.422 452	0.059 370	7.115 526	0.0000
ln *pergdp*	0.047 404	0.222 140	−7.213 398	0.0000
ln *rd*	0.030 821	0.041 153	2.748 937	0.0084
ln *wage*	−0.488 858	0.174 853	−2.795 821	0.0067
ln *road*	0.155 259	0.044 596	−3.481 501	0.0009
ln *prod*	0.270 580	0.211 589	1.978 799	0.0873
ln *edu*	0.001 754	0.012 304	−7.142 542	0.0000
R-squared	0.829 336	Adjusted R-squared		0.763 172
F-statistic	6.488 966	Prob(F-statistic)		0.000 003

由表 6–3 可以分析出，所有八个影响因素变量中外商直接投资、经济开放程度、公路里程、研发投入、人均 GDP、劳动力文化素质以及劳动生产率和国际分工程度呈正相关，劳动力工资收入和东部国际分工程度是负相关的，这和理论假设都是相符的。

由此可以得出影响东部地区和西部地区参与国际分工的不同因素有两点：一是西部地区的人均 GDP（ln *pergdp*）对国际分工的程度有负向影响，二是西部地区的对外开放程度 OPEN（ln *open*）也与国际分工的程度负相关。

三、西部地区与东部地区国际分工差异的原因分析

经过上节实证结果的分析和对比，本节将对西部与东部地区国际分工差异的原因进行全面的分析。

（一）规模经济的差异

20 世纪 60 年代以来，技术进步和交易成本的降低使产品生产过程的可分离性成为可能，跨国公司为了进一步降低成本，提高产品的利润空间和在发达国家市场日渐饱和的情况下抢占发展中国家的新兴市场，在全球范围内将生产工序、区段转移到成本相对较低的国家和地区，国际分工成为分工的主流形式。以下将通过东部地区和西部地区基础设施、政策导向、工业发展基础和劳动力要素几个方面，尝试解释西部地区规模经济与国际分工负相关这一与假设条件不符的实证结果。

1. 东部地区的基础设施、政策导向和产业发展、劳动力要素情况

第一，基础设施条件好，交通运输便利。基础设施较为完善的地区，可以降低运输成本，提升城市化水平，促进产业集聚。制造业产品要进行跨地区销售，成本因素成为考虑的第一要素，若制造业产业在某区域内形成上下游的产业集聚，能够大大缩减运输成本、时间成

本，从而降低产品价格。基础设施主要包括通信、铁路设备、公路设备，我国东部地区尤其是东部沿海地区公路、铁路、航空等交通运输体系非常完善；而我国中西部地区的公路、铁路、航空等交通运输基础设施却比较落后。一般企业在选择投资时倾向于大城市，因为在大城市中，基础设施及配套服务如交通、通信、技术和金融服务发展水平高，这些外部环境可以提高企业的生产效率。在 2014 年，我国东部地区的一般性公共服务支出为 469 亿元，西部地区的一般性公共服务支出为 359 亿元，由此可以看出，东部地区的基础设施建设优于西部地区的基础设施建设。我国西部地区制造业绝大多数是以资源依赖型为主的传统产业，设备较为陈旧，技术较为落后，这种情况一定程度上限制了制造业的发展，而劳动力、资本、技术、制度又是影响经济增长的主要因素，技术落后会在一定程度上限制经济的发展，经济发展受阻，就会限制我国西部地区制造业的发展。西部地区制造业行业的技术投入相对较少。在 2014 年，我国东部地区电子及通信设备制造业的产值为 50 300 万元，西部地区为 445 万元；东部地区医药制造业的产值为 13 480 万元，西部地区为 3131 万元。由此，可以得出，我国西部地区制造业的技术水平较低，技术要素投入较少。在 2015 年，我国西部地区制造业的就业人数为635.8万人①，与东部地区相比非常少，而我国西部地区每年有大量的劳动力流入东部地区，这使得西部地区制造业的劳动力要素投入更少。

因此，基础设施较好的东部地区制造业产业集聚度明显高于西部

① 数据来源：《中国工业经济统计年鉴》，2015 年。

地区且发展程度较高。东部地区是中国经济基础比较好的地区，工业基础较强，体系完整，并且基本沿江靠海，拥有吞吐量巨大的国际港口，具有巨大的交通便利和良好的基础设施。从政策方面来看，也是中国实行开放经济的前沿阵地。最重要的是，东部地区拥有相对高素质并且成本较低的劳动力资源。

第二，东部出口导向性的政策制定有利于产业集群形成。一般来说，中国普遍采用的对外贸易方式有三种：一是进口替代战略，二是出口导向战略，三是战略性贸易政策。第一种贸易方式是指通过建立发展本国制造业来实现对进口制成品的替代，可以加快工业化进程并且降低对国外的经济依附程度；第二种贸易方式是东部沿海地区主要提倡和发展的，也是中国和许多东南亚的发展中国家采取的主流贸易形式，即通过招商引资和产业鼓励的办法发展国内制造业，使国内工业生产面向世界市场，用制成品的出口来代替传统初级产品的出口；第三种则是指国家从战略角度和高度，用关税、出口补贴等措施，对现有或潜在的战略性部门或产业进行支持和资助，使其取得竞争优势，以提高经济效益和国民福利。东部地区在改革开放以来实行的贸易模式就是出口导向型的形式，发展国内制造业，生产制造出的产品面向世界市场，用制成品和半成品的出口来替代初级产品和原材料的出口，提高自身的附加值，同时逐步提升自身在产业链当中的地位。与“出口导向型”经济模式相应的，地方政府制定了大量“招商引资”的政策，鼓励加工贸易型企业发展，催生了若干个著名的产业集群。江苏产业集群的特点是园区经济，著名的中国新加坡苏州工业园区就是区内产业集群的代表；而浙江的特点则是条状经济带的分布与合作，比如说一些加工业的产业集群，在全国甚至全球都具有相当的知名度，如海宁的皮革加工、温州的服装和皮制品，而计算机的芯片、外壳、显示器、鼠标、键盘零件都可以在上海周边 1 小时车程的范围内生产出来，并且以低廉的运费运到总装线上进行成品组装（胡国良，2005）。就这样，东部地区成为了世界的制造中心和“世界工厂”，这种分工与专业化的市场特点当然会给当地的中小企业带来机会。近些年来长三角地区参与国际分工的形式先是以中小企业从比较简单的计算机周边组件、电子元器件制作开始，逐渐升级到生产技术含量比较高的集成电路零件，并且在长三角地区形成了产业集聚和地区之间的合作，加之该地区大部分企业沿江靠海，交通便利，东部生产的产品能在很短的时间内就运送到交货地点。因此长三角地区可以逐渐发挥规模经济，形成产业集群，走上规模化经营之路。

第三，东部地区劳动力素质较高。改革开放以来，东部地区在国际因素推动国际分工的大势和国内“出口导向型”对外贸易形式的主导下，作为开放搞活的前沿阵地，已经充分经历了市场竞争的洗礼。许多东部地区的中小企业在国际分工的机遇下已经逐步发展壮大起来，实现了规模经济，其专业程度已经很高，分工的细化也实现了最优，并且这些地区已形成了相应的产业集群，许多产业已经具备相当的实力，以良好的工作机会、优厚的工资待遇和适宜的创业条件吸引大量国内外的优秀人才服务于东部的生产建设。截至 2011 年，东部地区制造业的产业集聚指数还在增加，但增加幅度较小；西部地区制造业的产业集聚指数出现略微下降；东部地区和西部地区制造业产业集聚的发展差距还在不断地扩大。根据马太效应所描述的“好的会更好，坏的会更坏，多的会越多，少的会越少”的两极分化现象来对这一状况进行分析，我们认为，首先，我国东部地区在历经几十年的发展以来，积累了大量的资本和经济发展潜力，东部地区制造业发展水平现阶段已经成熟稳定。其次，在“一带一路”政策下，我国东部地区通过“一带一路”，与海上邻国的贸易往来会越加频繁，因此，东部地区制造业产业进出口贸易总额将增加，也会吸引更多的技术含量高、环境污染小、产品附加值高的企业到我国东部地区发展。最后，我国东部地区制造业企业的技术水平和创新能力也普遍高于西部地区。

除此之外，市场需求内容、结构和数量受消费者因素等的影响。制造业产业市场需求结构对制造业的产业集聚至关重要，市场需求体现在消费者的购买能力，购买能力由工资水平决定。某区域内，人均基本工资越高，则对产品需求欲望也越大，消费者的购买欲望可以促进企业的产品生产，为制造业产业集聚提供有利条件。就 2015 年发布的各地非私营单位员工年平均工资来看，排在全国前五的地区分别为北京（111 390 元）、上海（109 174 元）、西藏（97 849 元）、天津（80 090元）、广东（65 788元）[①]。从这些地区的平均工资看，东部四个地区的平均工资进入前五，而西部地区只有西藏进入前五。这些数据表明，我国东部地区的人均消费能力高，而西部地区的人均消费能力较低，因此，可以说东部地区制造业的市场需求高于西部地区。

2. 西部地区的基础设施、政策导向和产业发展、劳动力要素情况

第一，西部地区地理位置相对封闭，交通不便，基础设施条件较差。如前面所分析的，西部地区地处内陆，公路和高速公路的兴建明

① 数据来源：《中国统计年鉴》，2016 年。

显慢于东部沿海地区。同时缺乏沿海、沿江以及大型吞吐量的对外港口，国际航线的开通方面也远远落后于东部，运输成本高。通讯和电信条件也较差。这些都不利于企业的发展，更加不利于产业规模的扩大。

第二，西部地区政策的国防和军事导向阻碍了规模经济的形成。西部地区地处内陆，并且在领土上与多个国家接壤，自古以来就面临着领土安全方面的问题，同时西部地区又是多民族、多宗教信仰的地区，所以该地区的政策从来都有着很多关涉国家安全、政治稳定、民族团结和边疆繁荣的成分。因此，西部地区的工业体系带有历史上的浓重的军事安全色彩，并非是在充分竞争和自由贸易条件下形成的工业格局。尤其是三线建设阶段的西部地区产业分工被烙上了深刻的军工产业导向的烙印，而其他产业则以围绕自然资源的能源工业为主发展。西部地区的工业是以重工业为始，初步形成了西部地区的重工业体系，而早期重工业的粗放式发展却污染了环境，使生态平衡遭到破坏。更为重要的是，计划经济下的生产力均衡战略背后存在着产权单一、体制僵硬、资源配置不合理的缺陷，极易引发生产效率低和规模经济受限等一系列深层次的问题。这种深层次的体制问题导致了西部地区从事加工贸易生产的企业很少，即便是有也多以小规模进行生产。伴随小规模生产同时产生的还有低水平重复性建设的问题。在中国西部有很多小规模企业从事这种生产技术管理水平较低的同类产品的生产，如小规模的铝厂、缫丝场等等，这种作坊式的小规模企业的技术水平低、产量小，很容易造成重复性生产，很难发挥出规模经济的优势。西部地区相对封闭的地理位置，也成为了西部地区承接国际产业转移的不利条件，规模经济更加难以发挥作用。

第三，西部地区劳动力资源配置不合理。对西部地区来说，其劳动力在东部地区更高的工资和更好的生活环境吸引下大量流失，影响其对国际分工的参与。相对东部地区人口众多、高端人才和高素质劳动力密集的情况，西部地区普遍劳动力素质偏低，教育还相对比较落后，尤其是高等教育的入学率相对较低，由贫困导致的初、高中的入学率也偏低。在偏远的西北边境和西南边陲地区，文盲和半文盲还有一定的比例，这严重制约了西部地区参与国际分工的进程，拖慢了其参与全球化的脚步。西部地区人才结构也呈现“二元现象”，面对“不匹配”和“两流失”的配置困境：一方面由于西部地区的工业有着浓烈的基于三线建设和国防安全角度的被动色彩，计划经济时期的军工厂和军工产业的单一发展和对重工业的优先发展造成了西部地区劳动力资源、劳动力专业方向和教育水平与全面发展工业体系需求的资源配置不符。西部地区的陕西、四川集中了大量与国防和重工业有关的高、精、尖人才。以陕西省为例，作为中国西部的人才和科技大省，陕西有着明显的科技和教育优势。国家和省属的院校 62 个，军队院校 9 个，还有 57 个民办高等教育实体，共有近 100 万名人学生；另外还有千余个中央和省级的研究机构，共有研究人员近 100 万人。但是这一人才比较优势与西部地区重点发展的资源型产业并不匹配，高科技成果很难转化。另一方面现有的技术人才无法满足产业体系全面发展的要求。西部地区工业化程度低，作为农业问题集中的地区，大量沉淀的剩余劳动力在面对工业生产需求时难以进入现有的工业领域，大量西部农民工流入东部地区务工。这就造成了现有高技术人才与行业需求的不匹配，大量现存劳动力与重点发展的产业不匹配，造成培养出来的高端人才大量流失和农村劳动力流失等问题。

此外，东部地区和西部地区的产业基础差异较大，西部大开发政策实施的过程将东部地区过剩的生产能力用于发展西部地区，但东部地区向西部地区转移的企业绝大多数属于产能过剩的企业，这些产业到西部地区并非一定能从产业互补的角度健全西部地区产业体系，促进西部地区制造业的原生性发展。其次，就如第三、四章分析的，虽然我国西部地区地域辽阔，自然资源丰富，但是多数资源依赖型产业都属于重工业等高耗能产业，这些产业进入西部地区生产发展也会使西部地区的环境污染变得严重，在带动西部地区经济发展的同时，也会影响西部地区的生态平衡。最后，我国西部地区制造业企业的技术水平和创新能力较低，这些不利因素会制约西部地区制造业的发展。

综上所述，通过对东部地区和西部地区的基础设施建设、政策导向和产业发展、劳动力要素等因素进行比较分析，发现西部地区加工贸易远未实现规模经济，大部分以从事重复性的小规模生产为主，很难形成产品竞争力。GDP 是代表经济发展水平的国民生产总值，是一个国家（地区）所有常驻单位在一定时期内生产活动的最终成果，是通过最终使用的货物和服务减去进口货物和服务的途径来计量的。由于西部地区的经济规模小，远未达到发挥内部经济性和外部经济性的规模，产业集群正处在培养和培育的雏形期，因此和国际分工程度不存在正相关，或是因规模太小而远远不能达到相关的程度，但是模型的计算是非正即负，无法体现不相关，因此呈现出二者负相关关系。影响西部发展的因素是多方面的，其中西部地区的对外贸易依存度较低，对 GDP 的带动作用有限，二者之间还没有形成相关关系，因此计算结果与假设存在出入。基于西部地区对外贸易不活跃和经济较为封闭的特点，西部地区的出口劣势其实是随着经济全球化和中国东部为代表的加工贸易更好地融入世界经济体的一体化趋势的出现而变得更加严峻了。

（二）主导产业的差异

东部加工贸易类产业和西部资源类产业的主导产业间的差异造成东部地区和西部地区开放程度与国际分工关系的差异。

第一，东部地区的主导产业是以加工贸易为主的，较早地形成了规模经济和产业集群。东部地区的经济特点是“加工贸易型”经济，对外贸易的主要形式经历了进口替代到出口导向的一个转变，早在改革开放初期东部地区就提出发展外向型经济，这和东部地区的经济发展阶段、工业基础、市场需求和人均收入都有关系。同时产业分工一般都会经历产业间分工—产业内分工—国际分工的深化阶段，当产业间分工和贸易作用突出的时候，进口替代就成为垂直分工下工业化的选择，而当产业内分工和贸易兴起时，出口导向就产生了，因为发展差异性产品就可以寻求到拓展国际市场的机会（田文，2007）。东部地区处在这种经济开放度较高的国内国际环境中，加之政策也更多地鼓励加工贸易类产业，因而较早地形成了规模经济和产业集群。

第二，西部地区的主导产业是以资源型产业为主的，主要是因为西部地区蕴藏丰富的自然资源，主导产业的部署根据本地特有的自然资源而制定。但是以资源型产业为主导产业的地区，在历史上更多地承担了关乎国家产业安全的责任，形成如今产权相对单一、行政垄断性强、较难与世界接轨的局面。这种导向下的加工贸易的发展跟东部地区相比，差距是比较大的。模型中 OPEN 的计算是用本地区当年进出口总金额与本地区当年的国民生产总值相比，而国际分工的计算是用本地区当年加工贸易金额与本地区当年出口贸易总额相比，东部地区在“出口导向”政策以加工贸易为主导产业的经济模式下，对外开放程度 OPEN 与产品内国际分工 INTRA 必然是正相关的。西部地区进出口产品更多是资源类和初级产品，中间品和工业制成品等加工贸易类进出口金额很小，也就是说 OPEN 所计算的结果和加工贸易出口所代表的 INTRA 没有直接联系，并且很有可能随着初级资源类产品的进出口量加大、加工贸易类产品市场缩小而呈现负相关关系。

根据本节（一）（二）部分中对东部地区和西部地区规模经济和主导产业差异的分析，西部地区国际分工程度和人均 GDP、经济开放度 OPEN 这两个变量负相关的原因基本上可以归结为如下两条：第一，西部地区和东部地区的基础设施条件、政策导向、工业发展阶段、劳动力要素等存在很大差异，西部地区加工贸易远未实现规模经济，大部分是小规模地从事重复性的生产，很难发挥规模经济效应；第二，东部加工贸易类产业主导和西部资源类产业主导的差别造成东部地区和西部地区开放程度与国际分工之间存在正负相关的差异。

（三）政策制度的差异

西部与东部的差异还受到一些难以量化的非经济因素影响，比如制度因素、意识因素、价值观因素等，尤其是当原有的制度限制了生产力的发展，阻碍了国际分工深化之时，就需要制度的改革。因此在这从制度角度深入分析影响西部地区国际分工的因素。

1. 用制度因素分析东部地区和西部地区国际分工差异的合理性

如上所述，西部地区和东部地区国际分工影响因素存在很大的差异，其中就包括一些很难量化的非经济因素，因此我们引入新政治经济学的理论方法加以分析，以期从更深层次解释西部地区产品内国际分工的影响因素。新古典经济学后，经济学为了追求工具的精确性和分析的严密性，抽象掉了制度、政治等因素，其基本核心强调理性选择、偏好稳定和均衡结构，假设消费者和生产者在收入和成本既定的情况下的效用最大化（埃格特森，1996）。然而随着经济的发展，出现了许多与新古典经济学假设不符的经济现象，这些现象也无法在新古典经济学理论框架中得到合理的解释，于是出现了“在研究经济问题的时候（经济增长，经济发展、资源配置）至少不把政治、制度、意识形态等因素排除在外，采用经济学的假设、原理和工具内生性地分析政治、制度、意识形态等因素的一门交叉学科”（李增刚，2008）。新政治经济学的理论脉络延续如下：边际革命—新古典经济学—凯恩斯经济学—新古典综合经济学—现代经济学，而新政治经济学就属于现代经济学的一支，和马克思主义的政治经济学是两条完全不同的分析思路。

中国正处在经济转型时期，正经历着一场史无前例的制度变迁，对于转型时期的中国和新旧思想理念冲突、市场从封闭转向开放的西部地区来说，把经济转型纳入执政决策以及把政治制度变革对经济增长的影响纳入分析框架的新政治经济学无疑满足了中国西部地区的分析需求。新政治经济学中的制度因素对西部地区尤其是资源型行业因透明度差、交易费用较高、旧制度遗留等造成的产权单一问题可以提供一定的解决思路，新制度经济学对于“落后—引进—落后—再引进”的路径依赖已有一套完整的理论，对解决西部地区路径依赖的问题很有启发。

2. 原有的制度安排阻碍了西部地区国际分工，需要进行制度改革和创新

根据科斯第一定理，交易费用为零则权利的处置界定不影响资源的最终配置，但是却会影响不同的主体的利益，因为谁购买谁本身就是利益分配的方式，并且权利和资源的配置会影响资源的利用效率，如果配置给效率高的一方所创造的社会财富也相应会多（李增刚，2008）。可以看出，制度界定权利和资源配置，间接决定了资源利用的效率。西部地区的主导行业大多是国家最初部署工业体系时统一划分建立的，基于国防安全和军事产业的特殊性，当时的制度决定了产业的拥有者一定是国家而非私人，但随着经济发展，原有的制度安排造成了产权单一、资源配置低效的局面，这就意味着迫切需要制度的改进，主要体现在以下几个方面：

第一，西部地区的利益相关人（stake holder）界定不清晰，制度变迁成本高，阻碍了国际分工。国际政治经济学中的主题是利益相关人，由于西部地区的产业是以自然资源为主导资源的产业为主，而资源型企业又多为国有企业，其利益相关人之间构成了一个双层或者多层博弈的框架，国家和国家之间相互联系、交往，以及国家内存在的不同利益相关人之间互相博弈、互相联系构成了国家之间交往的基础。

如下图 6–2 所示，国内政治和国际政治是不同的，在国内各种利益相关人试图对政策的形成施加各种压力，以便政府出台对自己有利的政策措施。就像当年美国三大汽车生产公司集体游说美国政府，目的是为了对美国的汽车产业进行保护，挤垮日本这一强大的竞争对手，

结果成功了。而在国际政治的层面可以联系到金融危机后频频发生的中美贸易摩擦事件，决策者肯定是在国际博弈中尽可能实现本国多获利而外国少获利这一目的的。

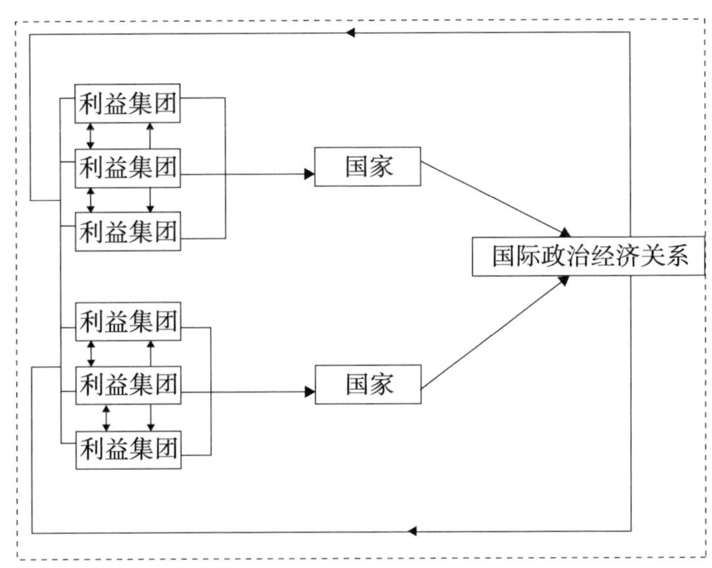

图 6-2　国际政治经济学的多层博弈框架

资料来源：在李增刚（2008）基础上修改得出。

具体到西部地区制度差异的分析。一是西部地区企业产权界定模糊。西部地区参加产品内国际分工的主体多为资源型的国有企业或者有国资背景的企业，本身就存在着产权结构制度变迁的需求，利益相关人多样化，并且利益之间的界定并不明晰。二是西部地区的制度变迁成本高。基于制度变迁的成本—收益分析，制度变迁的直接原因在于对潜在利润的追求，只要预期的利润多于预期的成本，就会出现制度的创新（诺斯，1994；林毅夫，1994）。这是西部地区制度变迁的最根本的原动力，然而在追求潜在利润的过程当中利益相关人代表不同的利益，有着各自的行为和话语角度，西部资源型垄断行业的利益相关人本身界定的不明确性无疑抬高了制度变迁的成本。汪丁丁早在1995年就指出资源经济产权结构是非常重要的，尤其是对中国经济体制改革时期的自然资源开发利用有着重大的政策意义，而今这一急迫性早已显现。西部地区资源主导产业产权明晰的制度改革已经迫在眉睫。

西方是通过人和物的关系来实现人和人的关系，在西方文化土壤里面表现为私有制。“我”通过“我”占有、“我”所有这一片土地或者这一个所有物来跟他人打交道，不论是交易也好，拉关系也好，通过人和物的关系来实现人和人的关系。与西方相比，中国是通过人和人的关系来实现人和物的关系。

第二，突破“路径依赖”需要制度改革。根据新政治经济学的路径依赖理论（North，1990），某种经济制度演变的轨迹形成以后，初始的制度效率就会降低，有时还会阻碍生产活动，那么与这种旧的组织共荣的利益相关人就会为了维护自己的利益尽力维护它，这就落入了路径依赖的“锁定”状态，这种恶性的路径依赖是对与对外贸易国家以市场换技术的初衷相违背的理论解释。有许多主动参与国际分工的拉丁美洲国家如智利等，并未如新古典经济理论预言的那样走上“后发”的道路，也未能运用后发优势实现落后国家的蛙跳，其最终原因就在于国家旧制度的自我强化使得落后国家无法效仿先进国家，而是被锁定在效率低下的制度之下（杨龙，2004）。西部地区也遭遇了类似的情况。打破旧的制度的成本较高，并且由于产权不清无法对新制度建立后不同利益相关人的成本和收益进行准确的预期，因此缺乏明确的支持者和推动者。日本当年凭借对汽车产业的各种鼓励和对国际竞争对手（主要是美国）的限制，为汽车产业成为国际支柱产业进行了有效的保护，种种诸如此类的产业发展计划和鼓励政策令日本突破了“路径依赖”，走出了“路径锁定”，很快从后进国家发展成发达国家，经济实力居于世界前列。近年来中国经济实力的迅速提高也部分证明了中国对外开放政策下产业政策的成功，但是西部地区资源型产业有着垄断性这一主要特征，又有着产权不明晰的种种弊端（资本流动渠道不畅通，交易成本高、效率低下），面临着资源型产业升级问题和资源型城市转型的问题，结合经济从封闭式到开放式、城乡经济二元化结构等特点，最先要解决好的就是制度的创新和改革这一问题。

第三，结合制度差异可以分析并揭示西部劳动力资源不合理配置的深层次问题。一是从户籍管理制度来看，西部的剩余劳动力在国内流向了东部地区，因为那里有更高的工资水平和便利的生活条件。表面上“中国制造”享受了“人口红利”，在国际分工中以质高价低的劳动力吸引了大量的外资和海外生产企业，他们把在国内的生产环节转移到中国东部地区，利用廉价的劳动力从事生产、组装工作以实现成本最小化。但是，这样的人才不合理配置不仅给西部地区带来了损失，对东部地区的发展也极为不利。在短期的“人口红利”的光鲜一面下，劳动力长期无限供给造成低工资高竞争力的局面，实际上也削弱了东部地区技术结构和产业结构升级的压力（杨国才，2009）。而户籍管理制度下的农民工问题对中国社会长期的影响将持续存在，廉价劳动力的大量转移会使农民工的医疗保险、子女教育、赡养老人和留守家庭等问题凸显出来，继而引发一系列的社会问题。由于对外来人口的限制越来越大，务工人员进城门槛越来越高，这就注定了西部地区的人才并不能实现向东部地区的永久迁移，而是在劳动能力减退后返回原籍，留给西部地区更大比重的老龄人口。二是从教育制度来看，西部现有的高端人才培养很难满足本地的主导产业需求，基于国防和三线建设背景下的西部地区高端人才大量集中于军品和国防相关的重工业领域中，而在未来，西部地区要发挥自然资源禀赋，实现资源开发下的循环经济和低碳经济，就要结合本地区产业政策和规划重点发展的产业方向进行人才培养，比如陕西省未来的规划中重点发展的产业是煤产业，煤化工、石油冶炼等方面的产业，因此这几个领域的高端人才是今后的缺口，我们的人才要根据产业发展需要确定适当的培养比例，否则供需的不匹配会造成培养的浪费、人才的缺失，以致进入人才培养的怪圈。三是从本地企业人才培养制度来看，西部地区的企业长期处于国际分工中的低端，也未能培养壮大本地的人才队伍。产业形成集群，产业配套良性互动，才能留住人才、培养人才。始终处于产业价值链下游的企业，国际分工难以涉及的中小企业，上下游都局限于本地或者西部地区的企业，考虑的首先是自己的生存，其次才是人才的培养，这样的条件很难培养出世界一流公司需要的既有专业知识，又要熟练运用英语，还具备高级职业素养，兼具国际视野的人才。本地的企业未能给员工更多成长的机会，所以当机遇来临之时，没有相应的高素质人才满足于世界龙头企业和国内知名公司的要求。本地培养了大量人才却无法收获人才的回报贡献，一流优质毕业生大多会选择北京或东南沿海发达地区的企业就职，出现了人才流失。而政府花大成本、下大力气引进的世界500强企业，国际行业龙头如美光、应用材料等，却面临着本地人才甄选的问题，有时还需要到上海、广州、深圳、北京，甚至美国硅谷挖掘人才，多次召开高素质人才招聘大会，这无形中也扩大了时间成本。因此，扭转西部劳动力资源不合理配置的关键在于深层次的户籍管理制度、教育制度、人才培养制度等的改革。

四、西部地区国际分工影响因素的实证结果分析（2010—2018）

21 世纪初的金融危机，对我国进出口贸易和实体经济都造成了冲击，无论是东部地区还是西部地区的贸易都受到了巨大的影响。为了进一步分析该时间点后的西部地区国际分工状况和不同因素的影响程度，我们基于同样的计量原则和变量选择标准，对于 2010—2018 年的面板数据进行了实证检验，试图通过分析对比，找到近十年西部地区国际分工的一点规律和经验。

表 6–4　变量的描述性统计分析

变量	变量含义	样本量	标准差
ln *intr*	国际分工程度	80	1.4173
ln *prod*	劳动生产率	108	0.3825
ln *fdi*	实际利用外商直接投资额	108	1.8224
ln *open*	贸易开放度	108	0.6435
ln *rd*	地区科技发展水平	108	0.8358
ln *road*	高速公路里程数	99	0.5725
ln *pergdp*	地区人均生产总值	108	1.3693
ln *wage*	地区职工平均工资	108	0.3704
ln *edu*	劳动力素质	108	0.3083

注：作者根据结果手工整理所得。

如表 6–4 所示，所有变量的描述性统计结果均在合理范围内，表明所选变量有效。

表 6–5　西部地区参与国际分工影响因素的回归分析结果（2010—2018）

变量	回归系数	T 统计值	P 值
常数项	−17.6656	−1.52	0.162
ln *prod*	0.3584	2.32**	0.037
ln *fdi*	−0.0798	−7.61***	0.000
ln *open*	0.0732	5.82***	0.000
ln *rd*	−0.0651	−6.10***	0.000
ln *road*	0.0349	1.06	0.950
ln *pergdp*	0.9652	8.12***	0.000
ln *wage*	−0.8045	−4.93***	0.000
ln *edu*	2.8665	3.57***	0.000

注：作者根据结果手工整理所得。

从西部地区参与国际分工的影响因素回归结果（表 6–5）可以看出，总体回归模型与各解释变量均具有统计显著性，各变量系数估计值的符号基本与假设理论吻合。具体而言，参与国际分工的程度与劳动生产率 ln *prod*、人均国内生产总值 ln *pergdp*、劳动力受教育水平 ln *edu* 以及开放程度 ln *open* 均为正相关；与外商直接投资 ln *fdi*、研发投入 ln *rd* 和劳动力工资水平 ln *wage* 负相关。道路里程数 ln *road* 未通过显著性检验。

西部地区由于劳动力数量大，相对丰富的劳动力资源成为了相对比较优势，发达国家和经济发达地区出于降低成本的动机把劳动密集型的生产环节转移到中国，这正是西部地区参与国际分工的最直接影响因素，符合上一节的比较优势理论，劳动者工资作为衡量劳动力成本的重要指标，与西部地区参与国际分工呈负相关关系，这个指标在2010—2018年这一时段也是符合预期的。除了劳动力成本ln *wage*以外，劳动力素质ln *edu*和劳动生产率也是重要影响因素，大专以上文化程度人口数量和劳动生产率确实对西部地区参与国际分工有着正面的影响，在2010—2018年这一时段内同样适用。

有趣的是，西部地区参与国际分工的影响因素回归结果显示表示，经济发展水平和人民富裕程度的人均GDP（ln *pergdp*）与对外开放程度OPEN（ln *open*）两个变量，在2000—2009年的实证检验中与参与国际分工的程度负相关，在2010—2018年检验成为了正相关。也就是前十年与预期不符，而后九年却符合假设。回顾上一节我们运用同样的模型和变量，选择代表中国开放程度最高的东部省市进行回归模型检验，得出通过对比西部地区、东部地区的基础设施建设、政策导向和产业发展、劳动力要素等因素，发现西部地区加工贸易远未实现规模经济，大部分以从事重复性的小规模生产为主，很难形成产品竞争力的结果。西部地区在2000年到2009年间经济规模太小，远未达到发挥内部经济性和外部经济性的规模，因此和国际分工程度不存在正相关。西部大开发前十年西部地区的对外贸易依存度较低，对GDP的带动作用有限，二者之间还没有形成相关关系，因此计算结果与假设存在出入。然而在最近的九年间（2010—2018）西部地区GDP总量有了巨大的进步，特别是西部地区GDP增幅在2008年已经超过东部，占全国GDP的比重近18%，到2018年占比已经升至21%。从不同省份地区的情况来看，四川省2018年地区生产总值达到40 678.13

亿元，同比增速 8%，GDP 总量位于西部地区首位，陕西、重庆位列其后，后两者 2018 年地区生产总值分别为 24 438.32 亿元和 20 363.19 亿元。西藏 2018 年地区生产总值（GDP）突破 1477 亿元，增长 10% 左右，GDP 增速达到西部地区首位。贵州 2018 年地区生产总值 14 806.45 亿元，GDP 增速位于西部地区第二位，为 9.1%。云南 2018 年地区生产总值 17 881.12 亿元，GDP 增速位于西部地区第三位，为 8.9%。这两地增速均超过全国平均水平。总体而言，西部地区 12 个省市区 1999—2019 年间的 GDP 发展实现了巨大的飞跃，其中贵州、陕西和西藏这三个地方的经济增长超过了 15 倍，贵州高达 17.5 倍。在此种经济规模之下，GDP 与国际分工互相促进，呈现出较为紧密的关联。

西部地区对外开放加快的步伐，特别是“一带一路”激活了在区位上有显著优势的西部地区，加上以中欧班列“长安号”等为代表的物流先锋和便捷条件，使西部地区逐步扭转了经济较为封闭的局面。随着经济全球化和“一带一路”对外贸易的桥头堡和枢纽节点的身份转变，中国西部的加工贸易更好地融入了世界经济体一体化的进程中，由此对外开放程度指标 OPEN（ln *open*）和国际分工程度呈正相关关系，这符合我们的理论假设。同时也说明了西部地区在近九年的时间里对外开放程度迅速提高，与加工贸易相互促进，共同发展。

FDI（ln *fdi*）与国际贸易之间是替代关系还是互补关系，一直都是学界讨论的焦点。赵立斌（2012）指出二者之间是替代还是互补关系依赖于贸易要素与非贸易要素之间是合作型还是非合作型关系，在要素禀赋不对称和规模报酬递增的情况下，跨国公司的专有资产很难通过外部市场达成交易，这就会带动母国出口贸易。在西部地区 2010—2018 年的实证检验结果中，可能是由于FDI在东道国的要素禀赋不均衡，带动了母国的贸易活动，而减少了东道国的加工贸易进出口金额。间接地看，FDI通过影响发展中东道国的研发进而对其国际分工产生影响。FDI将发展中东道国生产要素捕获并钳制在其掌控的全球价值链分工体系中，其嵌入全球价值链的程度越深，其阻止发展中东道国研发行为的效果越明显，越能影响东道国的国际贸易发展，最终出口发展中国家摆脱“国际分工陷阱”的难度就越大（李平、江强、林洋，2018）。

对于研发投入 ln *rd* 与国际分工的负相关，我们推测可能与研发成果的转化率有关。根据熊书芳等（2019）基于因子分析法对西部12省市区进行的成果转化能力评价研究[①]，其基本结论如下：广东省科技成果转化能力综合排名位于31个省市区的第一位，这和较高的科技成果市场需求以及完善的转化中介机构咨询、服务紧密关联；西部12个省市区的科技成果转化能力整体落后于东部地区和全国平均水平；四川省、重庆市和陕西省综合排名相对比较靠前；西藏、青海等地区排名最为靠后，这主要是因为其交通便捷度较差，地理位置偏远，自然环境恶劣，这些客观因素也难以吸引和留住高水平的科技人才，科技成果转化程度较低。随着近九年来西部大开发人才、资金及各种生产要素更加自由的流动和市场化分配，这种劣势就体现得更加明显。

黄新飞（2018）通过对中国各省市区的面板数据进行分析，指出拥有较高人力资本的省区可以较快缩短与美国等先进国家的技术差距，加快技术的赶超速度。东部拥有较高的人力资本，在吸收大量FDI后，国

① 数据来自《2017中国科技统计年鉴》《2017中国统计年鉴》《2017中国高技术产业统计年鉴》。

际 R&D 资本溢出效应非常显著。实证结果显示中部和西部地区出口贸易的国际 R&D 溢出效应（体现为进出口贸易量以及 FDI 投入）为负数。总而言之，中部地区和西部地区仍未跨越人力资本的“技术门槛效应”。人力资本的质量决定了西部地区 R&D 溢出效应与东部地区截然不同。

近九年 (2010—2018) 的西部地区国际分工影响因素回归的实证数据表明，原来负相关的 GDP、对外开放程度 OPEN 变量已经转为正相关，这与西部地区经济近十年来的巨大进步、规模效应的形成，以及“一带一路”带来的利好条件紧密相关。而原来与国际分工正相关的 FDI、R&D 因素由原来的正相关转向了负相关。FDI 的变化可能是由于母国和东道地区要素禀赋不匹配和规模报酬递增，导致 FDI 增加了母国的对外贸易活动，未能拉动东道方的出口；FDI 的加剧可能形成分工地位固化，拉低西部地区在全球价值链分工中的地位，造成负面影响。西部地区科技成果转化水平较低，直接影响国际贸易的活跃程度。进一步来说，西部地区人才流失、人力资本较低、自然环境恶劣是影响 R&D 转向的深层次因素。

总而言之，要加大人才培养力度，打造更为有利的生活和工作环境；要提高科技成果转化中介咨询和服务水平，更好地对接市场需求，实现研发培育和市场化推广的有机结合，全面推动西部地区国际分工的进程，以实现经济的高质量增长。

第七章　促进西部地区国际分工的对策建议

经济全球化迅猛推进，过去很长一段时间内倡导的“进口替代”和“出口导向”战略都受到了挑战，贸易自由化使得贸易保护难以维系，从参与国际分工切入，实现本地区产业的升级和产业结构优化是当务之急。改革开放之初我国的对外开放以出口导向为切入点，那时的政策是千方百计扩大出口，针对当时国内和国际形势，邓小平同志指出，对外开放不仅要扩大商品贸易和出口，同时可以让外商来华直接投资办企业、搞加工贸易，实现分工的深化和产业升级。这类政策使原来的对外经济贸易的交流从贸易领域扩展到投资和生产领域。最早敞开国门、吸引外资的珠三角、长三角都成了中国生产力水平最高、最富裕的地区，这可以说是最早的鼓励加工贸易的政策带来的收益。但是全球化发展至今，反不公平贸易、反倾销、反补贴的一系列国际规则的制定都极大地制约了出口导向经济行为。近来的中美两国的多例贸易摩擦事件提醒政策制定者，西部地区不能单纯依靠自然资源，走单凭劳动力资源的比较优势参与国际分工的老路，长期处于分工的被动地位和下游水平，徘徊在价值链的低端，必须探索一条通过国际分工实现产业升级的道路。

从本质上看，要素分工条件下一国的优势要素构成了贸易和分工的基础。在贸易利益方面，静态贸易利益首先可能来自于资源总量的增加，而不是资源总量的不变这一基本假定。因此贸易利益的增加最有可能的来源，是要素的跨国优化配置和闲置资源的充分利用，而非仅仅局限于国内优化配置。

总之，要素分工的发展使得贸易利益的来源更加多元化。正是这种多元化，一方面使得传统贸易条件理论对利益分配问题的分析失去应有的解释力；另一方面，可能使得利益分配更能朝着包容性方向发展。正是因为要素分工条件下利益来源的多元化和复杂化，形成了利益主体之间的交织、共生等关系，使传统贸易保护理论的有效性大大弱化。这种新的环境挑战之下，“一带一路”的国际分工又与政治、经济、地缘等因素交叉综合，造成新一轮的博弈局面，这一局面下推进分工发展的路径又产生了哪些有意义的变化，这就是本章需要探讨的问题。

一、整合比较优势，提升西部地区分工地位

（一）优化要素禀赋结构提升比较优势

全球化发展至今，劳动力要素已经成为了唯一无法彻底自由跨境流动的要素，资源禀赋也已不是决定分工地位的关键。根据迈克尔·波特（2007）的观点，后起国家必须采取动态比较优势战略，引导全球生产要素向本国集中，整合生产者、客户、人力资源、科技资源等几大要素的国家竞争优势才是后进国家实现“蛙跳”发展的可行之路。尤其在21世纪，科学技术已经渗透到生产的各个环节，被运用于每一个生产流程当中，成为推动生产力进步的直接动力。

第一，充分发挥要素自由流动的市场机制作用。从国家的角度来讲需要提升要素禀赋结构，但是市场经济的微观主体企业首先关心的肯定不会是国家要素禀赋结构的问题，而是生产成本和产品的价格，因此政府就要保证价格能够在公平的市场竞争机制下正确地反映要素的稀缺程度，制定维护市场充分竞争的政策。生产要素的跨国流动，从微观层面上改变了经济全球化的运行基础，对国际贸易的基础、国

际贸易格局以及国际贸易的利益分配等诸多问题都产生了深远的影响，我们甚至无法使用传统意义上的国际贸易和国际收支统计量，如原产地、顺差和逆差、贸易条件等诸多概念，来准确地度量贸易流的真实状况和国际分工利益分配的真实关系。依托传统理论和传统统计工具所制定的贸易政策和竞争政策往往适得其反。像西部地区这样地处内陆、基础设施完备、人力资源充沛、市场容量有待进一步开发的地区，尤其该地区居民思想相对保守，故土情结较浓，是承接东部以及跨国公司直接产业转移的理想目的地。通过吸引外资，尤其是外商直接投资（FDI），有利于大量优质国际生产要素，特别是中国稀缺的高级要素，如技术、标准、品牌、国际营销网络、市场竞争制度等，与大量闲置的中国丰裕的生产要素，如低价优质劳动力相结合，大大激发了潜在的生产能力，推动了中国经济的高速增长，使中国迅速成为世界先进制造业的生产中心，并跻身于开放型经济大国的行列。再比如全球经济以平衡为由要求人民币币值重估只会对“中国制造”（更确切地说是“中国组装”）的最终产品销售价格产生影响，而不会恢复其他国家相应产品的竞争力。

总之，在要素跨国流动性日益增强的条件下，国际贸易的基础已经由比较优势转变为跨国公司在国际范围内以整合资源能力为主的竞争优势，国际贸易地区格局也因要素流动而发生巨变，贸易利益中的动态利益更加凸显并成为各国追求的主要目标。贸易保护政策更加具有不确定性，提高人才素质，特别是“一带一路”背景下的法律人才、跨文化人才的素质，提高这一类非专业技术类人才的流动性，是我们所面临的重要议题。

第二，加强高级要素的培育，迈向更高层次的开放型经济。要素分工的本质是生产要素跨国优化组合和配置，它不仅体现在禀赋数量上的重新调整，同时也表现为质量上的“门当户对”。换言之，更高质量的生产要素引进，需要自身拥有更高层次的生产要素以产生足够的“吸引力”。伴随国内生产要素价格进入集中上升期，传统的人口红利正逐步消逝，中国开放型经济发展进入从“要素驱动”转向“创新驱动”的新阶段，即从低级要素投入增长的数量型驱动转变为高级要素创造的创新型驱动。为此，一方面要正确认识要素分工演进新趋势所带来的新一轮战略机遇，另一方面要通过要素培育等途径充分把握这一机遇，如此才能促进中国开放型经济迈向新的台阶和更高层次。比如，以提升技术要素质量为切入点，促进产业升级。在整合全球比较优势的原则下，国家运用产业政策协调产业和部门间的生产、实现技术升级，在制定产业政策时应实行从分工体系中重点环节突破和改善切入，循序渐进地实现整个产业的升级。再比如，对发展汽车产业应提出更加明确具体的鼓励政策，鼓励研发自主知识产权的汽车这一概念太笼统，关键零部件更需要核心技术研发的奖励，而核心零部件和核心价值环节的研究开发同时还需要相应公共研究平台以及公共基础实验检测设备等整套创新条件的支持，此外服务的建立和开展对于汽车产业升级也很关键。因此对于汽车产业自主创新的鼓励不能只停留在专利和自主品牌的整体概念上，应该细化到零部件设计研发、服务的开展等产品内的环节当中去，更好地发挥分工的效应。在技术和资金方面要把“引进来”和“走出去”有机地结合起来，创造良好的自主创新氛围和基础。

（二）结合区域优势打造产业联盟

经济学是基于资源的稀缺而产生的，各个地区资源的贫富、结构、分布和交通都会极大地影响制约区域经济的发展，西部地区发展受这些因素的制约就很大，要结合比较优势和资源禀赋进行地区战略决策和政策制定。

第一，建立西部资源要素可持续发展机制。西部地区在要素禀赋上最明显的就是有丰富的煤、油、天然气等比较优势，如陕西、内蒙古都有着非常丰富的煤炭资源，这一资源的合理开发利用就是制定主导产业政策的重点。必须注意的是随着经济发展，一些自然资源比较优势由于非合理开发开采、国家政策的阶段性倾斜等因素并未能发挥其本应发挥的优势，相反变成了劣势，并对当地的生态环境造成了严重的污染。

因此，一方面要合理进行能源重化工产业链的合理延伸，提升技术含量和生产工艺，力争实现可持续性发展，比如以煤化工园区为主导的循环经济产业链调整。要把循环经济和环境效益紧密结合，延长产业链，带动相关上下游产业的协同升级发展，尤为值得重视的部分就是三废综合利用产业：一是废气综合利用——煤化工厂、电厂生产过程中排放大量的二氧化碳气体，可采用二氧化碳降解塑料、膨化烟丝等方式综合利用；二是废渣综合利用——在工业园区利用粉煤灰和脱硫石膏等综合技术，减少废渣排放，体现发展循环经济要求；三是农业生产粉煤灰可用于肥料施用，补充微量元素，改善土壤结构，提高农作物产量，还可用于制砖或掺入炉渣进行骨料加工（王晨佳，2010）。另一方面要进一步转变发展思路，从“节能减排”到大力推进“低碳经济”，三次产业结构要合理安排，实现第一、第二、第三产业协同升级。同时要打造相关配套的产业链：一是物流产业链，二是与生产设备同步发展的产业链，三是服务于主导产业的第三产业链。

第二，培育西部加工贸易产业集群，推动分工高级化。结合实际情况，打造突破条块分割和行政区划的区域产业联盟，培育加工贸易产业集群。具体来说，制定运用加工贸易从制造优势、市场优势或技术优势向产业集群优势转变的区域发展政策，通过培育以自然资源为核心的第二、第三产业，延长西部地区的产业链条，将资源优势转化为经济优势，增加产业关联度和溢出效应，突破行政区划的限制，打造产业联盟，实行区域合作。产品内国际分工的重要特点就是将特定产品的生产过程拆分为不同的生产阶段，分散到不同的国家或地区，进而形成一种专业化分工的协作关系。西部地区应充分发挥自然资源和劳动力资源优势，在为发包商提供高质量的零部件产品的同时，提升产品的技术含量，争取走向分工的更高地位。

（三）提升技术含量塑造自主品牌

在提高分工国际地位的过程中企业一般都会经历从流程升级、产品升级、功能升级和链条升级的升级过程，避免路径锁定。

第一，加强技术引进和自主研发的有机结合。本国的公司企业永远是市场的主体，在全球化的今天，企业更是跨越了地区和国家的限制，成为资源配置的主体。西部地区在参与国际分工的过程中，要借鉴长三角和珠三角的经验教训，不能再满足于“物美价廉”和“中国制造”，要走出在国际分工中的低端地位和被动角色，这要求企业首先要提升国内配套零部件的技术含量，解除对于关键零部件的依赖。当然国外公司对于关键零部件的技术保护是非常严密的，这也是他们在国际分工体系中的竞争力所在，因此要解除低端锁定，防止路径依赖，最根本的就是本土企业要把技术的引进来和自主研发有机结合，鼓励自主创新，从改善工艺流程等细节做起，积少成多，循序渐进，逐步提高自身在国际分工中的地位。

第二，企业实现制度创新，促进分工发展。企业在掌握了关键零部件的技术，有了一定的自主能力和竞争能力后，要迅速建立起自己的品牌，从 OEM（原始供货商）尽快升级到 ODM（自主设计生产商），甚至到 OBM（自主品牌生产商）。西部地区的路径依赖是一个长期形成的问题，造成这一问题的因素在第六章第三节已经深入分析过，择其要在于对旧的制度进行变革的成本较高，且由于产权不明晰造成的新制度建立后不同利益相关人的成本和收益很难进行准确预期，因此缺乏明确的支持者和推动者，加之西部地区有着资源型产业垄断性的主要特征，需要进行相应的制度改革。制度可以分为两种，一种是组织方面的制度，另一种是价值观和精神层次的制度。这就需要西部地区的企业家和决策者突破惯性思维，及时转变思想，大胆开拓市场，提升自主品牌，创新设计市场营销制度，走出一条企业制度改革下的迅速升级之路。

第三，引进人才和走向国际市场相结合。长期以来，中国西部的对外开放是建立在廉价劳动力这一比较优势基础之上的。但是，随着多年的经济发展，劳动力成本在逐步增加，人口老年化问题日益显现，中国的廉价劳动力优势已经逐步消失，已经无法再继续长期依赖该优势参与国际分工和合作。实际上，经过改革开放多年来的经济高速发展，比较优势逐步发生变化是必然的趋势。随着对外开放持续深入和经济的高速发展，中国已经成为世界上技术、营销渠道和人才等战略性要素集聚最多的国家之一。同样，多年的经济发展使中国也付出了巨大代价，环境污染问题日益严重，资源和环境对经济发展的制约力度也在加大。所以，中国企业应该通过大量技术、人力资本、营销网络和渠道等战略性要素的培育，提升企业的技术水平、管理技能和国际市场运作能力，有效降低分工与贸易成本，控制整个价值链条的核心环节，改变西部各地区在国际分工价值链中长期落后的地位，实现劳动生产率对企业参与全球价值链分工的促进作用。西部地区作为欠发达地区完全可以利用后发优势，在承接产业转移的同时发挥自有的人力、自然资源禀赋，实现新时代的弯道超车。全球化为中国西部地区国际分工提供了巨大的契机，一是发达国家在中国大量设立研发机构，不仅因为中国的研发成本较低，而且这样的部署可以使产品的研发设计更贴近市场，更好地为客户提供服务，而对于东道国而言，要善于利用发达国家的研发资源和研发投入，收获技术扩散的好处；二是可在合作和共同研发的基础上收购海外的研发机构，直接获得知识产权和研发能力；三是可大量引进海外归国留学人员，鼓励他们带着技术、专利和项目回国创业，引进专业化的海外人才解决技术难题；四是在国际资本日益瞄准中国的良好态势下，引进海外风险投资和本国民间投资，尽快实现产业化。同时，企业不仅要“引进来”，还要大胆“走出去”，把“引进来”和“走出去”结合起来，获取技术进步的最大效益。

第四，大力发展新兴服务贸易。新兴服务贸易主要包括通信服务、金融服务、计算机和信息服务、专有权利使用和特许贸易、咨询和广告宣传等相关领域，其产生与发展同全球价值链分工与贸易密不可分。同样，新兴服务贸易的发展可以为全球价值链分工与贸易提供方便快捷的服务和有效的组织管理手段，助其降低成本、提高利润，有效推动了全球价值链分工和贸易的发展。中国特别是西部地区，这种新兴服务贸易发展相对滞后，没有对全球价值链分工和贸易的发展形成很好的拉动作用。为此，应该学习相关国家的成功做法，通过服务创新，包括服务内容、服务理念和服务主体等方面的创新，大力发展新兴服务贸易。在产业发展的同时或者后工业阶段，升级转型为生产性贸易或者服务型生产，可以有效地增加企业的附加值，从而实现完整升级，成就创新精神。例如，世界经济发展中出现的新兴服务业国际转移和制造业服务化趋势催生了动漫、研发服务、工业设计服务、咨询服务、电子商务服务以及现代物流服务等新型服务业。西部地区企业应该融入这种大趋势中，积极参与服务创新，通过承接新兴服务业的国际转移、加快制造业服务化和大力发展新型的服务产业来丰富服务贸易的内涵，以求更好地在全球价值链分工和贸易中获取利益。

二、发挥西部地区规模经济，打造产业集群

（一）加速西部地区产业空间集聚

在产业集群构成世界经济的基本空间框架的今天，西部地区产业集群的打造对于深化、扩大国际分工，实现产业升级有着重大意义。

首先西部各地区要利用全球制造业大转移的契机，开展产业链招商，更多地吸引跨国公司和国外著名企业，把技术水平高、增值含量大的加工制造环节和研究机构转移到西部；其次由于三线建设集中了一大批国防军事方面的科研力量和技术人才，同时又具备一定的产业发展所需的基本设备基础，比如四川、陕西等省的机电设备制造业依然具备大量存量，通过重组与技术改造，可以发展支线飞机、污水处理与循环使用设施制造，自然能源如太阳能、风能等的新能源开发，同时可以推广先进地区经验（如在新疆、广西都有大型风力发电场），加强产业集聚，提高地区竞争力。本土企业作为分工主体，从利益最大化的本质需求来讲，就必须提高产品的增值率，这样才能在激烈的市场竞争中生存下来，为进一步提高技术水平、扩大生产规模积累资金、生产和管理经验，培育扩大本土企业的规模经济，同时在规模经济的基础上利用好其外部的正面效应，尽快享受产业集群带来的便利，在产业集群这一更高级平台上谋求更大发展。

西部地区由西北和西南两大板块组成，西南地区已经形成跨行政区域的成渝城市群，中国—东盟自由贸易区的建立也促进了西南地区对外贸易的发展，进一步形成了参与国际分工的支撑点。广西是我国西部地区唯一一个既沿海又沿边的省区，2010 年 1 月 1 日中国—东盟自由贸易区如期建成，广西的对外贸易猛增，边境贸易已经成为了广西外贸构成的重要部分，2009 年对东盟国家的出口占到了近 50%。中国—东盟自由贸易区对地区经济的拉动、对加工贸易的促进乃至对西部地区经济发展的推动都有着极大贡献率。要加速参与大湄公河次区域合作，推动南宁—新加坡经济走廊建设，形成中国—东盟“一轴两翼”区域经济合作新格局；要继续深化国内区域合作，加强与珠江三角洲地区的联系互动，发挥沟通东、中、西的作用。西北地区有基础较好的关中地区，但还未形成能够带动大西北发展的跨行政区域的城市群，关中—天水经济区是拉动西部经济发展的另一个增长极，所以要打造以西安为中心的关中城市群，尽快建立并完善“一小时经济圈”，使商洛、华阴、韩城、黄陵、彬州市（即原来的彬县）和大关中城市群副中心宝鸡与大西安都市圈组成一个完整的关中城市群体系，担负起国家级“一线两带”和关中先进制造业基地的重任。

（二）抓住“一带一路”机遇，构建全面开放的产业新格局

政府要更多地发挥公共管理职能和服务职能，尽快实现从管理者到服务者的角色转变，为产业集群的发展做好服务。首先，要搞好产业集群发展规划，吸引那些产业链条较长、产业带动和关联效应较大并且需要本地的提供大量协作配套设施和服务的项目进入西部。其次，要通过多种方式引进代表国际先进水平的科研技术人才，加大对高等教育的投资力度，培养大量的高级技能型人才。再次，在资金扶持方面，与浙江等一些长三角地区的省份不同的是，西部某些省份如陕西省的经济发展有非常鲜明的特点，基于三线建设的基础有比较完整的产业链，尤其是一些制造业和军工企业，因此要从产业链融资的新模式入手解决中小企业融资难的问题。最后，要加强基础设施建设，特别是与产业集群发展配套的基础设施建设。

抓住“一带一路”倡议带给西部的机遇，当前和今后可以从以下几方面开展工作：

一是构建现代化的交通物流新枢纽，促进基础设施的互联互通。基础设施互联互通是“一带一路”建设的优先领域。从地理位置看，西部地区在“一带一路”建设的背景中具有重要和独特的区位优势，应统筹推进铁路、公路、航空、油气管道、城市轨道交通等多元化的运输手段，逐步形成连接沿线国家和地区之间的基础设施网络，构建全方位、多层次、复合型的国际骨干通道网络。比如，新疆作为丝绸之路经济带上重要的交通枢纽，可以利用建设中巴经济走廊的契机，完善交通软硬件设施，积极推动面向中亚、西亚、南亚和欧洲的物流通道、能源通道、信息通道建设。又如，云南作为面向西南开放的桥头堡是“一带一路”倡议的连接交汇点，可以与缅甸、老挝和越南等共同建设通畅、安全、高效的国际运输大通道，加快同周边国家和地区在公路、铁路、水路、机场、管道等基础设施方面的互联互通建设，开展大湄公河次区域经济合作新高地和孟中印缅经济走廊建设，把云南打造成面向南亚、东南亚的辐射中心。再如，广西具有与东盟国家陆海相邻的区位优势与海洋资源优势，可加快北部湾经济区和珠江—西江经济带开放发展，构建面向东盟区域的国际通道，通过加快港口城市合作网络建设，逐步构建以北部湾为基地、覆盖东盟国家主要港口城市的航线网络，并带动制造业、资源开发、旅游、人文交流等方面的合作，在各港口城市之间形成航运物流带、港口合作带、临港产业带、旅游圈等，使广西成为“一带一路”有机衔接的重要门户，推动中国—东盟自由贸易区升级版建设。

二是建立全方位对外开放格局，扩大与沿线国家和地区的经贸合作。经贸合作是“一带一路”倡议的重点内容，西部地区要与沿线国家和地区形成宽领域、深层次、高水平、全方位的经贸合作格局。比如，着力解决贸易便利化问题，消除投资和贸易壁垒，构建良好的营商环境。又如，扩大双向投资合作，拓展相互投资领域。按照优势互补、互利共赢的原则，加强在新一代信息技术、新能源、新材料、生物等新兴产业领域的深入合作，推动建立创业投资合作机制。再如，鼓励西部地区有竞争力的企业积极“走出去”，参与沿线国家基础设施建设和产业投资，在沿线国家主要交通节点城市和港口合作建设境外经贸合作区、跨境经济合作区等各类产业园区，力争率先打造一批产业示范区和特色产业园，促进产业集群发展，形成区域产业协同融合、资源互补共享的良好发展格局。

三是加强西部地区与“一带一路”沿线国家地区形成产业“先互补，再互动”的格局，推动产业结构优化升级。“一带一路”沿线国家要素禀赋各异，发展水平不一，比较优势差异明显，与我国西部地区众多产业存在优势互补和互利共赢的合作空间。西部地区要明晰各自的功能定位、产业布局、资源整合重心等重大事项，促进与沿线国家的上下游产业链和关联产业协同发展，积极寻找与沿线国家合作的契合点，加强能源资源深加工技术、装备与工程服务的合作，加大煤炭、油气、金属矿产等传统能源资源勘探、开发与合作，积极推动水电、核电、风电、太阳能等清洁、可再生能源的开发合作，推进能源资源就地就近加工转化的合作，形成能源资源合作上下游一体化产业链；鼓励有条件的企业到沿线国家设立研发中心，设立海外营销网络和服务网络，提升区域产业配套能力和综合竞争力，以实现产品价值向高附加值的研发设计、营销服务等环节的延伸。

三、紧扣文化禀赋，培养打造西部文化大IP——以陕西为例

（一）西部地区丰富悠久的文化资源

第一，陕西具有源远流长的儒家文化。儒家文化与陕西的关系主要在于，儒家文化精神来源于西周时期生活在陕西宝鸡地区的周人，其传承载体主要是汉唐时期的长安太学、国子监以及宋、元、明、清时的书院，其弘扬及研究则主要体现在北宋兴起的“关学”。目前的实物遗存主要有唐代“开成石经”及一批文庙。先秦时期生活在陕西宝鸡地区的周人为儒家文化的形成提供了理论和实践准备，而孔子则通过对周代以及之前社会历史的总结，提出了以“礼”“仁”“中庸”等为核心的儒家思想。

第二，陕西具有遗存丰富的佛教文化。佛教自东汉明帝时正式传入中华大地，陕西地区成为佛教文化接受、推广、创新的重要地区。佛教传播史上的八大祖庭中有六个在西安，分别是法相宗祖庭慈恩寺和兴教寺、密宗祖庭大兴善寺、华严宗祖庭华严寺、净土宗祖庭香积寺、律宗祖庭净业寺、三论宗祖庭草堂寺。宝鸡地区的法门寺则由于其在佛教传播史上的特殊意义而被称为“法门寺”。这些佛寺自建成之日起，虽历经兵燹战乱洗礼，但一直在陕西地区乃至全国范围内发挥着重要的宗教传播作用。

佛教从位于南亚次大陆的印度来到中国，在中国经过近两千年的发展，形成了具有中国特色的宗教，文化体系庞大，从宗教信仰、思想义理、建筑形制、语言、文学、音乐、雕塑、园林、仪轨等多个方面对中华文化产生了重大影响，这些影响都能从陕西佛教历史中找到

丰富的内容。

第三，陕西具有博大精深的帝陵文化。陕西地区共计有帝陵 70 余座，主要有炎帝陵、黄帝陵、周文王陵、周武王陵、春秋战国时数代秦王陵、秦始皇陵，还有汉陵 11 座和唐陵 18 座等。伴随帝陵而出的有碑志、壁画、雕塑、服饰等反映不同时代的丧葬文化的文物珍品。

第四，陕西具有历史悠久的古城文化。漫长的历史时代，周、秦、汉、唐时期政治中心的所在，成就了陕西“秦中自古帝王州”的地位。陕西留存有众多古城遗址，如陕北石峁遗址、秦雍城遗址、汉长安城遗址，省会西安更是被称为十三朝古都。古城文化同样包含着一个文化体系，包括与古建筑、古城墙、古道路等相关的古代文化。

第五，陕西具有内涵丰富的制度文化。在陕西形成了一系列统治制度，成为中华文化中重要的组成部分，如周代的分封制、宗法制、礼乐制度、选官制度，秦代的郡县制、法制、文化制度，汉代的分封制、选官制度，唐代的科举制度、官阶制度、军事制度、法律制度、经济制度等。与制度文化相关的也有一个庞大的文化体系，涉及制度条例、施行方法、相关器物等。

第六，陕西具有各式各样的民俗文化。民俗文化是一种行为文化，是在长期历史发展中形成的文化表现形式。陕西民俗主要分为生活民俗、信仰民俗和民间艺术。生活民俗包括居住民俗、饮食喜好、生活习惯等，信仰民俗包括赶庙会、祭祀等，民间艺术包括民歌、戏曲和民间手工艺等。民俗文化中的华阴老腔、西安鼓乐以及皮影戏都已入选世界级非物质文化遗产。

第七，陕西具有独具价值的红色革命文化。“具体地说陕西红色文化资源是指革命战争年代在陕西形成的革命文献、文物、文学作品、革命战争遗址、纪念地，凝结在其中的革命精神、革命传统、革命历程以及中国共产党组织在革命战争年代中的政治、经济、文化、思想形态、规章制度和红色风情等。”（万生更，2010）中国近代历史进程中中国共产党在陕西建立的西北革命根据地、陕甘宁边区形成的抗日民主根据地，这些革命地域的选择在陕西形成了独一无二的革命文化。据2010年陕西党史部门革命遗址普查工作统计，陕西省有革命遗址2051个，其中19个确定为国家级爱国主义教育基地，30个为省级爱国主义教育基地，49个为市级爱国主义教育基地，128个为县级爱国主义教育基地。

总之，陕西地区历史悠久，形成的文化丰富多彩，物质文化遗存丰富。根据统计数据显示，截至2010年，陕西省全国重点文物保护单位有235处，全国排名第四位。这些文物保护单位中有古遗址、古墓葬、古建筑、石窟和石刻，以及近现代重要史迹。还有一部分物质文化例如不同时期的生态文化虽已淹没在历史发展中，但这些文化仍然可以对当前文化形成重要影响。精神文化方面，陕西地区在我国以儒、释、道为主的文化样态发展中提供了重要的源泉及动力。制度文化上，一大批原创性的制度都是以陕西地区为中心推广开去的，具有国内领先意义。行为文化上，在不同时期形成了具有时代特色及地方特色的民俗文化。

（二）以文化 IP 衍生品开发为抓手做强西部文化

第一，以创新提升传统旅游产品，进一步扩大文化市场。文化市场是推动文化发展的源动力，陕西具有广阔的文化市场。2018年2月

22日有媒体以"博物馆里过大年1079万人次在陕西体验传统中国年"为标题对2018年春节期间陕西地区的文化状况进行了统计分析，指出"陕西历史博物院、秦始皇帝陵博物院等陕西文博单位人气爆满。据统计，春节期间共有约1079万人次在陕西文博单位里体验传统文化，感受中华文明，追寻文化记忆。……春节期间，黄帝陵接待观众27.9万人次，同比增长9%；大明宫国家考古遗址公园接待观众41.2万人次，同比增长11%；城墙景区接待观众14.8万人次，同比增长13%；高陵场畔农耕文化博物馆接待观众44万人次，同比增长10%；澄城尧头窑传统古村落接待观众14.3万人次，同比增长4%；青木川古镇接待观众6.2万人次，同比增长18%"，"秦始皇帝陵博物院440 668人次，同比增长40.13%；陕西历史博物馆6万人次；西安碑林博物馆3.2万人次，同比增长42%；汉景帝阳陵博物院8578人次，同比增长13%；宝鸡青铜器博物院6.1万人次，同比增长6%；大唐西市博物馆7.2万人次，同比增长4%；延安革命纪念馆5.9万人次，同比增长6%；玉华宫博物馆接待观众15.9万人次，同比增长16%；陕西自然博物馆29万人次，同比增长22%；新开馆的梁带村芮国遗址博物馆11.4万人次，司马迁墓祠纪念馆38.7万人次，同比增长4%；乾陵博物馆15.3万人次，同比增长4%；法门寺博物馆33.5万人次，同比增长16%；旬阳红军纪念馆4.8万人次，同比增长12%"①。

第二，内容创新，以新时代需求为导向，促进创新型发展与创造性转化。习近平总书记在党的十九大报告中充分肯定了十八大以来我

①《博物馆里过大年 1079万人次在陕西体验传统中国年》，http://news.cnwest.com/bwyc/a/2018/02/22/15684036.html，发表于2018年2月22日，引用于2020年9月20日。

国文化事业和文化产业取得的重大成绩，明确指出中国特色社会主义进入了新时代，并以“我国社会主要矛盾已经转化为人民日益增长的美好生活需要和不平衡不充分的发展之间的矛盾”，这一崭新论断对新时代作了基本判断。党的十九大报告中还提出要建设网络强国、数字中国、智慧社会等，推动互联网、大数据、人工智能和实体经济深度融合，发展数字经济、共享经济，培育新增长点，形成新动能。我们可以从以下四个方面贯彻落实。

首先，将地方文化的内容开发作为西部地区文化创新创造的主打步骤，全面升级产业结构。

“文化元素 IP 化”是激活地方公共文化产业的核心能力。所谓“IP”，即知识产权，IP 作为一种新兴模式融入城市作为文化的载体，可以将更多的文化形象融于产业链中表现出来。而文化元素 IP 化则指通过挖掘城市历史街区、博物馆、文物保护单位、老字号等物质文化遗产，民风民俗、各种节庆和特色手工艺等非物质文化遗产，以及被人文化的自然遗产等等，凝练出城市的文化内核或者地区的一系列文化内涵。提炼周秦汉唐文化核心价值，明晰这四个朝代在中国历史上的地位和作用，发掘其世界影响力，这与其他地区高度异质，具备独一无二性，如果可以进行一系列的陕西公共文化元素的 IP 一体化开发，同步推出网络文学、游戏、动漫、电影、电视节目、衍生品等文化产品，继而与区域文化旅游、文化农业、文化体育、文化教育、文化商业等相关产业资源的集聚发展相互促进，实现全面良性发展。在文化产业带动下，陕西已出现了一批辨识度较高的文化品牌：“红色旅游文化”“佛教祖庭文化”“民俗文化”“黄陵祭祀”“丝绸之路国际艺术节”等文化品牌。大遗产文化建设“大唐芙蓉园”“汉长安城遗址”“昆明湖”也已经推出，同时又推出了一系列有影响的文化产品，如 2008 年陕西省委宣传部等拍摄的《舞动陕西》系列之《人文之脉》，2009 年陕西省委宣传部拍摄《望长安》系列之《秦砖汉瓦》《盛世之光》《佛骨灵光》《雁塔题名》《古调独弹》《鼓舞风神》、同年曲江影视拍摄的《大明宫》，2010 年陕西省委宣传部等拍摄的《大秦岭》，2012 年西安浐灞生态区拍摄的《天人长安》、陕西文化产业投资控股（集团）有限公司之《黄帝》，2014 年陕西省委宣传部等拍摄的《大美陕西》、陕西新华出版传媒集团之《佛都长安》、曲江影视之《西安城墙》，2015 年中央电视台等拍摄的《东方帝王谷》、陕西新华出版传媒集团之《帝陵：西汉帝陵》、曲江影视之《问道楼观》，2016 年拍摄于西咸新区秦汉新城的《从秦始皇到汉武帝》、西安市委宣传部之《关中书院》，2017 陕西省委宣传部等的《唐墓壁画中的丝路风情》《礼乐中国》等影视专题片，以及 2020 年 12 月极受欢迎的《装台》《大秦赋》等电视剧作品。

其次，洞见新时代文化需求的转变，精准转型。中国社会在文化转型方面的一个总体趋向，就是在普遍满足温饱之后，便开始了幸福感和自我认同的追求，更重视主观感受和精神生活的改善、生活环境和个人品位的提升。80 后、90 后、00 后可以说是基本上不再为温饱担忧的一批人，他们的消费偏好产生很大影响。而且，互联网让我们的社会变得越来越扁平化，大众所接受的文化产品越来越相似，年轻一代对创造新平台、消费新平台的需求越来越大。这个改变其实也是中国社会内在的新的发展空间。地方文化元素 IP 化，吸引了 85 后、90 后、00 后“网生代”的注意力，并持续产生文化影响力，让他们将更多时间投入在IP化各种线上场景，最终实现线下场景（深度体验）的汇聚和消费，一定程度上解决了旅游、地产开发、商业等产业最大的问题——人和消费的聚集。

再次，通过人工智能、数字体验等高科技加持，构建文化与科技融合的文化创新体系。文化企业与科技相结合，成为当前文化发展的重要方式。当今社会，信息化程度愈来愈高，文化的发展要紧紧跟随社会科技发展的步伐，同时信息技术的发展也能够为文化的发展提供新的动力支持。近年来，随着以数字技术、云计算、新一代移动通信技术、三网融合等为代表的信息技术的飞速发展，科技在文化产业创新发展中的重要引擎作用越来越明显。只有推动信息化和文化产业深度融合，才能不断提高文化产业的规模化、集约化、专业化水平。陕西在这方面有明显优势，西安市被认定为首批国家级文化和科技融合示范基地，陕西省也在积极进行“数字陕西·智慧城市”建设，同时大力支持高科技文化产业项目建设，以高新技术的优势增强文化产业的竞争优势。此外，还通过与在陕西省各类高校进行联合科研攻关，努力掌握一批为文化发展和文化传播提供有利技术支撑和创新动力的、具有自主知识产权的核心技术。

最后，培养文化人才，推广汉语文化，扩大世界影响。一方面，大力培养和引进高科技文化产业人才。将人才发展战略作为发展文化软实力的坚实保障，深入发掘人力资源，加大人才培养力度和不断完善引进制度，在陕西省高校内创建文化人才培养基地。另一方面，加快丝绸之路经济带高校孔子学院扩大建设，营造汉语学习氛围，培育汉语文化价值，继而在中华优秀传统文化走向世界的良好氛围中，打破中国文化走出去的成本壁垒；通过创新汉语教师培训机制、汉语教学模式、汉语考试和汉语教师资格认证机制，扩大中国教育、文化等各种信息咨询业务范围，进一步提升汉语文化价值和实用价值；着力打造全球汉语学习趋势下的自主文化品牌，形成一大批城市名片、文化 IP 代言人，开发出一系列形象鲜明的地区文创产品。

四、优化西部地区外部环境

（一）降低交易成本

交易成本的概念涵盖范围很广，除了进一步加大西部地区的基础设施和基础建设的投入，改善西部地区的交通、环境，从硬件上改变西部地区的封闭状态，转变西部地区区位劣势外，在网络时代，交易费用的降低还包括以互联网、电信通信为媒介传播扩散知识和科学技术，因此要增加西部地区电话、互联网、宽带拥有率，提高交通运输和邮电通信的增加值。

交易成本降低的重要推动力还包括产权制度的明晰。西部地区由于产权不明晰造成的交易效率低下已经成为其参与国际分工的重大障碍，这一情况可以通过以下方式得到改善：第一，放手引进民间资本，拓宽融资渠道；第二，鼓励优势企业互相参股，通过多种方式对产品关联性强的国有企业进行跨地区和跨行业的资产重组；第三，鼓励优势企业对经营困难的企业进行收购，盘活资产；第四，进一步建立和完善产权制度，培育产权交易市场，推进产权多元化的股份制改革；第五，培养大众基础，提高群众的思想意识。关于大众基础，我们认为制度变迁的成功必须有自发性的大众基础，只有提高广大群众的思想意识，形成配套的意识形态和价值观，才能顺利地推行制度的改革。

（二）改善科技创新环境

一个地区要想实现赶超，最重要的是知识、人力资本和向他人学习的能力。要想长期处于领先水平，就要进行科技创新，并且这个创新过程必须是源源不断、长期持久的。

第一，交易成本的降低依赖于科技水平的提高。限制西部地区分工发展和深化的一个重要因素就是运输、仓储、信息传送、物流条件的落后加大了西部地区的交易成本。要改变这一现状，就需要加大对西部地区研发的投入。通过对西部地区仓储、物流平台实行电子化、信息化的高新技术管理，可以提高交易的效率，节省管理的成本。

第二，加强“政、产、学、研”的合作，加快科技成果的转化。针对西部许多企业创新能力还未形成，科研机构又与市场相对脱节的情况，政府要大力打造科技创新的合作平台，为企业寻找对口的技术支持单位，或者鼓励规模较大的企业成立自己的研究院，形成自主知识产权，大力推出自主品牌。

（三）创造良好市场环境

从国内来看，西部地区和东部地区相比，市场化进程较慢，要素的流动性也较差。政府针对创造良好市场环境出台了一系列政策，包括对原料和中间产品提供减免关税等财政激励，后来又为建立出口加工区等制定了成套的鼓励参与国际工序分工的措施，但是国家的政策倾斜也是有限的，许多鼓励加工贸易的关税政策对西部的照顾逐渐取消，如降低劳动密集型初级加工产品的出口退税率等，因此要争取更多的优惠政策。从国际上看，金融危机中，发达国家出现外单骤减的情况，发展中国家出现外需大规模萎缩，违约率增高，FDI 大幅减少，融资减弱的情况，对此要从调整产业结构、转变生产方式和着眼长期效应的角度制定政策。因此政府要通过加强生产资料市场、要素投入体系建设，完善养老保险和社会保障、国有资产管理等制度，吸引要素流动；鼓励提高贸易自由度、降低关税的政策和出口加工政策等的具体实施措施来扩大市场开放度。政府还应致力于建设公平竞争的市场环境，提高市场主体遵守合同准则的意识和履约能力，强调企业和个人诚信，创造良好的市场氛围。稳定的政治体制、良好的社会治安都是分工方在决定是否实行投资、设立分公司、开展生产运营、提出发包需求时的重要影响因素，因此要维护良好的社会秩序。政府还需要改善市场环境，提高政府服务的水平和效率，培育多样化的市场主体，鼓励竞争。另外世纪初的金融危机中出现了很多外方合同违约、欠款增多的情况，贸易保护主义抬头，关税壁垒重现，自由贸易条件严峻，因此必须要形成良好的经济秩序，同时培养大量国际贸易方面的专家和法律人才。

（四）引导外商直接投资

我国在入世后，相继修订完善了相关政策，通过《企业所得税法》和《外商投资产业指导目录》的颁布取消了外商投资企业的“超国民待遇”，严格限制低水平、高消耗、高污染外资项目进入，还进一步扩大了服务业开放。新的外商投资政策需要引导外资对高技术和高增值的领域进行投入，比如从发展一般制造业到高端制造业、先进装备制造业、基础产业，尤其是近年来外商投资的研发中心、集成电路、计算机、通信产品等高科技项目逐渐增多，有利于发挥FDI的技术溢出效应，促进高新技术产业发展。当然对关系到国民经济命脉的产业和涉及国家安全的高新技术产业需要实行一定的行业保护政策，而关系国计民生的水、电、油、食品等资源类的产业则不能完全受外资控制。要增加FDI对于研发创新的贡献，对FDI带来的技术资源、市场资源、管理优势加以利用，提高FDI对于东道国的有效利用性。

（五）努力提升产业竞争力

西部地区政府要加大资源整合力度，培育龙头企业，积极鼓励和引导企业提高核心技术开发利用，将其做大做强，把周边中小企业吸纳、整合到产业分工体系和配套产业链上来。要引导集群内企业加强技术改造和规模扩张，增强自身核心资源优势，而将一般的零部件和半成品，通过集群的专业化协作网，分散到中小企业中去，形成大中小企业的协作生产体系。同时，西部企业集群内技术能力强、资金实力雄厚、产品品牌和声誉高且具有较强市场营销网络的中心企业，应与配套企业及辅助企业建立积极的战略合作伙伴关系，降低交易成本，加强互动沟通，相互学习，实现共同成长。行业协会等中介组织则要积极推进国际分工协作工作，通过产业集群内纵向企业的前向和后向联系，在产业链上形成分工与合作，水平联系企业之间的合作与竞争，在依赖相关公共政策的同时，依靠中介组织的作用，将企业联合到一起，形成网络化组织，提高集群的效率，从而提升产业的竞争力。

第八章　结论和有待进一步研究的问题

一、结论

世界经济一体化进程日渐加快，中国已经进入了全球生产网络中。改革开放以来中国作为发展中国家制成品出口大幅度上升，并且出口产品主要与纵向一体化的制造业中的劳动密集型专门环节相联系，形成了以工序、环节为对象的产品内国际分工的经济现象。西部地区作为欠发达地区，具备丰富的自然资源优势，然而却落后于国际分工的大潮，与东部地区的经济水平差距越拉越大，因此我们通过研究西部地区国际分工的宏观、微观环境和影响因素，在总结西部地区国际分工特征的基础上，提炼出了西部地区国际分工的两大本质属性，并对影响西部地区参与国际分工的因素进行了研究，进而将其和东部地区进行对比，找出东部地区和西部地区参与国际分工差异的本质和影响西部地区参与国际分工的关键因素，最终探索出一条可以促进西部地区产业升级的解决之道。本书得出的主要结论如下：

第一，提出了西部地区国际分工的本质属性。在国际分工理论的基础上，结合西部地区国际分工发展的历史，指出西部地区国际分工具有被动性、局限性、梯度性和非平衡性四大特征，在此基础上提炼出了西部地区国际分工的本质属性，即资源导向性和制度导向性，归纳出国际分工对西部地区的产业升级、技术进步、产业集群和劳动力就业所具有的促动效应。

第二，找出了影响西部地区国际分工的因素。我们分别从宏观角度和微观角度对影响西部地区国际分工的因素进行了全面、系统的分析。在剖析其本质属性的基础上，对这些影响因素从比较优势、规模经济和外部环境三方面进行了检验，以实证的方法对比分析了西部地区与东部地区国际分工影响因素的差异，发现西部地区的开放程度和人均 GDP 与国际分工是负相关的，并对西部地区和东部地区国际分工行业和规模差异以及制度政策进行了全面分析，找到了西部地区国际分工与东部地区差异的根源。

第三，从制度层面提出了解决西部地区国际分工的对策。新政治经济学中的制度因素对以资源型为主导的西部地区行业透明度差、交易费用较高、旧制度遗留造成的深层次因素可提供合理的阐释，对于解决“落后—引进—再落后—再引进”路径依赖的问题很有启发。解决资源型产业的垄断性、产权不明晰造成的种种弊端（资本流动渠道不畅通，交易成本高等）、资源型产业升级问题和资源型城市转型的问题，要结合西部从封闭式经济到开放式经济的转变和城乡经济二元化的特定历史阶段的特点进行细致部署、深思熟虑的制度创新和改革。要进行主导产业产权明晰的制度改革，获得利益相关人的支持，并且要进行更深层次的户籍管理制度、教育制度、人才培养制度的变革。同时还要提高广大群众的思想意识，形成配套的意识形态和价值观，这样才能顺利地推行制度改革。

二、有待进一步研究的问题

第一，西部地区国际分工的具体问题还有待深入研究。西部大开发“资源诅咒”的问题和对环境造成的不可逆的破坏问题的解决，急需对资源型产业战略发展问题、西部国际分工的产业转型问题、产业国际及地区转移问题进行专门深入研究。此外，对产业升级中企业，特别是中小企业出口中遇到的深层次问题，如制度障碍、资金障碍、资源配置不合理和行政市场分割、产权的划分与保护这些与分工和专业化息息相关的具体问题的研究也需尽快展开。

第二，以资源为主导的国际分工实证研究还有待加强。对西部地区国际分工进行的实证分析还较少，对国际分工影响因素的传导机制鲜有专门研究，因此对以资源型产业为主导的西部地区参与国际分工的测度和实证研究可以说尚未充分展开，基于国际分工尚不完美的理论框架下的模型也并非完美。这预示着国际分工的理论创新、研究方法改进和技术路线合理化的工作任重而道远。

第三，西部地区国际分工的制度因素还有待长期研究。西部地区国际分工的经济影响因素很多，但西部问题的特殊性在于制度、意识、价值观等非经济因素的影响，因此制度创新和改革需要启动并长期进行下去，为此也就需要长期跟进研究制度变迁对国际分工的影响。

主要参考文献

一、专著（一般专著、论文集、会议集等）

埃尔赫南·赫尔普曼，保罗·R. 克鲁格曼，2009. 市场结构和对外贸易：报酬递增、不完全竞争和国际经济［M］. 上海：上海人民出版社.

大卫·李嘉图，2005. 政治经济学及赋税原理［M］. 周洁，译. 北京：华夏出版社.

戴博勋，沈宏达，2001. 现代产业经济学［M］. 北京：经济管理出版社.

道格拉斯·C. 诺斯. 制度、制度变迁与经济绩效［M］. 刘守英，译，1994. 上海：生活·读书·新知三联书店.

豆建民，2009. 区域经济发展战略分析［M］. 上海：上海人民出版社.

樊纲，王小鲁，2004. 中国市场化指数：各地区市场化相对进程 2004 年度报告［M］. 北京：经济科学出版社.

李金华，等，2007. 中国产业：结构、增长及效益［M］. 北京：清华大学出版社.

李增刚，2008. 新政治经济学导论［M］. 上海：上海人民出版社.

卢锋，2007. 服务外包的经济学分析：国际分工视角［M］. 北京：北京大学出版社.

陆大道，等，2003.2002 中国区域发展报告：战略性结构调整与区域发展新格局［M］. 北京：商务印书馆 .

罗纳德·哈里·科斯，1990. 企业、市场与法律［M］. 盛洪，陈郁，译 . 上海：生活·读书·新知三联书店 .

马歇尔，1965. 经济学原理［M］. 北京：商务印书馆 .

迈克尔·波特，2007. 国家竞争优势［M］. 李明轩，邱如美，译 . 北京：中信出版社 .

聂华林，马增明，2008. 中国西部新型工业化道路研究［M］. 北京：中国社会科学出版社 .

乔治·斯蒂格勒，1990. 价格理论［M］. 施仁，译 . 北京：北京经济学院出版社 .

盛洪，2006. 分工与交易：一个一般理论及其对中国非专业化问题的应用分析［M］. 上海：上海人民出版社 .

思拉恩·埃格特森，1996. 新制度经济学［M］. 吴经邦，李耀，朱寒松，等，译 . 商务印书馆 .

藤田昌久，雅克－佛朗科斯·蒂斯，2004. 集聚经济学［M］. 刘峰，张雁，陈海威，译 . 成都：西南财经大学出版社 .

汪丁丁，1995. 经济发展与制度创新［M］. 上海：上海人民出版社 .

王长坤，2017. 陕西孔庙遗存及其文化价值研究［M］. 北京：科学出版社 .

威廉森，2001. 治理机制［M］. 王健，等，译 . 北京：中国社会科学出版社 .

威廉姆森，2002. 资本主义经济制度［M］. 段毅才，王伟，译 . 北京：商务印书馆 .

魏后凯，2000. 中西部工业与城市发展［M］. 北京：经济管理出版社 .

西奥多·W. 舒尔茨，2001. 报酬递增的源泉［M］. 姚志勇，刘群艺，译 . 北京：北京大学出版社 .

小岛清，1987. 对外贸易论［M］. 周宝廉，译 . 天津：南开大学出版社 .
亚当・斯密，1983. 国民财富的性质和原因的研究［M］. 上册 . 北京：商务印书馆 .
杨公朴，夏大慰，1999. 现代产业经济学［M］. 上海：上海财经大学出版社 .
杨公朴，夏大慰，2002. 产业经济学教程［M］.2 版 . 上海：上海财经大学出版社 .
杨龙，2004. 西方新政治经济学的政治观［M］. 天津：天津人民出版社 .
杨小凯，黄有光，1999. 专业化与经济组织：一种新兴古典微观经济学框架［M］. 张玉纲，译 . 北京：经济科学出版社 .
杨小凯，2003. 经济学：新兴古典与新古典框架［M］. 张定胜，张永生，李利明，译 . 北京：社会科学文献出版社 .
于今，2017. 大国前途："一带一路"与国家安全［M］. 北京：中央编译出版社 .
朱英明，2004. 城市群经济空间分析［M］. 北京：科学出版社 .
朱英明，2005. 中国产业集群分析［M］. 北京：科学出版社 .
HYMER S H, 1976. The international operations of national firms: A study of direct foreign investment[M]. Cambridge, Mass. : MIT press.
KRUGMAN P, 1991a. Geography and trade[M]. Cambridge, Mass. : MIT Press.
NG F, YEATS A, 1999. Production sharing in East Asia: Who does what for whom and why?[M]. Washington, D. C. : World Bank.
NORTH D C, 1990. Institutions, institutional change, and economic performance[M]. Cambridge: Cambridge University Press.
NORTH D C, 1993. Toward a theory of institutional change[M]. Cambridge: Cambridge University Press.

POON W C, 1985. The development of Malaysian economy[M]. Pearson Prentice Hall, 2004

PORTER M E, 1985. Competitive advantage[M]. New York: The Free Press.

STIGLITZ J E, 1986. Economics of the public sector[M]. New York: W. W. Norton & Company.

二、报告

上海美国商会，博斯公司，2010. 中国制造业竞争力研究 2009–2010[R]. 上海：9–10.

DEARDORFF A V, 1998. Fragmentation across cones fragmentation: New production patterns in the world economy[R]. Michigan: University of Michigan (Research seminar in international economics).

FEENSTRA R C, HANSON G H, 2004. Ownership and control of outsourcing to China: Estimating the property–rights theory of the firm[R]. California: University of California and NBER.

FEENSTRA R C, SPENCER B J, 2005. Contractual versus generic outsourcing: The role of proximity[R]. Columbia: University of British Columbia and NBER.

FRANCOISE L, UNAL–KESENCI D, 2002. China in the international segmentation of production processes[R]. CEPII Research Center Working Paper No. 2002–02.

GROSSMAN G M, ROSSI–HANSBERG E, 2006. Trading Tasks: A simple theory of offshoring[R]. Cambridge: NBER working paper.

ISHII J, YI K M, 1997. The growth of world trade[R]. Federal reserve rank of New York research paper, No. 9718.

UNCTAD, 2004. World investment report 2004: The shift towards services [R].

UNCTAD Handbook of Statistics.

UNCTAD, 2010. World investment report 2010: Investing in a low-carbon economy[R]. UNCTAD Handbook of Statistics.

三、专著中的析出文献

林毅夫，1994. 关于制度变迁的经济学理论：诱致性变迁与强制性变迁［G］// 科斯，阿尔钦，诺斯 . 财产权利与制度变迁：产权学派与新制度学派译文集 . 刘守英，等，译 . 上海：上海人民出版社 .

GEREFFI G M, 1994. The organization of buyer-driven global commodity chains: how US retailers shape overseas production networks[M]//GEREFFI G, KORZENIEWICZ M. Commodity chains and global capitalism. Westport: Praeger: 95-122.

JONES R W, KIERZKOWSKI H, 1990. The role of services in production and international trade: A Theoretical framework[R]//JONES R W, KRUGER A O. The political economy of international trade. Oxford, UK: Blackwell.

JONES R W, KIERZKOWSKI H, 2000. Globalization and the consequences of international fragmentation[M]//DORNBUSCH R, et al. Money, capital mobility, and trade: Essays in honor of Robert A. Mundell. Cambridge, Mass. : The MIT press.

JONES R W, KIERZKOWSKI H, 2001. A Framework for fragmentation[M]// ARNDT S W, KIERZKOWSKI H. Fragmentation: New production patterns in the world economy. Oxford: Oxford University Press: 17-34.

PRICE C V, 2001. Some causes and consequences of fragmentation[M]//ARNDT S W, KIERZKOWSKI H. Fragmentation: New production patterns in the world economy [M]. Oxford: Oxford University Press: 88-107.

WAN H Jr, 2001. Function vs. Form in the fragmented industrial structure: Three examples from Asia pacific experience[M]//CHENG L K, KIERZKOWSKI H. Global production and trade in East Asia. Boston: Kluwer Academic Publishers: 56–61.

四、连续出版物中的析出文献

阿林·杨格，1996. 报酬递增与经济进步［J］. 经济社会体制比较（2）：52–57.

艾民，陈萍，2008. 西部地区发展加工贸易的目标定位及对策选择［J］. 西安电子科技大学学报（社会科学版）（5）：85–89.

边古，2000. 中国西部地区工业化的回顾与前瞻［J］. 中国工业经济（4）：35–42.

陈刚，刘燕鹏，杨兴宪，等，2003. 西部资源经济比较优势的分析［J］. 资源科学（4）：79–84.

戴翔，2010. 产品内分工、出口增长与环境福利效应：理论及对中国的经验分析［J］. 国际贸易问题（10）：57–63.

戴翔，张二震，2011. 产品内分工、危机冲击与全球贸易［J］. 江海学刊（1）：72–78，238.

董志凯，2008. “一五”计划与 156 项建设投资［J］. 中国投资（1）：108–111.

樊纲，2005. 中国各地区市场化进展状况［J］. 经济纵横（11）：2–4，58.

范爱军，高敬峰，2008. 产品内分工视角下的中国制造业比较优势分析［J］. 国际经贸探索（3）：4–9.

付强，涂裕春，2009. 改革开放 30 年来西部地区外贸出口情况分析与思考［J］. 西南民族大学学报（人文社科版）（3）：47–50.

干春晖，戴榕，李素荣，2002. 我国轿车工业的产业组织分析［J］. 中国工业经济（8）：15–22.

高春亮，李善同，周晓艳，2008. 专业化代工、网络结构与我国制造业升级［J］. 南京大学学报（哲学・人文科学・社会科学版）（2）：66–73.

郭爱君，武国荣，2007. 改革开放以来我国西部地区产业结构的演变分析［J］. 甘肃社会科学（5）：41–43.

郭俊华，2005. 西部地区走新型工业化道路的优劣势分析及路径选择 [J]. 生产力研究（11）：124–126.

韩耀，曹杰，庄尚文，2005. 网络经济下国际分工的演化及其经济机理研究［J］. 国际贸易问题（10）：24–28.

何剑锋 .2017. 制造业集聚影响因素分析：来自中国 265 个城市的经验证据［J］. 现代商贸工业（3）：1–2.

何龙斌，2010. 基于产业集群的西部地区承接东部产业转移研究［J］. 商业研究（8）：144–147.

侯增艳，2008. 比较优势与加工贸易：基于中国各省市的实证分析［J］. 经济问题（11）：119–122.

胡国良，2005. 长江三角洲地区制造业国际分工定位及其发展困局分析［J］. 世界经济与政治论坛（5）：59–62.

胡昭玲，2007. 产品内国际分工对中国工业生产率的影响分析［J］. 中国工业经济（6）：30–37.

胡昭玲，张蕊，2008. 中国制造业参与产品内国际分工的影响因素分析［J］. 世界经济研究（3）：3–8，87.

华德亚，董有德，2007. 跨国公司产品内分工与我国的产业升级［J］. 安徽大学学报（哲学社会科学版）（6）：139–143.

黄苹，2008. 自主创新、技术模仿与地区经济增长研究［J］. 软科学（8）：87–90.

黄新飞，2018. 国际贸易、FDI 和国际 R & D 溢出：基于中国省份面板数据的实证分析［J］. 中山大学学报（社会科学版）（2）：187–196.

黄兴年，2011. 产品内垂直国际分工的锁定化风险与中国对外经济失衡形成的内在机制［J］. 学术研究（1）：64–71.

惠宁，2006a. 分工深化促使产业集群成长的机理研究［J］. 经济学家（1）：108–114.

惠宁，2006b. 社会资本与产业集群的互动研究［J］. 西北大学学报（哲学社会科学版）（2）：30–35.

江静，刘志彪，2007. 全球化进程中的收益分配不均与中国产业升级［J］. 经济理论与经济管理（7）：26–32.

蒋笑梅，李贵春，2010. 产品内分工视角的物流产业界定［J］. 港口经济（2）：15–18.

焦媛媛，范静燕，李科，2009. 中国汽车产业的全球价值链治理模式及产业升级研究［J］. 科技管理研究（6）：388–390，369.

金芳，2006. 产品内国际分工及其三维分析［J］. 世界经济研究（6）:4–9.

孔翔，钱俊杰，2009. 我国大城市近郊的高科技产业发展：基于产品内分工的视角［J］. 经济地理（12）：1985–1989，2017.

李慧，2010. 增强西部地区科技能力的机制创新研究［J］. 科学与管理（5）：70–74.

李京文，姚蔚，2004. 发展我国自主汽车工业的战略选择［J］. 中国软科学（5）：5–10.

李平，江强，林洋，2018.FDI 与“国际分工陷阱”：基于发展中东道国 GVC 嵌入度视角［J］. 国际贸易问题（6）：119–132.

李显君，谢南香，徐可，2009. 我国自主品牌汽车企业技术竞争力实证分析

［J］. 中国软科学（5）：125–134.

李以学，李小兵，华中，2002. 加大西部开发力度 缓解西部就业压力［J］. 宏观经济管理（11）：20–22.

林建华，任保平，2009. 西部大开发战略 10 年绩效评价：1999–2008［J］. 开发研究（1）：48–52.

林丽萍，2002. 论西部地区对外贸易的发展与产业优势培育［J］. 改革与战略（9）：35–37.

林毅夫，任若恩，2007. 东亚经济增长模式相关争论的再探讨［J］. 经济研究（8）：4–12，57.

林毅夫，2007. 必须用“比较优势”发展经济［J］. 财经界（9）：114–115.

林毅夫，2007. 潮涌现象与发展中国家宏观经济理论的重新构建［J］. 经济研究（1）：126–131.

刘利民，崔日明，2011. 我国各行业国际产品内贸易发展水平：基于垂直专业化指数法的测算［J］. 国际经贸探索（4）：9–14.

刘似臣，2005. 我国加工贸易的产业升级效应研究［J］. 统计研究（2）：31–34.

刘晓昶，刘志彪，2001. 论跨国公司的垂直专业化发展趋势：兼论中国企业的竞争战略［J］. 江海学刊（4）：32–37.

刘勇，2007. 论服务业与制造业的协同发展［J］. 学习与探索（6）：150–154.

刘用明，2004. 论促进西部地区经济跨越式发展的外贸支持［J］. 生产力研究（4）：87–89.

刘友金，胡黎明，2011. 产品内分工、价值链重组与产业转移：兼论产业转移过程中的大国战略［J］. 中国软科学（3）：149–159.

刘志彪，2007. 服务业外包与中国新经济力量的战略崛起［J］. 南京大学学报（哲学·人文科学·社会科学版）（4）：49–58.

娄勤俭，2015. 坚定发展信心 实现追赶超越：深入学习习近平总书记关于陕西发展的重要论述［J］. 求是（15）：27–29.

卢锋，2004. 产品内分工［J］. 经济学（4）：55–82.

卢福财，胡平波，2008. 全球价值网络下中国企业低端锁定的博弈分析［J］. 中国工业经济（10）：23–32.

卢中原，2002. 西部地区产业结构变动趋势、环境变化和调整思路［J］. 经济研究（3）：83–90，96.

陆大道，2011. 西部发展新战略：富民及发挥主体功能应为主干［J］. 资源环境与发展（1）：1–2.

陆甦颖，王晓磊，2010. 我国制造业参与国际产品内分工影响因素的实证分析［J］. 国际贸易问题（12）：97–101.

马涛，刘仕国，2010. 产品内分工下中国进口结构与增长的二元边际：基于引力模型的动态面板数据分析［J］. 南开经济研究（4）：92–109.

马野青，2010. 产品内分工视角的中国外贸顺差及其利益分析［J］. 世界经济与政治论坛（1）：27–36.

潘彬，2005. 我国西部地区经济发展中本土制度创新研究［J］. 经济地理（2）：269–272，288.

卜国琴，刘德学，2006. 新兴古典经济学与全球生产网络的兴起［J］. 江苏商论（4）：145–147.

蒲华林，张捷，2010. 产品内国际分工与中国零部件贸易：理论、现状和问题［J］. 世界经济研究（4）：31–38，88.

蒲华林，2010. 产品内国际分工与贸易的决定因素：基于中国零部件贸易数据的实证分析［J］. 国际贸易问题（5）：3–11.

钱书法，周绍东，2010. 产品内分工陷阱：马克思分工理论与产品建构理论的解释及其比较［J］. 经济学家（10）：39–45

邱爽，周明友，2008. 交易成本与西部经济的发展［J］. 经济与管理（2）：40–43.

任保平，2005. 西部经济发展的社会分工和制度变迁［J］. 经济学家（3）：123–124.

任保平，钞小静，2006. 西部经济发展的长期机制：社会分工和制度变迁视角的分析［J］. 兰州大学报（社会科学版）（2）：97–103.

任志成，武晓霞，2009. 承接服务外包的就业效应［J］. 南京审计学院学报（3）：1–6.

任重，2011. 基于产品内分工的贸易政策研究［J］. 中央财经大学学报（3）：50–55.

蒲华林，2011. 产品内国际分工与贸易对我国贸易平衡的影响分析［J］. 国际贸易问题（4）：15–23.

邵秀丽，任启平，2009. 我国中西部地区产业集群发展研究［J］. 东南亚纵横（10）：79–82.

盛洪，1991. 制度变革、经济发展和宏观经济变动［J］. 经济研究（12）：22–32.

施炳展，2010. 中国出口产品的国际分工地位研究：基于产品内分工的视角［J］. 世界经济研究（1）：56–62，88–89.

施炳展，冼国明，逯建，2012. 地理距离通过何种途径减少了贸易流量［J］. 世界经济（7）：22–41.

孙文远，2006. 产品内分工刍议［J］. 国际贸易问题（6）：20–25.

孙文远，魏昊，2007. 产品内国际分工的动因与发展效应分析［J］. 管理世界（2）：162–163.

孙文远，臧新，任志成，2010. 产品内国际分工对就业的影响：以江苏省为例［J］. 审计与经济研究（1）：100–104.

孙文远，姜德波，2010. 产品内国际分工的劳动生产率效应：基于长三角与珠三角的经验研究［J］. 产业经济研究（4）：75–81.

谭秀杰，周茂荣，2015.21 世纪“海上丝绸之路”贸易潜力及其影响因素：基于随机前沿引力模型的实证研究［J］. 国际贸易问题（2）：3–12.

唐海燕，张会清，2009a. 中国在新型国际分工体系中的地位：基于价值链视角的分析［J］. 国际贸易问题（2）：18–26.

唐海燕，张会清，2009b. 产品内国际分工与发展中国家的价值链提升［J］. 经济研究（9）：81–93.

唐宜红，马风涛，2009. 国际垂直专业化对中国劳动力就业结构的影响［J］. 财贸经济（4）：94–98.

田文，2007. 加工贸易的分配效应分析［J］. 世界经济（1）：12–19.

万生更，2010. 陕西红色文化资源价值探析［J］. 理论导刊（4）：79–81.

万生新，2004. 我国西部市场体系的现状及完善对策［J］. 零陵学院学报（6）：21–23.

王爱虎，钟雨晨，2006. 中国吸引跨国外包的经济环境和政策研究［J］. 经济研究（8）：81–92.

王保林，2008. 发展中国家汽车产业发展的一种模式［J］. 中国软科学（4）：23–32.

王晨佳，2010. 国际分工背景下西部地区制造业技术引进的思考［J］. 生产力研究（2）：184–186.

王德利，方创琳，2010. 中国跨区域产业分工与联动特征［J］. 地理研究

（8）：1392–1406.

王芳，2009. 陕西市场机制与政府调控有效结合研究［J］. 陕西行政学院学报（1）：83–88.

王缉慈，林涛，2007. 我国外向型制造业集群发展和研究的新视角［J］. 北京大学学报（自然科学版）（6）：839–846.

王冉，2007. 关于促进中部地区崛起的政策问题研究［J］. 地域研究与开发（6）：23–27.

王燕玲，林峰，2005. 西部地区应积极承接东部地区产业转移［J］. 经济问题探索（2）：11–14，36.

王瑛，2008. 西部地区招商引资形成产业集群效应研究［J］. 经济体制改革（2）：149–152.

王中华，赵曙东，2009. 中国工业参与国际垂直专业化分工影响因素的实证分析［J］. 上海经济研究（8）：3–12.

魏后凯，2001. 中国区域基础设施与制造业发展差异［J］. 管理世界（6）：72–80，213.

魏后凯，2007. 大都市区新型产业分工与冲突管理：基于产业链分工的视角［J］. 中国工业经济（2）：28–34.

邬艳红 .2006. 浅析企业集群与西部地区中小企业国际化［J］. 商场现代化（14）：201–202.

吴福象，刘志彪，2009. 中国贸易量增长之谜的微观经济分析：1978—2007［J］. 中国社会科学（1）：70–83，205–206.

熊书芳，曲波，南佩伶，2019. 基于因子分析法的区域科技成果转化能力评价研究：以西部 12 省市为例［J］. 中国经贸导刊（理论版）（12）：65–67.

徐小钦，杨红艳，2008. 我国汽车产业集群发展的对策研究：以西南地区重庆市汽车产业集群为例［J］. 科技管理研究（1）：220–223.

徐毅，2010. 中国贸易顺差的结构分析与未来展望［J］. 国际贸易问题（2）：19–24.

许晔，2003. 西部地区产业升级的推动力分析［J］. 学术探索（7）：77–80.

许治，师萍，2005. 我国汽车产业技术能力发展战略［J］. 中国软科学（5）：126–129，125.

闫小培，林耿，等，2007. 大珠江三角洲的产业升级与国际竞争力［J］. 经济地理（6）：972–976.

杨国才，2009. 东部产业转移与中西部“三农”问题化解［J］. 上海经济研究（8）：42–49.

杨继军，张如庆，张二震，2008. 承接国际服务外包与长三角产业结构升级［J］. 南京社会科学（5）：1–7.

杨其静，李小斌，方明月，2010. 市场、政府与企业规模分布：一个经验研究［J］. 世界经济文汇（1）：1–15.

杨先明，2008. 国际直接投资、能力结构与西部经济赶超［J］. 云南财经大学学报（6）：3–11.

游达明，赖流滨，2006. 我国汽车制造区域竞争力综合评价体系研究［J］. 统计与决策（3）：69–71.

喻春娇，杨佳，2004. 努力提升西部地区经济的集聚效应［J］. 宏观经济管理（11）：47–49.

袁欣，2005. 中国西部地区比较优势的实证分析［J］. 北方经济（10）：15–17.

曾铮，王鹏，2007. 产品内分工理论的历史沿承及共范式嬗变［J］. 首都经济贸易大学学报（1）：86–91.

张方晶，2007. 中国汽车工业布局的战略研究［J］. 学习月刊（14）：29，64.

张会清，唐海燕，2012. 中国的出口潜力：总量测算、地区分布与前景展望——基于扩展引力模型的实证研究［J］. 国际贸易问题（1）：12–25.

张纪，2008. 产品内国际分工的技术扩散效应：基于中国 1980—2005 年时间序列数据的实证分析［J］. 世界经济研究（1）：53–58，85–86.

张纪，马凌，2011. 产品内分工条件下中国对外贸易利得及失衡机理探析［J］. 科技经济市场（1）：32–33.

张建平，2010.“十二五”时期国际产业转移与分工变化及对我国的影响［J］. 中国经贸导刊（14）：23–26.

张军，李晓丹，2010. 新企业国际化理论对我国西部地区企业国际化的启示［J］. 商业时代（25）：128–129.

张明志，2008. 国际外包对发展中国家产业升级影响的机理分析［J］. 国际贸易问题（1）：42–47.

张少军，刘志彪，2009. 全球价值链模式的产业转移：动力、影响与对中国产业升级和区域协调发展的启示［J］. 中国工业经济（11）：5–15.

张少军，刘志彪，2010. 区域一体化是国内价值链的“垫脚石”还是“绊脚石”：以长三角为例的分析［J］. 财贸经济（11）：118–124.

张唯实，2006. 区域分工与西部地区经济发展战略［J］. 发展（12）：67–68.

张小蒂，孙景蔚，2006. 基于垂直专业化分工的中国产业国际竞争力分析［J］. 世界经济（5）：12–21.

赵红军，2005. 交易效率：衡量一国交易成本的新视角——来自中国数据的检验［J］. 上海经济研究（11）：3–14.

赵立斌，2012. 东盟在全球产品内分工的地位与跨国公司 FDI［J］. 国际贸易问题（10）：86–96.

赵延东，张文霞，2008. 集群还是堆积：对地方工业园区建设的反思［J］. 中国工业经济（1）：131–138.

中国经贸导刊编辑部，2010. 西部大开发十年：回顾与前瞻［J］. 中国经贸导刊（14）：8–12.

朱英明，张雷，2008. 增强城市群整体竞争力：路径选择与学习策略——基于城市群集体学习的演化博弈视角［J］. 经济问题探索（2）：51–55，65.

ARNDT S W, 1997. Globalization and the open economy[J]. North American journal of economics and finance, 8（1）: 71–79.

BALASSA B, 1965. Trade liberalization and "revealed" comparative advantage[J]. The Manchester school, 33（2）: 99–123

BALDWIN R E, 2000. Regulatory protectionism, developing nations, and a two–tier world trade system[J]. Brookings trade forum,（2000）: 237–280.

BHAGWATI J, DEHEJIA V, 1993. Freer trade and wages of the unskilled: is Marx striking again?[J]. Trade and wages: Leveling wages down,（12）: 36–75.

BUCKLEY P J, 2006. Stephen Hymer: Three phases, one approach?[J]. International Business Review, 15（2）: 140–147.

CHEN Y M, ISHIKAWA J, Yu Z H, 2004. Trade liberalization and strategic outsourcing[J]. Journal of international economics, 63（2）: 419–436.

COASE R H, 1937. The nature of the firm[J]. Economica, 4（16）: 386–405.

CUSMANO L, MANCUSI M L, MORRISON A, 2008. Innovation and the geographical and functional dimensions of outsourcing: An empirical investigation based on Italian firm level data[J]. Structural change and economic dynamics,（4）: 183–195.

DEARDORFF A V, 2001. Fragmentation in simple trade models[J]. The North

American journal of economics and finance, 12（2）: 121–137.

DELL M, JONES B F, OLKEN B A, 2009. Temperature and income: Reconciling new cross–sectional and panel estimates[J]. American economic review, 99（2）: 198–204.

DIXIT A K, GROSSMAN G M, 1982. Trade and protection with multistage production[J]. Review of economic studies, 49（4）: 583–594.

FEENSTRA R C, HANSON G H, 1996. Globalization, outsourcing, and wage inequality[J]. American economic review, 86（2）: 240–245.

FEENSTRA R C, 1998. Integration of trade and disintegration of production in the global economy[J]. Journal of economic perspectives, 12（4）: 31-50

FINGER J M, 1975. Tariff provisions for offshore assembly and the exports of developing countries[J]. The economic journal, 85（338）: 365-371.

GROSSMAN G M, HELPMAN E, 2002. Integration versus outsourcing in industry equilibrium[J]. Quarterly journal of economics, 117（1）: 85-120.

GROSSMAN G M, HELPMAN E, 2004. Managerial incentives and the international organization of production[J]. Journal of international economics,（63）: 237-262.

GROSSMAN G M, HELPMAN E, 2005. Outsourcing in a global economy[J]. Review of economic studies, 72（1）: 135-159.

HORGOS D, 2009. Labor market effects of international outsourcing: How measurement matters[J]. International review of economics & finance, 18（4）: 611-623.

HUMMELS D, RAPOPORT D, YI K M, 1998. Vertical specialization and the changing nature of world trade[J]. Federal reserve bank of New York economic policy reviews, 4 (2) : 79-99.

HUMMELS D, ISHII J, YI K M, 2001. The nature and growth of vertical specialization in world trade[J]. Journal of international economics, 54 (1):75-96.

KRUGMAN P, 1991b. Increasing returns and economic geography[J]. Journal of political economy, 99 (3) : 483-499.

KSHETRI N, 2007. Institutional factors affecting offshore business process and information technology outsourcing[J]. Journal of international management, 13 (1) : 38-56.

KSHETRI N, DHOLAKIA N, 2009. Professional and trade associations in a nascent and formative sector of a developing economy: A case study of the NASSCOM effect on the Indian offshoring industry[J]. Journal of international management, 15 (2) : 225-239.

ORNELAS E, TURNER J L, 2008. Trade liberalization, outsourcing, and the hold-up problem[J]. Journal of international economics, 74 (1) : 225-241.

ORNELAS E, TURNER J L, 2012. Turner. Protection and international sourcing[J]. The economic journal, 122 (559) : 26-63.

PORTER M E, 1998. Clusters and the new economics of competition[J]. Harvard business reviews, 76 (6) : 77-90.

QIU L D, SPENCER B J, 2002. Keiretsu and relationship-specific investments: Implications for market-opening trade policy[J]. Journal of international economics, 58 (1) : 49-79.

SCHMITZ H, 1995. Small shoemakers and fordist giants: Tale of a supercluster[J]. World development, 23 (1) : 9-28.

STURGEON T J, 2002. Modular production networks: A new American model of industrial organization[J]. Industrial and corporate change, 11（3）: 451-496.

TIMMER M P, LOS B, STEHRER, R, et al, 2013. Fragmentation, incomes and jobs: an analysis of European competitiveness[J]. Economic policy, 28（76）: 613-661.

五、学位论文

蔡小勇，2006. 垂直专业化、产品内贸易与中国经济发展 [D/OL]. 2006[2020-08-08]. https://kns.cnki.net/kcms/detail/detail.aspx?dbcode=CDFD&dbname=CDFD9908&filename=2008025246.nh&v=ODDVYrgF%25mmd2B4kzN68Wl8ZlYEKaz5fzx29C0WqzBuTxjC77dEgdBfXlSuKhz%25mmd2FfYrqWo.

李毅，2006. 基于区域可持续发展的我国西部地区产业结构调整问题研究 [D/OL].2006[2020-08-15]. https://kns.cnki.net/kcms/detail/detail.aspx?dbcode=CMFD&dbname=CMFD0506&filename=2006071567.nh&v=OC12DOyXJgp55TsDMeemRPbo4XZ6I1dC5b7yD967Ge38R8Qa6yRg7NUKAlAqQKLn.

刘刚，2016.“一带一路”战略下中国西部对外开放路径选择：以贵州为例 [D/OL]. 2016[2020-05-12]. https://kns.cnki.net/kcms/detail/detail.aspx?dbcode=CDFD&dbname=CDFDLAST2017&filename=1017002368.nh&v=hZkzROSF9DnTuHCq5zVVrvJ0PHUsaWWYfzgOYj2il%25mmd2F4d7DBwMQP69P1xMcQ0Iex6.

马超，2015. 我国汽车制造业区域分布研究 [D/OL]. 2015[2020-09-13]. https://kns.cnki.net/kcms/detail/detail.aspx?dbcode=CDFD&dbname=CDFDLAST2015&filename=1015589394.nh&v=63wsTwqHgVqGiKekbX%25mmd2Fs8mBABo1gN4FCC5moEAwRPylOYBDyUNcKYh4IWGq%25mmd2B1eJV.

孙桂里，2016.“一带一路”背景下边疆民族地区开放型经济发展研究 [D/OL]. 2016[2020-08-17]. https://kns.cnki.net/kcms/detail/detail.aspx?dbcode=

CMFD&dbname=CMFD201701&filename=1017033213.nh&v=fnBfRlIRkVdlz9t77bP15v3HqUC1RJQE87o3NYoiN%25mmd2BUVnrdbFli8%25mmd2Fe2AbRNkDzNo.

王利娟，2017. 我国东西部地区制造业产业集聚的差异研究 [D/OL]. 2016 [2020-11-03]. https://kns.cnki.net/kcms/detail/detail.aspx?dbcode=CMFD&dbname=CMFD201801&filename=1017168875.nh&v=gypKKAPFVIJyPRZK%25mmd2B7Nzx2bLtdxCvmjfgc0YYmMYF77D4jV47iurnyCL1%25mmd2BWby%25mmd2FPv.

颜炳祥,2008. 中国汽车产业集群理论及实证的研究 [D/OL]. 2008 [2020-07-11]. https://kns.cnki.net/kcms/detail/detail.aspx?dbcode=CDFD&dbname=CDFD9908&filename=2008090350.nh&v=nAPK3hhtv9yFJQ0JOGo1PeKIhJk58%25mmd2BgPYfvSNtu%25mmd2Bw6EOz3cfy1t65oLvnDoMbkeu.

六、电子资源

谭浩俊 . 中国需要从制造大国变成制造强国 [EB/OL].（2010-03-29）[2010-08-20]. http://www1.china.com.cn/news/comment/2010-03/29/content_19703340.htm.

图书在版编目（CIP）数据

西部地区国际分工的困境与解决之道 / 王晨佳著 .
-- 北京 ：商务印书馆国际有限公司，2020.12
（西北大学中国文化研究中心学者论丛 / 李浩主编）
ISBN 978-7-5176-0809-7

Ⅰ . ①西… Ⅱ . ①王… Ⅲ . ①制造工业－国际分工－研究－中国 Ⅳ . ① F426.4

中国版本图书馆 CIP 数据核字 (2020) 第 251557 号

XIBU DIQU GUOJI FENGONG DE KUNJING YU JIEJUE ZHI DAO

西部地区国际分工的困境与解决之道

著　　者 王晨佳
出版发行 商务印书馆国际有限公司
地　　址 北京市朝阳区吉庆里 14 号楼
佳汇国际中心 A 座 12 层
邮　　编 100020
电　　话 010-65592876（编校部）
010-65598498（市场营销部）
网　　址 www.cpi1993.com
印　　刷 三河市紫恒印装有限公司
开　　本 710mm × 1000mm 1/16
字　　数 203 千字
印　　张 16.5
版　　次 2020 年 12 月第 1 版第 1 次印刷
书　　号 ISBN 978-7-5176-0809-7
定　　价 59.80 元